Kohlhammer

Barbara Rendtorff/Claudia Mahs/
Verena Wecker (Hrsg.)

Geschlechterforschung

Theorien, Thesen, Themen
zur Einführung

Verlag W. Kohlhammer

Dieses Werk einschließlich aller seiner Teile ist urheberrechtlich geschützt. Jede Verwendung außerhalb der engen Grenzen des Urheberrechts ist ohne Zustimmung des Verlages unzulässig und strafbar. Das gilt insbesondere für Vervielfältigungen, Übersetzungen, Mikroverfilmungen und für die Einspeicherung in elektornischen Systemen.

Alle Rechte vorbehalten
© 2011 W. Kohlhammer GmbH Stuttgart
Umschlag: Gestaltungskonzept Peter Horlacher
Gesamtherstellung:
W. Kohlhammer Druckerei GmbH + Co. KG, Stuttgart
Printed in Germany

ISBN 978-3-17-021213-8

Inhaltsverzeichnis

Einleitung 7

I   Naturwissenschaften und Mensch-Natur-Verhältnis 11

Einleitung 13

Genderforschung und Naturwissenschaften: eine Einführung am Beispiel
„Gehirn und Geschlecht" 14
Sigrid Schmitz

Von Menschen, Kulturen und Wissen der Physik. Zugleich eine Einführung
in die Geschlechterforschung in der Physik 28
Helene Götschel

Gesellschaftliche Naturverhältnisse und globale Umweltpolitik –
Ökofeminismus, Queer Ecologies, (Re)Produktivität und das Konzept
„Ressourcenpolitik" 44
Christine Bauhardt

Geschlecht in den Strukturen, Fachkulturen und Diskursen der Technikwissenschaften 59
Tanja Paulitz

II   Sprache, Literatur, Kultur 73

Einleitung 75

Doing Gender: Sprachliche Formen – kommunikative Funktionen –
kulturelle Traditionen 76
Britt-Marie Schuster

'Consumption, thy name is woman'? Oder: Was bringt uns Sex and the City?
Über Gender, Konsum und Cultural Studies 92
Miriam Strube

Gender, Geschlecht und Literatur: Tendenzen in der romanistischen
Forschung 108
Annegret Thiem

Geschlechterforschung in der evangelischen Theologie 123
Helga Kuhlmann

Musik, Stimme und Gesang 141
Rebecca Grotjahn

III   Geschlecht und Gesellschaft 155

Einleitung 157

Brave Mädchen – dumme Jungen? Erziehung und Geschlecht 158
Barbara Rendtorff

Die Arbeit an der Kategorie Geschlecht: Zwischen (erkenntnis)theoretischer
Weiterentwicklung und gestaltungsorientiertem Anspruch 172
Birgit Riegraf

Anfang und Ende des bürgerlichen Geschlechterdiskurses: Philosophisch-
feministische Forschungen zur Autonomie der Frau 185
Marion Heinz

Zum Verhältnis von Gewalt und Geschlecht: Entwicklungen und
Perspektiven der soziologischen Geschlechterforschung 201
Mechthild Bereswill

IV   Glossar 217

Einleitung 219

Stichworte und Begriffe aus der Geschlechterforschung 220
Barbara Rendtorff

Über die Autorinnen 234

Einleitung

Was sind eigentlich „Genderstudien"? Ist „Gender" ein Fach wie Linguistik oder Biologie? Und warum zwei Begriffe – „Geschlecht" und „Gender"?
In vielen Universitäten kann man heutzutage „Gender Studies"-Module belegen oder -Zertifikate erwerben, in einigen werden Gender Studies oder Geschlechterforschung als Studienfach angeboten, es gibt neuerdings auch eine eigene Fachgesellschaft. Dabei ist diese Forschungsrichtung sehr jung – als eigenständiges Gebiet mit eigenen Zeitschriften und selbstständigen Theoriedebatten existiert sie erst seit wenigen Jahrzehnten, seit die Frauenbewegung eine Theoretisierungswelle zu Fragen der gesellschaftlichen Geschlechterverhältnisse und der Position von Frauen in der Gesellschaft in Gang gesetzt hatte. Damals noch unter dem Label „Frauenforschung", hatte die theoretische Debatte schon das Anliegen, aus einer strikten wissenschaftskritischen Haltung heraus ein eigenes Theoriegebäude zu entwerfen. Gleichwohl konzentrieren sich alle Geschlechtertheorien darauf zu verstehen, wie die jeweiligen historischen Interpretationen von Geschlechtlichkeit und gesellschaftlichen Geschlechterverhältnissen sich in das wissenschaftliche Denken eingeschrieben haben, in die Wahrnehmungs- und Denkweisen, in die disziplinären Wissensbestände und ihre Ordnungen. Daraus folgt, dass die jeweiligen disziplinären Denkgewohnheiten, Begrifflichkeiten und Standards der verschiedenen Disziplinen auch diejenigen beeinflussen und prägen, die sich aus einer Geschlechterperspektive wissenschaftskritisch mit ihnen befassen. An naturwissenschaftliche Texte und Theorien werden zumindest teilweise andere Fragen und Kritiken adressiert als an historische oder literaturwissenschaftliche usw. Die Auslegung von Begriffen, der Umgang mit ihnen und ihre Bedeutungsumfelder sowie der Sprachduktus oder die Standards für Argumentation und Beweisführung unterscheiden sich zwischen den Disziplinen teilweise ganz enorm – diese Unterschiedlichkeit färbt auch auf die Geschlechterforschung ab und führt zu teilweise gravierenden interdisziplinären Verständigungsschwierigkeiten. Deshalb werden in diesem Buch einführende Texte in thematische Gruppen gebündelt, deren jeweilige Theoriesprachen und Fragen gewisse Ähnlichkeiten aufweisen.
Zugleich gibt es aber bei aller disziplinären Verschiedenheit auch Gemeinsamkeiten, die die ‚gender-bezogenen' Forschungen miteinander verbinden. Hier steht an erster Stelle die Annahme, dass gesellschaftliche und symbolische Ordnungen, die wissenschaftlichen Tatsachen sowie das Denken und Handeln der Individuen immer ‚sexuiert' sind, d.h. dass sie immer Bezug haben zu der Tatsache der Geschlechtlichkeit des Menschen und ihrer Auslegung, dass also Geschlechtlichkeit ein strukturierender Faktor materieller, virtueller und symbolischer gesellschaftlicher Zusammenhänge ist.
Das mag recht allgemein klingen, aber wenn wir diese Überlegungen auf kleinere Einheiten beziehen – auf wissenschaftliche Disziplinen, auf menschliche Beziehungen oder auf uns selbst –, dann zeigt sich doch ein verbindendes Muster: Es erwächst daraus ein gewisses Misstrauen gegenüber vereinfachenden Erklä-

rungsmodellen und eine gewisse Neugier darauf, wie die Dinge anders sein oder anders gesehen werden könnten. Dies führt dazu, dass Geschlechtstudien ganz im Gegensatz zum vorherigen Gedanken immer (auch) *interdisziplinär* sein müssen, weil sie ihre Anregungen gerade aus Impulsen von *außerhalb* der jeweiligen Disziplinen schöpfen.

Halten wir also fest, dass Geschlechterforschung und Geschlechterstudien notwendigerweise disziplinäre Bezüge aufweisen, dass sie aber zugleich die Unterschiedlichkeiten disziplinärer Sichtweisen überblicken und diese in Verbindung zueinander setzen sollen und können.

An dieser Stelle erweist es sich als wichtig zu fragen, wann und wie der englische Ausdruck „gender" in die Debatte gekommen ist und was er bewirkt hat. „Gender" war ja ursprünglich ein grammatischer Begriff (etwa das „Genus" eines Wortes bezeichnend) und wurde erst vor wenigen Jahrzehnten zuerst in die psychologische und dann in die sozialwissenschaftliche Geschlechterforschung aufgenommen. Hier nahm er die heute übliche Bedeutung an, die im Deutschen meist als „soziales Geschlecht" übersetzt wird: „Gender" sind die geschlechtstypischen Markierungen, Verhaltensweisen und (Selbst-)Darstellungen von Geschlecht, die nicht auf anthropologische bzw. biologische Gegebenheiten zurückführbar sind, sondern als historisch, kulturell und politisch geprägte Praxen aufgefasst werden müssen. Der Begriff hatte also vor allem die Aufgabe, gegen verkürzende und essentialisierende Auslegungen die Kontingenz von Geschlechtstypiken und ihre historische und soziale Gewordenheit zu betonen. Damit konnte und sollte der Ausdruck „gender" den Blick auf Geschlechterordnungen und auf die (verschleiernde) Funktion von Begriffsverwendungen öffnen und differenzieren helfen – und dabei deren jeweilige spezifische Begrenzungen sichtbar machen. Mittlerweile wird der Begriff teilweise kritisch betrachtet[1] und ist auch manchen Studierenden nicht mehr geläufig – deshalb verwenden wir für dieses Buch beide Bezeichnungen.

Einführungen in diesen Themenbereich sind eine sehr schwierige Textsorte. Die Theoriegeschichte ist komplex, die Theorieentwicklung noch sehr in Bewegung und das Wissensfundament ist nicht kanonisiert. Zudem ist die thematische Breite wegen des interdisziplinären Charakters der Thematik sehr groß und die fachspezifischen Fragestellungen sind folglich sehr unterschiedlich.

Erschwerend kommt hinzu, dass nicht mit Sicherheit anzugeben ist, was eigentlich der Gegenstand von Geschlechterstudien ist, weil es „Geschlecht" an sich ja gar nicht „gibt". Selbst in ihrer materiellen Dimension als sexueller Körper lässt sich die Tatsache des Geschlechtlichseins nur diskursiv verstehen über ihre Interpretationen, über die Konnotationen, die sie umgeben, und die Bedeutungen, die ihr zugeschrieben werden. Die nachfolgend versammelten Beiträge versuchen deshalb alle eine Gratwanderung zwischen einer disziplinären Perspektive und einer

---

[1] Zur differenzierten Diskussion über den Begriff „gender", seinen Nutzen und seine Grenzen siehe: Casale, Rita/Rendtorff, Barbara (Hrsg.) (2008): Was kommt nach der Genderforschung? Zur Zukunft der feministischen Theoriebildung, Bielefeld: Transcript.

Öffnung zu anderen Aspekten des Geschlechterdiskurses: Sie werden keine Anstalten machen, Geschlecht festlegend zu definieren, aber auch davor warnen, seine Wirksamkeit zu unterschätzen. Sie treten nicht als reine Beschreibungen des „State of the Art" einer Disziplin auf, auch wenn sie von ihren Herkunftstheorien stark geprägt sind, sondern sie zeigen jeweils sowohl Geschichte und Erkenntnisse der Geschlechterforschung in ihrer Bezugsdisziplin als auch anhand von eigenen Schwerpunkten, welche interessanten einzelnen Fragestellungen sich daraus ergeben können. So sollen die geneigten Leser/innen sowohl informiert werden als auch verlockt werden, sich intensiver auf Fragen der Geschlechterforschung/Gender Studies einzulassen und vielleicht selber in diesem Forschungsfeld aktiv zu werden.

Wir wünschen dem Buch interessierte Leser/innen und den Leser/innen eine interessante Lektüre!

Die Herausgeberinnen

I Naturwissenschaften und Mensch-Natur-Verhältnis

Einleitung 13

Genderforschung und Naturwissenschaften: eine Einführung am Beispiel
„Gehirn und Geschlecht" 14
Sigrid Schmitz

Von Menschen, Kulturen und Wissen der Physik. Zugleich eine Einführung
in die Geschlechterforschung in der Physik 28
Helene Götschel

Gesellschaftliche Naturverhältnisse und globale Umweltpolitik –
Ökofeminismus, Queer Ecologies, (Re)Produktivität und das Konzept
„Ressourcenpolitik" 44
Christine Bauhardt

Geschlecht in den Strukturen, Fachkulturen und Diskursen der Technikwissenschaften 59
Tanja Paulitz

Einleitung

Den ersten Teil dieses Bandes bilden Texte aus dem Bereich der natur- und technikwissenschaftlichen Genderforschung. Hier wird sowohl sehr grundsätzlich nach deren Verhältnis gefragt als auch an konkreten Beispielen ihre wechselseitige Beeinflussung beleuchtet.

Im Unterschied zu den sozialwissenschaftlichen Diskursen ist es in den natur- und technikwissenschaftlichen Fächern keine Selbstverständlichkeit, die Wirkung symbolischer Ordnungen, Denkgewohnheiten und Denkbegrenzungen auf die Formierung des eigenen Wissens zu reflektieren, weshalb sie in aller Regel der Geschlechterperspektive keinen prominenten Platz in ihren Theoriediskursen einräumen. Zumal wo sie sich als ‚harte', materialitätsbezogene Wissenschaften verstehen, geben sich die Naturwissenschaften gerne als ‚neutral' aus – sie unterschätzen deshalb, wie weitgehend auch als objektiv und neutral erscheinende Positionen von mehr oder weniger bewussten oder sogar gezielt eingesetzten Interessen beeinflusst sind.

Die nachfolgend vorgestellten Texte diskutieren jeder auf seine Weise und mit unterschiedlichen Disziplinbezügen das komplexe und schwierige Verhältnis zwischen Natur-/Technikwissenschaften und Geschlechterforschung – schwierig, sofern es nicht unbedingt auf gegenseitiges Interesse und Wertschätzung aufgebaut ist. Sigrid Schmitz beginnt mit einem wissenschafts- und methodenkritischen Beitrag zur Biologie und Gehirnforschung und arbeitet dabei die Grenzen vermeintlicher Objektivität heraus. Helene Götschel fragt mit Blick auf die Physik nach dem Einfluss von Geschlechterverhältnissen auf das Denken und Wissen in der Physik und die in diesem disziplinären Feld forschenden Frauen und Männer. Christine Bauhardt diskutiert zum einen den Blick der Genderforschung auf die Naturverhältnisse und zum anderen auch die Perspektive der in der Frauenumweltbewegung Aktiven auf Forschungsfragen und Forschungsprozesse. Der Beitrag von Tanja Paulitz zeigt am Beispiel der Technikwissenschaften, wie die „Fachmänner" an ihre Geschlechterpositionen gebunden wurden und von hier aus wiederum Leitbilder und Berufsbilder im Bereich der technischen Berufe entwickelt worden sind.

Gemeinsam ist diesen so unterschiedlichen Aufsätzen nicht nur ihr Bezug zu den Natur-/Technikwissenschaften und ihr einführender, erläuternder Gestus, sondern auch ihr Interesse, die Verbindung und Wechselwirkung von Natur-/Technikwissenschaften und Geschlechterforschung als einen weiterführenden Ansatz vorzustellen, von dem auch diese Wissenschaften selbst Erkenntnisgewinne, Anregung und Impulse erwarten können.

Genderforschung und Naturwissenschaften: eine Einführung am Beispiel „Gehirn und Geschlecht"*

Sigrid Schmitz

Einleitung

Seit Anfang der 1980er-Jahre untersucht die Genderforschung die Verhältnisse zwischen Geschlecht und Naturwissenschaften entlang dreier Analysedimensionen (vgl. Keller 1995a). *Women in Science* macht traditionelle und aktuelle Barrieren für Frauen in diesen Fächern sichtbar und entwickelt Strategien zur ihrer Inklusion. *Science of Gender* beschäftigt sich mit den Forschungsfeldern, in denen Geschlechterdifferenzen behandelt werden. *Gender in Science* untersucht generelle Aspekte der Methodologie und Forschungspraxis der Naturwissenschaften und zeigt auf, dass die Ausbildung naturwissenschaftlicher Erkenntnisse nicht wertfrei erfolgt, sondern immer von gesellschaftlichen und damit auch vergeschlechtlichten Prozessen beeinflusst ist.

Mit den erkenntnistheoretischen und analytischen Instrumentarien der Genderforschung können Befundwidersprüche, methodische Verzerrungen, Ausschlüsse und unzulässige Generalisierungen hinsichtlich Geschlechterfragestellungen in den Naturwissenschaften kritisch reflektiert werden. Damit lassen sich die häufig unreflektierten Naturalisierungen von Geschlechterunterschieden und die darauf begründeten gesellschaftlichen Festschreibungen von binären Geschlechterrollen und Verhaltensweisen aufbrechen.

Entlang der drei Dimensionen wird in diesem Beitrag die Vorgehensweise einer solchen kritischen Genderanalyse am Beispiel der geschlechterbezogenen Hirnforschung ausgeführt. Studierende und Wissenschaftler/innen können mithilfe dieser kritischen Auseinandersetzung die Einbindung der eigenen Disziplin in gesellschaftliche Geschlechterdiskurse reflektieren und werden in einem verantwortungsbewussten Umgang mit Geschlechterwissen unterstützt.

1 Sex und Gender

In den 1970er-Jahren ermöglichte es die Differenzierung des Geschlechterbegriffes in *sex* (biologisches Geschlecht) und *gender* (soziokulturelles Geschlecht), die Relevanz auch nicht-biologischer, also psycho-sozialer und gesellschaftlich-kultu-

---

* Dieser Beitrag ist eine gekürzte Fassung des Artikels „Genderforschung in der Biologie: Eyeopener für die Verantwortung der Wissenschaft", erschienen in: Fehrle, Johannes/Heinze, Rüdiger/Müller, Kerstin (Hrsg.) (2010): Herausforderung Biologie. Fragen an die Biologie – Fragen aus der Biologie, Berlin/Münster: LIT (mit freundlicher Genehmigung des Verlags, d. Hrsg.).

reller Faktoren bei der Entwicklung der Geschlechtscharaktere zu berücksichtigen und damit die unreflektierte Naturalisierung von Geschlechterunterschieden zu hinterfragen (vgl. Keller 1995b). Damit wurde deutlich gemacht, dass Geschlechterrollen, Geschlechterverhalten und Geschlechtsidentitäten nicht unmittelbar aus der Biologie – also dem „*sex*" – ursächlich zu erklären sind. Geschlechterrollen und Geschlechterräume werden innerhalb gesellschaftlicher Strukturen zugewiesen und damit sind gesellschaftliche Strukturen, Institutionen und Beziehungen tiefgreifend geschlechtlich ausgestaltet (deshalb spricht man von *Geschlecht als einer „Strukturkategorie"*). Geschlechtszuweisungen werden von den Individuen in das eigene Verhalten übernommen und in sozialen Interaktionen re-produziert, Geschlecht wird also im Handeln fortwährend hergestellt und entlang bestehender Vorgaben gefestigt (*Doing Gender*) – oder auch entgegen der Vorgaben verändert (*Undoing Gender* – vgl. auch Degele 2008: 58–117).

Als Nachteil hat sich im Verlauf des Sex-/Gender-Diskurses jedoch erwiesen, dass die beiden Erklärungskonzepte des biologischen und des soziokulturellen Geschlechts zunehmend getrennt behandelt wurden. Die Beschäftigung mit Körper und Sex blieb den Naturwissenschaften vorbehalten; die geistes- und sozialwissenschaftliche Genderforschung beschäftigte sich nahezu ausschließlich mit Genderkonstruktionen. Seit den 1990er-Jahren wird die Angemessenheit der Trennungskategorie Sex/Gender innerhalb der Genderforschung differenziert diskutiert. Im Mittelpunkt dieser Diskussionen stehen Fragen nach der Entwicklung und Ausdifferenzierung geschlechtlicher Körper, ihrer Strukturen und Funktionen in einem Netzwerk biologischer, gesellschaftlicher und kultureller Praxen. Denn auch den Körpern werden nicht nur geschlechtliche Bedeutungen zugeschrieben, sie werden in ihrer Materialität selber durch geschlechtlich geprägte Erfahrungen geformt. Umgekehrt beeinflussen die Wahrnehmung dieser Körper und die Körper selbst wiederum das Denken und Handeln. Mit einem solchen Verständnis von *Embodiment* schlägt unter anderem die Biologin Anne Fausto-Sterling (2002) auf der Grundlage systemischer Entwicklungstheorien eine Brücke zwischen den kulturellen Konstruktionen und den biologischen Konstituierungen von geschlechtlichen Körperrealitäten, ohne einseitige Ursachenzuweisungen vorzunehmen.[2] Mit einem solchen Konzept werden individuelle Variabilitäten und Diversitäten innerhalb der Geschlechtergruppen, bedingt durch Erfahrungs- und Lernzusammenhänge, analysierbar. Mithilfe der Genderforschung können wir Körper und Geschlecht neu begreifen, nicht nur als festgelegte, binäre Schemata von Weiblichkeit oder Männlichkeit, sondern als formbare und variable Prozesse in Netzwerken von Natur und Kultur.

---

2 Im soziologischen Genderdiskurs hat umgekehrt Judith Butler (1995) den konstruktiven Charakter des Geschlechtskörpers (Sex) in Genderfragestellungen erneut zur Diskussion gestellt.

2 Die Dimension Women in Science

Historisch-biografische Analysen entlang der Dimension *Women in Science* machten viele Frauen in der Geschichte der naturwissenschaftlichen Forschung sichtbar und zeigten gleichzeitig auf, welche strukturellen und symbolischen Mechanismen traditionell ihre Karriereverläufe in den Disziplinen behinderten (zur Vertiefung vgl. Alic 1987; Schiebinger 1993). Strukturanalysen über aktuelle Anteile von Frauen auf verschiedenen Ebenen der wissenschaftlichen Institutionen decken auf, wie diese Barrieren bis heute Frauen von technischen und naturwissenschaftlichen Studiengängen und Berufen abhalten können. In vielen naturwissenschaftlichen Disziplinen ist der Frauenanteil gering, eine Ausnahme bildet allerdings die Biologie. Hier liegt der Anteil der Studentinnen inzwischen über 60 %. Das ausgewogene Geschlechterverhältnis setzt sich allerdings in den höheren akademischen Ebenen nicht fort: 37 % der Promovierten und nur noch 16,5 % der Habilitierten in Mathematik/Naturwissenschaften sind Frauen. Der Anteil der Professorinnen liegt in diesen Disziplinen weiterhin bei nur 10 % (vgl. CEWS o.J.). Strukturelle Ausschlussmechanismen scheinen für diesen Abfall verantwortlich zu sein, wie inzwischen eine Reihe von Analysen beispielsweise über eine unterschiedliche Anwendung der als objektiv gehandelten Review-Kriterien bei Publikationen und Forschungsanträgen von Frauen und Männern zeigten (vgl. Bornemann/Mutz/Daniel 2007; Wenneras/World 1997). Entsprechende Untersuchungen in naturwissenschaftlichen und technischen Fächern an den Hochschulen im internationalen Vergleich (vgl. Schinzel 2005) zeigen aber auch, wie stark das Netzwerk aus individuellen, strukturellen und symbolischen Barrieren (vgl. Harding 1994) kulturell variiert und damit auch Potenziale für Veränderung bietet.

In der Debatte, warum Frauen in naturwissenschaftlichen, mathematischen und technischen Disziplinen unterrepräsentiert sind, wird jedoch immer wieder angeführt, die fehlende Motivation halte junge Frauen vom Einstieg in die Naturwissenschaften und Technik ab und ihre Fähigkeiten und Präferenzen lägen weniger in mathematisch-naturwissenschaftlich-technischen als vielmehr in sprachlich-kommunikativen Bereichen. Solche Argumentationen verorten die Ursachen für die geringe Beteiligung einzig in den Frauen selbst. In diesem Zusammenhang hat die Diskussion um biologische Ursachen der Geschlechterunterschiede heute (wieder) Konjunktur in Wissenschaft und Gesellschaft.[3] Mit dem methodischen Repertoire der Genderforschung können wir jedoch aufzeigen, wie solche reduktionistisch-biologischen Argumentationen erst ein Umfeld schaffen, in denen Frauen der Zugang zu den Fächern erschwert wird.

---

[3] So führte der Harvard Präsident Lawrence Summers 2005 geringere Frauenanteile in Mathematik und Naturwissenschaften auf genetisch begründete Fähigkeitsdefizite zurück und löste damit eine erneute Diskussion über biologische fundierte Geschlechterunterschiede in kognitiven Leistungen aus (vgl. Barres 2006).

3   Die Dimension Science of Gender

Die Dimension *Science of Gender* beschäftigt sich mit naturwissenschaftlichen Theorien und Forschungsansätzen, welche die Kategorie Geschlecht explizit behandeln, beispielsweise in der Biologie oder der Medizin. Die kritische Analyse hat aufgezeigt, dass in diesen Disziplinen vorwiegend Unterschiede zwischen Frauen und Männern herausgestellt werden. Die Genderforschung hat widersprüchliche Befunde, methodische und interpretative Verzerrungen und unzulässige Generalisierungen (z. B. von Tieren auf den Menschen oder von Einzelbeispielen auf allgemeine Gesetzmäßigkeiten) in der Primatologie, der Evolutionsforschung, der Verhaltensforschung, der Hormonforschung, der Soziobiologie oder der Hirnforschung aufgedeckt (vgl. Keller 1995b). Anhand entsprechender Analysen zur Hirnforschung werde ich im Folgenden die wichtigsten Ansätze und Methoden der Genderforschung vertiefen (vgl. auch Schmitz 2006b).

4   Beispiel: Hirnforschung und Geschlecht

Die Frage nach biologischen Grundlagen für Geschlechterdifferenzen im Verhalten, in Fähigkeiten und Einstellungen ist in der modernen Hirnforschung zwar nicht der Hauptfokus, doch werden diesbezügliche Ergebnisse überdurchschnittlich häufig populärwissenschaftlich aufbereitet und verbreitet. Die geschlechterbezogene Hirnforschung bildet damit einen wichtigen Bezugspunkt für gesellschaftliche Diskussionen der Geschlechterrollen und muss hier für einen differenzierten und verantwortungsbewussten Umgang mit ihren Erkenntnissen Sorge tragen.

Seit den 1970er-Jahren ist in diesem Forschungsbereich die *Lateralitätshypothese*, die sich mit strukturellen und funktionellen Asymmetrien der Hirnhälften beschäftigt, leitend in der Frage nach Geschlechterdifferenzen: Männerhirne sollen asymmetrischer (lateraler) arbeiten, also je nach Aufgabe vorwiegend die rechte oder die linke Hemisphäre einsetzen. Frauenhirne sollen symmetrischer (bilateraler), also mit beiden Hirnhälften zusammen arbeiten.

Mit ihren neuen Methoden der Computertomografie (unter anderem funktionelles Magnetresonanzimaging/fMRI, Positronenemissionstomografie/PET) werden in neurowissenschaftlichen Analysen die Aktivierungsmuster in bestimmten Hirnarealen bei der Lösung spezifischer Aufgaben erforscht. Diese Befunde werden dann zur Erklärung von Leistungsunterschieden in diesen Aufgaben herangezogen. Die Forschung über Geschlechterunterschiede im Gehirn bezieht sich vorwiegend auf Fragen der Sprachverarbeitung (mit postulierten generellen Vorteilen der Frauen), der Raumorientierung (mit dem Stereotyp besserer männlicher Fähigkeiten) und der Frage nach der Dicke des Faserbalkens, des *Corpus Callosum*, der die beiden Hirnhälften verbindet.

In der Analyse der Hirnstrukturen und -funktionen geht es also vorwiegend um die Lokalisation von Geschlechterdifferenzen, die ursächlich die postulierten Unterschiede zwischen Frauen und Männern in kognitiven Leistungen, im Abstraktionsvermögen bis hin zur Verortung von sexueller Orientierung erklären sollen. Damit ist eine *Genealogie* vorgegeben, in der die biologisch-materiellen Grundlagen die komplexen Vorgänge des Denkens, des Verhaltens und der Einstellungen ursächlich bestimmen.

Die Ausprägung dieser Genealogie ist in unterschiedlichen Ansätzen der Hirnforschung verschieden stark ausgeprägt. Eine stark deterministische Sichtweise betont, Geschlechterunterschiede hätten sich in der Evolution entwickelt und seien körperlich verankert: im Gehirn, in den Hormonen, in den Genen. Damit seien diese Unterschiede festlegt oder zumindest vorbestimmt. Gesellschaftliche Faktoren könnten höchstens ihre Prägnanz und Polarisierung beeinflussen. Andere Theorien betonen vor dem Hintergrund einer umweltoffenen und plastischen Hirnentwicklung eine stärkere Interaktion biologischer, psychischer und sozialer Faktoren in der Ausbildung von Geschlechterdifferenzen im Gehirn, in kognitiven Leistungen und im Verhalten.

Mit Hilfe einer kritischen Genderanalyse können auch hier systematisch einzelne Aspekte des Gehirn-Geschlechter-Diskurses aufgearbeitet werden. Im ersten Schritt geht es um die Aufdeckung von *Befundwidersprüchen.* Zur Frage der Sprachverarbeitung untersuchten Bennett Shaywitz et al. (1995) mit den neuen Verfahren der Computertomografie die Aktivierung im vorderen Hirnlappen bei der Reimerkennung. Sie berichteten von 19 männlichen Probanden mit eindeutiger linksseitiger Aktivierung, wohingegen sie bei 11 von 19 getesteten Frauen Aktivierung in beiden vorderen Hirnhälften feststellten. Eine nachfolgende fMRI-Untersuchung mit 50 Frauen und 50 Männern bei einer Wortpaarerkennung konnte dagegen keine Unterschiede in der Asymmetrie der Hirnaktivierung feststellen (vgl. Frost et al. 1999). Auch eine Metastudie von Iris Sommer und Kolleginnen (2004), welche die Ergebnisse von 14 Studien mit 442 Frauen und 377 Männern (einschließlich der Untersuchungen von Shaywitz und Frost) verglich, stützte die Asymmetrieaussage zugunsten der Männer nicht. Insgesamt konnten keine übergreifenden Geschlechterunterschiede festgestellt werden und es ließ sich kein durchgehender Bezug zu bestimmten Testverfahren (z.B. Reimerkennung, Wortpaarerkennung) belegen. Unterschiede waren vorwiegend in Untersuchungen mit kleineren Proband/innengruppen nachzuweisen, kaum jedoch in größeren Gruppen. Gerade letzteres verweist auf eine statistische Zufallsproblematik, denn Populationsunterschiede müssten bei größeren Proband/innenanzahlen eher signifikant auftreten.

Analoge Befundwidersprüche finden sich auch in Untersuchungen hinsichtlich räumlicher Fähigkeiten dahingehend, ob bei Männern die Hirnhälften asymmetrischer arbeiten als bei Frauen oder nicht. Während eine Forschungsgruppe unterschiedlich aktivierte Hirnareale bei Frauen und Männern in einer computersimulierten Raumaufgabe präsentierte (vgl. Grön et al. 2000), fand eine Nachfolgestudie keine entsprechenden Unterschiede beim Erlernen von Raumwissen mithilfe von Landkarten (vgl. Blanch et al. 2004).

Schließlich ergab auch eine Übersicht über 40 Studien zu Geschlechterunterschieden im *Corpus Callosum* mit insgesamt über 1000 Versuchspersonen keine durchgängigen Differenzen (vgl. Bishop/Wahlstein 1997).

Fazit: Eines der wichtigsten Ergebnisse der vergleichenden Analyse – und eigentlich das einzige zu generalisierende Faktum – ist die widersprüchliche Befundlage. Die Variabilität innerhalb der Geschlechtergruppen ist insgesamt weitaus höher als es die Unterschiede zwischen Frauen und Männern sind. Solche Ansätze der Analysedimension *Science of Gender* führen widersprüchliche Befunde zur geschlechtsspezifischen Lateralität daher auf methodische Einflüsse, die Anzahl der Versuchspersonen, die Auswahl der Befunde, auf unterschiedliche Techniken der Datengewinnung und -auswertung und auf verschiedene statistische Verfahren zurück. Sie zeigen damit auch für die Hirnforschung die Theorieabhängigkeit der Empirie auf, denn je nach Theorie werden unterschiedliche experimentelle Verfahren eingesetzt, welche die extrahierten Ergebnisse mitbestimmen (vgl. Kaiser et al. 2009).

Der zweite Schritt der Genderanalyse untersucht unzulässige *Generalisierungen*. Trotz der widersprüchlichen Befundlage wird die Untersuchung von Shaywitz in Reviews, in populärwissenschaftlichen Zeitschriften oder im Internet bis heute fast ausschließlich als Beleg für eine stärkere Bilateralität der generellen Sprachverarbeitung bei Frauen gegenüber Männern zitiert. Auch wenn die populärwissenschaftlichen Medien nicht als originärer Ort der Wissenschaft anzusehen sind, wird hier – ebenso wie in den Wissenschaften selbst – wissenschaftliches Wissen rezitiert, reflektiert und verhandelt. Damit haben diese Medien Wirkmacht in der Gesellschaft, wenn es um die Auseinandersetzung mit Geschlechteraspekten und insbesondere um die Zuschreibung von Geschlechterdifferenzen geht. So bezeichnet die Wissenschaftsforschung die populärwissenschaftlichen Medien auch als einen „Hybridraum" (Felt/Nowotny/Taschwer 1995: 260), in dem zwischen Wissenschaft und Gesellschaft Bedeutungen und Normen ausgehandelt werden.

In der gesellschaftlichen Verbreitung der neurowissenschaftlichen „Erkenntnisse" tauchen gegensätzliche Befunde nicht mehr auf. In häufig deterministischem Sprachduktus und mit Bezug auf nur ausgewählte Forschungsgruppen und Institutionen werden Generalisierungen unreflektiert über die Historie, die Kultur und die Vielfalt von Menschen hinweg gezogen und die Festschreibungen mit Aussagen wie „schon vor tausend Jahren", „seit der Urzeit des Menschen" untermauert. Die Philosophin Judith Butler (1995: 21–48) beschreibt mit dem von ihr eingeführten Begriff der *Performativität*, wie durch ständige Wiederholung und Zitation bestimmter Diskurse Wirkungsmacht erzielt wird. Dabei müsse es sich nicht um einzelne absichtsvolle Akte handeln. Die aktuellen Botschaften, populärwissenschaftlich verpackt als das aktuellste und fundierteste naturwissenschaftliche Wissen über die Biologie der Geschlechterverhältnisse, werden zur Wahrheit, wenn sie nur häufig genug wiederholt und auf möglichst viele gesellschaftliche Handlungsfelder angewendet werden.

Selbst innerhalb der Neurowissenschaften werden fehlende Unterschiede oder Gleichheiten der Geschlechtergruppen selten in den Fokus der Analyse gestellt, und so zeigen detaillierte Analysen der Forschungslandschaft, dass viele festgestellte Nicht-Unterschiede höchstens am Rande erwähnt werden (vgl. Kaiser et al. 2009).

Eine weitere Ebene der kritischen Genderanalyse beschäftigt sich mit den zugrundeliegenden *Theorien* der Hirnforschung. Einen wichtigen Zugang zur Interpretation der Befunde liefert hier das Konzept der *Hirnplastizität*, das entgegen der Theorie eines festgelegten und unveränderten Gehirns davon ausgeht, dass sich das Gehirn beständig an Erfahrungen anpasst. Netzwerke aus Nervenzellen und Synapsen, insbesondere in der Hirnrinde (dem Kortex), werden in Abhängigkeit von Lernprozessen zeitlebens umgebaut. Das Gehirn ist demnach weder in seiner Verschaltungsstruktur noch in den Aktivierungsmustern von vornherein festgelegt, sondern verändert sich beständig während der eigenen Entwicklung in Auseinandersetzung mit dem Umfeld. Wiederholte Informations- oder Handlungsmuster (synchrone Aktivierung) stabilisieren Neuronennetze und stärken die Erregungsleitung. Bei fehlendem Reizinput oder asynchroner Erregung werden Verbindungen abgebaut. Es scheint so, dass neuronale und synaptische Plastizität nicht nur Voraussetzung für das Lernen sind; Lernen scheint umgekehrt auch Voraussetzung für die funktionsfähige Entwicklung des Kortex zu sein. Schon vor der Geburt wird das zentralnervöse wachsende Netzwerk durch Außenreize (z. B. Licht, Töne) moduliert. Nach der Geburt ist das Gehirn in bestimmten Phasen der Entwicklung besonders dynamisch und anpassungsfähig. In der medizinischen Rehabilitation wird das Prinzip der Hirnplastizität beispielsweise genutzt, um bei eingeschränkten Funktionen aufgrund von Hirnverletzungen frühzeitig durch Training andere Kortexbereiche anzuregen, diese zu übernehmen.

Inzwischen liegen einige Studien zu hirnplastischen Veränderungen als Folge von Lernprozessen vor. Sprachareale im vorderen linken Kortex überlappen, wenn eine Person sehr früh zwei oder drei Sprachen gleichzeitig erlernt. Wird die zweite bzw. dritte Sprache dagegen erst später erworben, bilden sich getrenntere Verarbeitungsnetze aus. Je nach Sprachbiografie ist das Gehirn also etwas anders strukturiert und funktioniert dementsprechend auch anders (vgl. Wattendorf et al. 2001). Areale der räumlichen Verarbeitung im *Hippocampus* von Taxifahrern weisen in systematischem Zusammenhang zur Dauer der Navigationserfahrung eine stärkere Vernetzung auf (vgl. Maguire et al. 2000). Musiker/innen, die vom Kindesalter an intensiv beidhändig trainierten, entwickeln ein dickeres *Corpus Callosum* in den Bereichen, welche die Hirnareale für Motorik verbinden (Schlaug et al. 1995). Selbst in kürzeren Zeitabschnitten scheint sich die Vernetzungsdichte in bestimmten Gehirnzentren zu verändern: Ungeübte Studierende wiesen nach zweimonatigem Jonglier-Training eine erhöhte Synapsendichte in motorischen Arealen auf, die nach Beendigung des Trainings wieder abnahm (vgl. Draganski et al. 2004).

Die enorme Dynamik der Hirnplastizität kann zur Erklärung der Vielfalt von Gehirnen beitragen, denn jeder Mensch macht unterschiedliche Erfahrungen (inter-individuelle Variabilität) und verändert sein Gehirn fortwährend durch Lernprozesse im Laufe seines Lebens (intra-individuelle Variabilität). Umgekehrt können, diesem Konzept folgend, ähnliche Erfahrungen auch zur Ausbildung von vergleichbaren Hirnstrukturen und -funktionen führen. Eine naheliegende Alternativhypothese zur biologischen Determination von Geschlechtergehirnen wäre demzufolge, dass die immer noch ausgeprägte Geschlechtersozialisation in unserer Gesellschaft ebenso Ursache von Gruppenunterschieden im Gehirn von Erwachsenen sein kann. Das Einbringen des Konzeptes der Hirnplastizität kehrt damit die vereinfachende Genealogie von der Biologie zum Verhalten um, indem es Körperlichkeit nicht nur als Ursache, sondern auch als Folge von Erfahrung interpretierbar macht. Ein neurowissenschaftlicher Befund zu Hirnaktivierungen bei der Lösung bestimmter Aufgaben oder zur Größe bestimmter Hirnareale, der zu einem bestimmten Lebenszeitpunkt von einer Person erhoben wird, ist nur eine Momentaufnahme der körperlichen Realität. Er ermöglicht Interpretationen in beide Richtungen, ist also weder Beleg für eine biologisch-deterministische noch für ein hirnplastische Theorie.

Es ist nicht zu klären, welche Theorie die „Wahrheit" darstellt. Ihre Gegenüberstellung verdeutlicht jedoch, dass als Ergebnis des gleichen methodologischen Vorgehens innerhalb einer Disziplin verschiedene Interpretationen von Befunden möglich sind. Dies wird in der Wissenschaftsforschung mit dem Begriff der *Unterdeterminiertheit von Theorien* charakterisiert. Die Auswahl und Interpretation bestimmter Befunde erfolgt je nach Passgenauigkeit zur Theorie, was mit dem Begriff der *Theorieabhängigkeit von Empirie* bezeichnet wird.

Versuche einseitiger Erklärungsgenealogien verfälschen mehr, als dass sie die vielfältigen Interaktionen von Natur und Kultur in den Blick nehmen. Das Netzwerk Gehirn überschreitet ständig die Grenze zwischen Natur und Kultur, wenn die Ausbildung von Gehirnstrukturen und -funktionen und deren Differenzierung in ein komplexes Wirkungsgefüge zwischen biologischer Disposition und umweltoffener Plastizität eingebunden wird. Auf der Grundlage eines solchen interaktionistischen *Embodiment*-Ansatzes lassen sich dichotome Geschlechterzuschreibungen in weiblich und männlich auflösen. Erst dann kann Geschlecht in der Hirnforschung zu einer Analysekategorie werden, in die unterschiedliche Erfahrungen und Einflussfaktoren (z.B. Alter, kultureller und ethnischer Hintergrund, individuelle Biografien und soziale Schichtung)[4] eingehen, welche wiederum prozessual erforscht werden müssen. Eine solche auf *Embodiment* basierende Herangehensweise lässt sich nicht nur auf das Gehirn beziehen, sondern auch auf weitere körperliche Phänomene übertragen. Anne Fausto-Sterling (2002) führt dies beispielsweise anhand der Knochenentwicklung unter Geschlechteraspekten aus.

Dennoch, wenn im Hirnbild eingefärbte Areale lokalisiert worden sind, so vermitteln sie: Hier liegt die Ursache des Denkens, des Verhaltens, der Geschlechtlichkeit. Daher soll abschließend auf die Wirkmacht von naturwissenschaftlichen *Visualisierungen* eingegangen werden. Bildliche Darstellungen komplexer Zusammenhänge ersetzen heute zunehmend textuelle Darstellungen wissenschaftlicher Phänomene und Theorien. Mit der Verschiebung vom Text zum Bild, dem sogenannten „pictorial turn", verwies William Mitchell (1997) auf den rasanten Bedeutungszuwachs von Bildern als Referenzsysteme in Wissenschaft und Gesellschaft.

---

4 Solche Ansätze werden in der neueren Genderforschung allgemeiner unter der Intersektionalitätsperspektive verfolgt (vgl. Winker/Degele 2009).

Gerade die Naturwissenschaften stützen die Objektivität ihrer Wissensvermittlung zunehmend auf Visualisierungen. Denn Bilder können, viel mehr als Texte, die Funktion einer unmittelbaren Evidenz übernehmen („Das sieht man doch"), sie wirken scheinbar ohne sprachliche und interpretatorische Umwege für sich selbst („Ein Bild sagt mehr als tausend Worte").

An dieser Stelle ist es wichtig zu reflektieren, dass auch computertomografische Hirnbilder keine direkten Abbilder aus dem Innern des Gehirns sind, denn erst mit Hilfe von vielen informationstechnischen Berechnungen und computergrafischen Verfahrensschritten werden aus den Daten des Scanners Bilder konstruiert. Im Verlauf der Konstruktionsprozesse wird eine Vielzahl von Entscheidungen getroffen, was ins Bild hineinkommt, was weggelassen bzw. hervorgehoben wird oder in den Hintergrund tritt (vgl. Schmitz 2004). „Die frappante Darstellung des Endresultats der Auswertung kann leicht darüber hinwegtäuschen, daß eine lange Kette von Auswertungsschritten erforderlich ist, um diese Ergebnisse aus den gemessenen Daten herauszufiltern" (Hennig 2001: 72).

Die bildgebenden Verfahren der Computertomografie haben zweifelsohne viele Vorteile für die neuromedizinische Diagnose und Behandlung von Individualpatient/innen. Sie bergen aber Gefahren unreflektierter Determinationen, wenn sie gruppenspezifische Aussagen generalisieren. Denn dem Gruppenbild ‚der Frau' oder ‚des Mannes' sind die Variabilität, die zeitliche Dynamik und auch die Widersprüche der zugrunde liegenden Einzelbefunde nicht mehr anzusehen. Geschlechterunterschiede in der Asymmetrie der Sprachareale bei visuellen oder auditiven Sprachaufgaben sind beispielsweise unterschiedlich ausgeprägt, je nachdem welche (anerkannten) statistischen Verfahren bei der Berechnung von Gruppenbildern im computertomografischen Verfahren angewandt werden (vgl. Kaiser et al. 2007; Philipps et al. 2001). Zunehmend wird auch innerhalb der Neurowissenschaften diskutiert, wie eine Transparenz und Vergleichbarkeit in der Methodik erreichbar ist, um die Entscheidungen im Konstruktionsprozess der Bilderstellung deutlich zu machen.

5 Die Dimension *Gender in Science*

Trotz der vielfältigen Brüche und Widersprüche hat die Geschichte der biologisch festgeschriebenen Geschlechterdifferenz im Gehirn nach wie vor – oder sogar wieder – eine große Wirkmacht in der öffentlichen Diskussion. Das zeigt, wie stark gesellschaftliche Geschlechtermodelle auch die naturwissenschaftliche Forschung und ihre Wissensproduktion beeinflussen. Das Konzept der dichotomen Zweigeschlechtlichkeit (Frau/Mann) ist in der Hirnforschung (und auch in anderen biologisch-medizinischen Fachgebieten) nach wie vor forschungs- und interpretationsleitend. Die Kategorien Mann und Frau, eindeutig getrennt, werden zur Verhaltenserklärung benutzt. Überschneidungen, Variationen, die Vielfalt der individuellen Handlungen und sozialen Gefüge werden häufig vernachlässigt.

Doch die Auftrennung in binäre Geschlechterkategorien des Verhaltens, des Gehirns, des Denkens und der Fähigkeiten ist nur wirkmächtig, wenn der Dualismus der Zweigeschlechtlichkeit als objektiv und unveränderlich gilt – und über Naturalisierungsargumentationen immer wieder untermauert wird. Die dritte Dimension *Gender in Science* betrachtet daher genereller die naturwissenschaftlichen Wissensproduktionsprozesse und fragt: Wie können angemessenere Erkenntnisse über Geschlechteraspekte, welche die Sex-Gender-Interaktionen berücksichtigen, in die Naturwissenschaften eingebracht werden? Ein Schwerpunkt dieser Analysedimension lag hierzu in den 1980er-Jahren zunächst in der kritischen Auseinandersetzung mit dem klassischen naturwissenschaftlichen *Objektivitätsparadigma*, das stark positivistische Züge trägt. Objektivität gilt als oberste Direktive jeglichen wissenschaftlichen Arbeitens (obwohl sich die meisten Wissenschaftler/innen durchaus bewusst sind, dass diese weder gegeben noch wirklich erreichbar ist). Spätestens seit der antipositivistischen Wende in der Wissenschaftstheorie der 1970er-Jahre ist deutlich geworden, dass wissenschaftliche Erkenntnisprozesse keine „reinen" Prozesse des Entdeckens der Wahrheit sind. Erkenntnisse sind nicht neutral und wertfrei. Sie sind immer Ergebnisse gesellschaftlicher Unternehmungen einer bestimmten Wissensgemeinschaft (*scientific community*) in einer bestimmten Zeit vor einem bestimmten gesellschaftlich-kulturellen Hintergrund. Dies gilt für die Naturwissenschaften ebenso wie für alle anderen Wissenschaftszweige. Die Naturwissenschaft ist nicht ob der Reproduzierbarkeit ihres experimentellen Vorgehens per se objektiv, denn – wie an den Beispielen zur geschlechterbezogenen Evolutions- und Hirnforschung gezeigt wurde – jedes Experiment ist abgeleitet aus einer bestimmten Theorie (Theorieabhängigkeit der Empirie) und dieselben Befunde können interpretatorisch in teilweise gegensätzliche Theorien eingebunden werden (Unterdeterminiertheit der Theorien).

Einschlüsse und Auslassungen, Interpretationen und Verallgemeinerungen sind Entscheidungen im Rahmen dieser Forschungsprozesse. Das, was als richtig oder falsch gilt, was als Erkenntnis in den Wissenskanon aufgenommen und was verworfen wird, ist von jeweils sehr unterschiedlichen politischen, ökonomischen und auch persönlichen Interessen abhängig. Auch die Subjektebene wird von dieser Dimension erfasst, denn Forschende sind immer Subjekte innerhalb eines bestimmten psychosozialen und kulturellen Hintergrunds. Ihr Vorgehen, ihre Vorlieben und Abneigungen sind in einer kulturellen Geschlechterdichotomie entstanden und von ihr geprägt. Ihr wissenschaftlicher Blick wird häufig – nicht unbedingt bewusst – auf das gelenkt, was ihnen in diesem Gebäude plausibel erscheint.

Die Genderforschung hat diese wissenschaftstheoretischen Ansätze um die quer liegende Kategorie „Geschlecht" erweitert. Denn gesellschaftliche und wissenschaftliche Prozesse sind immer auch vergeschlechtlichte Prozesse und so nehmen vergeschlechtlichte soziale Werte und Normen, unterschiedliche gesellschaftliche Interessen, Schwerpunktsetzungen, Sichtweisen und methodische Orientierungen Einfluss auf die wissenschaftliche Theoriebildung, Untersuchungskonzeption und Ergebnisinterpretation (vgl. Harding 1991).

Analysen zur Historie der experimentellen Naturwissenschaft haben gezeigt, wie eng die Entwicklungen und Formulierung der rationalen Erkenntnistheorie mit dem *kartesianischen Dualismus* verbunden sind, der Schaffung eines Dualismus zwischen dem erkennenden, aktiven Subjekt (dem Forscher) und dem zu betrachtenden, passiven Objekt (der Natur). Gleichzeitig wurden die Begriffspaare Aktivität/Forscher mit dem männlichen und Passivität/Natur mit dem weiblichen Prinzip assoziiert. Diese Konnotationen lassen sich historisch mit gesellschaftlichen Umbrüchen (von der Feudalherrschaft zur bürgerlichen Gesellschaft) und mit der frühkapitalistischen Entwicklung (Dissoziation von männlicher Erwerbsarbeit in der öffentlichen Sphäre und weiblicher Reproduktionsarbeit im privaten Bereich) verbinden (vgl. Keller 1995b; Longino 1990; Merchant 1987).

Aufbauend auf diesen Analysen haben Theoretikerinnen der Genderforschung Erkenntniskonzepte entwickelt, um die geschlechtlich konnotierte Subjekt-Objekt-Trennung und das darauf aufbauende Objektivitätsparadigma der Naturwissenschaften zu erweitern (vgl. ausführlich Bauer 2006; Palm 2004). Feministische *Standpunkttheorien* arbeiteten in den 1980er-Jahren heraus, dass in einer hierarchischen Gesellschaft verschiedene Gruppen aufgrund ihrer Erfahrungen unterschiedliche Erkenntnisfähigkeiten ausbilden. Marginalisierte soziale Gruppen besitzen hiernach ein epistemologisches Privileg gegenüber gesellschaftlich dominanten Gruppen. Denn von außerhalb des Wissenschaftsbetriebes sind sie in der Lage, die zunächst als wertfrei deklarierten Erkenntnisse zu reflektieren. Erste Standpunkttheorien argumentierten, dass Frauen aufgrund ihres langen Ausschlusses aus der Wissenschaft per se in der Lage seien, einen reflektierteren Erkenntnisgewinn einzubringen. Solche unzulässig vereinheitlichenden Geschlechterzuschreibungen an eine unreflektierte Kategorie Frau wurden in folgenden Diskussionen entlang zahlreicher weiterer Kategorien (unter anderem ethnisch-kultureller Hintergrund, Klasse, Alter) ausdifferenziert. Multiple Standpunkttheorien betonen daher die Notwendigkeit der Berücksichtigung vieler Perspektiven, um zu adäquaten Erkenntnissen zu gelangen. *Strong objectivity* ist nach Sandra Harding (1994) nur in möglichst heterogen zusammengesetzten Wissenschaftskollektiven unter Einbezug marginalisierter Gruppen zu erlangen. Dazu gehört auch die Reflexion historisch entstandener gesellschaftlicher Ordnungen und ihrer Auswirkungen auf wissenschaftliche Praktiken sowie die Aufdeckung der eigenen Hintergründe und Ziele im Forschungs- und Erkenntnisprozess.

Donna Haraway (1996) prägte in diesen Diskussionen den Begriff des *situierten Wissens*. Sie wendet sich insbesondere gegen die Vorstellung, Wissen sei etwas Losgelöstes, quasi im Raum Schwebendes. Diese Illusion sei gewissermaßen ein „god's trick". Sie stelle in der traditionellen Vorstellung von Objektivität den Wissenschaftler als Beobachter von außen dar, der mit einem Blick „von nirgendwo" ein von seiner Person oder der jeweiligen Technik unabhängiges Wissen über ein Objekt präsentiere. Diese Position wurde begründet aus der im 16. und 17. Jahrhundert entwickelten experimentellen Methodik der Natur- und Technikwissenschaften, die sich vor allem durch Nachvollziehbarkeit und Reproduzierbarkeit auszeichnete. Auf diese Weise war es weitaus mehr Wissenschaftlern möglich, Zugang zu experimentell gewonnenen Erkenntnissen zu erhalten. Den hierbei verwendeten Technologien wurde dabei Neutralität unterstellt, sodass sich trotz zunehmender instrumenteller Vermittlung beispielsweise durch Visualisierungstechnologien die Annahme durchsetzte, der Wissenschaftler könne wertneutral von der Natur das „reine Wesen" des Untersuchungsobjektes ablesen. Gegen diese Annahme verweist Haraway (und nicht nur sie) darauf, dass experimentelle und Visualisierungstechniken eben nicht neutrale oder unvermittelte Erkenntnis präsentieren, da es kein voraussetzungsloses Beobachten gibt.

Haraway plädiert stattdessen für eine verkörperte Objektivität und damit für ein jeweils in einer bestimmten Zeit, einer Person oder einer Personengruppe verortetes, also situiertes Wissen. Wissen ist daher nie universell, es beinhaltet Ausschnitte und unterschiedliche Sichtweisen, die sich zeitlich, personell und kontextgebunden verändern können. Erst im Aushandeln der verschiedenen Positionen und partialen Perspektiven, im Stottern und in den Irritationen, die dabei entstehen, wird adäquatere Erkenntnis möglich.

Der Genderforschung geht es also definitiv nicht darum, Wissenschaft als Erkenntnisprozess abzulehnen oder in eine poststrukturalistische Beliebigkeit zu verfallen. Vielmehr geht es darum anzuerkennen, dass Wissen immer Ergebnis von körperlichen, orts- und zeitgebundenen sowie technologisch vermittelten Praxen ist. Davon ausgehend ist Wissen über etwas niemals unschuldig. Wissenschaftler/innen haben Verantwortung für das, was sie als rationales Wissen ansehen und anwenden. Erst durch das Aushandeln von Theorien und Interpretationen in einem Netzwerk von Forschenden (und anderen Beteiligten) können zeitlich adäquate Erkenntnis und verantwortungsvolles Handeln möglich werden.

Literaturliste

Alic, Margaret (1987): Hypathias Töchter. Der verleugnete Anteil von Frauen an der Naturwissenschaft, Zürich: Unionsverlag

Barres, Ben A. (2006): Does gender matter?, in: Nature 442, S. 133–136

Bauer, Robin (2006): Grundlagen der Wissenschaftstheorie und Wissenschaftsforschung, in: Ebeling, Smilla/Schmitz, Sigrid (Hrsg.): Geschlechterforschung und Naturwissenschaften. Einführung in ein komplexes Wechselspiel, Wiesbaden: VS Verlag für Sozialwissenschaften

Bishop, Katherine M./Wahlstein, Douglas (1997): Sex differences in the human Corpus Callosum: Myth or reality?, in: Neuroscience & Biobehavioral Reviews 21 (5), S. 581–601

Blanch, Richard J. et al. (2004): Are there gender-specific neural substrates of route learning from different perspectives?, in: Cerebral Cortex 14, S. 1207–1213

Bornemann, Lutz/Mutz, Rüdiger/Daniel, Hans-Dieter (2007): Gender differences in grant peer review: A meta-analysis, in: Journal for Informetrics 1 (3), S. 226–238

Butler, Judith (1995): Körper von Gewicht, Frankfurt am Main: Suhrkamp

CEWS (Kompetenzzentrum Frauen in Wissenschaft und Forschung) (ohne Jahr): CEWS-Statistikportal, Online-Ressource: http://www.gesis.org/cews/informationsangebote/statistiken/ (9. 5. 2010)

Degele, Nina (2008): Gender/Queer Studies, Paderborn: Fink

Draganski, Bogdan et al. (2004): Neuroplasticity: Changes in grey matter induced by training, in: Nature 427, S. 311–312

Fausto-Sterling, Anne (2002): Sich mit Dualismen duellieren, in: Pasero, Ursula/Gottburgsen, Anja (Hrsg.): Wie natürlich ist Geschlecht?, Wiesbaden: WDV

Felt, Ulrike/Nowotny, Helga/Taschwer, Klaus (1995): Wissenschaftsforschung. Eine Einführung, Frankfurt am Main/New York: Campus

Frost, Julie A. et al. (1999): Language processing is strongly left lateralized in both sexes. Evidence from functional MRI, in: Brain 122, S. 199–208

Grön, Georg et al. (2000): Brain activation during human navigation: gender-different neural networks as substrate of performance, in: Nature Neuroscience 3 (4), S. 404–408

Haraway, Donna (1996): Situiertes Wissen. Die Wissenschaftsfrage im Feminismus und das Privileg der partialen Perspektive, in: Scheich, Elvira (Hrsg.): Vermittelte Weiblichkeit. Feministische Wissenschafts- und Gesellschaftskritik, Hamburg: Hamburger Edition

Harding, Sandra (1994): Das Geschlecht des Wissens: Frauen denken die Wissenschaft neu, Frankfurt am Main/New York: Campus (engl. Originalausgabe: 1991)

Harding, Sandra (1991): Feministische Wissenschaftstheorie. Zum Verhältnis von Wissenschaft und sozialem Geschlecht, Hamburg: Argument

Hennig, Jürgen (2001): Chancen und Probleme bildgebender Verfahren für die Neurologie, in: Schinzel, Britta (Hrsg.): Interdisziplinäre Informatik. Neue Möglichkeiten und Probleme für die Darstellung und Integration komplexer Strukturen in verschiedenen Feldern der Neurologie, Freiburger Universitätsblätter 153, Freiburg: Universität Freiburg

Kaiser, Anelis et al. (2009): On sex/gender related similarities and differences in fMRI language research, in: Brain Research Reviews 61, S. 49–59

Kaiser, Anelis et al. (2007): On females' lateral and males' bilateral activation during language production: An fMRI study, in: International Journal of Psychophysiology 63 (2), S. 192–198

Keller, Evelyn Fox (1995a): Origin, history, and politics of the subject called 'gender and science' – a first person account, in: Jasanoff, Sheila et al. (Hrsg.): Handbook of Science and Technology Studies, Thousand Oaks: Sage

Keller, Evelyn Fox (1995b): Geschlecht und Wissenschaft. Eine Standortbestimmung, in: Orland, Barbara/Scheich, Elvira (Hrsg.): Das Geschlecht der Natur, Frankfurt am Main: Suhrkamp

Longino, Helen (1990): Science as Social Knowledge: Values and Objectivity in Scientific Inquiry, Princeton: Princeton University Press

Maguire, Eleanor M. et al. (2000): Navigation-related structural change in the hippocampi of taxi drivers, in: Proceedings of the National Academy of Science 97 (6), S. 1–6

Merchant, Carolyn (1987): Der Tod der Natur. Ökologie, Frauen und neuzeitliche Naturwissenschaften, München: Beck

Mitchell, William J. T. (1997): Der Pictorial Turn, in: Kravagna, Christian (Hrsg.): Privileg Blick. Kritik der visuellen Kultur, Berlin: ID-Archiv

Palm, Kerstin (2004): Was bringt die Genderforschung eigentlich den Naturwissenschaften, in: Schmitz, Sigrid/Schinzel, Britta (Hrsg.): Grenzgänge. Genderforschung in Informatik und Naturwissenschaften, Königstein: Helmer

Phillips, Michael et al. (2001): Temporal lobe activation demonstrates sex-based differences during passive listening, in: Radiology 220, S. 202–207

Schiebinger, Londa (1993): Schöne Geister. Frauen in den Anfängen der Wissenschaft, Stuttgart: Klett-Cotta

Schinzel, Britta (2005): Kulturunterschiede beim Frauenanteil im Studium der Informatik, Online-Ressource: http://mod.iig.uni-freiburg.de/cms/fileadmin/publikationen/online-publikationen/Frauenanteil.Informatik.International.pdf (9.5.2010)

Schlaug, Gottfried et al. (1995): Increased corpus callosum size in musicians, in: Neuropsychologia 33, S. 1047–1055

Schmitz, Sigrid (2006): Frauen- und Männergehirne. Mythos oder Wirklichkeit? in: Ebeling, Smilla/Schmitz, Sigrid (Hrsg.): Geschlechterforschung und Naturwissenschaften. Einführung in ein komplexes Wechselspiel, Wiesbaden: VS Verlag für Sozialwissenschaften

Schmitz, Sigrid (2004): Körperlichkeit in Zeiten der Virtualität, in: Schmitz, Sigrid/Schinzel, Britta (Hrsg.): Grenzgänge. Genderforschung in Informatik und Naturwissenschaften, Königstein: Helmer

Shaywitz, Bennett A. et al. (1995): Sex differences in the functional organization of the brain for language, in: Nature 373, S. 607–609

Sommer, Iris et al. (2004): Do women really have more bilateral language representation than men? A meta-analysis of functional imaging studies, in: Brain 127, S. 1845–1852

Wattendorf, Elise et al. (2001): Different languages activate different subfields in Broca's area, in: NeuroImage 13 (6), S. 624

Wenneras, Christine/World, Agnes (1997): Nepotism and sexism in peer-review, in: Nature 387, S. 341–343

Winker, Gabriele/Degele, Nina (2009): Intersektionalität. Zur Analyse sozialer Ungleichheiten, Bielefeld: Transcript

Zur Vertiefung

Ebeling, Smilla/Schmitz, Sigrid (Hrsg.) (2006): Geschlechterforschung und Naturwissenschaften. Einführung in ein komplexes Wechselspiel, Wiesbaden: VS Verlag für Sozialwissenschaften

Orland, Barbara/Scheich, Elvira (Hrsg.) (1995): Das Geschlecht der Natur, Frankfurt am Main: Suhrkamp

Schmitz, Sigrid/Degele, Nina (2010): Embodying – ein dynamischer Ansatz für Körper und Geschlecht in Bewegung, in: Degele, Nina et al. (Hrsg.): Gendered Bodies in Motion, Leverkusen: Budrich UniPress

Von Menschen, Kulturen und Wissen der Physik. Zugleich eine Einführung in die Geschlechterforschung in der Physik

Helene Götschel

Einleitung

Geschlechterforschung und Physik scheinen auf den ersten Blick wenig gemein zu haben. Geschlechterforschung ist ein disziplinübergreifendes Forschungsfeld, in dem mit Ansätzen und Methoden vornehmlich aus den Sozial- und Kulturwissenschaften zentrale Fragestellungen nach der Rolle und Bedeutung der Kategorie Geschlecht in unserer Kultur und Gesellschaft bearbeitet werden. Physik hingegen untersucht alle experimentell und messend erfahrbaren Vorgänge und mathematisch beschreibbaren Erscheinungen vorwiegend der unbelebten Natur. Unter Rückgriff auf bestehende Wissenssysteme und eigene Erfahrungen sowie unter Zuhilfenahme von Kreativität und Intuition werden aus der Fülle der Naturerscheinungen und Phänomene geeignete messbare Größen ausgewählt und zueinander in mathematische Beziehungen gesetzt, also vermeintlich „objektiv" beschrieben. Gleichzeitig wird die Physik aufgrund ihrer Objektivität als außerhalb der Kultur und Gesellschaft stehend betrachtet. Erst der transdisziplinäre Standpunktwechsel, d.h. eine die Disziplingrenzen überschreitende Herangehensweise an die Physik, und die Betrachtung der Entstehungszusammenhänge und Anwendungskontexte der Physik machen die Geschlechterperspektive sichtbar. Genderforschung in der Physik ist daher untrennbar mit einer Erweiterung des Wissenschaftsverständnisses der Physik verbunden.

Seit den späten 1970er-Jahren haben Forscher/innen in Europa und Nordamerika Physik im soziokulturellen Kontext analysiert und inzwischen eine Fülle von Forschungsarbeiten und -ergebnissen vorgelegt. Zur besseren Übersicht und zum Aufzeigen bestehender Forschungslücken ist es vorteilhaft, die bestehende Forschungsliteratur nach den jeweiligen Erkenntnisinteressen und untersuchten Gegenständen zu systematisieren. Für eine Systematik schlage ich daher die folgenden drei Analysedimensionen vor:

- Menschen in der Physik
- Die Kulturen der Physik
- Das Wissen der Physik.

Bei dieser Aufzählung fehlt bewusst die Dimension der geschlechtergerechten Pädagogik und Physikdidaktik, die zwar sehr wichtig für den Physikunterricht in der Schule, die Physikausbildung an der Hochschule und die Lehrerausbildung ist, deren Darstellung in der Literatur sich jedoch primär mit dem Prozess der Wissensvermittlung physikalischen Wissens beschäftigt und weniger mit der Physik an sich. Zunächst werden daher im Folgenden die drei Analysedimensionen Menschen, Kulturen und Wissen der Physik am Beispiel grundlegender Studien vorgestellt. Anschließend wird die Geschlechterforschung exemplarisch auf den Teilbereich der Elementarteilchenphysik angewendet.

1 Menschen in der Physik. Statistiken und Biografien

Quantitative Daten und historische Studien geben einen ersten Einblick in die Situation von Frauen (und Männern) in der Physik. Internationale Vergleiche zeigen, dass der geringe Frauenanteil in westlichen Industrienationen nicht als natürlich angesehen werden darf. 1990 z.B. variierte die Zahl der Hochschuldozentinnen in Physik weltweit von weniger als 5 % in westlichen Industrienationen bis zu 30 % in kommunistischen und Schwellenländern (Barinaga 1994; Megaw 1992). Auch innerhalb Europas gibt es große Unterschiede. Der Anteil der Frauen an den Physikpromotionen beträgt in Deutschland, Estland, Österreich und der Schweiz weniger als 25 %, während er in Bulgarien, Irland, Italien, Portugal, der Slowakei und Spanien mit mehr als 45 % nahezu ausgeglichen ist (European Commission 2006: 41 f.). Darüber hinaus ist Physik nicht nur männlich, sondern auch „weiß". Eine Untersuchung zur Diversität in Natur- und Technikwissenschaften an US-amerikanischen Forschungsuniversitäten zeigt, dass nur 132 der knapp 2000 festangestellten Professor/innen weiblich sind, darunter keine Afroamerikanerin oder indigene Amerikanerin (*Native American*) (Nelson 2002).

Historische und biografische Studien beschäftigen sich mit Physikerinnen in Vergangenheit und Gegenwart. Ein Blick in die Physikgeschichte zeigt, dass Physik bei gebildeten Frauen durchaus beliebt war. Die erste Professorin Europas war im 18. Jahrhundert Laura Bassi, eine Physikprofessorin an der Universität Bologna (Ceranski 1996). Anfang des 20. Jahrhunderts zählte das Physikstudium in Deutschland zu den beliebtesten Studienfächern der Studentinnen, da die Professionalisierung des höheren Mädchenschulwesens in naturwissenschaftlichen Fächern gute Berufsaussichten für akademisch gebildete Frauen eröffnete. Für Österreich konnte aufgezeigt werden, dass zwischen 1910 und 1945 mehr als 100 Frauen an der Universität Wien Physik studierten oder an den physikalischen Instituten der Universität bzw. im Wiener Institut für Radiumforschung als Assistentinnen oder unbezahlte Forscherinnen tätig waren (Bischof 2003). Über viele bekanntere wie auch weniger bekannte Physikerinnen liegen inzwischen Biografien oder Autobiografien vor (vgl. Götschel 2008).

Zur Dimension Menschen in der Physik ist aus Sicht der Geschlechterforschung bereits viel geforscht worden. Historische und sozialwissenschaftliche Studien honorieren das Leben und die Erfolge von außergewöhnlich talentierten und zielstrebigen Forscherinnen, die über Vorurteile und Barrieren hinweg mit Leidenschaft an der Entwicklung der Physik mitwirkten. Darüber hinaus gibt es unzählige Arbeiten über männliche Physiker, die jedoch nahezu alle die Kategorie Geschlecht vollständig ausblenden. Auch berücksichtigen bislang nur wenige Studien neben der Kategorie Geschlecht weitere Kategorien sozialer Ungleichheit wie etwa *race* oder *class*. Sie zeigen auf, dass frauendiskriminierende Strukturen mit antisemitischen Vorurteilen verschränkt sind, wie etwa im Fall der britischen Kristallografin Rosalind Franklin (Wiesner 2002: 125–181) oder mit rassistischen Vorurteilen, wie im Fall der US-amerikanischen Physikerin und Wissenschaftshistorikerin Evelynn Hammonds (Sands 2001). Quantitative Daten machen auf den geringen Frauenanteil auf unterschiedlichen Hierarchiestufen aufmerksam und zeigen große Unterschiede im globalen sowie im europäischen Vergleich.

2 Die Kulturen der Physik. Physik in der Kultur und Physik als Kultur (der Nicht-Kultur)

Physik gilt als männliche Disziplin und ihre Helden sind Männer. Um dies zu verstehen und zu verändern, befassen sich historische, qualitative sozialwissenschaftliche und anthropologische Studien zunehmend mit den Kulturen der Physik und untersuchen naturwissenschaftliche Institutionen wie Labore, Forschungsgruppen, physikalische Teilgebiete sowie wissenschaftliche Gesellschaften und Organisationen. Studien, die sich mit dem Image der Physik oder der Vermittlung naturwissenschaftlichen Wissens beschäftigen, untersuchen „Physik in der Kultur". Sie berücksichtigen dabei meist, dass Kultur als empirisches Fakt am besten in vergleichenden Studien, z. B. im Vergleich unterschiedlicher nationaler oder Fach-Kulturen, herausgearbeitet werden kann (Kessels et al. 2002; Münst 2002). Eine Analyse der medialen Repräsentation von Physikerinnen in deutschen Printmedien zeigt, dass selbst in fortschrittlichen Zeitschriften kein ansprechendes Bild vom Beruf der Physikerin gezeichnet wird. Vielmehr werden Physikerinnen als Frauen dargestellt, denen es entweder an Genialität oder an Weiblichkeit und oft sogar an beidem mangelt (Erlemann 2004).

Die Kulturen der Physik werden von der Geschlechterforschung ebenfalls in den Blick genommen. Im Rahmen des von der dänischen Anthropologin Cathrine Hesse koordinierten Projektes „Understanding Puzzles in the Gendered Map of Europe UPGEM" wurden die Wechselwirkungen zwischen Geschlechterunterschieden in den National- und Arbeitsplatzkulturen von Physiker/innen in Dänemark, Estland, Finnland, Italien und Polen auf die Gründe hin analysiert, die zu einer erfolgreichen Karriere oder zum Karriereabbruch führen. Sie stellten fest, dass in den Ländern unterschiedliche Idealvorstellungen eines erfolgreichen Physikers vorherrschten, die verschieden stark mit Männlichkeit bzw. Weiblichkeit assoziiert waren: individueller Herkules, teamorientierter „Caretaker", fleißige Arbeitsbiene. Eine der zentralen Empfehlungen des UPGEM-Projektes lautet, die Selektionsmechanismen einer physikalischen Fachkultur zu identifizieren und die kulturellen Muster zu durchbrechen (Hasse et al. 2008, Hasse/Trentemøller 2008). Die Anthropologin Sharon Traweek prägte den Begriff der „Kultur der Nicht-Kultur *(culture of no culture)*" zur Beschreibung des weitverbreiteten Verständnisses, dass Physik quasi außerhalb der Kultur stehe und nicht verquickt sei mit Gefühlen, Geschlecht, Nationalismus oder jeglicher Unordnung, sondern vielmehr unabhängige und zeitlose Wahrheiten produziere (Traweek 1988: 162).

Insgesamt können die historischen, sozialwissenschaftlichen und anthropologischen Studien zu Physik in der Kultur und zu Physik als Kultur (der Nicht-Kultur) unterschiedliche Aspekte der Kulturen der Physik verdeutlichen. Sie geben Einblicke in externe und interne Prozesse, die ein angenehmes oder unangenehmes Arbeitsklima für Frauen und Minoritäten erzeugen und Physikkarrieren fördern oder behindern. Die Ergebnisse dieser Forschungsansätze sind allerdings m. E. dahingehend eingeschränkt, dass sie zwar den kulturellen Kontext der Physik untersuchen und in den Physikalltag blicken, aber keine Reflektion des physikalischen Wissens selbst vornehmen. Daher können sie keine Verbindung zwischen Geschlecht und den Inhalten der Physik herstellen und reifizieren damit letztendlich Physik als eine Disziplin, die harte Fakten, gültige Theorien und ewige Wahrheiten erzeugt.

3 Das Wissen der Physik: Aussagen über Geschlecht, Geschlecht in der Physik, Geschlecht und Erkenntnis

Da Physik von Menschen gemacht wird, ist es nicht verwunderlich, wenn gesellschaftliche Geschlechterverhältnisse und physikalisches Wissen miteinander verwoben sind. Erst ein transdisziplinärer Blickwinkel macht die Aussagen des physikalischen Wissens über Geschlechter sichtbar. So wurde um 1900 aus thermodynamischen Gesetzen abgeleitet, dass Frauen nur dann „ihrer Natur" folgen und gesunde Kinder zur Welt bringen könnten, wenn sie intellektuelle Arbeit vermeiden und die ihnen (für ihre „natürliche" Aufgabe als Mutter) zur Verfügung stehende Energie nicht für eine wissenschaftliche Laufbahn verschwenden würden. In dieser Argumentation wurde geschickt das Energieerhaltungsprinzip der Thermodynamik gegen die aufkommende Konkurrenz von Frauen an den Hochschulen verwendet (Heinsohn 2005). Ähnlich waren schon im 18. Jahrhundert vom Naturphilosophen Johann Wilhelm Ritter Konzepte der Indifferenz und Polarisation im Magnetismus benutzt worden, um das „natürliche" Verlangen der Frauen nach Empfängnis und Schwangerschaft zu erklären und sie damit auf ihre Rolle als Mütter und den häuslichen Wirkungskreis festzulegen (Holland 2006).

Durch den transdisziplinären Blickwinkel wird sichtbar, dass gesellschaftliche Geschlechtervorstellungen in die physikalische Beschreibung der materiellen Welt eingeschrieben werden. Sehr deutlich wird dies in populärwissenschaftlichen Darstellungen der Physik, etwa wenn in einem Lehrfilm über das europäische Großforschungslabor CERN (Centre Européenne pour la Recherche Nucléaire) das Proton „Protoni" als „poor lonesome cowboy" dargestellt wird (Gisler 2001). Im Zuge der zunehmenden Betrachtung der Naturwissenschaften im gesellschaftlichen Kontext begannen einige Forscherinnen, derartige Arbeiten wegen ihrer fehlenden Geschlechterperspektive zu kritisieren. Beispielsweise stellte Wolff (1978) in seiner Geschichte der Impetustheorie eine Analogie zwischen dieser frühen Bewegungstheorie der Scholastik und ökonomischen Konzepten des Mittelalters her. Die Physikerin und Politikwissenschaftlerin Elvira Scheich kritisierte daran das Fehlen einer Genderanalyse und argumentierte, dass sich die Vernachlässigung der weiblichen Reproduktionsarbeit in der zeitgenössischen ökonomischen Theorie ebenfalls in der scholastischen Theorie der Bewegung widerspiegle und diese Auslöschung weiblicher Arbeit in Newtons Bewegungsgesetzen fortgeführt werde (Scheich 1985; 1993). Ähnlich beeinflussten englische Klassen- und Geschlechtervorstellungen des 17. Jahrhunderts die Interpretation der Luftpumpenexperimente, welche zu Boyles Gasgesetzen führte (Potter 2001). Um physikalisches Wissen aus einer Geschlechterperspektive zu analysieren, haben andere Arbeiten die Sprache der heutigen Physik, insbesondere im nuklearen Wettrüsten und im Militär diskutiert (Cohn 2001; Easlea 1986).

Darüber hinaus werden erkenntnistheoretische Konzepte einer Genderanalyse unterzogen. Objektivität etwa, so wurde von US-amerikanischen feministischen Theoretikerinnen herausgearbeitet, ist keinesfalls „objektiv" im Sinne von „unabhängig vom untersuchenden Subjekt existierend", sondern kann verstanden werden als sozial ausgehandeltes Wissen, als Reflektion kultureller Werte, welche überarbeitet werden müssen, oder als lediglich partiales und situiertes und interessenbezogenes Wissen (Longino 1990; Harding 1994; Haraway 1995). Materialität ist ein weiteres zentrales Konzept, das derzeit einer feministischen Reflektion unterzogen wird (Alaimo/Hekman 2008; Götschel/Strowick 2002). Hervorzuheben sind hier insbesondere die theoretischen Arbeiten von Karen Barad (2005, 2007). Angeregt durch die sogenannte Kopenhagener Deutung in der Quantenmechanik durch Niels Bohr entwickelte sie die Vorstellung, dass Materialität im Prozess des Messvorganges bzw. der „Intra-Aktion" zwischen Forscher/in und Forschungsobjekt erst hervorgebracht wird. Barad spricht von einem auf Handlungen beruhenden Realismus („agential realism") und einer Überwindung der Erkenntnis/Subjekt-Sein/Objekt-Trennung hin zu einer „Epistemonthologie". Ihre Überlegungen sind ein erstes Beispiel dafür, wie Erkenntnisse der physikalischen Geschlechterforschung auf die transdisziplinäre Geschlechterforschung zurückwirken.

Studien über Geschlecht im Wissen der Physik verschieben den Fokus von einer Vorstellung der ewigen Wahrheiten zu einem Feld menschlicher Anstrengungen. Sie zeigen auf, wie Physik Aussagen über Geschlecht macht, wie dieses in die Beschreibung der materiellen Welt eingeschrieben wird und wie erkenntnistheoretische Konzepte aus einer Genderperspektive neu formuliert werden. Dieses äußerst spannende und bislang unzureichend erkundete Forschungsfeld zeigt jedoch nicht auf, welche Handlungsweisen konkret zu geschlechtergerechteren Entwicklungen in der Physik beitragen können. Besonders die US-amerikanische Wissenschaftshistorikerin Londa Schiebinger (2008: 241–259) setzt sich dafür ein, transdisziplinäre Forschungsfragen in Forschungsteams mit Physik- und Genderkompetenz zu bearbeiten. Noch steht jedoch die Umsetzung dieses Vorschlags in die Praxis aus.

4 Die Welt der Elementarteilchen. Experimentelle Praxis und Standardmodell

In der große Medienpräsenz zeigenden Elementarteilchenphysik, auch Hochenergiephysik genannt, werden die elementaren Bestandteile der Materie sowie die zwischen ihnen wirkenden Kräfte untersucht. Bevor auf die Geschlechterforschung in diesem prestigeträchtigen Bereich eingegangen wird, werden zunächst kurz zentrale Begriffe aus der physikalischen Theorie und experimentellen Praxis der Elementarteilchenphysik vorgestellt (Götschel 2006).

Leptonen

$$\begin{pmatrix} e \\ \nu_e \end{pmatrix} \qquad \begin{pmatrix} \mu \\ \nu_\mu \end{pmatrix} \qquad \begin{pmatrix} \tau \\ \nu_\tau \end{pmatrix}$$

Elektron Myon Tau
Elektron-Neutrino myon-Neutrino Tau-Neutrino

Quarks

$$\begin{pmatrix} u \\ d \end{pmatrix} \qquad \begin{pmatrix} s \\ c \end{pmatrix} \qquad \begin{pmatrix} b \\ t \end{pmatrix}$$

up strange beauty/bottom
down charm truth/top

Abb. 1: Das Standardmodell der Elementarteilchenphysik

Seit der Erforschung der subatomaren Welt, also etwa ab 1930, hat man mehrere Hundert Elementarteilchen erzeugt, beobachtet und analysiert. Aufgrund der dafür benötigten hohen Energien und der Instabilität der Teilchen ist die Erzeugung und Vermessung von Elementarteilchen äußerst kompliziert und gelingt nur im Zusammenspiel von durchdachter Konzeption und störungsfreiem Betrieb des Teilchenbeschleunigers sowie der optimalen Kooperation von 200 und mehr Forscher/innen unterschiedlicher Institute und Länder. Die beobachteten Elementarteilchen können nach ihren physikalischen Eigenschaften in drei Gruppen unterteilt werden:

- Leptonen („leichte Teilchen"), die nicht weiter zusammengesetzt sind und auf elektromagnetische Kraft und auf schwache Kraft, die für Zerfälle im Atomkern verantwortlich ist, reagieren. Dazu gehört beispielsweise das Elektron.
- Hadronen („starke Teilchen"), die zusätzlich auf die starke Kraft reagieren, die zwischen den Bestandteilen des Atomkerns wirkt. Zu den Hadronen gehört z. B. das Proton. Nach heutigem Wissen sind Hadronen nicht elementar. Sie können aus zwei Quarks aufgebaut sein (Mesonen, „mittelschwere Teilchen") oder aber aus drei Quarks bestehen (Baryonen, „schwere Teilchen").

- Wechselwirkungsteilchen (Eichbosonen) sind für den Austausch von elektromagnetischen, schwachen oder starken Kräften verantwortlich. Das Wechselwirkungsteilchen für die elektromagnetische Kraft etwa ist das Photon.

In den 1960er- und 1970er-Jahren setzte sich die Auffassung durch, dass Hadronen aus Quarks zusammengesetzt sind. Damit konnte sich die Vielzahl von mehreren Hundert Elementarteilchen sehr elegant auf 12 elementare Bausteine, nämlich sechs Leptonen und sechs Quarks (und 12 Antibausteine: sechs Antileptonen und sechs Antiquarks) zurückführen lassen. Im sogenannten Standardmodell der Elementarteilchenphysik werden je zwei Leptonen und zwei Quarks zunächst paarweise angeordnet und anschließend vertikal zu Familien oder Generationen zusammengefasst (siehe Abb. 1).

Trotz des Erfolgs des Standardmodells zur Beschreibung der materiellen Welt weist es gravierende Mängel auf und gilt nur als vorläufige Lösung des Problems (vgl. Götschel 2006).

5 Menschen in der Elementarteilchenphysik: Statistiken und Biografien von Elementarteilchenphysikerinnen

Frauen waren und sind an der Entwicklung der Elementarteilchenphysik beteiligt. Momentan gehören weltweit etwa 13 000 Menschen zur Hochenergiephysik-*Community*, darunter etwa 2400 Frauen. Rund die Hälfte arbeitet an einem der beiden europäischen Forschungszentren CERN in Genf und DESY (Deutsches Elektronen Synchrotron) in Hamburg. Bereits 1980 stellte der *Report on Women in Scientific Careers at CERN* (Gaillard 1980) heraus, dass sich unter den 2500 Wissenschaftler/innen am CERN 140 Frauen befanden, darunter 50 Ingenieurinnen, Maschinenphysikerinnen, Medizinphysikerinnen, Informatikerinnen und Astronominnen und 90 Elementarteilchenphysikerinnen. Knapp ein Viertel von ihnen berichtete von Diskriminierungserfahrungen, z. B. in Form von ungleicher Bezahlung, mangelnder Förderung ihrer Karrieren oder subtiler Angriffe auf ihr Selbstbewusstsein. Eine aktuellere Studie zu Frauen in der Elementarteilchenphysik gibt es nicht, immerhin aber einige Statistiken. Momentan beträgt der Frauenanteil unter den Forschenden am CERN 18 %. Genauso hoch ist auch der Anteil der französischen Physikerinnen in dieser Forschungseinrichtung, während Italienerinnen mit 20 % überdurchschnittlich vertreten sind. Deutschland schneidet mit knapp 15 % etwas schlechter ab. Am DESY lag der Frauenanteil 2007 im wissenschaftlichen Bereich insgesamt bei 17 % und damit nur knapp unter dem im DESY „gender action plan" gesteckten Ziel eines Frauenanteils von 20 %. In Führungspositionen der Instituts- und Geschäftsleitung allerdings betrug der Frauenanteil am DESY beschämende 0 % (Gleichstellungsbeauftragte 2007).

Menschen spielen in der Geschichte der Elementarteilchenphysik und im Forschungsalltag eine wichtige Rolle. In der öffentlichen Wahrnehmung scheint es sich dabei ausnahmslos um Männer zu handeln. Unter den mit einem Nobelpreis ausgezeichneten und in zahlreichen (Auto-)Biografien verewigten Helden der Elementarteilchenphysik befindet sich keine Frau. Der Physikhistoriker Andrew Pickering stellt den Leser/innen in seiner Sozialgeschichte der Teilchenphysik lediglich die amerikanisch-französische theoretische Physikerin Mary K. Gaillard näher vor, die unter anderem die Masse des charm-Quarks und des bottom-Quarks voraussagte (Pickering 1984: 245–247; Buras 2006). Ein Sammelband zu Physikerinnen im 20. Jahrhundert nimmt darüber hinaus Juliet Lee-Franzini, Gail Hanson und Sau Lan Wu als drei weitere experimentelle Elementarteilchenphysikerinnen auf sowie die Maschinenphysikerin Helen Thom Edwards (Byers/Williams 2006). Letztere entwarf und baute am Fermi-Laboratorium bei Chicago den ersten supraleitenden Teilchenbeschleuniger, mit dem das top-Quark erzeugt werden konnte. Anders als über Frauen in der Atom- oder Kernphysik sind über diese Elementarteilchenphysikerinnen bislang keine Monografien erschienen.

Oft beschäftigen sich große Forschungsteams arbeitsteilig mit vielen Details des Experiments. Die mexikanische Wissenschaftshistorikerin Gisela Mateos machte sich auf die Suche nach Physikerinnen und ihren Beiträgen zur Geschichte der Neutrinophysik, einem Untergebiet der Elementarteilchenphysik. Ziel ihrer Studie ist es, Frauen aufzuspüren, die an der Entwicklung der Neutrinophysik beteiligt waren und eine Erklärung zu finden, warum diese Disziplin als männliches Feld angesehen wird. Dazu wertet sie alle Veröffentlichungen zur Neutrinophysik von 1970 bis 2005 aus. Für das Jahr 1971 konnte Mateos unter 142 Autor/innen vier Personen eindeutig als Frauen identifizieren. Auf der Konferenz der Europäischen Gesellschaft für Wissenschaftsgeschichte (ICESHS) berichtete sie daher statt über erste Forschungsergebnisse über die Unsichtbarkeit der Frauen in der Neutrinophysik (Mateos 2006).

6 Die Kulturen der Elementarteilchenphysik. Initiationsriten, Religiosität, Teilchenjäger

Mit Aspekten der Subkultur der Elementarteilchenphysik beschäftigen sich Studien aus Anthropologie, Kommunikationswissenschaft und Physikgeschichte. Die US-amerikanische Anthropologin Sharon Traweek begleitete fünf Jahre lang Hochenergiephysiker/innen an Forschungszentren in Japan und den USA und erforschte deren Sicht auf ihr Forschungsfeld. Dabei machte sie für den Sozialisationsprozess fünf Karrierestationen aus, die Physikneulinge durchlaufen müssen. Sie reichten vom Physikstudium über die Zeit der Doktorarbeit und die Postdoc-Phase bis hin zur Position eines Leiters einer Forschungsgruppe und schließlich einer Forschungsinstitution. An jeder Station würden moralische Geschichten erzählt, die von Zeit, Ängsten, Erfolg und Misserfolg handeln und die Traweek als „männliche Geschichten" entlarvt. Die Station der Anfertigung der Doktorarbeit etwa beschreibt sie als eine Zeit, in der sich die angehenden Physiker/innen unter anderem in ihrem Teilgebiet so viel Wissen wie möglich aneignen müssten.

Jungen Physiker/innen würde in dieser Zeit nahegelegt, Partner/innen zu wählen, die ein Verständnis für die Wichtigkeit der Forschungstätigkeit und familienunfreundliche Arbeitszeiten aufbringen könnten. Affären dagegen würden als „unworthy distraction of vital energies" (Traweek 1988: 84) verurteilt. Damit wird nahegelegt, dass erfolgreiche Physiker/innen verheiratete Physiker/innen seien. Abgesehen davon, dass dieser Lebensentwurf unreflektiert eine heterosexuelle Orientierung voraussetzt, habe diese Botschaft auf Physiker und Physikerinnen unterschiedliche Auswirkungen. Partnerinnen von Hochenergiephysikern stammten nämlich aus allen möglichen, darunter auch weniger qualifizierten Berufen. Hochenergiephysikerinnen dagegen seien auffallend häufig mit erfolgreichen Physikern verheiratet. Offensichtlich seien Physiker am ehesten in der Lage, Verständnis für die Tätigkeit ihrer Frauen aufzubringen. Dadurch ergäben sich jedoch für Physikerinnen die typischen Probleme der Doppelkarrierepaare, da bei fast allen untersuchten Physikerpaaren die Karriere des Mannes im Vordergrund stand (ebd.).

Die Verkörperung von Physik als quasi-religiöse Aktivität, ihre religiösen Ursprünge und Assoziationen sowie den eingeschworenen Club der eingeweihten Priesterschaft beschreibt die australische Physikerin und Wissenschaftsjournalistin Margaret Wertheim (2000) als durch die Jahrhunderte wirksame Barriere, um Frauen vom Beitritt in die priesterliche Kultur der Physik abzuhalten. Diese Einstellung lässt sich noch heute an vielen Stellen in der Elementarteilchenphysik aufspüren. So wird das seit 40 Jahren gesuchte Higgs-Teilchen, das im Standardmodell der Teilchenphysik für die Massenunterschiede der Elementarteilchen und die Vereinigung von elektromagnetischer, schwacher und starker Kraft verantwortlich ist, auch als „Gottesteilchen" oder „allgegenwärtiges Kraftfeld" bezeichnet (ebd.: 299). Der Hochenergiephysiker Robert Wilson verglich Beschleuniger mit Kathedralen, da beide aus Glaubensgründen unter großen finanziellen Belastungen gebaut würden. Er zog die Parallele sogar noch weiter: Beschleuniger und Kathedralen böten beide geistige Erhebung, Transzendenz und Offenbarung im Gebet (ebd.: 291–301). Ob die Physiker, und es scheinen tatsächlich nur Männer zu sein, dabei eine raffinierte PR-Strategie verfolgten oder tatsächlich diese religiösen Gefühle empfanden, bleibt nach Ansicht von Wertheim völlig unklar. Offensichtlich wird Physikern aber die Autorität zugebilligt, als Hohepriester über Gott zu sprechen. Wie in einer sehr orthodoxen Gemeinschaft blieben Frauen aber vom Priesteramt für den männlichen Gott ausgeschlossen.

Eine quasi-religiöse Haltung der Physiker/innen beobachtete auch Traweek im wissenschaftlichen Alltag der experimentellen Hochenergiephysik, beispielsweise in der Art des gängigen Vortragsstils. Sie beschrieb, dass experimentelle Hochenergiephysiker/innen ihre Vorträge mithilfe eines Overheadprojektors bei ausgeschaltetem Deckenlicht halten und dabei dem Publikum den Rücken zuwenden. Verhaltensforscher mögen vermuten, dass dies eine Geste der Unterwerfung sei, aber es ist eine autoritäre Geste. Sie wenden sich zu den erleuchteten Fakten so, wie ein Priester sich dem Altar zuwenden würde, und sie sprechen mit der gebieterischen Stimme der Autorität und im sehr herablassenden Ton der Sicherheit (Traweek 1992: 429). Als Anthropologin beobachtete Traweek die Hochenergiephysik-*Community* bei profanen und sakralen Handlungen, um herauszufinden, wie sie Differenzen zwischen Profanem und Sakralem einübt und diese Differenzen gleichzeitig als offensichtlich, naturgegeben und pragmatisch erleben kann. Dabei stellte Traweek fest, dass in der Teilchenphysik Objektivität, Fakten, Zahlen, Beobachtungen und Logik heilig seien. Individualität, Wettkampf, Spannung, Kreativität und Wissen seien ebenfalls positive Werte. Profane Dinge, wie etwa Subjektivität, Geschichte, Wörter, Zuhören, Gefühle und Körperlichkeit werden weitgehend verbannt (ebd.). Auch hier sind in westlichen Gesellschaften die sakralen Werte eher männlich und die profanen Werte eher weiblich konnotiert. Kurzum: Frauen verkörpern Werte, die in der Physik unterdrückt werden müssen.

Der Kommunikationswissenschaftler Detlev Nothnagel (1996) untersuchte das Kommunikationsverhalten von Hochenergiephysiker/innen am Forschungszentrum CERN. Er beobachtete den Einsatz sprachlicher Tropen und anderer rhetorischer Formen und analysierte die Verwendung der Begriffe „Jagd", „Kultivierung", „Infektion/Krankheit" sowie „Reinigung/Heilung". Sein Beispiel der Jagd soll hier näher erläutert werden. Laut Nothnagel würden Entdeckungsprozesse in der Hochenergiephysik-*Community* oft als „Jagd" beschrieben und damit assoziiert, dass es sich um eine Art sportlichen Wettkampf handele. Dies sei insofern bedeutungsvoll, als Jagd eine Tätigkeit sei, die Natur in Kultur transformiere, indem z. B. ein wildes Tier in eine Beute verwandelt werde. Zugleich sei es eine prestigeträchtige Tätigkeit, die mit Teilhabe und Verteilung zu tun habe, wobei gesellschaftliche Machtverhältnisse einschließlich Geschlechterverhältnisse eine enorme Rolle spielten. Auf diese Weise werde die Erforschung der Natur in der Jagd nach den Elementarteilchen gleichzeitig zu einer Erforschung der Identität, der Möglichkeiten und des Erfolgs der (männlichen) Menschen. Denn Teilchenphysik habe nicht nur mit der unbelebten Natur oder den Elementarteilchen zu tun. Menschen seien ebenfalls ein Teil der Natur, aber zugleich seien sie es, die in ihren Praxen und Diskursen die „Natur" (und damit auch ihre eigene Identität als Teilchenjäger) durch Entdeckung und Klassifizierung erst hervorbrächten (Nothnagel 1996).

7 Das Wissen der Elementarteilchenphysik: Hierarchien, Fachbegriffe, Heteronormativität

Aus transdisziplinärer Perspektive werden Strukturen und Modelle der Physik nicht in der Natur entdeckt, sind also nicht prädiskursiv bzw. schon vor dem Messprozess vorhanden. Vielmehr werden sie von Menschen erschaffen und bezeichnet und sind daher einer Geschlechteranalyse unterziehbar. Bereits Anfang der 1980er Jahre hatte die Physikerin Rosemarie Rübsamen auf die hierarchische Anordnung bzw. Auffassung sowohl der Naturwissenschaften allgemein, der physikalischen Theorien als auch der Materie hingewiesen. Dies zeige deutlich, dass sich zentrale gesellschaftliche Strukturen auf verschiedenen Ebenen der Physik widerspiegelten, und zwar insbesondere solche Machtstrukturen, welche entscheidend für die Ausübung von Herrschaft im Patriarchat seien (Rübsamen 1983). Barbara Whitten untersuchte in der Fachzeitschrift *Physics Today* die knapp zehnjährige Debatte über den Baustopp der Teilchenbeschleunigeranlage SSC (*Superconducting Super Collider*) aus feministischer Perspektive. Zentral in der Argumentation der Befürworter wie der Gegner des SSC waren ihr zufolge die rhetorische Beschreibung des eigenen Fachgebietes als „fundamental" und der Verweis darauf, dass dieses „'an immense challenge' to the human intellect" bedeute (Whitten 1996: 6). Dem stellt Whitten die Sicht von Physikern aus der Angewandten Physik und der Festkörperphysik gegenüber. Nach Ansicht einiger Materialwissenschaftler sollte es nicht das Anliegen von Physiker/innen sein, die Geheimnisse des Universums zu verstehen, sondern die Probleme der menschlichen Gesellschaft zu lösen (ebd.: 7), während die Festkörperphysiker vor allem die reduktionistische Sicht der Elementarteilchenphysiker kritisierten. Wenn „fundamental" bedeute, dass wir nicht wüssten, was wir täten, so wäre dies ein Kriterium, das auf jeden Bereich der Naturwissenschaften zuträfe, so argumentierten sie. Whitten stellte fest, dass keines der Lager dabei eine hierarchische Ordnung der physikalischen Teilgebiete grundsätzlich infrage stellen würde. Sie entwarf daraufhin ein nicht-hierarchisches, komplexes und interaktives Netzmodell der physikalischen Subdisziplinen, das die vielfältigen Wechselwirkungen und Beeinflussungen der einzelnen Teilgebiete besser abbildet. Indem die Autorin ihr Netzmodell als feministisch bezeichnet, betont sie, dass hierarchische Verhältnisse der Rangordnung, Abstufung sowie Über- und Unterordnung in der westlichen Kultur männlich konnotiert sind und mit geschlechtergerechten oder demokratischen Prinzipien kaum vereinbar werden können (Whitten 1996).

Auch die in der Elementarteilchenphysik gebräuchlichen Begriffe können einer Genderanalyse unterzogen werden. Für die Wahl der Bezeichnungen gibt es unterschiedliche Strategien. Manche Teilchen und Phänomene erhalten Namen, die den Sachverhalt pragmatisch beschreiben. Neutrino beispielsweise heißt sehr kleines neutrales Teilchen. Eine andere Methode der Namensgebung ist die Abzählung der Teilchen nach mathematischen Verfahren, wie im Fall des nach dem griechischen Buchstaben τ (Tau) benannten Leptons. Andere Namen lassen sich aus dem historischen Kontext der Forschung erklären. Elektron bedeutet wörtlich „Bernstein" (altgr.: *elektron*), da elektrische Phänomene zunächst beim Experimentieren mit Bernstein beobachtet wurden. Für Forschungszentren, Beschleunigeranlagen und Detektoren sind die Namen oft eine Abkürzung der Anfangsbuchstaben. Die europäischen Forschungszentren heißen CERN (*Centre Européenne pour la Recherche Nucléaire*) und DESY (Deutsches Elektronen Synchrotron). CERN oder Kern können als funktionaler Hinweis auf die Kernforschung aufgefasst werden, DESY dagegen als Lautspiel. DESY ist homophon zu DAISY und bedeutet so viel wie „Tausendschönchen" oder „attraktive Frau". Diese Strategie des Gleichklangs entschlüsselt Traweek als logische Strategie für die Schaffung von Namen für Forschungszentren, Beschleuniger und Detektoren. Die Physiker/innen dächten sich Namen aus, die durch ihre Homophonie eine witzelnde Doppeldeutigkeit hervorriefen, die oft genital oder sexuell sei (Traweek 1992). Ich möchte hier ergänzen, dass diese Doppeldeutigkeit dabei in der Regel auf heterosexuelles Begehren verweist. Bei DESY in Hamburg gibt es z. B. ZEUS und HERA, im japanischen Tsukuba TRISTAN, VENUS und SHIP. Weiterhin werden zahlreiche (hetero-)sexuell konnotierte Metaphern in der Hochenergiephysik verwendet, etwa wenn die einzelnen Elemente des Detektors miteinander „verheiratet" werden (Traweek 1988; Lucht 1997: 30).

Die in den 1970er-Jahren erzeugten Quarks wurden „Charm" und „Beauty" genannt. Das „Truth"-Quark, welches mit seiner Existenz die Wahrheit des Standardmodells der Elementarteilchenphysik belegen sollte, konnte 1994 erzeugt werden. Angeblich fand die Mehrheit der Physiker die Namen „Beauty" und „Truth" zu albern, sodass sie später in „Bottom" und „Top" umbenannt wurden. Diese Namensgebung konnte jedoch die alten Bezeichnungen zunächst nicht verdrängen, sodass diese Teilchen lange Zeit Doppelnamen trugen. Mit den neuen Begriffen wurde eindeutig nach „Up" und „Down" ein weiteres hierarchisches Verhältnis eingeführt. Zugleich transportieren sie den sexuellen Subtext von Dominanz und Unterwerfung (Götschel 2006). Schließlich werden mit einer weiteren Gruppe von Bezeichnungen bedeutende Physiker geehrt. Higgs-Teilchen, welche für die Massenunterschiede der Elementarteilchen verantwortlich sein könnten, sind nach Peter W. Higgs (Großbritannien) benannt, Bosonen heißen die Wechselwirkungsteilchen nach Satyendra Nath Bose (Indien). Die Leistungen der derzeit 2400 weltweit tätigen Elementarteilchenphysikerinnen wurden bislang nicht auf diese Weise gewürdigt. Auffällig ist jedoch, dass Frauennamen oder Anspielungen auf Weiblichkeit dann in der Teilchenphysik auftauchen, wenn eine sexualisierte Beziehung thematisiert wird. Zum einen scheinen Frauen emotional und sexuell bedrohlich für die Physik oder die Physiker zu sein, sodass darüber nur in einer witzelnden Doppeldeutigkeit geredet werden kann (Traweek 1988). Zum anderen scheinen Physikerinnen aufgrund ihres Geschlechts nicht genial zu sein und zur Entwicklung ihres Faches keinen entscheidenden Beitrag zu leisten. „Place female scientists in the foreground", lautet das Motto des EU-geförderten Pallas-Athene-Projekts, das mit derartigen Vorurteilen aufzuräumen versucht, um der eklatanten Unterrepräsentanz von Frauen in Führungspositionen deutscher Großforschungseinrichtungen zu beggnen. Es wäre auch eine Inspiration für die Namensgebung in der Elementarteilchenphysik.

Das Standardmodell der Elementarteilchenphysik besticht durch seine Einfachheit, Klarheit und Symmetrie. Aus 12 Teilchen (und 12 Antiteilchen) besteht die Materie der ganzen Welt. An dieser Stelle soll es noch einmal aus Sicht der Queer-Theorie betrachtet werden. Das Modell ordnet jeweils zwei physikalisch ähnliche Teilchen, also zwei Leptonen oder zwei Quarks, zu einem Pärchen an und fasst dann jeweils ein Leptonen- und ein Quark-Pärchen zu einer „Familie" oder, wie es auch heißt, zu einer „Generation" zusammen. Das Standardmodell besteht damit aus drei Familien oder Generationen mit jeweils vier Familienmitgliedern. Diese verwendeten Begriffe verweisen auch auf gesellschaftliche Bezüge und Geschlechterverhältnisse. Bei den physikalischen Paaren des Standardmodells gibt es eindeutige Unterschiede und Hierarchien, etwa zwischen dem *top*- und dem *bottom*-Quark. Dieses Konzept weckt daher Assoziationen zum bürgerlichen Paarbegriff des 19. Jahrhunderts, in dem beide Partner als unterschiedlich, jedoch sich einander ergänzend gedacht werden. Der Begriff der Familie umfasst ein Eltern-Kind(er)-Verhältnis und führt damit in der Physik zu verwirrenden Assoziationen. Wer sind hier in der Elementarteilchenfamilie die Eltern und Kinder und warum? Auch der Begriff der Generation ist irreführend, da nicht eine Generation auf die nächste folgt, sondern alle Generationen gleichzeitig existieren. Wenn überhaupt, dann wandeln sich Individuen innerhalb einer Generation um („zerfallen") oder aber von einer höheren in eine niedere Generation. So kann das *bottom*-Quark spontan zunächst in ein massereicheres *top*-Quark und ein Wechselwirkungsteilchen zerfallen und beide Teilchen sich dann zusammen in drei *strange*-Quarks umwandeln. Durch solche Ereignisse wird jedoch die Generationenfolge auf den Kopf gestellt. Dass im Standardmodell explizit mit Begriffen, Vorstellungen und Visualisierungen von Paar, Familie und Generation operiert wird, deutet auf die Wirkmächtigkeit zentraler gesellschaftlicher Strukturen und Werte wie etwa patriarchalische Kernfamilie und Monogamie in der Ordnung der Physik. Polyamouröse Verbindungen, beispielsweise die aus drei Quarks bestehenden Baryonen, oder dynamische Prozesse sind dagegen nicht auf den ersten Blick sichtbar und können lediglich aus diesem abgeleitet werden. Somit werden im Standardmodell letztendlich traditionelle westliche Wertvorstellungen und die Natürlichkeit von Zweigeschlechtlichkeit, heterosexuellem Begehren und Monogamie betont (Götschel 2006: 168).

8 Aktuelle Entwicklungen und offene Forschungsfragen

Die Geschlechterforschung zur Physik untersucht Lebensläufe und Arbeitsbedingungen von Physiker/innen. Sie analysiert gesellschaftliche Vorstellungen von Männlichkeit und Weiblichkeit, die in die Organisation der Wissensgewinnung und das physikalische Weltbild eingeschrieben sind. Sie ist dabei vielfältig und kann, so wurde argumentiert, in drei unterschiedliche Analysedimensionen eingeteilt werden. Im Bereich der Menschen in der Physik gibt es inzwischen weltweit sehr viele historische und quantitative Studien, die sich mit den zumeist vergessenen und übersehenen Frauen in der Physik beschäftigen oder Statistiken zu Physikerinnenanteilen erstellen. Die Anzahl der sozialwissenschaftlichen und anthropologischen Studien, die sich mit der Kultur der Physik beschäftigen, ist in den vergangenen Jahren stark angewachsen. Damit verschiebt sich der Blickwinkel der physikalischen Geschlechterforschung zunehmend vom Problem der Frauen in der Physik hin zum Problem der Physik mit den Frauen. Dagegen haben sich bisher nur wenige Arbeiten aus dem Bereich der Geschichte und Philosophie der Naturwissenschaften detailliert mit Geschlecht in physikalischem Wissen beschäftigt. Während ich aus den ersten beiden Dimensionen die vorgestellten

Studien aus einer größeren Menge auswählen konnte, habe ich zur dritten Analysedimension nahezu alle mir bekannten Studien vorgestellt.

Im zweiten Teil des Artikels wurde aufgezeigt, dass Geschlecht in der Elementarteilchenphysik auf subtile Art und Weise wirkmächtig ist. Während im Bereich „Menschen in der Physik" inzwischen zahlreiche Studien vorliegen, gibt es zu Elementarteilchenphysikerinnen erstaunlicherweise kaum Statistiken oder Biografien. Vielmehr scheint es so, als wäre dieses besonders prestigeträchtige Teilgebiet der Physik auch am Beginn des 21. Jahrhunderts primär ein Territorium männlicher Teilchenjäger. Studien zur „Kultur der Elementarteilchenphysik" zeigen, dass die erwarteten Verhaltensweisen angehender Physiker/innen an männlichen Biografieverläufen ausgerichtet sind. Hochenergiephysik wird als eingeschworener Club einer religiösen (und männlichen) Priesterschaft und die Forschungstätigkeit als prestigeträchtige Jagd und Kultivierung beschrieben. Geschlechtstudien zum „Wissen der Elementarteilchenphysik" schließlich befassen sich mit Metaphern, Begrifflichkeiten und Ordnungsstrukturen der Physik. Sie offenbaren, dass Frauennamen und Anspielungen auf Weiblichkeit nicht zur Würdigung ihrer Leistungen dienen, sondern dazu, genitale und sexuelle Anspielungen zu machen. Sie analysieren, wie Hierarchien in die Modellbildung der Physik eingeschrieben sind und argumentativ verwendet werden oder sie zeigen, dass durch die Wahl bestimmter Begriffe und Modelle zentrale gesellschaftliche Strukturen in die Welt der Elementarteilchen eingeschrieben werden. Insgesamt konnte aufgezeigt werden, dass Geschlecht auch in der Welt der kleinsten Teilchen aufgespürt werden kann. Darüber hinaus sind zukünftig neue Fragestellungen und Forschungsprojekte notwendig, um die Geschlechterforschung der Physik weiterzuentwickeln.

Literaturliste

Alaimo, Stacey/Susan Hekman (Hrsg.) (2008): Material Feminisms, Bloomington (Indiana): Indiana University Press
Barad, Karen (2007): Meeting the Universe Halfway. Quantum Physics and the Entanglement of Matter and Meaning, Durham/London: Duke University Press
Barad, Karen (2005): Posthumanist Performativity. Toward an Understanding of How Matter Comes to Matter, in: Bath, Corinna et al. (Hrsg.): Materialität denken. Studien zur technologischen Verkörperung – Hybride Artefakte, posthumane Körper, Bielefeld: Transcript
Barinaga, Marcia (1994): Surprises across the Cultural Divide, in: Science, Jg. 263, S. 1468–1472
Bischof, Brigitte (2003): „Junge Wienerinnen zertrümmern Atome". Physikerinnen am Wiener Institut für Radiumforschung, Mössingen-Talheim: Talheimer
Bohr, Niels (1931): Atomtheorie und Naturbeschreibung, Berlin: Springer
Buras, Andrzej J. (2006): Mary Kathrine Gaillard (1939–). Elementary Particle Theory Leading to the Standard Model, in: Byers, Nina/Williams, Gary (Hrsg.): Out of the Shadows. Contributions of Twentieth-Century Women to Physics, Cambridge: Cambridge University Press
Byers, Nina/Williams, Gary (2006): Out of the shadows. Contributions of Twentieth-Century Women to Physics, Cambridge: Cambridge University Press
Ceranski, Beate (1996): „Und sie fürchtet sich vor niemandem". Die Physikerin Laura Bassi (1711–1778), Frankfurt am Main/New York: Campus

Cohn, Carol (2001): Sex and Death in the Rational World of Defense Intellectuals, in: Wyer, Mary et al. (Hrsg.): Women, Science, and Technology. A Reader in Feminist Science Studies, New York/London: Routledge

Easlea, Brian (1986): Väter der Vernichtung. Männlichkeit, Naturwissenschaftler und der nukleare Rüstungswettlauf, Reinbek bei Hamburg: Rowohlt (engl. Originalausgabe: 1983)

Erlemann, Martina (2004): Menschenscheue Genies und suspekte Exotinnen. Mythen und Narrative in den medialen Repräsentationen von PhysikerInnen, in: Junge, Thorsten/Ohlhoff, Dörthe (Hrsg.): Wahnsinnig genial. Der Mad Scientist Reader, Aschaffenburg: Alibri

European Commission – Directorate General for Research (2006): She Figures 2006. Women and Science. Statistics and Indicators, Luxembourg: Office of the European Communities

Gaillard, Mary K. (1980): Report on Women in Scientific Careers at CERN, in: CERN-Report Nr. CERN/DG-11 vom 8. März 1980, Genf

Gisler, Priska (2001): Warum muss Neutroni sterben? Wie Geschlecht in einem Film über ein teilchenphysikalisches Experiment repräsentiert sein kann, in: Freiburger Frauenstudien, Heft 11, S. 113–127

Gleichstellungsbeauftragte und Frauenvertretung am DESY (2007): Förderung von Frauen bei DESY. Präsentation bei der Frauenversammlung am 5. und 10. Juli 2007, Hamburg, Online-Ressource: http://fv-gb.desy.de/ (30.10.2009)

Götschel, Helene (2008): Gender goes Physical – Geschlechterverhältnisse, Geschlechtervorstellungen und die Erscheinungen der unbelebten Natur, in: Becker, Ruth/Kortendiek, Beate (Hrsg.): Handbuch Frauen- und Geschlechterforschung. Theorie, Methoden, Empirie, 2. Aufl., Wiesbaden: VS Verlag für Sozialwissenschaften

Götschel, Helene (2006): Die Welt der Elementarteilchen – Genderforschung in der Physik, in: Ebeling, Smilla/Schmitz, Sigrid (Hrsg.): Geschlechterforschung und Naturwissenschaften. Einführung in ein komplexes Wechselspiel, Wiesbaden: VS Verlag für Sozialwissenschaften

Götschel, Helene/Strowick, Elisabeth (2002): Materialität zwischen Science und Fiction. Physik und Literaturwissenschaft im Dialog (unveröffentlicht, Manuskript des Vortrags im Rahmen der Ringvorlesung „Dialog zwischen den Disziplinen" an der Universität Hamburg am 28.01.2002)

Haraway, Donna (1995): Situiertes Wissen. Die Wissenschaftsfrage im Feminismus und das Privileg einer partialen Perspektive, in: Haraway, Donna: Die Neuerfindung der Natur, Frankfurt am Main/New York: Campus (engl. Originalausgabe: 1988)

Harding, Sandra (1994): Das Geschlecht des Wissens: Frauen denken die Wissenschaft neu, Frankfurt am Main/New York: Campus (engl. Originalausgabe: 1991)

Hasse, Cathrine/Trentemøller, Stine (2008): Break the Pattern! A critical enquiry into three scientific workplace cultures. Hercules, Caretakers and Worker Bees, Tartu: Tartu University Press

Hasse, Cathrine et al. (2008): Draw the line! Universities as Workplaces for Male and Female Researchers in Europe, Tartu: Tartu University Press

Heinsohn, Dorit (2005): Physikalisches Wissen im Geschlechterdiskurs. Thermodynamik und Frauenstudium um 1900, Frankfurt am Main/New York: Campus

Holland, Jocelyn (2006): Die Zeit der Indifferenz. Johann Wilhelm Ritter und die Weiblichkeit, in: Nieberle, Sigrid/Strowick, Elisabeth (Hrsg.): Narration und Geschlecht. Texte – Medien – Episteme. Köln u.a.: Böhme

Kessels, Ursula et al. (2002): Ist die Physik reif für eine Imagekampagne?, in: Physik Journal, Jg. 1, Heft 11, S. 65–68

Longino, Helen (1990): Science as Social Knowledge: Values and Objectivity in Scientific Inquiry, Princeton: Princeton University Press

Lucht, Petra (1997): Frauen- und Geschlechterforschung für die Physik, in: Koryphäe – Medium für feministische Naturwissenschaft und Technik, Heft 23, S. 28–32

Mateos, Gisela (2006): The absence of women in neutrino physics, in: Kokowski, Micha (Hrsg.): The Global and the Local. The History of Science and the Cultural Integration of Europe. ICESHS conference proceedings, Krakau: Polnische Akademie der Wissenschaften

Megaw, Jim (1992): Gender Distribution in the World's Physics Departments, in: La Physica in Canada/Physics in Canada, Heft 1, S. 25–28

Münst, Agnes Senganata (2002): Wissensvermittlung und Geschlechterkonstruktionen in der Hochschule. Ein ethnographischer Blick auf natur- und ingenieurwissenschaftliche Studienfächer, Weinheim: Beltz/Deutscher Studien Verlag

Nelson, Donna (2002): Diversity in the Physical Sciences, in: Association for Women in Science Magazine, Jg. 31, Heft 1, S. 28–32

Nothnagel, Detlev (1996): The reproduction of nature in contemporary high-energy physics, in: Descola, Philippe/Pálsson, Gisli (Hrsg.): Nature and Society, New York/London: Routledge

Pickering, Andrew (1984): Constructing Quarks. A Sociological History of Particle Physics, Chicago/Edinburgh: University of Chicago Press

Potter, Elizabeth (2001): Gender and Boyle's Law of Gases, Bloomington (Indiana): Indiana University Press

Rübsamen, Rosemarie (1983): Patriarchat – der (un)heimliche Inhalt der Naturwissenschaft und Technik, in: Pusch, Luise (Hrsg.): Feminismus. Inspektion der Herrenkultur, Frankfurt am Main: Suhrkamp

Sands, Aimee (2001): Never Meant to Survive – A Black Woman's Journey. An Interview with Evelynn Hammonds, in: Wyer, Mary et al. (Hrsg.): Women, Science, and Technology. A Reader in Feminist Science Studies, New York/London: Routledge (Originalausgabe: 1993)

Scheich, Elvira (1993): Naturbeherrschung und Weiblichkeit. Denkformen und Phantasmen der modernen Naturwissenschaften, Pfaffenweiler: Centaurus

Scheich, Elvira (1985): Was hält die Welt in Schwung? Feministische Ergänzungen zur Geschichte der Impetustheorie, in: Feministische Studien, Heft 1, S. 10–32

Schiebinger, Londa (2008): Gendered Innovations in Science and Engineering, Stanford: Stanford University Press

Traweek, Sharon (1992): Border Crossing. Narrative Strategies in Science Studies and among Physicists in Tsukuba Science City, Japan, in: Pickering, Andrew (Hrsg.): Science as Practice and Culture, Chicago/London: University of Chicago Press

Traweek, Sharon (1988): Beamtimes and Lifetimes. The World of High Energy Physics, Cambridge: Harvard University Press

Wertheim, Margaret (2000): Die Hosen des Pythagoras. Physik, Gott und die Frauen, München, Zürich: Ammann (engl. Originalausgabe: 1995)

Whitten, Barbara L. (1996): What Physics Is Fundamental Physics? Feminist Implications of Physicists' Debate over the Superconducting Supercollider, in: National Women's Studies Association Journal, Heft 2, S. 1–16

Wiesner, Heike (2002): Die Inszenierung der Geschlechter in den Naturwissenschaften. Wissenschafts- und Genderforschung im Dialog, Frankfurt am Main/New York: Campus

Wolff, Michael (1978): Geschichte der Impetustheorie. Untersuchungen zum Ursprung der klassischen Mechanik, Frankfurt am Main: Suhrkamp

Gesellschaftliche Naturverhältnisse und globale Umweltpolitik – Ökofeminismus, Queer Ecologies, (Re)Produktivität und das Konzept „Ressourcenpolitik"

Christine Bauhardt

Einleitung

Dieser Beitrag beschäftigt sich mit der Frage, wie sich die Genderforschung mit den gesellschaftlichen Naturverhältnissen auseinandersetzt und inwiefern Umweltforschung und Umweltpolitik die Geschlechterverhältnisse thematisieren. „Umwelt" verstehe ich dabei umfassend im Sinne der Nachhaltigkeitsforschung, deren Prämisse darin besteht, dass der Umgang mit Umwelt und Natur immer von den herrschenden gesellschaftlichen und ökonomischen Ordnungen geprägt wird. Ein emanzipatorisches Konzept von „Nachhaltigkeit" geht davon aus, dass die drei Dimensionen Ökonomie, Natur und Gesellschaft nicht unabhängig voneinander zu analysieren und zu gestalten sind: Ökonomische, soziale und natürliche Verhältnisse bedingen sich wechselseitig, und eine gerechtere Weltordnung ist nur dadurch zu erreichen, dass Verteilungsgerechtigkeit, Geschlechtergerechtigkeit und Umweltgerechtigkeit gemeinsam gedacht und politisch angestrebt werden.

Mein Beitrag gliedert sich in fünf Abschnitte. Einleitend gehe ich auf das problematische Verhältnis zwischen Geschlechterkonzeptionen und Naturkonzeptionen ein (1). Danach stelle ich die politische Basis der Umweltdebatte aus der Genderperspektive anhand der internationalen feministischen Umweltbewegungen dar (2). Anschließend entwickle ich diverse Positionen, anhand derer die gesellschaftlichen Naturverhältnisse aus einer kritischen Genderperspektive analysiert werden können (3). Daraus leite ich im nächsten Schritt meinen Ansatz feministischer bzw. genderkritischer Umweltforschung ab, das Konzept der „Ressourcenpolitik" (4). Den Abschluss bildet das empirische Fallbeispiel „Wasser" (5).

1 Gender und Natur – ein problematisches Verhältnis

Ein grundsätzliches Problem der genderkritischen Umweltdebatte besteht darin, dass Auseinandersetzungen um „Geschlecht" bzw. Geschlechterordnungen historisch – und auch in vielen aktuellen Diskursen – eng mit „Natur" verflochten sind. Dabei spielt die Trennung und Hierarchisierung von Natur und Kultur eine entscheidende Rolle: Natur ist Materie, die unhintergehbar vorhanden ist, Kultur besteht aus geistigen Leistungen des Menschen, die ihn über die Natur stellen. Diese Trennung ist es, die den Menschen als geistiges und kulturelles Wesen über die belebte und unbelebte Natur erhebt. Da die menschliche Existenz jedoch von natürlichen Prozessen durch und durch affiziert ist, ist das geistige und kulturelle Wesen „Mensch" der Natur näher, als ihm selbst lieb ist.

Diese Dichotomisierung von Kultur und Natur prägt die Geschlechterdebatte in der europäischen Moderne grundlegend (vgl. Ortner 1974; Merchant 1980). Der Frauenkörper gilt aufgrund der Gebärfähigkeit den Unbilden der Natur näher als der Männerkörper, der durch Rationalität und Willenskraft kontrolliert und gezähmt wird. Die vorgebliche Naturnähe des Frauenkörpers dient dazu, das Ideal des rational handelnden, autonomen bürgerlichen Subjekts zu konstruieren und Irrationalität, Affekt, Begehren ins Reich der Natur und damit an „die Anderen", die Frauen, zu verweisen. Die Abspaltung natürlicher Prozesse von der Autonomie des männlichen Subjekts, dessen Herausbildung als kulturelle Leistung normativ handlungsleitend wirkt, gilt als tief verankerte psychische Basis der westlichen Geschlechterordnung. Die Delegation des Natürlichen an das weibliche Geschlecht zementiert die Dominanz des Männlichen über das Weibliche und die Hierarchie zwischen den Geschlechtern.

Nun ist dies aber nur die halbe Geschichte, wie uns schon Horkheimer und Adorno (1944/1991: 118f.) gezeigt haben: „Der Affekt, der zur Praxis der Unterdrückung paßt, ist Verachtung, nicht Verehrung [...]. Das Weib erregt die wilde Wut des halb bekehrten Mannes." Die Gewalt, die in dieser Trennung und Hierarchisierung von Natur und Kultur steckt, kann nicht dauerhaft unter Kontrolle gehalten werden, denn auch der männliche Körper ist ein natürlicher Körper. Dies spiegelt sich in den Debatten um die Triebhaftigkeit der männlichen Sexualität und um die Überlegenheit an körperlicher Kraft und Stärke als „männliche Natur" wider.

Diese Diskurse zeigen, dass „Geschlecht" und „Natur" auf problematische Weise eng miteinander verwoben sind. Der Verweis auf Natur dient dazu, die Natürlichkeit, Selbstverständlichkeit und damit Unhintergehbarkeit der Geschlechterordnung zu begründen und das ihr inhärente Herrschaftsverhältnis zu legitimieren. Ganz ähnlich funktioniert bekanntlich die Legitimation (post)kolonialer Herrschaftsverhältnisse durch den Rückbezug auf essentialisierte, zu „Natur" erklärte Differenzen zwischen Menschengruppen oder die normative Orientierung an der „natürlichen" heterosexuellen Matrix für die Begründung kleinfamilialer Lebensformen (vgl. Abschnitt 3).

Dieses Gegensatz- und Hierarchiepaar „Kultur/Natur" ist ein zentraler Gegenstand der Genderforschung von Beginn an. Entsprechend wurde das Begriffspaar „sex/gender" geprägt (vgl. Oakley 1972), um der natürlichen Legitimation sozialer Verhältnisse ein Konzept entgegenzustellen, das genau diesen Unterschied zwischen Natur und Sozialem betont und die Hierarchisierung von „Natur" und „Kultur" auflösen will. Als „sex" gilt dabei die Materialität der natürlich-biologischen Gegebenheiten, die Männer und Frauen (zu) unterscheiden (scheinen) und die in erster Linie den jeweiligen Beitrag zur generativen Reproduktion definieren. Darauf, und nur darauf, soll sich der Begriff „sex" beziehen. Sämtliche davon abgeleiteten normativen Zuschreibungen – Rollenerwartungen, Verantwortlichkeiten, Fähigkeiten und Kompetenzen, Werthaltungen etc. – gelten als soziale und kulturelle Konstruktion und damit als „gender".[5] So kann die Einführung des Begriffspaars „sex/gender" als Postulat gelesen werden, dass aus der Tatsache, dass Menschen als Geschlechtswesen Teil der Natur und der natürlichen Reproduktion sind, keine Begründungsfolie für die Geschlechterhierarchie abzuleiten ist. Diese gilt als gesellschaftlich hergestellt und damit auch als verhandelbar. Die natürliche Reproduktivität und ihre gesellschaftliche Interpretation sind also der Dreh- und Angelpunkt der feministischen Debatte um Natur und Geschlecht.

2 Die feministischen Umweltbewegungen

Die epistemologischen Überlegungen sollen nun kurz zurückgestellt werden – ich komme im dritten Abschnitt darauf zurück –, um zunächst auf die praktischen und politischen Kontexte einzugehen, in denen diese Diskurse unterschwellig immer mitschwingen. Für genauso wichtig halte ich es, die politische Relevanz der Frauenumweltbewegungen für die globale Umweltpolitik hervorzuheben. Nicht nur die Dekonstruktion von Diskursen zum Verhältnis von Geschlecht und Natur ist für eine Veränderung der schlechten Verhältnisse wichtig, sondern auch die Rekonstruktion von Praktiken. Beides, Analyse und Gestaltung, sind Elemente kritisch-emanzipatorischer Wissenschaft.

Die 1990er-Jahre gelten als Jahrzehnt der „Global Governance". Nach dem Ende des Kalten Krieges keimte in vielen Teilen der Welt die Hoffnung auf eine neue, gerechtere und friedlichere Weltordnung auf. In diese Zeit fallen die Versuche der Staatengemeinschaft, durch neue Formen politischer Steuerung eine breitere Partizipation der sogenannten Zivilgesellschaft zu gewährleisten. Die Erfahrungen der Runden Tische zu Beginn der Transformation Osteuropas boten hierfür Anknüpfungspunkte. Die Vereinten Nationen organisieren in den 1990er-Jahren eine Abfolge von Gipfelkonferenzen, an denen neben den Regierungen der Mitgliedstaaten auch Vertreter/innen der Zivilgesellschaft, also aus Nichtregierungsorganisationen (NGOs), teilnehmen. In diesem Zuge können sich auch viele NGOs aus den globalen Frauen- und Umweltbewegungen an den UN-Gipfeltreffen beteiligen und ihre Forderungen dort vorbringen.

Eine wichtige Bedeutung kommt dabei dem UN-Gipfel über Umwelt und Entwicklung in Rio de Janeiro 1992 zu, im Zuge dessen der Begriff der „Nachhaltigkeit" bzw. „sustainability" im politischen Prozess implementiert wird. Der Begriff taucht im entwicklungspolitischen Kontext zum ersten Mal im Bericht der Brundtland-Kommission „Our Common Future" von 1987 auf. Dort heißt es: „Humanity has the ability to make development sustainable. Sustainable development is development which meets the needs of the present without compromising the ability of future generations to meet their own needs" (WCED 1987: 45). Hier

---

5 Diese Trennung von „sex" und „gender" kritisiert Judith Butler in „Gender Trouble" (1990) als Reproduktion der Natur-Kultur-Dichotomie.

erscheint erstmalig die Idee der intergenerativen Gerechtigkeit, also der Gerechtigkeit zwischen den lebenden und den zukünftigen Generationen.

Der Bericht fährt fort: „If large parts of the developing world are to avert economic, social, and environmental catastrophes, it is essential that global economic growth be revitalized. *In practical terms it means more rapid economic growth in both industrial and developing countries*" (ebd.: 89; Hervorhebung C. B.). Die Idee nachhaltiger Entwicklung ist also von Beginn an grundsätzlich mit der Forderung nach ökonomischem Wachstum sowohl in den Industrieländern als auch in den Entwicklungsländern verknüpft. Nachhaltigkeit bedeutet also nicht selbstredend die Abkehr vom Paradigma der „Entwicklung" oder der „nachholenden Modernisierung", sondern es wird im Gegenteil davon ausgegangen, dass die Ursache der ökologischen Krise, nämlich die Orientierung am Maßstab von ökonomischem Wachstum und technischem Fortschritt, deren Lösung sei.

Zur Vorbereitung des UN-Gipfels in Rio findet 1991 in Miami der *World Women's Congress for a Healthy Planet* statt. Frauen aus der ganzen Welt, Vertreterinnen aus verschiedensten NGOs, aus Regierungen und politischen Gremien, aus Wissenschaft und Wirtschaft erarbeiten unter dem Titel „Women's Action Agenda 21" eine gemeinsame kritische Stellungnahme zum dem Brundtland-Bericht zugrunde liegenden dominanten Konzept der „Entwicklung" (vgl. Braidotti et al. 1994; Häusler 1994). Jenseits von Klassenstandpunkten oder ethnischen Grenzziehungen werden *vom Standpunkt der Frauen aus* grundsätzliche Veränderungen von ökonomischen Strukturen und politischen Entscheidungsprozessen im Weltmaßstab gefordert. Frauen verschiedenster Professionen, mit den unterschiedlichsten kulturellen und sozialen Hintergründen, aus dem globalen Norden und dem globalen Süden, kritisieren die Ideologie des freien Marktes und des ökonomischen Wachstums als Ursache für die weltweite Zerstörung natürlicher und sozialer Zusammenhänge. Militär, Kriege und Ausbeutung, Verletzung der Menschenrechte und Frauenunterdrückung werden damit als direkt im Zusammenhang stehend benannt.

In der *Women's Action Agenda 21* taucht erstmals der Begriff des „sustainable livelihood" auf, mit dem eine feministische Vision alternativer Entwicklung zum Ausdruck gebracht wird. Er bedeutet etwas völlig anderes als der Begriff des „sustainable development" aus dem Brundtland-Report. Die zentrale Forderung ist die Erhöhung der Chancen der Menschen auf selbstbestimmte Ressourcennutzung und Lebensgestaltung. Im Originaltext heißt es: „increasing the capacity that people have to use resources to determine the shape of their own lives". Damit wird die auf freie Entfaltung der Marktkräfte und auf nachholende Modernisierung setzende Auffassung von „sustainability" grundsätzlich infrage gestellt.

Mit dem Erdgipfel in Rio de Janeiro, der Konferenz der Vereinten Nationen zu Umwelt und Entwicklung 1992, erlebt die globale Umweltpolitik einen in dieser Form nie wieder erreichten Höhepunkt. Tatsächlich bestand der Erdgipfel aus zwei parallel tagenden Konferenzen, der *United Nations Conference* und dem *Global Forum*, das von unterschiedlichen sozialen Bewegungsgruppen, den Kirchen, Jugendgruppen usw. getragen wurde. Gleichzeitig tagte der Kongress der Frauen unter dem Namen *Planeta Femea*. Ergebnis dieser Konferenz ist das Kapitel 24 der Agenda 21, das Ideen aus der *Women's Action Agenda 21* aufgreift, allerdings in einer „verwässerten Version", wie Sabine Häusler (in Braidotti et al. 1994: 92; vgl. dazu auch Brú Bistuer/Aguëra Cabo 2004) es ausdrückt. Die UNCED-Konferenz definiert als offizielle Zielsetzungen einer nachhaltigen Entwicklung die Herstellung von Gerechtigkeit zwischen lebenden und zukünftigen Generationen und den Ausgleich ökonomischer, sozialer und ökologischer Bedürfnisse, um nicht-erneuerbare Ressourcen zu schonen und die ökonomischen und sozialen Kosten der Umweltzerstörung zu reduzieren.

Die Bedeutung des Erdgipfels in Rio und der dort erfolgten endgültigen Definition von Nachhaltigkeit ist aus feministischer Sicht in der Tatsache zu sehen, dass die Industriestaaten des Nordens hier zum ersten Mal anerkennen, dass ihre Produktions- und Konsummuster für die weltweite Umweltzerstörung verantwortlich sind. Darin liegt ein Wechsel der Perspektive, weg von den Bedrohungen durch den Süden – die sogenannte Bevölkerungsexplosion oder der wachsende Ressourcenverbrauch in den Entwicklungs- und Schwellenländern – hin zur Verantwortung des globalen Nordens für vergangene und zukünftige Entwicklungspfade. Die Vorschläge des UN-Gipfels verfolgen jedoch nach wie vor die Logik der Modernisierung, den Glauben an ökonomisches Wachstum und technischen Fortschritt. Das *Global Forum* und die Frauen des *Planeta Femea* sehen die Gründe für nicht-nachhaltiges Wachstum jedoch in riesigen Militärausgaben, ungerechten Handelsbedingungen, den Strukturanpassungsprogrammen, der Entmächtigung der lokalen Bevölkerungen und der mangelnden Kontrolle der natürlichen Umwelt durch sie selbst.

3 Gesellschaftliche Naturverhältnisse aus der Genderperspektive

Die Erfolge feministischer Politikgestaltung verdanken sich dem skizzierten historischen Kontext, der längst der Dominanz hegemonialer Diskurse zu Nachhaltigkeit unter neoliberalen Bedingungen gewichen ist. Umweltpolitik ist inzwischen ganz und gar dem ökonomischen Imperativ unterworfen und gilt in den Ländern des globalen Nordens als Wachstumsmotor, sofern sich mit neuen Umwelttechnologien Geld verdienen lässt, oder als wachstumsschädlich, sobald das Primat der Ökonomie über die Umwelt infrage gestellt wird. In den jüngst gescheiterten Klimaverhandlungen in Kopenhagen 2009 waren es die Schwellenländer, allen voran China, die sich der Begrenzung des Schadstoffausstoßes in Form des Treibhausgases CO_2 widersetzten. Man kann also von einer globalen Allianz der Mächtigen in Industrie und Politik sprechen, die ihre Interessen jenseits der lokalen Lebensverhältnisse der Menschen und ohne Rücksicht auf Naturzerstörung verfolgen. Übrig bleiben fragwürdige Strategien der Armutsbekämpfung, die in erster Linie auf weiterhin zunehmende Weltmarktintegration, vor allem der Bevölkerung in ländlichen Räumen, setzen (vgl. z. B. The World Bank 2007).

Ein ebenso wichtiger Erfolgsfaktor der feministischen Einflussnahme auf globale Umweltpolitik ist jedoch – neben den weltpolitischen Konstellationen Anfang der 1990er-Jahre – auch die epistemologische Grundlage, auf der die Frauenumweltbewegungen in Rio de Janeiro agierten. Die Basis des gemeinsamen politischen Aktivismus besteht in ökofeministischen Grundüberzeugungen, nämlich in der Ablehnung männlicher Herrschaft über die Natur und natürliche Prozesse. Dem entgegen steht die Orientierung an weiblich identifizierten Prinzipien von Verantwortung und Empathie, die aus der Zuständigkeit der Frauen für die Fürsorge für Kinder, kranke und abhängige Menschen erwachse.[6] Diese Position, die Differenzen unter Frauen kaum thematisiert und auf einer diskursiv konstruierten privilegierten Verbindung der Frauen zur Umwelt beruht, konnte sich jedoch als Stimme der Frauen Gehör im globalen politischen Prozess verschaffen (vgl. Häusler in Braidotti et al. 1994: Kap. 5).

Ökofeminismus wird von Mellor in der Einleitung zu ihrem Buch „Feminism and Ecology" (1997: 1) folgendermaßen beschrieben:

> „Ecofeminism is a movement that sees a connection between the exploitation and degradation of the natural world and the subordination and oppression of women. [...] Ecofeminism brings together elements of the feminist and green movements, while at the same time offering a challenge to both. It takes from the green movement a concern about the impact of human activities on the non-human world and from feminism the view of humanity as gendered in ways that subordinate, exploit and oppress women."

Die ökofeministische Perspektive sieht also die Ausbeutung der Natur und die untergeordnete soziale Position von Frauen als parallele Ursachen und Erscheinungen von zerstörerischen gesellschaftlichen Naturverhältnissen an. Um diese Ungleichheits- und Ausbeutungsverhältnisse zu beenden, muss die Herrschaft über Natur und Frauen beendet werden (vgl. Mies/Shiva 1993; Plumwood 1993).

Ökofeministischen Positionen wird häufig vorgeworfen, sie reproduzierten das dichotome Denken von Weiblichkeit und Männlichkeit und damit die Identifikation von Frauen mit Natur. Damit würden die den Frauen (und Männern) gesellschaftlich zugeschriebenen Genderkonstruktionen essentialisiert. Um unterschiedliche Ansätze ökofeministischer Zugänge genauer zu unterscheiden, wird häufig von „kulturellem" und „sozialem Ökofeminismus" gesprochen (vgl. z. B. Buckingham-Hatfield 2000).

Der *kulturelle Ökofeminismus* bezieht sich positiv auf die Nähe von Frauen zur Natur, die auf ihrer Fähigkeit beruht, Kinder zu gebären. Die Prozesse des Menstruierens oder der Schwangerschaft beispielsweise ermöglichten Frauen einen privilegierten Zugang zu den natürlichen Rhythmen lebendiger Prozesse. Aufgrund dieser Erfahrung entwickelten Frauen stärkere Gefühle der Verantwortlichkeit nicht nur für andere, sondern auch für die Natur. Der *soziale Ökofeminismus* hingegen

---

[6] In der Folge wird diese Position als „Feminisierung der Umweltverantwortung" (Wichterich 1992) kritisiert, da sie Frauen einseitig mit der Verantwortung für die Umweltentwicklung belastet und die wirtschaftlichen und sozialen Ungleichheiten im Weltmaßstab außer Acht lässt.

kritisiert die vorgebliche größere Naturnähe der Frauen als eine gesellschaftliche und herrschaftliche Zuschreibung. Ein Mehr an Wissen und Erfahrung im Umgang mit der Natur erwachse den Frauen aufgrund der geschlechtshierarchischen Arbeitsteilung, die Männer aus dem Umgang mit und der Verantwortung für lebendige Prozesse, z. B. die Versorgung schwacher und abhängiger Menschen, entlässt.

Beispielhaft für diese letztgenannte Position verweise ich auf Bina Agarwal (1992), die in einem grundlegenden Aufsatz ihr Konzept eines „Feminist Environmentalism" in Abgrenzung zu einem essentialistisch verstandenen Ökofeminismus entwickelt hat. Sie betont dabei die verschiedenen Positionierungen von Frauen entlang unterschiedlicher sozialer Differenzen, die es unmöglich machen, von einem einheitlichen und unmittelbaren Zugang von Frauen zu Natur und Umwelt zu sprechen. Sie geht davon aus, dass das Mensch-Natur-Verhältnis in der materiellen Realität von Männern und Frauen verankert ist:

> „Hence, insofar as there is a gender and class (/caste/race)-based division of labor and distribution of property and power, gender and class (/caste/race) structure people's interactions with nature and so structure the effects of environmental change on people and their responses to it. And where knowledge about nature is experiential in its basis, the divisions of labor, property, and power which shape experience also shape the knowledge based on that experience." (Agarwal 1992: 126)

Die Autorin bezieht sich hier also auf ein intersektionales Verständnis von Gender als ein mit Klassen-, Kasten- und ethnisch definierten Hierarchien vermitteltes Machtverhältnis. Es ist die Verteilung von Arbeit, Macht und Besitz entlang der Geschlechter-, Klassen-, Kasten- und „Rassen-"Ungleichheit, die gesellschaftliche Naturverhältnisse strukturiert. Je nach Position in diesem intersektional verwobenen Macht- und Kräftefeld sind Wissen und Erfahrung im Umgang mit Natur unterschiedlich bestimmt.

Eine andere Perspektive auf das Mensch-Natur-Verhältnis und die Dichotomie von Kultur und Natur bietet der Zugang der *Queer Ecologies*. Dabei steht die Naturalisierung von „sex" und Heterosexualität im Zentrum der Kritik, einhergehend mit der Kritik naturwissenschaftlich produzierter Wissensbestände über „natürliches" Sexual- und Reproduktionsverhalten (vgl. Bagemihl 1999; Mortimer-Sandilands/Erickson 2010). In den Worten von Noël Sturgeon (2010: 103 f.):

> „[How] we reproduce – whether we are reproducing people, families, cultures, societies, and/or the planet – is politicized in several layered and contradictory ways. Ironically, given the extreme consequences of certain human models of reproduction for the environment, appeals to the 'natural' are one of the standard ways this politicization of reproduction is obscured. And embedded in contemporary appeals to the natural status of reproduction are deep attachments to political positions with serious economic and environmental consequences: to dominance of the Global North over the Global South, to sexism, to heterosexism, and to unfettered exploitation of environmental resources by corporations and social elites."

Die Reproduktivität und ihre soziale Organisation und Interpretation werden hier als vielschichtiger und widersprüchlicher Zusammenhang aufgefasst. Der Rückbezug auf „die Natur" als unhinterfragbare Gegebenheit gilt in dieser Sichtweise als politische Strategie, um die negativen Folgen menschlicher Reproduktionsweisen für die Umwelt im Dunkeln zu halten. Damit würden Herrschaftsverhältnisse zwischen dem globalen Norden und dem globalen Süden und die hemmungslose Ausbeutung von Naturressourcen legitimiert. Diese Herrschaftsverhältnisse sind aus queer-ökologischer Perspektive eng verknüpft mit Sexismus und Heterosexismus. Dabei ist ein wichtiger Ausgangspunkt die Kritik der biologischen Forschung und insbesondere die Auseinandersetzung mit Darwins Evolutionslehre (vgl. z. B. Roughgarden 2004). Die queere Sicht auf gesellschaftliche Naturverhältnisse stellt jeden Rückbezug auf natürliche Gegebenheiten infrage, da der Blick auf „Natur" immer schon durch die soziale Konstruktion der Zweigeschlechtlichkeit und durch Vorannahmen über die „Natürlichkeit" heterosexueller Reproduktion vorgeprägt ist.

Die Gleichursprünglichkeit von Natur und Kultur wird von Donna Haraway (2003) mit dem Begriff „naturecultures" charakterisiert. Dieser Begriff ist ein interessanter Versuch, die binäre Opposition der beiden Konstrukte aufzulösen und ihre wesensmäßige innere Verknüpfung sprachlich zum Ausdruck zu bringen. Queer Ecologies bedienen sich dieses Konzepts, um populäre Annahmen und wissenschaftliche Aussagen über die Natur von Geschlecht und Sexualität als durch die heterosexuelle Matrix geprägte kulturelle Konstruktion zu dekonstruieren.

Die wissenschaftskritische Position der Queer Ecologies hat ihren Ausgangspunkt in der Kritik naturwissenschaftlicher Methoden und Erkenntnisse. Damit steht sie der feministischen Naturwissenschafts- und Erkenntniskritik sehr nahe (vgl. z. B. Harding 2008; 2010). Im Folgenden soll noch ein dritter Zugang zu den gesellschaftlichen Naturverhältnissen aus einer Genderperspektive vorgestellt werden, der epistemologisch in der Kritik der politischen Ökonomie verortet ist.

Der Ansatz der *ökofeministischen politischen Ökonomie* verbindet feministische Ökonomiekritik mit der ökologischen Ökonomie, auch wenn beide Analyseansätze sich weitgehend isoliert voneinander entwickelt haben (vgl. Mellor 2005). Beiden Denkweisen liegt die Auffassung zugrunde, dass nach dem neoklassischen Ökonomieverständnis natürliche und gesellschaftliche Ressourcen vernutzt werden, um individuelle Nutzenmaximierung zu gewährleisten. Negative Folgewirkungen der individuellen Nutzenmaximierung werden aus dem Marktgeschehen ausgegliedert und in Form von ökologischen oder sozialen Krisen in außerökonomische Sphären verwiesen. Die Krisenverarbeitung taucht in ökonomischen Überlegungen nicht auf, sofern sie nicht über den Markt vermittelt ist.

Im Zentrum der feministischen Ökonomiekritik steht die Kategorie der Reproduktionsarbeit, die normativ im Privaten verortet ist und empirisch von Frauen geleistet wird. Sie unterscheidet sich systematisch von der marktvermittelten Lohnarbeit und inhaltlich durch die Charakteristika der Arbeit, die sich durch Verantwortung, Bindung und Unaufschiebbarkeit auszeichnen. Die feministische Analyse der neoklassischen Ökonomik[7] zeigt, dass in deren Auffassung von markt-

---

7 Ein aktueller Überblick über den Stand der feministischen Debatte zur feministischen Ökonomiekritik findet sich in Bauhardt/Çağlar (2010).

förmiger, am Tauschwert orientierter Ökonomie die Frauenarbeit als unendlich und unentgeltlich zur Verfügung stehende Ressource behandelt wird. Damit erhält die Reproduktionsarbeit den Status einer natürlichen Ressource:

> „Ecofeminist political economy sees a connection between the exploitation of women's labor and the abuse of planetary resources. Women and the environment are both marginalized in their positions within the formal economy. As economists have long recognized in theory, but often not in practice, the economic system often views the environment as a 'free', exploitable resource while it ignores or undervalues much of women's lives and work." (Mellor 2005: 123)

Während die ökologische Krise Schäden für die Umwelt in jeglicher Form nach sich zieht, werden die negativen Folgeerscheinungen sozialer und ökonomischer Krisen den Frauen überantwortet. Sie sind es, die nicht ausreichende Geldeinkommen und den Abbau und die Privatisierung öffentlicher Leistungen durch zusätzliche Arbeit im reproduktiven Bereich kompensieren müssen. Zu diesen Reparaturleistungen kommt die Aufgabe der „Umweltmanagerinnen" hinzu, insofern sie im Alltag die Konsequenzen der Umweltzerstörung durch vermehrte Sorgearbeit auffangen (z. B. Krankenversorgung aufgrund von Umweltallergien oder Wassermangel) oder indem ihnen privilegierte Kenntnisse im Umweltmanagement und im Ressourcenschutz zugeschrieben werden (vgl. kritisch dazu Lachenmann 2001; Wichterich 1992).

Im deutschsprachigen Raum wird die hier dargestellte Perspektive prominent von Adelheid Biesecker und Sabine Hofmeister vertreten, die sich aber gegenüber essentialistischen Tendenzen des Ökofeminismus strikt abgrenzen. In ihrem Buch „Die Neuerfindung des Ökonomischen. Ein (re)produktionstheoretischer Beitrag zur Sozialen Ökologie" (2006) entwickeln die Autorinnen ein Konzept, das begrifflich als „(Re)Produktivität" bezeichnet wird. Ähnlich den „naturecultures" von Haraway soll damit eine binäre Opposition aufgelöst und konzeptionell als sich wechselseitig bedingende Einheit gefasst werden: „(Re)Produktivität ist eine Kategorie, die das Ganze der Produktivität umfasst" (Biesecker/Hofmeister 2010: 69). Gemeint sind damit die Produktivität der Natur und die „soziale Reproduktion menschlichen Lebens durch sozial Frauen zugewiesene Sorgearbeit (Care)" (ebd.). Die Trennung und Hierarchisierung von monetär bewerteter Produktion und nicht-monetär in Wert gesetzten Reproduktionsprozessen in Natur und Gesellschaft soll durch die Kategorie der (Re)Produktivität überwunden und das Ganze der Ökonomie in den Fokus gerückt werden: „Es ist eine Kategorie, mit deren Hilfe sich die Verbindung gesellschaftlicher Natur- und Geschlechterverhältnisse entschlüsseln lässt" (ebd.).

Die drei vorgestellten Ansätze genderkritischer Forschung zu Umwelt und Natur zeigen, dass sich die feministische Debatte zu gesellschaftlichen Naturverhältnissen auf unterschiedliche Theorietraditionen bezieht und unterschiedliche wissenschaftskritische Positionen einnimmt. Im Anschluss stellt sich nun die Frage, in welcher Weise diese Theorieansätze für die feministische Umweltforschung relevant werden können.

4 Das Konzept „Ressourcenpolitik" als Perspektive für feministische bzw. genderkritische Umweltforschung

Angeregt durch die verschiedenen analytischen Zugänge habe ich das Konzept „Ressourcenpolitik" entwickelt (Bauhardt 2009, 2010), mit dem ich sowohl den Zugang zu Ressourcen, die Nutzung von Ressourcen als auch die politische Gestaltung des Umgangs mit Ressourcen fasse. Der Begriff der „Ressource" umfasst dabei die „klassischen" natürlichen Ressourcen (z. B. Wasser, Land, Pflanzen, Rohstoffe) ebenso wie die Reproduktionsarbeit der Frauen, die nicht als quasi-natürlich gegebene Voraussetzung ökonomischer Prozesse zu sehen ist, sondern als kulturelle und soziale Konstruktion in einer heteronormativen Geschlechterordnung. Die (Re)Produktivität als Zusammenführung getrennter und unterschiedlich bewerteter Sphären – des sogenannt Ökonomischen und des sogenannt Sozialen, des Privaten und des Öffentlichen, von Rationalität und Begehren, von Natur und Kultur – erscheint mir dabei als eine hilfreiche Klammer zur Auflösung dieser binären Gegensätze. Das Konzept „(Re)Produktivität" geht meines Erachtens noch über die „naturecultures" von Haraway hinaus, weil es die ökonomische Sphäre mit in den Begriff hinein holt. Gleichzeitig basiert mein Verständnis von „Ressourcenpolitik" zwar auf der (Re)Produktivität, erweitert diese jedoch konzeptionell um den Aspekt von Macht und Herrschaft, der in der heteronormativen Zweigeschlechtlichkeit angelegt ist und heterosexuelle Reproduktionsverhältnisse impliziert.[8]

Für meine Überlegungen äußerst hilfreich ist der Aufsatz von Mary Mellor „Nature, Gender and the Body" (2001). Die Autorin grenzt sich darin zwar etwas pointiert von postmodernen feministischen Theorieperspektiven ab, was aber die Qualität ihres Arguments aus meiner Sicht nicht schmälert. Sie geht von der Materialität des Körpers aus und löst die Auseinandersetzung um „sex" und „gender", um „Natur" und „Kultur" von der Körperlichkeit ab: „Certainly sex/gender is important in relation to the particular embodiment that relates to sexed bodies, but that is by no means the whole story of humanity's relationship to biology/nature" (ebd.: 131). Damit betont Mellor die Einbettung menschlicher Existenz in materiell-körperliche Prozesse in einer Weise, die hier zwar ökofeministisch begründet wird, aber auch aus der Perspektive der Queer Ecologies nachvollziehbar ist. Der Körper ist hier zunächst und vor allem Materialität, und das Begehren wird nicht in die heteronormative Ordnung gezwängt.

Queer Ecologies sprechen von „nonhuman animals" und „nonhuman creatures" (Alaimo 2010), um die Einbettung menschlicher und nicht-menschlicher Körper in kreatürliche Prozesse zu betonen:

---

8 Die empirische Ausarbeitung des Konzepts und seine theoretische Weiterentwicklung sind Gegenstand des von der Heinrich-Böll-Stiftung finanzierten und von Sabine Hofmeister und mir geleiteten Promotionskollegs „Ressourcenpolitik und Geschlechtergerechtigkeit in der Globalisierung", das im April 2011 seine Arbeit aufgenommen hat.

„[The] question of whether nonhuman nature can be queer provokes larger questions within interdisciplinary theory regarding the relations between discourse and materiality, human and more-than-human worlds, as well as between cultural theory and science. In short, we need more robust, complex ways of productively engaging with materiality – ways that account for the diversity and 'exuberance' of a multitude of naturecultures, ways that can engage with science as well as queer studies." (ebd.: 52)

Diese Perspektive führt wieder zur Materialität des Körpers zurück – wobei das Konzept „Körper" hier in einem umfassenden Sinn auch nicht-menschliche Tiere umfasst, d. h. es wird hier keine Unterscheidung zwischen Mensch und Tier getroffen. Diese Unterscheidung würde die Dichotomie zwischen Kultur (Mensch) und Natur (Tier) reproduzieren.

Es ist also die Materialität der Körper, „bodily materiality" (Mellor 2001) bzw. „corporeality" (Mortimer-Sandilands/Erickson 2010), die das Konzept der „naturecultures" mit Leben füllt. (Re)Produktivität wäre dann ein Baustein von Ressourcenpolitik, um die Materialität der Körper und ihre Einbettung in natürliche Prozesse anzuerkennen, ohne gesellschaftliche Reproduktionsverhältnisse an die heterosexuelle Matrix der Zweigeschlechtlichkeit zu knüpfen. Freilich: Solange Materialität, „body work", um mit Mary Mellor zu sprechen, weiblich konnotiert ist und in die Zuständigkeit von Frauen – nicht aller Frauen, aber ausschließlich von Frauen – verwiesen ist, ist die binäre Geschlechterhierarchie nach wie vor intakt.

5 Das Fallbeispiel „Wasser"

Im Folgenden werde ich am Beispiel „Wasser" illustrieren, wie das Konzept „Ressourcenpolitik" auch empirisch zu füllen wäre. Globale Wasserpolitik ist schon seit bald zwanzig Jahren ein Gender-Thema. Bereits 1992 wurden bei der Dubliner Umwelt- und Wasserkonferenz der Vereinten Nationen die vier Dubliner Prinzipien beschlossen. Eines dieser Prinzipien[9] lautet: „Frauen spielen eine zentrale Rolle bei der Wasserversorgung, dem Wassermanagement und dem Wasserschutz" (zit. nach Bennett 2005). Die Generalversammlung der Vereinten Nationen hat die Jahre 2005 bis 2015 zur Internationalen Aktionsdekade „Wasser – Quelle des Lebens" erklärt. An prominenter Stelle, gleich zu Beginn der Deklaration, wird dabei der Beschluss formuliert, „dass die Ziele der Dekade darin bestehen, wasserbezogene Fragen auf allen Ebenen sowie die Umsetzung wasserbezogener Programme und Projekte stärker ins Blickfeld zu rücken und *gleichzeitig danach zu streben, die Teilhabe und Mitwirkung von Frauen an wasserbezogenen Entwicklungsanstrengungen zu gewährleisten*"[10] (Hervorhebung C.B.). Schaut man sich aber konkrete Projekte der globalen Wasserpolitik genauer an, dann wird deutlich,

---

9 Die „Dubliner Prinzipien" beziehen sich auf 1. Ressourcenschutz und Nachhaltigkeit, 2. Partizipation von Nutzern, Planern und Entscheidern, 3. die besondere Rolle der Frauen, 4. den ökonomischen Wert des Wassers und seine Bedeutung als ökonomisches Gut.

10 UN-Resolution A/RES/58/217.

dass infrastrukturelle Großprojekte wie der Bau von Staudämmen oder ökonomische Strategien wie die Privatisierung der Wasserversorgung völlig losgelöst von solchen politischen Bekenntnissen vorangetrieben werden.

Es muss als Erfolg der international agierenden Frauenumweltbewegungen gewertet werden, dass das Thema Wasser überhaupt als Gender-Thema wahrgenommen wird. Aus einer ökofeministischen Perspektive lässt sich Wasser als lebensspendendes und lebenserhaltendes Element interpretieren, das in vielen Kulturen weiblich symbolisiert wird. Der soziale Ökofeminismus bzw. der Ansatz des *Feminist Environmentalism* stellt Verteilung und Verfügbarkeit von Wasser ins Zentrum des Erkenntnisinteresses: Wie ist die Verteilung von Wasser gesellschaftlich reguliert, wirkt die Geschlechterordnung auf den Zugang zu Wasser? Das ist etwa dann der Fall, wenn für Wasser bezahlt werden muss, Geld aber nicht in gleicher Weise allen Mitgliedern einer Gesellschaft zur Verfügung steht (vgl. z. B. Bauhardt 2006; UNDP 2006). Neben diesen ökonomischen Aspekten können auch gegenderte Tabuisierungen Frauen den Zugang zu Wasser erschweren (vgl. Joshi/ Fawcett 2005).

Weitere Fragen leiten sich aus der geschlechtlichen Arbeitsteilung ab: Wer ist für welche Arbeiten zuständig, welche Bedürfnisse nach Wasser verlangen nach welcher Art der Wasserversorgung? Vivienne Bennett (2005) berichtet von einer Befragung im Rahmen eines Bewässerungsprojektes in Ecuador: Frauen erwarteten konstante zeitliche Verfügbarkeit des Wassers im Tagesverlauf und räumliche Verfügbarkeit durch kleinteilige Leitungserschließung, um den Bedürfnissen der Versorgung und Hygiene nachkommen zu können und um lange Wege zur Wasserstelle zu vermeiden. Männer hingegen optierten für ein Rotationsprinzip, bei dem sie nicht jeden Tag Zugang zu Wasser hatten, aber einen hohen Durchfluss, sobald sie an der Reihe waren, die Felder zu bewässern.

Diese Dimensionen werden in der Umweltforschung und -politik unter dem Stichwort „Ressourcenmanagement" diskutiert (z. B. UNDP/Gender and Water Alliance 2006). Integriertes Wasserressourcenmanagement wird folgendermaßen verstanden:

> „Integrated Water Resources Management (IWRM) is a cross-sectoral approach responding to the growing demands for water in the context of finite supplies. It is an approach that aims to secure the coordinated development of water, land and related resources to optimize economic and social welfare without compromising the sustainability of environmental systems." (UN Division for the Advancement of Women 2005: 3)

In diesen Kontext sind auch die oben genannten Aussagen zur Integration von Frauen in die nachhaltige Nutzung von Wasser und wasserbezogenen Ressourcen einzuordnen: Da die Geschlechterhierarchie Frauen im Zugang zu Wasser häufig benachteiligt, ist ihre Mitwirkung bei wasserbezogenen Entwicklungsanstrengungen sicherzustellen, damit diese erfolgreich verlaufen.

Aus der Perspektive der Ressourcenpolitik muss die Frage nach der (Re)Produktivität gestellt werden: Wie kann die Trennung von Produktivität und Reproduktivität natürlicher und sozialer Ressourcen aufgelöst und in ein solches Konzept überführt werden, das die beiden Pole miteinander vermittelt? Und wie kann eine solche Perspektive in den globalen politischen Prozess hineingebracht werden? Globale Wasserpolitik ist nämlich weit davon entfernt, diese Debatten überhaupt zur Kenntnis zu nehmen. Jenseits eines kleinteilig verstandenen Wasserressourcenmanagements sind wir von einer kritisch-feministisch-queeren Genderperspektive im Mensch-Natur-Verhältnis weit entfernt.

Globale Umweltpolitik findet inzwischen – im Unterschied zu den 1990er-Jahren – wieder in großer Distanz zu den feministischen Diskursen über gesellschaftliche Naturverhältnisse statt. Riesige Infrastrukturprojekte wie der Bau von Großstaudämmen bestimmen heute die globale Wasserpolitik. Die die Umweltpolitik beherrschende Debatte über den Klimawandel basiert auf naturwissenschaftlichen Prämissen und Methoden, in denen lokale Lebens-, Macht- und Geschlechterverhältnisse überhaupt nicht zur Kenntnis genommen werden (vgl. ausführlich Bauhardt 2009, 2010). Kleinteiliges Wasserressourcenmanagement, in das Frauen integriert werden, was häufig in erster Linie zu einer zusätzlichen Arbeitsbelastung der Frauen führt, ist keine adäquate Strategie. Dabei geht es nur noch um das Verarbeiten der Folgewirkungen von Entscheidungen, die längst anderweitig, von anderen Instanzen und Akteuren, getroffen wurden: Das Ressourcenmanagement setzt erst an, nachdem der Staudamm längst steht.

Ich plädiere dafür, sich wieder auf das Konzept der „sustainable livelihoods" zu besinnen, das von den feministischen Umwelt-NGOs in Abgrenzung zum wachstumsorientierten Begriff von „sustainability" entwickelt wurde. (s. Abschnitt 2). Die darin angelegte radikale Kritik an der Idee wissenschaftlich-technischen „Fortschritts" und ökonomischer „Entwicklung" kann aus meiner Sicht mit einer Kritik heteronormativer (Re)Produktivität verknüpft werden, um einen emanzipatorischen Begriff von Ressourcenpolitik weiter auszuformulieren.

Literaturliste

Agarwal, Bina (1992): The Gender and Environment Debate. Lessons from India, in: Feminist Studies, Vol. 18, No. 1

Alaimo, Stacy (2010): Eluding Capture. The Science, Culture, and Pleasure of „Queer" Animals, in: Mortimer-Sandilands/Erickson (Hrsg.): Queer Ecologies. Sex, Nature, Politics, Desire, Bloomington (Indiana): Indiana University Press

Bagemihl, Bruce (1999): Biological Exuberance. Animal Homosexuality and Natural Diversity, New York: St. Martin's Press

Bauhardt, Christine (2010): Klimawandel und Infrastrukturpolitiken im Widerstreit. Die Politikfelder Wasser und Mobilität aus einer kritischen Gender-Perspektive, in: Çaálar, Gülay/Castro Varela, María Do Mar/Schwenken, Helen (Hrsg.): Geschlecht – Macht – Klima. Feministische Perspektiven auf Klima, gesellschaftliche Naturverhältnisse und Gerechtigkeit, Opladen/Farmington Hills: Budrich (i. E.)

Bauhardt, Christine (2009): Ressourcenpolitik und Geschlechtergerechtigkeit. Probleme lokaler und globaler Governance am Beispiel Wasser, in: prokla 156

Bauhardt, Christine (2006): Gender und Wasser. Feministische Kritik am globalen Privatisierungsdruck, in: Forum Wissenschaft 4/2006

Bennett, Vivienne (2005): Introduction, in: Bennett, Vivienne/Dávila-Poblete, Sonia/Rico, María Nieves (Hrsg.): Opposing Currents. The Politics of Water and Gender in Latin America, Pittsburgh (PA): University of Pittsburgh Press
Biesecker, Adelheid/Hofmeister, Sabine (2010): Im Fokus: Das (Re)Produktive. Die Neubestimmung des Ökonomischen mithilfe der Kategorie (Re)Produktivität, in: Bauhardt, Christine/ Çaálar, Gülay (Hrsg.): Gender and Economics. Feministische Kritik der politischen Ökonomie, Wiesbaden: VS Verlag für Sozialwissenschaften
Biesecker, Adelheid/Hofmeister, Sabine (2006): Die Neuerfindung des Ökonomischen. Ein (re)produktionstheoretischer Beitrag zur Sozialen Ökologie, München: oekom
Braidotti, Rosi et al. (1994): Women, the Environment and Sustainable Development. Towards a Theoretical Synthesis, London: Zed Books
Brú Bistuer, Josepa/Aguëra Cabo, Mercè (2004): A Gendered Politics of the Environment, in: Staeheli, Lynn A./Kofman, Eleonore/Peake, Linda J. (Hrsg.): Mapping Women, Making Politics. Feminist Perspectives on Political Geography, New York/London: Routledge
Buckingham-Hatfield, Susan (2000): Gender and Environment, New York/London: Routledge
Butler, Judith (1990): Gender Trouble. Feminism and the Subversion of Identity, New York/ London: Routledge
Coles, Anne/Wallace, Tina (Hrsg.): Gender, Water and Development, Oxford/New York: Berg
Haraway, Donna (2003): The Companion Species Manifesto. Dogs, People, and Significant Otherness, Chicago: Prickly Paradigm
Harcourt, Wendy (1994) (Hrsg.): Feminist Perspectives on Sustainable Development, London: Zed Books
Harding, Sandra (2010): Wissenschafts- und Technikforschung: Multikulturelle und postkoloniale Geschlechteraspekte, in: Becker, Ruth/Kortendiek, Beate (Hrsg.): Handbuch Frauen- und Geschlechterforschung. Theorien, Methoden, Empirie, 3. Aufl., Wiesbaden: VS Verlag für Sozialwissenschaften
Harding, Sandra (2008): Sciences from Below. Feminisms, Postcolonialities, and Modernities, Durham/London: Duke University Press
Häusler, Sabine (1994): Women and the Politics of Sustainable Development, in: Harcourt, Wendy (Hrsg.): Feminist Perspectives on Sustainable Development, London: Zed Books
Horkheimer, Max/Adorno, Theodor W. (1944/1991): Dialektik der Aufklärung. Philosophische Fragmente, Frankfurt am Main: Fischer
Joshi, Deepa/Fawcett, Ben (2005): The Role of Water in an Unequal Social Order in India, in: Coles, Anne/Wallace, Tina (Hrsg.): Gender, Water and Development, Oxford/New York: Berg
Lachenmann, Gudrun (2001): Die geschlechtsspezifische Konstruktion von Umwelt in der Entwicklungspolitik, in: Nebelung, Andreas/Poferl, Angelika/Schultz, Irmgard (Hrsg.): Geschlechterverhältnisse – Naturverhältnisse. Feministische Auseinandersetzungen und Perspektiven der Umweltsoziologie, Opladen: Leske und Budrich
Mellor, Mary (2005): Ecofeminist Political Economy: Integrating Feminist Economics and Ecological Economics, in: Feminist Economics 11 (3)
Mellor, Mary (2001): Nature, Gender and the Body, in: Nebelung, Andreas/Poferl, Angelika/ Schultz, Irmgard (Hrsg.): Geschlechterverhältnisse – Naturverhältnisse. Feministische Auseinandersetzungen und Perspektiven der Umweltsoziologie, Opladen: Leske und Budrich
Mellor, Mary (1997): Feminism and Ecology, New York: University Press
Merchant, Carolyn (1980): The Death of Nature. Women, Ecology, and the Scientific Revolution, San Francisco u.a.: Harper & Row (dt. Ausgabe 1987: Der Tod der Natur. Ökologie, Frauen und neuzeitliche Naturwissenschaft, München: Beck)
Mies, Maria/Shiva, Vandana (1993): Ecofeminism, Halifax, Nova Scotia: Fernwood (dt. Ausgabe 1995: Ökofeminismus. Beiträge zur Praxis und Theorie, Zürich: Rotpunkt)

Mortimer-Sandilands, Catriona/Erickson, Bruce (2010): Introduction. A Genealogy of Queer Ecologies, in: Mortimer-Sandilands, Catriona/Erickson, Bruce (Hrsg.): Queer Ecologies. Sex, Nature, Politics, Desire, Bloomington (Indiana): Indiana University Press

Oakley, Ann (1972): Sex, Gender and Society, London: Temple Smith

Ortner, Sherry B. (1974): Is Female to Male as Nature Is to Culture?, in: Rosaldo, Michelle Zimbalist/Lamphere, Louise (Hrsg.): Woman, Culture, and Society, Stanford: Stanford University Press

Plumwood, Val (1993): Feminism and the Mastery of Nature, New York/London: Routledge

Roughgarden, Joan (2004): Evolution's Rainbow. Diversity, Gender, and Sexuality in Nature and People, Berkeley/Los Angeles: University of California Press

Staeheli, Lynn A./Kofman, Eleonore/Peake, Linda J. (Hrsg.) (2004): Mapping Women, Making Politics. Feminist Perspectives on Political Geography, New York/London: Routledge

Sturgeon, Noël (2010): Penguin Family Values. The Nature of Planetary Environmental Reproductive Justice, in: Mortimer-Sandilands, Catriona/Erickson, Bruce (Hrsg.): Queer Ecologies. Sex, Nature, Politics, Desire, Bloomington (Indiana): Indiana University Press

The World Bank (2007): World Development Report 2008. Agriculture for Development, Washington, D. C.: The World Bank

UN Division for the Advancement of Women (2005): Women 2000 and Beyond. Women and Water, Online-Ressource: www.un.org/womenwatch/daw/public/Feb05.pdf (1. 10. 2010)

UNDP (2006): Beyond Scarcity. Power, Poverty and the Global Water Crisis (Human Development Report 2006), Houndmills/Basingstoke: Palgrave Macmillan

UNDP/Gender and Water Alliance (2006): Resource Guide. Mainstreaming Gender in Water Management, New York, Online-Ressource: www.genderandwater.org/page/5390 (1. 10. 2010)

WCED/World Commission on Environment and Development (1987): Our Common Future, Oxford: Oxford University Press

Wichterich, Christa (1992): Die Erde bemuttern. Frauen und Ökologie nach dem Erdgipfel in Rio. Berichte, Analysen, Dokumente, Köln: Heinrich-Böll-Stiftung

Geschlecht in den Strukturen, Fachkulturen und Diskursen der Technikwissenschaften*

Tanja Paulitz

Einleitung

Innerhalb der Frauen- und Geschlechterforschung gehört die Beschäftigung mit den Technikwissenschaften bis heute tendenziell zu den Spezialgebieten. Ein Grund dafür ist sicherlich die zunehmende Ausdifferenzierung der Geschlechterforschung. Eine intensivere Beschäftigung mit dem Thema Technik, ihrer Institutionalisierung in Form der Technikwissenschaften und ihren Berufsfeldern und Artefakten scheint nicht zuletzt angesichts der zunehmenden Technisierung der Gesellschaft dringend geboten. Die Prozesse der Durchdringung und materiellen Formung von Arbeits- und Lebenswelt mit technischen Artefakten sind, so die These der Geschlechterforschung, keineswegs neutral, sondern hochgradig geschlechtlich aufgeladen. Dies wird bereits deutlich, wenn man die im Alltagswissen verankerten Auffassungen über die Verteilung der Zuständigkeit für verschiedene Tätigkeiten zwischen Frauen und Männern in Betracht zieht, z.B. im Haushalt zwischen der Kleiderpflege und dem Reparieren von Fahrrädern, aber auch in der Berufswelt zwischen Pflegetätigkeiten und Montagetätigkeiten. Die Technikwissenschaften, der Ingenieurberuf und technische Arbeitsfelder erscheinen zudem als hartnäckige männerdominierte ‚Bastion' und strukturell unübersehbar geschlechtersegregiert. Vermutlich nicht zuletzt deshalb ist die Geschlechterforschung zum Ingenieurbereich bislang in ihren Zielen und Fragestellungen stark von gleichstellungspolitischen Anliegen geprägt. Ein weiteres zentrales Kennzeichen dieses Spezialgebietes der Geschlechterforschung sind interdisziplinäre Zugänge, Kooperationen und Initiativen. Das bedeutet, dass die Forschung in diesem Bereich zum einen an der Schnittstelle zu (vornehmlich) sozial- und kulturwissenschaftlichen Ansätzen der Geschlechterforschung stattfindet. Diese ist darauf gerichtet, die kulturell geprägten Geschlechterkonstruktionen und strukturellen Geschlechterverhältnisse wie auch die interaktiven Formen der Herstellung von Geschlecht (Identitäten, Inszenierungen, Verkörperungen) im Bereich der Technik zu beleuchten. Eine weitere Schnittstelle existiert zum andern zur ebenfalls interdisziplinär arbeitenden Wissenschafts- und Technikforschung (vgl. Felt/Nowotny/Taschwer 1995: 187 ff.). Dabei geht es darum, das im Alltagswissen verankerte „Technikverständnis" als gesellschaftlich neutral und als objektive Anwen-

---

* Bei diesem Beitrag handelt es sich um eine gekürzte und für Einführungszwecke stark überarbeitete Fassung meines Beitrags „Technikwissenschaften: Geschlecht in Strukturen, Praxen und Wissensformationen der Ingenieurdisziplinen und technischen Fachkulturen", zuerst erschienen in: Becker, Ruth/Kortendiek, Beate (Hrsg.) (2008): Handbuch Frauen- und Geschlechterforschung, Wiesbaden, S. 779–790.

dung von Naturgesetzen kritisch zu befragen und mehr über seine Verwobenheit mit gesellschaftlichen Prozessen zu erfahren. Daran anknüpfend erkundet die Geschlechterforschung zu Technikwissenschaften auch die geschlechterbezogenen Implikationen des Technikverständnisses an sich und des Berufsfeldes wie auch die Geschlechterdimension in Prozessen der Herstellung und Nutzung von technischen Artefakten, d. h. von Maschinen, Software, mikroelektronischen Geräten, Haushaltsgeräten usw. Die folgende Darstellung konzentriert sich stärker auf diese geschlechterbezogenen Implikationen des Technikverständnisses und des Berufsfeldes. Die im deutschsprachigen Raum seit 1977 jährlich stattfindenden Kongresse der „Frauen in Naturwissenschaft und Technik (FINUT)" haben dabei ganz wesentlich zur Herausbildung dieses interdisziplinären Forschungsfeldes beigetragen. Die hier gewählte Bezeichnung „Technikwissenschaften" ist erläuterungsbedürftig und, wie sich zeigen wird, historisch nicht immer ganz trennscharf von anderen Wissenschaften zu unterscheiden.

1 Begriff, historische Entstehung und aktuelle Kennzeichen der Technikwissenschaften

Die Bezeichnung „Technikwissenschaften" (engl. *engineering* bzw. *engineering science*, franz. *sciences techniques, ingénierie*) erscheint im Kontext der Frauen- und Geschlechterforschung (und nicht nur hier) zumeist als Teil des Sammelbegriffs „Natur- und Technikwissenschaften" bzw. „Naturwissenschaften und Technik". Gemeinhin werden die Technikwissenschaften unter die Naturwissenschaften und deren erkenntnistheoretisches und methodologisches Selbstverständnis subsumiert und als Gegenüber der sozial-, geistes- bzw. kulturwissenschaftlichen Fächer begriffen. Betrachtet man jedoch die historischen Entstehungsbedingungen, so muss hier genauer differenziert werden: Die traditionellen Fachgebiete des Ingenieurbereichs, wie Maschinenbau, Bergbau, Elektrotechnik und Bauingenieurwesen, haben sich in Europa im Zuge der Industrialisierung bis zum späten 19. Jahrhundert (bzw. bis zur Jahrhundertwende) aus dem Bereich des Handwerks und des Unternehmertums herausgelöst, zunehmend professionalisiert und insbesondere in Deutschland als Teil des wissenschaftlichen Feldes etabliert. Für den deutschsprachigen Raum ist die Bezeichnung „Technikwissenschaften" von besonderer Bedeutung, da die Anlehnung an das moderne naturwissenschaftliche Wissenschaftsideal im Ingenieurwesen besonders intensiv erfolgte, der Bezug zur Praxis und zu konkreten Anwendungsfeldern dennoch wichtig geblieben ist (vgl. Kaiser/König 2006). Technikhistorisch zielt diese Bezeichnung daher darauf, die besondere Hybridstellung aufzuzeigen, und zwar zwischen den handwerklich-technischen Gewerben einerseits und den eher theoretischen (Natur-)Wissenschaften andererseits (vgl. Buchheim/Sonnemann 1990). Bezogen auf die Institutionen der Ingenieurausbildung zeigt sich das besonders anschaulich: Die polytechnischen Schulen haben im Verlauf des 19. Jahrhunderts einen Prozess der „Verwissenschaftlichung" durchlaufen und sich nach und nach zu Technischen Hochschulen formiert, mit dem Anspruch, dem wissenschaftlichen Wissen und der akademischen Ausbildung den Vorzug zu geben gegenüber dem erfahrungsgeleiteten Wissen und seinen Formen des Wissenstransfers in gewerblichen Arbeitskontexten. Technikwissenschaften wenden sich bis heute gegen die Auffassung, bloß Anwendung der Naturwissenschaften zu sein. Sie begreifen sich in weiten Teilen als eigenständige Wissenschaften („engineering science") mit eigener Theorie- und Methodenentwicklung.

In der zweiten Hälfte des 20. Jahrhunderts ist das Feld der Technikwissenschaften zunehmend durch neue Formen der Ausdifferenzierung und der Konvergenz mit naturwissenschaftlichen Teilgebieten geprägt. Wenig trennscharf zu ziehen sind die Grenzen zum ebenfalls jungen Fach Informatik, das seine Wurzeln im Ingenieurbereich und in der Kybernetik hat (vgl. Bath/Schelhowe/Wiesner 2008). Umgekehrt hat die Entwicklung von Technologien wie beispielsweise von Messgeräten, Mikroskopen, Teleskopen, Rechenanlagen oder der Fotografie die moderne naturwissenschaftliche Forschung erst ermöglicht. Insbesondere in der Zeit nach 1945 sind Forschungsbereiche zwischen Natur- und Technikwissenschaften entwickelt worden, deren Objekte sowohl ‚organisch' als auch technisch sind und so hybride Formationen zwischen Natur und Kultur bilden. Diskursprägend hierfür ist die Bezeichnung „Technoscience" der amerikanischen Wissenschaftsforscherin Donna Haraway (1985/1995) geworden, die für die Postmoderne grundsätzlich von der Ununterscheidbarkeit zwischen Natur- und Technikwissenschaften sowie von der Hybridität ihrer Artefakte ausgeht (vgl. Lucht 2003). Damit sind vor allem solche Phänomene gemeint, die sowohl dem Bereich der Natur wie auch dem der Kultur zuzuordnen sind, da sie zugleich künstlich gemacht und organisch sind, wie etwa gentechnisch veränderte Pflanzen und Tiere.

Mit der Bezeichnung „Technikwissenschaften" ist für die Frauen- und Geschlechterforschung folglich ein äußerst breites Gegenstands- und Handlungsfeld gegenwärtiger und künftiger (Forschungs-)Initiativen umrissen. Im Weiteren werden nun wesentliche Forschungserträge dargestellt, ein genauerer Einblick in aktuell wichtige Forschungsthemen gegeben und schließlich der Bedarf an die Forschung in der Zukunft zusammengefasst.

2 Vom Frauenanteil in der Technik zur Fachkultur- und Hochschulforschung

Frauen studieren seltener als Männer technische Fachrichtungen und sind nur zu einem geringen Anteil im Ingenieurberuf tätig. Jüngere Messungen der Hochschulforschung sprechen hier von „geschlechtsspezifischen Präferenzen" (Heine/Egeln/Kerst et al. 2006: 8) bei der Studienfachwahl und benennen als Spitzenreiter der sogenannten „männerdominierten" Fächer an Universitäten Elektrotechnik, Verkehrstechnik und Maschinenbau (vgl. Multrus/Bargel/Ramm 2005: 10). Dieser *horizontalen Segregation*, d.h. der ungleichen Verteilung von Frauen und Männern auf verschiedene Fächer und Berufsfelder, gilt daher insbesondere mit Blick auf die Technikwissenschaften erhöhte Aufmerksamkeit. Mit der häufig anzutreffenden Formulierung „Präferenzen" wird allerdings vor allem die Studienfachwahl der „weiblichen" Studierenden zum Problem erklärt. Es heißt, Frauen stünden technikwissenschaftlichen Fächern „sehr skeptisch gegenüber", was sich längerfristig verschärfend auf den technischen Fachkräftemangel auswirke (Heine/Egeln/Kerst et al. 2006: 6). Einer solchen stereotypen Auffassung von der Zurückhaltung der Frauen gegenüber Technik widerspricht die Geschlechterforschung heute deutlich. Ebenso thematisiert sie anstelle des Fachkräftemangels eher die Frage von Geschlechtergerechtigkeit.

Die frühen wissenschaftlichen Thematisierungsweisen des Phänomens horizontaler Segregation in den Technikwissenschaften sind in der deutschsprachigen Frauen- und Geschlechterforschung schwerpunktmäßig durch zwei Blickrichtungen geprägt (zum Überblick über diese Ansätze vgl. Collmer 1997: 48–63): Sie orientierten sich zum einen an einem „Differenzmodell", das von der fundamentalen Wesensverschiedenheit von Männern und Frauen ausgeht und diese auf das Verhältnis zur Technik überträgt, z.B. auf die unterschiedliche Nutzung des Computers von Frauen und Männern. Zum anderen wurde das „Defizit-/Distanzmodell" entwickelt, das auch den Begriff der „weiblichen Technikdistanz" prägte und das Technikverhältnis in den Kontext sozialer Rollen und ‚weiblicher' Sozialisation rückte. So wurde Frauen sozialisationsbedingt mangelndes Interesse an Technik oder mangelnde Technikkompetenz attestiert. Während spätestens seit den 1980er-Jahren von frauenpolitischen Akteurinnen eine Vielzahl an Chancengleichheits-Initiativen angestoßen wurde, um den Zugang für Frauen zu technischen Studiengängen und Berufen zu verbessern, unterstützen heute im Kontext von *Gender Mainstreaming* und der Reorganisation der Hochschulen zunehmend auch Akteurinnen und Akteure im technikwissenschaftlichen Bereich solche Maßnahmen.

Diese auf Chancengleichheit konzentrierte frauenpolitische Zielperspektive wird von anderen Teilen der Geschlechterforschung seit etlichen Jahren deutlich ausgeweitet bzw. überschritten: Zentral geworden ist inzwischen die Untersuchung des gesellschaftlichen Verhältnisses zwischen Technik und Geschlecht (vgl. Degele 2002: 95f.). Geschlechterforschung hat die (Arbeits-)Situation und Sozialisation von Ingenieurinnen näher ausgeleuchtet. Seit den 1980er-Jahren wurden auf diese Weise die Geschlechterverhältnisse im Ingenieurbereich selbst und ihre gesellschaftlichen Voraussetzungen genauer in den Blick genommen (vgl. unter anderem Rudolph 1994; zum Überblick vgl. Ihsen 2008). Die Geschichte der Ingenieurinnen im internationalen Vergleich wird in dem von Ruth Oldenziel, Annie Canel und Karin Zachmann (2000) herausgegebenen Band untersucht. Empirische Studien zu den spezifischen Strategien, die Frauen im Ingenieurbereich verfolgen, wenn es darum geht, eine berufliche Identität im männerdominierten Feld auszubilden, wurden in jüngerer Vergangenheit von Jane Jorgenson (2002) und Elin Kvande (1999) vorgelegt.

Aktuelle wissenschaftssoziologische Studien zum Thema Geschlecht haben eine weitere Perspektivverschiebung vollzogen, weg von der Fokussierung auf die Frauen (bzw. die Ingenieurinnen) und hin zur Analyse der Strukturen und Kulturen der Wissenschaften, dem „Doing Science", selbst (vgl. Beaufaÿs/Krais 2005). So belegt die Studie „Arbeitswelt in Bewegung" (Haffner/Könekamp/Krais 2006) im Fächervergleich, dass vor allem die im Ingenieurbereich herrschenden „strukturellen Arbeitsbedingungen", wie etwa die ausgedehnten Arbeitszeiten oder hohe Mobilitätsanforderungen, mit dem Anliegen kollidieren, Berufs- und Familienarbeit zu vereinbaren (vgl. auch Matthies/Kuhlmann/Oppen et al. 2001; Könekamp 2007). Interessant sind jedoch auch Forschungen, die sich nicht speziell auf die Technikwissenschaften beziehen, aber grundsätzlich für den Bereich der Wissenschaft relevant sind. Sie suchen nach den Gründen für die Segregation (und auch für die damit verbundene Unterrepräsentanz der Frauen in höheren Statusgruppen) in der Funktionsweise von „Wissenschaftskulturen" und knüpfen an den Soziologen Pierre Bourdieu an (vgl. Beaufaÿs 2003; Krais 2000). Herausgefunden haben sie Folgendes: Vor allem die informellen Mechanismen des „Innenlebens" der Wissenschaften, wie etwa die persönliche Förderung durch Mentor/innen, erweisen sich als geschlechterrelevante ‚Stolpersteine' und führen dazu, dass bestehende Hierarchisierungen bzw. Ausschlüsse sich immer wieder reproduzieren. Mit solchen Praxisformen der Wissenschaftskultur hat sich die empirische Studie von Steffani Engler (1993) beschäftigt. Sie zeigt, dass sogenannte sozial interkorporierte Dispositionen eine Rolle dafür spielen, wer in einer Fachkultur als zugehörig betrachtet wird und wer nicht. Engler hat hierfür fachspezifische, studentische Lebensstile herausgearbeitet, die sich als soziale Norm in einem Studienfach erweisen. Diese jeweils herrschende Norm erscheint zugleich als geschlechtlich codiert und erschwert so die Zugehörigkeit derjenigen sozialen Gruppen, die dieser Norm nicht entsprechen wollen oder können.

Eine etwas andere Blickrichtung nehmen Untersuchungen zur Organisation und fachlichen Schwerpunktbildung von ingenieurtechnischen Ausbildungsinstitutionen ein. Vorliegende Forschungsarbeiten zum Thema „Technik-Bildung und Geschlecht" (Wächter 2003) argumentieren mehrheitlich in die Richtung, dass politische Maßnahmen und Reformansätze dann zu kurz greifen, wenn sie sich vorwiegend auf die Mobilisierung der Frauen richten und die spezifischen fachkulturellen Charakteristika im Sinne implizit tradierter und institutionell verankerter Relevanzen, Standards und informeller Praxisformen (vgl. Gilbert 2004: 19) in ihrer Bedeutung für die geschlechtsspezifische Studienwahl außer Acht lassen. Konkret werden hier Veränderungsmöglichkeiten im Ingenieurstudium aufgezeigt: So geht es zum einen auf einer inhaltlichen Ebene um das Curriculum und die Lernziele. Beide sollen „interdisziplinärer" gestaltet, d.h. etwa durch „nicht"-technische Aspekte wie „Schlüsselqualifikationen" ergänzt werden. Zum anderen wird gefordert, didaktische Alternativen zum bisher gängigen vorlesungsorientierten und hierarchisch streng durchstrukturierten Lehrstil zu implementieren (vgl. Wiesner/Kamphans/Schelhowe et al. 2004; für die Informatik vgl. Schelhowe 2005). Auf diese Weise sollen technische Ausbildungsgänge ‚ganzheitlicher' und (nicht nur im Hinblick auf Frauen) integrativer gemacht werden. Reformdiskussionen im Hochschulbereich sowie Erfahrungen aus bestehenden Modellversuchen haben seit den 1990er-Jahren auch dazu geführt, neu kreierte Frauenstudiengänge in natur- und ingenieurwissenschaftlichen Disziplinen aufzubauen (vgl. Kahlert/Mischau 2000; Knapp/Gransee 2003; Metz-Göckel/Steck 1997).

3 Identitätsbildung in der Ingenieurpraxis, historische Berufsbilder und technikwissenschaftliche Diskurse

Sozial- und geschichtswissenschaftliche Forschungen beschäftigten sich in jüngster Zeit verstärkt mit der symbolischen Ordnung im technischen Bereich, um dem gesellschaftlichen Verhältnis zwischen Technik und Geschlecht näher auf die Spur zu kommen. Gefragt wird nun stärker danach, wie Geschlecht in gesellschaftlichen Bildern und Vorstellungen von Technik und vom Ingenieurberuf repräsentiert ist. Auf diese Weise wird Geschlecht hier als Teil der Wissensbestände innerhalb der technischen Domäne verstanden. Hier geht es also erstens um die geschlechtlichen Implikationen der Herausbildung beruflicher Identitäten, d.h. um die Art und Weise, wie sich Personen im technischen Bereich selbst begreifen und beschreiben. Zweitens wurden die historischen Leitbilder technischer Berufe analysiert und damit der Frage nachgegangen, an welchen Bildern sich diese Berufe im Verlauf der Geschichte orientiert haben und wie diese geschlechtlich codiert sind. Drittens wird die Fragestellung verfolgt, auf welche Weise solche historischen Berufsbilder mit fachlichen Orientierungen in Verbindung stehen und daher auch fachliche Wissensbestände eine Geschlechterdimension aufweisen können. In letztgenannter Richtung werden also noch konzentrierter die „innerhalb" der Technikwissenschaften produzierten Vorstellungen von Geschlecht inspiziert. Dabei hat sich die Blickrichtung auch tendenziell stärker in Richtung Männlichkeitsforschung verlagert, wenn versucht wird zu beschreiben, wie Männlichkeit in Verknüpfung mit Technik hergestellt und reproduziert wird. Alle Untersuchungen, die in diesem Abschnitt dargestellt werden, knüpfen dabei prinzipiell an die Grundeinsichten der sozialkonstruktivistischen Theorietradition in der Technikforschung an, nach der das Verhältnis von Technik und Geschlecht als „Koproduktion" verstanden wird. „Weitgehender Konsens ist gegenwärtig", schreibt Judy Wajcman (2002: 285) in einer aktuelleren Übersicht über den Stand der Debatte, „dass weder Männlichkeit, Weiblichkeit noch Technologie feststehende, einheitliche Kategorien sind; vielmehr enthalten sie vielfältige Möglichkeiten und werden in Relation zueinander konstruiert" (zum Überblick vgl. auch Berg/Lie 1995; Faulkner 2001; Wajcman 1991, 2004; zum Überblick über die Einschreibung von Geschlecht in Technik vgl. Bath 2009).

Die Betrachtung von Geschlecht in der sozialen Praxis und im „Alltagswissen" von Ingenieur/innen stellt eine der zentralen Blickrichtungen neuerer empirischer Forschungsarbeiten dar (vgl. unter anderem Faulkner 2009a, 2009b; Gilbert 2008;

Tonso 2007). Methodisch betrachtet handelt es sich um qualitative Interview- bzw. ethnografische Feldstudien, in denen nach dem Geschlechterwissen in der Fachkultur und Berufspraxis gefragt wird. So fand Wendy Faulkner in ihrer Studie zur Berufskultur der Ingenieurinnen und Ingenieure in den USA und in Großbritannien heraus, dass herrschende Bilder von ‚dem' Ingenieur im Widerspruch zur alltäglichen Praxis stehen. Während diese sehr heterogene Anforderungen an die Berufstätigkeit stelle, die auch das Arbeiten im Team, Kommunikation mit Kund/innen, Managementaufgaben usw. umfassen, blieben die Diskurse, also die Art und Weise, wie man sich in der Regel über die Berufstätigkeit äußert und diese beschreibt, einem recht homogenen Berufsbild verhaftet. Dieses rekurriert mehr oder weniger explizit meist auf die Vorstellung vom „nerd", d. h. dem sozial inkompetenten Sonderling und einsamen Erfinder bzw. Computerfreak. Allerdings stellte Faulkner (2006) auch fest, dass sich Ingenieurinnen und Ingenieure nach wie vor auf dieses Stereotyp vom „nerd" beziehen und dieses Bild zum Inbegriff des „wirklichen" Ingenieurs erheben. So erscheint dieses eindeutig vergeschlechtlichte Bild in den Interviews regelmäßig als Hintergrundfolie, gegenüber welcher man sich abzugrenzen versucht. Ingenieurinnen und Ingenieure müssen sich offenkundig, so Faulkners Fazit, in ihrer Identitätsbildung zu dieser nach wie vor deutungsmächtigen Vorstellung vom „nerd" in Beziehung setzen, um ihre berufliche Identität zu konstruieren. Inhaltlich steht mit diesem beobachteten Bezug auf das Stereotyp des sozial abstinenten Computerfreaks also stets der Gegensatz zwischen Technik und Sozialem im Zentrum der Beschreibung der eigenen Identität. Auf diese Weise werden auch die unterschiedlichen Tätigkeitsbereiche in der Berufspraxis, abhängig davon wie direkt sie dem Technischem oder dem Sozialen zugeordnet werden können, im Berufsfeld geschlechtlich codiert. Allerdings stehen einem stereotypen, vereinheitlichten Berufsbild von ‚dem' Ingenieur auf der symbolischen Ebene durchaus heterogene berufliche Identitäten bei den einzelnen Ingenieur/innen und eine breit gefächerte Alltagspraxis gegenüber. Auf welche Weise dieses monolithische Bild vom Ingenieur und der Dualismus Technik/Soziales in der Praxis erneut dazu führen, Ingenieuren und Ingenieurinnen bestimmte Eigenschaften zuzuschreiben und bestimmte Tätigkeiten zuzuweisen, ist erst in Ansätzen erforscht.

Mit der symbolischen Ebene vergeschlechtlichter Berufsbilder der Technikwissenschaften hat sich auch die Geschlechtergeschichte beschäftigt. Sie gewährt Einblick, inwieweit das genannte stereotype Bild des Ingenieurs in der Tradition des Berufsfeldes bereits dauerhaft verankert war. Instruktiv ist hierfür die Studie von Karin Zachmann (2004). Sie spannt den Bogen von der Mitte des 19. Jahrhunderts, als die Technikwissenschaften entstanden, bis in die Zeit nach 1945 und wendet sich hier der Geschichte der Mobilisierung von Frauen für technische Berufe in der DDR zu. Insbesondere die Zeit der historischen Entstehung der Technikwissenschaften ist für die Konstruktion von Männlichkeit spannend (vgl. ebd.: 117 ff.). Zachmann zeigt die verschiedenen historischen Spielarten der symbolischen Konstruktion des männlichen Ingenieurs und der Ausgrenzung des „Weiblichen" aus der Wissenstradition des akademisierten Ingenieurwesens. Historische Verschiebungen von einer Spielart zu einer anderen analysiert sie als flexible, aber stets hierarchisierende Anordnungen polarer Geschlechterdifferenz (vgl. ebd.: 16). Das am Bildungsbürgertum orientierte Leitbild des Ingenieurs, mit dem diese Ende des 19. Jahrhunderts den sozialen Aufstieg in der wilhelminischen Gesellschaft und die Gleichstellung der Technischen Hochschulen mit den Universitäten anstrebten, stellte die Konzeption des „männlichen" Geistesarbeiters und Wissenschaftlers ins Zentrum. Um die Jahrhundertwende wurde es durch das Leitbild des Ingenieurs als akademischer Praktiker abgelöst, eine Konzeption also, die mit dem Deutungsmuster des „Mannes der Tat" und des „Kämpfers" mit den Naturgewalten, mit dem des „Künstlers" und, am Vorabend des Ersten Weltkrieges, auch mit der Vorstellung vom Ingenieur als „Führer" der Nation hantierte. Beide Leitbilder schlossen jeweils zeitgenössische Vorstellungen von Weiblichkeit aus dem Berufsfeld aus, wenn auch auf jeweils unterschiedliche Weise: zum einen in der Gegenüberstellung von männlich codierter Rationalität gegenüber weiblich codierter Emotionalität, zum anderen im Dualismus von vorgestellter ‚männlicher' Stärke, Genialität und Durchsetzungsfähigkeit versus ‚weiblicher' Schwäche, Reproduktivität und Nachgiebigkeit. Solche Gegenüberstellungen entsprachen dem hierarchischen System von binären Gegensatzpaaren der kulturellen Geschlechterordnung der bürgerlichen Moderne, die von der Historikerin Karin Hausen (1976) untersucht worden ist. Die binären Gegensatzpaare korrelieren miteinander: Wie beispielsweise im Fall des bildungsbürgerlichen Leitbildes des Ingenieurs sind Verstand/Gefühl bezogen auf Männlichkeit/Weiblichkeit. Im Falle des Ingenieurs als Praktikers wurden, so Zachmann, andere Gegensatzpaare (stark/schwach, produktiv/reproduktiv etc.) herangezogen, die aber ebenfalls mit dem Geschlechterdualismus korrelieren. So erwies sich um die Jahrhundertwende das Argument, dass die Werkstatt und die industrielle Produktion zwar ein notwendiges praktisches Erfahrungsfeld für angehende Ingenieure, aber kein passender Ort für die höheren Töchter des Bürgertums seien, als „stereotyp wiederholte Begründung" (Zachmann 2004: 133) gegen den Eintritt von Frauen in den Ingenieurberuf. Wie Zachmanns Forschungen zur Geschichte der Technikwissenschaften also belegen, besitzt das heutige Stereotyp des Ingenieurs, das in Faulkners empirischer Forschung als Hintergrundfolie auftaucht, eine ganze Reihe von durchaus unterschiedlichen Vorgängern (in Form der verschiedenen Leitbilder). Damit zeigt sich, dass die Verknüpfung der Vorstellung des Ingenieurberufs mit Männlichkeit doch nicht so statisch sein muss, sondern als Ergebnis flexibler und kontextabhängiger Umarbeitungen zu begreifen ist. Der historische Rückblick hat außerdem auch weitere Varianten der Konstruktion von Geschlechterdifferenz aufgewiesen. Neben dem heute zentralen Dualismus Technik/Soziales haben in der Geschichte auch die Gegensatzpaare Geist/Gefühl, Stärke/Schwäche usw. eine Rolle als Differenzmarkierung gespielt.

Inwieweit solche Berufsbilder in den Technikwissenschaften tiefer verankert sind und damit mehr als eine leicht veränderbare strategische Rhetorik darstellen, die quasi an der Oberfläche verbleibt und zeitweise bestimmten Zielen dient, wie etwa der Gleichstellung der Technikwissenschaften mit den Universitäten, wurde von mir in einer wissenssoziologischen Studie weiterverfolgt (vgl. Paulitz 2008, 2010a). Dafür wurden technikwissenschaftliche Fachdebatten in Zeitschriften und anderen Fachpublikationen im Maschinenbau in der Zeit um 1900 genauer beleuchtet. Die Untersuchung zeigt unter anderem, dass die von Zachmann benannten Männlichkeitskonstruktionen die zentralen historischen Grundorientierungen der Technikwissenschaften prägen bzw. dass Männlichkeiten und die fachlichen Grundlagen koproduziert wurden. Das bedeutet, dass in Zusammenhang mit der Herausbildung eines Leitbildes des Berufes auch das Verständnis der Technikwissenschaften selbst, aber auch die Vorstellung vom Prozess des technischen Konstruierens sowie die theoretische Konzeption der Maschine, d.h. des Gegenstandes der Technikwissenschaften, in jeweils spezifischer Weise hervorgebracht und um 1900 wieder in Zusammenhang mit dem neuen Leitbild umgearbeitet wurden (vgl. Paulitz 2010b). Während beispielsweise die Konstruktionstätigkeit im Kontext des bildungsbürgerlichen Leitbildes als wissenschaftlich gesteuerter und rational-kalkulierbarer Prozess der systematischen Zusammensetzung einer funktionalen Maschine gedacht wurde, gewann mit dem praxisorientierten Leitbild des Ingenieurs die Vorstellung von einem unkalkulierbaren, kreativ-schöpferischen Vorgang und von der genialen ‚Kopfgeburt' die Oberhand. In dem einen Fall konstruiert der objektive, wissenschaftlich gebildete Ingenieur, im anderen der virtuos tüftelnde Erfinder. Damit zeigt sich auch, dass die Konstruktion von Männlichkeit in den Technikwissenschaften nicht losgelöst von den fundamentalen Wissensbeständen betrachtet werden kann. Es handelt sich um komplexe und tiefer verwurzelte Vorstellungen. Geschlechterforschung kann solche Vorstellungen und die genauen Mechanismen ihrer Konstruktion nur begreifen, wenn sie sich tiefer in das Innenleben des technischen Bereichs hineinbegibt und sich mit der Praxis, aber auch den Wissensbeständen befasst. In welcher Weise die historischen Männlichkeitskonstruktionen in der Technik auch heute noch eine Rolle spielen und Unterschiede zwischen verschiedenen technikwissenschaftlichen Disziplinen und neuen Forschungsfeldern der „technosciences" markieren, ist derzeit eine offene empirische Forschungsfrage.

4 Zukünftige Forschungsperspektiven

Geschlechterforschung zu Technikwissenschaften, so haben diese Übersicht über die Forschung und der Einblick in aktuelle Arbeiten gezeigt, beschäftigt sich sowohl mit der Frage nach der Exklusion von Frauen als auch mit den sozialen Konstruktionen von Geschlecht in den Technikwissenschaften, die ein tieferes Verständnis von Formierungsprozessen ‚technischer' Männlichkeiten erlauben. Folglich stellt die produktive Verschränkung mit der kritischen „Männlichkeitenforschung" eine aussichtsreiche Erweiterung der Geschlechterforschung zu Technikwissenschaften dar, um mehr darüber zu erfahren, wie (möglicherweise auch widersprüchliche und heterogene) Berufsbilder und -kulturen im Ingenieurbereich funktionieren (vgl. Lohan/Faulkner 2004).

Für die Zukunft besteht insbesondere auch Bedarf, neuere theoretische Diskussionen der Geschlechterforschung in den Fragehorizont zu integrieren. Perspektiven, die auf die Überschneidung verschiedener gesellschaftlicher Differenzlinien fokussieren (in jüngerer Vergangenheit vor allem unter dem Stichwort „Intersektionalität" intensiv debattiert; vgl. unter anderem den Beitrag von Riegraf in diesem Band), sind bislang in der Geschlechterforschung zu den Technikwissenschaften weitgehend unterbelichtet geblieben. Damit ist gemeint, dass die Geschlechterdifferenzierung nicht isoliert, sondern in Zusammenhang mit anderen gesellschaftlichen Ungleichheiten, vor allem sozialen Hierarchisierungen und Ethnisierungen, zu untersuchen wäre. Schließlich ist es erforderlich, mehr Erkenntnisse über das Zusammenspiel zwischen der symbolischen Ebene der Bilder und des Wissens einerseits, der alltäglichen Interaktion und der strukturellen Segregation im Ingenieurbereich andererseits zu gewinnen.

Solche Erweiterungslinien bieten perspektivisch auch die Möglichkeit, ein komplexeres Theorie- und Methodenverständnis für die Untersuchung der Technikwissenschaften fruchtbar zu machen. Sie könnten auch dazu beitragen, dieses Forschungsgebiet besser in die aktuellen Debatten der Geschlechterforschung zu integrieren. Dies wäre allein schon deshalb geboten, weil sich das Gegenstandsgebiet der Geschlechterforschung, die kulturellen und gesellschaftlichen Geschlechterverhältnisse, gegenwärtig im Kontext neuer Bedingungen der Technisierung transformieren (vgl. Dölling/Dornhof/Esders et al. 2007). Die Geschlechterforschung könnte daher von einem reflektierten Blick auf die historischen und aktuellen Neuauflagen der Koproduktion von Technik und Geschlecht profitieren.

Literaturliste

Bath, Corinna (2009): De-Gendering informatischer Artefakte: Grundlagen einer kritisch-feministischen Technikgestaltung, Bremen (Manuskript: Dissertationsschrift)

Bath, Corinna/Schelhowe, Heidi/Wiesner, Heike (2008): Informatik: Geschlechteraspekte einer technischen Disziplin, in: Becker, Ruth/Kortendiek, Beate (Hrsg.): Handbuch Frauen- und Geschlechterforschung, Wiesbaden: VS Verlag für Sozialwissenschaften

Beaufaÿs, Sandra (2003): Wie werden Wissenschaftler gemacht? Beobachtungen zur wechselseitigen Konstitution von Geschlecht und Wissenschaft, Bielefeld: Transcript

Beaufaÿs, Sandra/Krais, Beate (2005): Doing Science – Doing Gender. Die Produktion von WissenschaftlerInnen und die Reproduktion von Machtverhältnissen im wissenschaftlichen Feld, in: Feministische Studien, 1/2005, S. 82–99

Buchheim, Gisela/Sonnemann, Rolf (Hrsg.) (1990): Geschichte der Technikwissenschaften, Leipzig: Edition Leipzig

Collmer, Sabine (1997): Frauen und Männer am Computer, Wiesbaden: Westdeutscher Verlag

Conze, Werner (Hrsg.) (1976): Sozialgeschichte der Familie in der Neuzeit Europas. Neuere Forschungen, Stuttgart: Klett

Degele, Nina (2002): Einführung in die Techniksoziologie, München: W. Fink

Dölling, Irene/Dornhof, Dorothea/Esders, Karin et al. (Hrsg.) (2007): Transformationen von Wissen, Mensch und Geschlecht, Transdisziplinäre Interventionen, Königstein u. a.: Helmer

Engler, Steffani (1993): Fachkultur, Geschlecht und soziale Reproduktion. Eine Untersuchung über Studentinnen und Studenten der Erziehungswissenschaft, Rechtswissenschaft, Elektrotechnik und des Maschinenbaus, Weinheim: Deutscher Studienverlag

Faulkner, Wendy (2009a): Doing Gender in Engineering Workplace Cultures, I. Observations from the Field, in: Engineering Studies, 1/2009, S. 3–18

Faulkner, Wendy (2009b): Doing Gender in Engineering Workplace Cultures, II. Gender In/Authenticity and the In/Visibility Paradox, in: Engineering Studies, 3/2009, S. 169–189

Faulkner, Wendy (2006): Läuft alles, Frau Ingenieur? Tanja Paulitz im Gespräch mit der britischen Techniksoziologin Wendy Faulkner über Geschlechterrollen in einer Männerdomäne, in: Freitag, 35/2006, S. 17

Faulkner, Wendy (2001): The Technology Question in Feminism: A View from Feminist Technology Studies, in: Women's Studies International Forum, 1/2001, S. 79–95

Felt, Ulrike/Nowotny, Helga/Taschwer, Klaus (1995): Wissenschaftsforschung. Eine Einführung, Frankfurt am Main/New York: Campus

Gilbert, Anne Françoise (2008): Disciplinary Cultures in Mechanical Engineering and Materials Science: Gendered/Gendering Practices?, in: Equal Opportunities International, 1/2008, S. 24–35

Gilbert, Anne Françoise (2004): Studienmotivation und Erfahrungen im Grundstudium. Eine Erhebung an vier Schweizer Hochschulen zu Frauen in technischen und naturwissenschaftlichen Studiengängen, in: Soziale Technik, 3/2004, S. 19–21

Gransee, Carmen (Hrsg.) (2003): Der Frauenstudiengang in Wilhelmshaven. Facetten und Kontexte einer „paradoxen Intervention", Opladen: Leske und Budrich

Haffner, Yvonne/Könekamp, Bärbel/Krais, Beate (2006): Arbeitswelt in Bewegung. Chancengleichheit in technischen und naturwissenschaftlichen Berufen als Impuls für Unternehmen, Berlin: Bundesministerium für Bildung und Forschung

Haraway, Donna (1985/1995): Die Neuerfindung der Natur: Primaten, Cyborgs und Frauen, Frankfurt am Main/New York: Campus

Hausen, Karin (1976): Die Polarisierung der „Geschlechtercharaktere" – eine Spiegelung der Dissoziation von Erwerbs- und Familienleben, in: Conze, Werner (Hrsg.): Sozialgeschichte der Familie in der Neuzeit Europas, Stuttgart: Klett, S. 363–393

Heine, Christoph/Egeln, Jürgen/Kerst, Christian et al. (2006): Bestimmungsgründe für die Wahl von ingenieur- und naturwissenschaftlichen Studiengängen. Ausgewählte Ergebnisse einer Schwerpunktstudie im Rahmen der Berichterstattung zur technologischen Leistungsfähigkeit Deutschlands, Berlin: Studien zum deutschen Innovationssystem 5/2006

Ihsen, Susanne (2008): Ingenieurinnen: Frauen in einer Männerdomäne, in: Becker, Ruth/Kortendiek, Beate (Hrsg.): Handbuch Frauen- und Geschlechterforschung, Wiesbaden: VS Verlag für Sozialwissenschaften, S. 791–797

Jorgenson, Jane (2002): Engineering Selves. Negotiating Gender and Identity in Technical Work, in: Management Communication Quarterly, 3/2002, S. 350–380

Kahlert, Heike/Mischau, Anina (2000): Neue Bildungswege für Frauen. Frauenhochschulen und Frauenstudiengänge im Überblick, Frankfurt am Main/New York: Campus

Kaiser, Walter/König, Wolfgang (Hrsg.) (2006): Geschichte des Ingenieurs. Ein Beruf in sechs Jahrtausenden, München u.a.: Hanser

Knapp, Gudrun-Axeli/Gransee, Carmen (2003): Experiment im Gegenwind. Der erste Frauenstudiengang in einer Männerdomäne. Ein Forschungsbericht, Opladen: Leske und Budrich

Könekamp, Bärbel (2007): Chancengleichheit in akademischen Berufen. Beruf und Lebensführung in Naturwissenschaft und Technik, Wiesbaden: Deutscher Universitätsverlag

Krais, Beate (Hrsg.) (2000): Wissenschaftskultur und Geschlechterordnung, Frankfurt am Main/New York: Campus

Kvande, Elin (1999): 'In the Belly of the Beast'. Constructing Femininities in Engineering Organizations, in: The European Journal of Women's Studies, 3/1999, S. 305–328

Lohan, Maria/Faulkner, Wendy (2004): Masculinities and Technologies. Some Introductory Remarks, in: Men and Masculinities, 4/2004, S. 319–329

Lucht, Petra (2003): Postmoderne Technosciences? Zur Dekonstruktion der Differenz von Fakten und Fiktionen, in: Schönwälder-Kuntze, Tatjana/Heel, Sabine/Neudel, Claudia et al. (Hrsg.): Störfall Gender – Grenzdiskussionen zwischen den Wissenschaften, Wiesbaden: Westdeutscher Verlag

Matthies, Hildegard/Kuhlmann, Ellen/Oppen, Maria et al. (2001): Karrieren und Barrieren im Wissenschaftsbetrieb. Geschlechterdifferente Teilhabechancen in außeruniversitären Forschungseinrichtungen, Berlin: Edition Sigma

Metz-Göckel, Sigrid/Steck, Felicitas (Hrsg.) (1997): Frauen-Universitäten. Initiativen und Reformprojekte im internationalen Vergleich, Opladen: Leske und Budrich

Multrus, Frank/Bargel, Tino/Ramm, Michael (2005): Studiensituation und studentische Orientierungen. 9. Studierendensurvey an Universitäten und Fachhochschulen, Berlin: Bundesministerium für Bildung und Forschung, Online-Ressource: www.bmbf.de/pub/studiensituation_und_studentische_orientierungen_2005.pdf (5.5.2008)

Oldenziel, Ruth/Canel, Annie/Zachmann, Karin (Hrsg.) (2000): Crossing Boundaries, Building Bridges: Comparing The History of Women Engineers, 1870s–1990s, Amsterdam: Harwood Academics

Paulitz, Tanja (2010a): Vom Maschinenwissenschaftler zum ‚Mann der Tat'. Zur Soziologie technikwissenschaftlichen Wissens, 1850–1930, Graz (Manuskript: Habilitationsschrift)

Paulitz, Tanja (2010b): Verhandlungen der mechanischen Maschine. Geschlecht in den Grenzziehungen zwischen Natur und Technik, in: Österreichische Zeitschrift für Geschichtswissenschaft, 1/2010, S. 65–92

Paulitz, Tanja (2008): Kämpfe um hegemoniale Männlichkeiten in der Ingenieurkultur um 1900, in: Brunotte, Ulrike/Herrn, Rainer (Hrsg.): Produktion und Krise hegemonialer Männlichkeit in der Moderne, Bielefeld: Transcript

Rudolph, Hedwig (1994): Ingenieurinnen: Vorberufliche Sozialisation und berufliche Erfahrungen, in: Lundgreen, Peter/Grelon, André (Hrsg.): Ingenieure in Deutschland, 1770–1990, Frankfurt am Main/New York: Campus

Schelhowe, Heidi (2005): Interaktionen – Gender Studies und die Informatik, in: Kahlert, Heike/Thiessen, Barbara/Weller, Ines (Hrsg.): Quer denken – Strukturen verändern. Gender Studies zwischen Disziplinen, Wiesbaden: VS Verlag für Sozialwissenschaften

Tonso, Karen L. (2007): On the Outskirts of Engineering: Gender, Power, and Engineering Practice, Rotterdam: Sense Publications

Wächter, Christine (2003): Technik-Bildung und Geschlecht, München u.a.: Profil

Wajcman, Judy (2004): TechnoFeminism, Cambridge: Polity Press

Wajcman, Judy (2002): Gender in der Technologieforschung, in: Pasero, Ursula/Gottburgsen, Anja (Hrsg.): Wie natürlich ist Geschlecht? Wiesbaden: Westdeutscher Verlag

Wajcman, Judy (1991): Feminism Confronts Technology, Cambridge: Polity Press

Wiesner, Heike/Kamphans, Marion/Schelhowe, Heidi et al. (2004): Gender Mainstreaming in „Neue Medien in der Bildung". Leitfaden, Bremen u.a., Online-Ressource: http://dimeb.informatik.uni-bremen.de/documents/projekt.gender.GMLeitfaden.pdf (12.5.2008)

Zachmann, Karin (2004): Mobilisierung der Frauen. Technik, Geschlecht und Kalter Krieg in der DDR, Frankfurt am Main/New York: Campus

Einführende Literatur

Cockburn, Cynthia (1986): Machinery of Dominance. Women, Man and Technical Know-how, London u.a.: Pluto Press
Degele, Nina (2002): Einführung in die Techniksoziologie, München: W. Fink
Faulkner, Wendy (2000): Dualisms, Hierarchies and Gender in Engineering, in: Social Studies of Science, 5/2002, S. 759–792
Lucht, Petra/Paulitz, Tanja (Hrsg.) (2008): Recodierungen des Wissens. Stand und Perspektiven der Geschlechterforschung in Naturwissenschaften und Technik, Frankfurt am Main/New York: Campus
Saupe, Angelika (2002): Verlebendigung der Technik. Perspektiven im feministischen Technikdiskurs, Bielefeld: Kleine

II   Sprache, Literatur, Kultur

Einleitung   75

Doing Gender: Sprachliche Formen – kommunikative Funktionen –
kulturelle Traditionen   76
Britt-Marie Schuster

'Consumption, thy name is woman'? Oder: Was bringt uns Sex and the City?
Über Gender, Konsum und Cultural Studies   92
Miriam Strube

Gender, Geschlecht und Literatur: Tendenzen in der romanistischen
Forschung 108
Annegret Thiem

Geschlechterforschung in der evangelischen Theologie 123
Helga Kuhlmann

Musik, Stimme und Gesang 141
Rebecca Grotjahn

II Sprache, Literatur, Kultur

Einleitung

Geschlechterverhältnisse sind immer Teil einer kulturell vermittelten symbolischen Ordnung. Deshalb sind Geschlechterthematisierungen in Bezug auf Kultur, Sprache (als einem symbolischen System), Literatur, Musik, Kunst und alle weiteren kulturellen Repräsentationsformen von Geschlecht immer ein prominenter Gegenstand von Geschlechterforschungen gewesen.

Die Frage, wie man zu einem geschlechterbewussten Lesen und Schreiben, zu einer geschlechterkritischen Analyse kultureller Praxen, zu einer geschlechterbewussten Medienrezeption gelangen könnte, ist in dieser Schlichtheit schlechterdings nicht zu beantworten – deshalb brauchen wir Zugänge von unterschiedlichen Seiten und verschiedene Arten des Zugriffs, die uns helfen, unsere eigene Wahrnehmung zu schärfen und auszudifferenzieren. Die Texte dieses Abschnitts umfassen erstens alle einen eher allgemeinen Teil, in dem die Entwicklung der Geschlechterforschung bzw. Einflüsse der Geschlechterperspektive in den einzelnen Disziplinfeldern erläutert werden, und sie gehen zweitens an einem Einzelaspekt ins Detail. Diese speziellen Perspektiven sind als Beispiele zu verstehen und laden dazu ein, eigene interessante Fragen und Ansätze zu entwickeln.

Britt-Marie Schuster beginnt ihren Text mit einer Reflexion über „Doing-Gender"-Prozesse in der Perspektive von (sprachlicher) Kommunikation aus sprachhistorischer Perspektive und schließt eine Vignette über den „Backfisch" an. Miriam Strube analysiert nach einem Blick auf die Cultural Studies und die „Consumer Culture" aus dieser Perspektive die Serie „Sex and the City". Annegret Thiem betrachtet Autorinnen aus dem spanischsprachigen Raum, vom 14. bis zum 19. Jahrhundert, die sich explizit mit der Stellung der Frauen in ihrer jeweiligen Gesellschaft auseinandersetzten, und stellt diese Überlegungen in den Kontext feministischer Literaturtheorien. Helga Kuhlmann diskutiert Perspektiven der Genderforschung auf die evangelische Theologie und diskutiert die (Un-)Gleichgewichtigkeit von Männlichkeit und Weiblichkeit in der Gottesrede. Und Rebecca Grotjahn prüft in ihrem Beitrag zur Genderforschung in der Musikwissenschaft die „Konstruktion des Stimmgeschlechts" und die vereindeutigenden Strategien von Stimmästhetik und historischer Aufführungspraxis.

Doing Gender: Sprachliche Formen – kommunikative Funktionen – kulturelle Traditionen

Britt-Marie Schuster

Einleitung

In der öffentlichen Wahrnehmung wird die Verknüpfung von Sprache und Geschlecht häufig sowohl mit der feministischen Sprachkritik der ausgehenden 1970er- und 1980er-Jahre als auch mit den populärwissenschaftlichen Büchern von Luise F. Pusch oder Deborah Tannen assoziiert. In der linguistischen Fachdiskussion steht indes gerade in den letzten 20 Jahren der „dynamische Prozess der sprachlichen Herstellung von Geschlecht" (Günthner 2001: 208) im Vordergrund, der besonders im Rahmen ethnomethodologischer und konversationsanalytischer Forschungen beleuchtet worden ist. Dabei hat sich ganz grundsätzlich gezeigt, dass das sprachliche Verhalten von Frauen und Männern kulturell – sowohl in inter- als auch in binnenkultureller Perspektive – sowie historisch variabel ist. Ebenso wie sich einfache Zuordnungen bestimmter sprachlicher Merkmale zu unterschiedlichen Gesprächsstilen verbieten, hat es sich als unangemessen herausgestellt, etwa einen kooperativen Stil unumwunden an weibliches, einen eher konfrontativen Stil an männliches Gesprächsverhalten zu knüpfen. Die Tatsache, dass die Annahme von *Genderlekten* sich als unbefriedigend darstellt, heißt ausdrücklich jedoch nicht, dass es keinen Zusammenhang zwischen Sprache, Sprachverhalten und der Konstruktion von Geschlechterverhältnissen gäbe. Für die sprachwissenschaftliche Diskussion hat sich insbesondere die Übernahme und Weiterentwicklung des „Doing-Gender"-Konzepts als tragfähig erwiesen.

Im Folgenden soll zunächst gezeigt werden, was in der Sprachwissenschaft unter „Doing Gender" verstanden wird. Danach werden kurz die Vorteile dieses Ansatzes gegenüber dem sogenannten Defizit- und Differenzansatz beleuchtet und Desiderate sowie zukünftige Forschungsfragen aufgeworfen. Den Abschluss bildet eine historische Fallstudie zum Schreiben von *Backfischen* im 19. und 20. Jahrhundert.

1 Doing Gender – Sprachliche Formen und kommunikative Funktionen

Doing Gender ist mittlerweile nicht nur in den Sozial- und Erziehungswissenschaften (für einen Überblick vgl. Gildemeister 2008; Maihofer 2004), sondern auch in der angewandten Sprachwissenschaft ein etablierter Begriff. Die Sprachwissenschaft ist eine wissenschaftliche Disziplin, die sich damit beschäftigt, Strukturen von Einzelsprachen zu beschreiben und im Vergleich mit anderen Sprachen auch universale sprachliche Strukturen aufzudecken. Seit der sogenannten „pragmatischen Wende" zu Beginn der 1970er-Jahre rücken der Sprachgebrauch und die auf ihn einwirkenden soziokulturellen Faktoren wie Alter, regionale Herkunft, soziales Geschlecht und Milieu in den Vordergrund. Mit der „pragmatischen Wende" ist eine Hinwendung zu authentischen Gesprächen und Texten in synchroner und diachroner Hinsicht verbunden, die nicht nur Rückschlüsse auf die jeweilige grammatische, sondern auch kommunikative Kompetenz der Interagierenden und die realisierten Routinen ermöglichen. Diese Forschungen basieren in der Regel nicht auf einem einfachen Sender-Empfänger-Kommunikationsmodell, sondern begreifen Kommunikation, besser Interaktion, als gemeinsame Abstimmungsleistung, bei der die Interaktanten die aktuelle Situation, den weiteren Kontext, die Art des Gesprächs, die Position der Interagierenden und/oder dem Kontext angemessene Stilebenen berücksichtigen. Von Routinen zu sprechen, bedeutet in diesem Zusammenhang auch, dass die jeweilige Interaktion auf der einen Seite jeweils situiert ist, auf der anderen Seite immer auch Anschlusskommunikation an bereits etablierte Interaktionsformen ist – sei es eine Vortragssituation, ein Bewerbungsgespräch oder ein freundschaftlicher Plausch. Wir greifen wie selbstverständlich auf sprachliche Strukturen zurück, um damit bestimmte, der Situation angemessene Funktionen zu erzeugen.

Der Doing-Gender-Ansatz fußt auf soziologischen Forschungen zur verbalen Interaktion, zum „Doing", die unter anderem mit Klassikern wie Harold Garfinkel (1967), Harvey Sacks et al. (1974) oder auch Erving Goffman (1980, 1981, 1994) verbunden sind und zum Traditionsbestand der angewandten Sprachwissenschaft, insbesondere der Soziolinguistik, gehören. In dieser Tradition wird soziale Wirklichkeit nicht als etwas statisch Gegebenes betrachtet, sondern als ein mittels Gesprächen und Texten geleisteter Erzeugungsprozess, sozusagen eine Vollzugswirklichkeit oder, wie Garfinkel (1967: vii) es sagt, ein „ongoing accomplishment". In Anlehnung an diese Formulierung sprechen West/Zimmermann (1991: 13) von Doing Gender als einer „routine, methodical and recurring accomplishment" (1991: 13). Fokussiert werden damit kommunikative Praktiken der Geschlechtsausübung, die, wie Garfinkel anhand seiner Agnes-Studie (1967), der Beschreibung einer Frauwerdung, zeigt, erworben und zugleich in einer Vielzahl von Situationen wieder neu hergestellt werden müssen. Nach Ayaß richtet sich das Augenmerk darauf,

> „[...] wie Menschen in konkreten Situationen im Umgang mit anderen Menschen ihr eigenes Geschlecht und das der anderen fortwährend erzeugen. Es wird also – anders als in der Rollentheorie – nicht von einer fest umrissenen Geschlechtsrolle ausgegangen, die ein Mensch erwirbt und innehat, sondern von situativen Praktiken, die wir als kompetente Mitglieder der Gesellschaft beherrschen." (2008: 15)

Dabei sind Praktiken der kontinuierlich erzeugten Zugehörigkeit zu Geschlecht für uns in der Regel nicht auf den ersten Blick wahrnehmbar und erkennbar: „Wir kommunizieren als Männer und Frauen – und bringen uns doch erst in dieser Kommunikation *als* Männer und *als* Frauen hervor. Prozess und Resultat gehen ungesehen ineinander über" (Ayaß 2008: 19). In der linguistischen Forschung bedeutet Doing Gender weder nur ein explizites Hinweisen auf Geschlechternormen, noch, dass Doing Gender in der Alltagskommunikation beliebig und willkürlich eingesetzt werden kann. In der Face-to-face-Interaktion – und man kann dies in Grenzen auch auf schriftlich produzierte Texte übertragen – scheint Geschlecht als Hintergrunderwartung stets präsent zu sein, doch nicht in jedem Kontext wird Geschlecht nach Heintz/Nadai (1998: 2) zu einer Ordnungskategorie. Das mehr oder weniger bewusste Setzen von Geschlecht oder im Gegenteil das Neutralisieren von Geschlecht, das „Undoing Gender", erlauben Sprechenden eine gewisse Variabilität, sodass eine sehr hohe Stimme nach den Untersuchungen von Kotthoff (2002) in Anlehnung an Goffman (1994) als Hyperritualisierung, ein gezielter Augenaufschlag bei einem Flirt als geschlechtstypische Inszenierung oder ein Klein-Mädchen/Jungen-Gehabe als bewusste, reflexive Kommunikationsstrategie eingesetzt werden kann. Mit Sprache bzw. einer besonderen Form des Sprachgebrauchs können wir Geschlechterkonzepte nicht nur tradieren, sondern Geschlechteridentitäten auch inszenieren. In der Sprachwissenschaft stellt sich nun die Frage, mithilfe welcher sprachlicher Mittel und mit welchen kommunikativen Funktionen wir Geschlecht als soziale Kategorie jeweils kontextualisieren oder eben neutralisieren. Orientiert man sich am Doing-Gender-Ansatz, so sind dabei prinzipiell alle sprachlichen Äußerungen relevant, weshalb sowohl die Aufnahme von Gesprächen als auch die Auswertung von Textkorpora zu den Arbeitsinstrumenten zählen.

Nach Goffman ist das soziale Geschlecht keine biologische, „sondern nahezu eine soziale Funktionsweise einer Gesellschaft" (1994: 138). Die parallele Organisation unserer Gesellschaft – ob es sich um Leistungssport, die Arbeitsteilung, um die Sexuierung von Farben, Autos, Mobiltelefonen, Brillen oder Haarwaschmitteln handelt – zeigt sich auch in Benennungspraktiken durch Eigennamen, Anredeformen (*Herr, Frau, Fräulein, junge Dame*) oder Pronomina. Einen besonderen Stellenwert nimmt nach Motschenbacher (2006) das lexikalische Gendering ein. Dazu gehören etikettierende und gleichermaßen typisierende, direkt oder indirekt genderisierte Personenbezeichnungen wie *Vollblutweib, Karrierefrau, Hausmütterchen, Göre, Zicke, Schlampe,* aber auch Metaphern wie *Leseratte, Gazelle* oder die zumeist mit dem weiblichen Geschlecht assoziierten Bezeichnungen wie *Rehaugen* oder *Schmollmund.* Da Sprachgebrauch nach Stocker (2008: 79) über seine Sozialität und Konventionalität einerseits das soziale Gefüge konserviert, andererseits auch verändernd auf es einwirken kann, wenn neue Ausdrücke und Formulierungsroutinen geschaffen werden, setzen sich auch immer wieder neue Typisierungen durch, etwa *bitch, pussy* oder *Boxenluder,* oder schon eingeführte Begriffe werden wieder mit höherer Frequenz verwendet, was etwa für den Wiederaufstieg von *Mädels* gilt. Dass gerade der Wortschatz einer Sprache ein Seismograf kultureller Entwicklungen ist, zeigt sich auch daran, dass wir Kategorisierungen wie *Vamp, Blaustrumpf, femme fragile, die neue Frau* (bezogen auf die 1920er-Jahre) ähnlich wie *Emanze* oder auch *Softie* zwar kennen, jedoch wenig bzw. in Bezug auf schon vergangene Zeitspannen verwenden. Da es sich bei den genannten Lexemen um Begriffe handelt, sind nicht nur ihre Extension, sondern auch ihre Intension,

d. h. die einer bestimmten Kategorie (*Mädchen, Junge/Göre, Lausejunge*) zugeschriebenen Eigenschaften, Verhaltensweisen und auch kommunikativen Handlungen interessant. Dass sich Eigenschaftszuschreibungen wandeln können, macht schon ein Blick in beliebige Wörterbücher seit der Frühen Neuzeit transparent: Für den Lexikografen Adelung beispielsweise ist *Frau* am Ende des 18. Jh. selbstverständlich eine ‚verheiratete Person', die *Dirne* zunächst nur eine jüngere unverheiratete Frau. Mit Begriffen sind nach Stocker (2005, 2008) Kollokationen im engeren Sinne (*brave Mädchen, dreckige Schlampe, alte Jungfer*), präferierte sprachliche Selektionen im weiteren Sinne verbunden, die ihrerseits auf Denkstereotype schließen lassen, die nicht immer explizit, sondern nur präsupponiert werden können. So sprechen wir ein *apartes Äußeres* eher einer Frau zu, während *schneidiges Auftreten* eher für Männer reserviert ist. Zum lexikalischen Gendering gehören neben Kollokationen auch festgefügte Wendungen (*klatschen wie ein Waschweib*). Bär (2001) zeigt an aktuellen Synonymenwörterbüchern, dass sich über die unterschiedlichen Bezeichnungen für Männer und Frauen ein kultureller Horizont rekonstruieren lässt, der etwa eine Vielzahl für sexuell aktive Männer (*Frauenheld, Schürzenjäger, Don Juan* u. v. m.) kennt, aber eine verschwindend geringe Anzahl von Bezeichnungen für sexuell aktive Frauen. Ohne direkt eine Person zu bezeichnen oder spezifische männliche oder weibliche Eigenschaften festzuschreiben, denotieren andere Begriffe wiederum Geschlechtlichkeit bzw. geschlechtstypische Kommunikationspraxen, so beispielsweise das *Kaffeekränzchen* (der *Kaffeetanten*). Andere Lexeme wiederum sind auf Fragen bezogen, die vornehmlich Frauen betreffen: so beispielsweise der in den 1950er-Jahren heftig geführte semantische Kampf darüber, ob es sich nun um *Gleichwertigkeit* oder *Gleichberechtigung* handeln sollte (vgl. Böke 1994). Unser Wortschatz enthält also viele Hinweise auf die parallele Organisation unserer Gesellschaft. In ihn fließen unterschiedliche Text- und Diskurstraditionen ein, die zu einer bestimmten Zeit Spuren in der deutschen Sprache hinterlassen haben. Begriffe nun

> „sind die geistigen Korrelate unserer Gebrauchsregeln und werden im Allgemeinen von diesen erzeugt. [...] Die Gebrauchsregeln unserer Sprache und die Kategorien, die durch sie hervorgebracht werden, sind die derzeitigen Ergebnisse eines potentiell unendlichen Lernprozesses." (Keller 1995: 77)

Personenbezeichnungen, Kollokationen oder Phraseologismen sind durch die Kommunikationspraxis entstanden, fließen jedoch auch wieder in die Kommunikation hinein. Als funktionale Bausteine unseres Kommunizierens können sie die folgenden Funktionen erfüllen:

a) Sie dienen der Selbst- und Fremdbezeichnung, wobei mittels Selbst- und Fremdbezeichnungen etwa sowohl in theoretischen Erörterungen als auch bei Gebrauchstextsorten (wie beispielsweise den Kontaktanzeigen, vgl. Gottburgsen 1995; Stocker 2008) der Gegenstand „Frau" oder „Mann" immer wieder aufs Neue konstituiert wird. Mit ihnen wird es möglich, eine „Realität" zu erzeugen.
b) Sie dienen aber auch dazu, über gebräuchliche Wendungen wie *Ich als Frau* ein Thema zu setzen oder ein Thema zu perspektivieren.

c) Die den Typen jeweils zugewiesenen Verhaltenseigenschaften, die über präferierte sprachliche Selektionen sichtbar werden, geben auch Hinweise auf Argumentationstopoi (*als Frau kann ich/sie nicht anders als X*), die innerhalb von Argumentationen ebenso wie bei Handlungsformen wie dem Erzählen variabel einsetzbar sind, etwa als Begründung oder als Formulierung einer „Moral" (*Das war wieder typisch Frau/Mann*).
d) Sie dienen auch dazu, bestimmte Stilwerte zu erzeugen und gängige Gebrauchsregeln zu unterwandern. Wenn sich heute ein Zusammenschluss engagierter Frauen als *Mädchenmannschaft* oder eine alternative Fußballzeitschrift als *11 Freunde* bezeichnet, lässt sich das auch als ironisch gemeinte, mimetische Zitation verstehen. Auch eine semantische Neubesetzung von Begriffen kann vorliegen, etwa dann, wenn sich Rapperinnen sehr bewusst als *bitch* bezeichnen.

Schon die Tatsache, dass es so viele genderisierte Lexeme gibt, mag ein hinreichender Beleg dafür sein, dass es ein gesellschaftsübergreifendes Frauensprechen nicht geben kann, sondern allenfalls heterogene, inkompatible Stile. Neben der Lexik wurden auch Stimme und Prosodie als ein weiterer Bereich des Doing Gender ausgewiesen: Nach Kotthoff gibt es zwar physiologische Ursachen für die Stimmunterschiede zwischen Frauen und Männern, jedoch könnten beide Geschlechter eine „ganze Bandbreite an Stimmlagen und Tonhöhen realisieren" (2002: 10), wobei es so sei, dass „im Bereich von Stimme ein körperlicher Unterschied im Einklang mit kulturellen Geschlechterimages in eine Richtung gesteigert wird" (ebd. 10). Während Stimmunterschiede durch kulturelle Konventionen stark ausgebaut würden, ist Kotthoff der Auffassung, dass die Intonation bzw. weibliche und männliche Intonationsmuster gänzlich kulturell bedingt seien (vgl. auch Günthner 2001: 209).

Unter der Perspektive „Doing Gender" kann nun nicht nur der Einsatz genderisierten Vokabulars und die geschlechtsspezifische Überformung von Stimme und Prosodie untersucht werden. Allerdings verweisen diese Forschungen schon auf heterogene *communities of practice*, auf unterschiedliche Kommunikationsgemeinschaften und mithin auch auf unterschiedliche soziale Milieus, die auch bei den folgenden Bereichen immer mitgedacht werden sollten:

a) Es konnte herausgestellt werden, dass es in unserer Kultur einige männliche und weibliche Gattungen gibt, wobei als prototypisch männliche Gattung kämpferisch angelegte Beleidigungsrituale („soundings") unter anderem als Teil eines migrationsbedingten Ethnolekts (vgl. etwa Tertilt 1996) angeführt werden, als prototypisch weibliche Gattungen beispielsweise Klagelieder mit der Funktion, einen Toten zu betrauern. Kotthoff (1999) beispielsweise untersuchte diese in Georgien.
b) Es konnte festgestellt werden, dass sich Männer und Frauen schon eingeführte Textsorten unterschiedlich zunutze machen. Hier sind vor allem Studien anzuführen, die zeigen, dass Männer und Frauen über andere Witze lachen und auch andere Witzformen bevorzugen (vgl. Kotthoff 1988; Ervin-Tripp/Lampert 1992; Jenkins 1988). Ein besonders interessantes Beispiel, das im Sinne des Doing Gender interpretiert werden kann, zeigt Rössler (o. J., i. Dr.), der Gipfelbuch-

eintragungen von Männern und Frauen systematisch untersucht hat. Während Frauen sich entweder mit einer Manifestation ihrer Anwesenheit begnügen und/oder ihre Ehrfurcht vor der Schönheit der Natur quasi-religiös verbrämen, dominiert bei Männern die Inszenierung eigener Kraft und Unabhängigkeit Ähnliche Beispiele lassen sich immer dann zeigen, wenn Männer und Frauen in einem Gruppenkontext stehen, worüber z. B. Poesiealben und Freundschaftsbücher des 19. Jh. Aufschluss geben.

c) Ferner konnte ermittelt werden, dass sich Frauen und Männer auch hinsichtlich einzelner Handlungsformen, etwa in Bezug auf Alltagserzählungen (vgl. Coates 2003) unterscheiden können. Einigen Untersuchungen lässt sich, liest man sie etwas gegen den Strich, entnehmen, dass gleichgeschlechtliche Gruppenidentität durch unterschiedliche Erzählweisen konstituiert wird. Breit angelegte Studien zum Kommunikationsverhalten in gleichgeschlechtlichen Gruppen fehlen indes noch.

d) Im Gegensatz zu Untersuchungen, die sich wie a)–c) eher der habitualisierten Alltagskommunikation und vor allem der Kommunikation in größeren Gruppen widmen, scheint eine ausgeprägte Inszenierung von Weiblichkeit und Männlichkeit vor allem ein Produkt des öffentlichen Diskurses zu sein, sei es dominant in der Werbung, wo permanent mit Männlichkeits- und Weiblichkeitsbildern gespielt wird (vgl. für einen Überblick Motschenbacher 2006: 6–66), sei es in der populärwissenschaftlichen Literatur (vor allem in „psychologischen" Beratungsbüchern, siehe 3) oder sei es bei der Darstellung gesellschaftlicher Realität in den Massenmedien. Kotthoff bemerkt dazu richtig, dass Medien eine omnipräsente Genderfolie seien, bei der die Unterscheidung zwischen männlich und weiblich als Leitdifferenz fungiere (vgl. 2002: 20).

Mit dem Doing-Gender-Ansatz in der Sprachwissenschaft – das sollte vielleicht deutlich geworden sein – verbindet sich immer der Rekurs auf authentisches Material. Es werden jene sprachlichen Prozeduren untersucht, mit denen das soziale Geschlecht konstituiert, tradierte Kommunikationsformen stabilisiert und eine geschlechtstypische Perspektive verbalisiert werden. Dabei zeigt sich m. E. ein nicht ganz uninteressanter Umstand: Zwar durchzieht das Doing Gender den kommunikativen Haushalt unserer Gesellschaft, jedoch scheint es besonders ungefiltert gerade in gleichgeschlechtlichen Gruppen aufzutreten.

2 Der Doing-Gender-Ansatz in Konkurrenz zu anderen Forschungsansätzen

In der frühen feministischen Sprachkritik ist versucht worden, Frauen- und Männersprache anhand von unterschiedlichen sprachlichen Einheiten zu identifizieren. So führt Lakoff (1975) im lexikalischen Bereich beispielsweise Koseworte wie *Schätzchen*, Euphemismen wie *verschnupft*, Diminutiva wie *ein Stückchen* ebenso wie die häufige Verwendung von Adjektiven oder Vagheitsmarkierungen aller Art an. Auch syntaktische Konstruktionen (*ich frage mich ...*), Fragepartikeln oder Höflichkeitsmarkierungen sollen soziale Abschwächungsmanöver zeigen. Die Defizitkonzeption geht von der These aus, dass diese Form des Sprechens Geschlechtsunterschiede und auch Machtunterschiede zementiere. Die Differenzkonzeption, die prominent unter anderem von Maltz/Borker (1982, dt. 1991) und Tannen (1991) vertreten wird, setzt bei der These ein, dass die Kommunikation zwischen den Geschlechtern eine Form der interkulturellen Kommunikation sei:

> „Wir gehen davon aus, daß amerikanische Frauen und Männer unterschiedlichen soziolinguistischen Subkulturen entstammen, daß sie andere Sprachverhaltensweisen gelernt haben, so daß – wenn sie sich im Gespräch miteinander befinden – kommunikative Fehlschläge dadurch entstehen, daß jedes Geschlecht seine Verhaltensweise einbringt." (Maltz/Borker 1991: 55f.)

In diesem Ansatz werden ähnliche sprachliche Einheiten wie oben einschließlich sprachlicher Handlungen wie indirekte Befehle, Belehrungen, Diskreditierungen, Bitten oder Entschuldigungen ins Feld geführt, um die Annahme kommunikativer Stile zu rechtfertigen.

Es hat sich gezeigt, dass sich die Annahme, Frauen sprächen anders als Männer, es gäbe also so etwas wie einen Genderlekt, empirisch kaum validieren lässt. Für alle gängigen Topoi, sei es, dass Frauen prinzipiell höflicher als Männer sprächen, sei es, dass Frauen weniger ironisch seien, dass sie weniger in den Gesprächsverlauf eingriffen und entsprechend weniger unterbrächen, gilt, dass sie entweder nicht zutreffen oder die Befunde uneindeutig sind. Der Sprachgebrauch von Frauen und Männern schwankt, je nachdem, welchen Status sie besitzen, in welcher Kommunikation sie sich befinden, welche Bildung oder auch welches Alter sie besitzen oder ob sie in gleichgeschlechtlichen Gruppen oder in gemischtgeschlechtlichen Gruppen kommunizieren. Ayaß (2008: 68 ff.) ebenso wie Romaine (1999: 153 ff.) haben einige Quellen der 1970er-Jahre, z.B. von Fishmann (1978: 403), die von der These ausging, Frauen verrichteten in Gesprächen die „Drecksarbeit", einer Re-Analyse unterzogen und können zeigen, dass es z.T. ein tendenziöser Blick auf Quellen ist, der zu entsprechenden Ergebnissen führt. Viele frühe Untersuchungen der 1970er- und 1980er-Jahre unterscheiden methodisch nicht zwischen Form und Funktion: Unterbrechungen etwa sind nicht nur für alle Gespräche konstitutiv und können auch unterschiedliche Gründe haben, z.B. den, dass emotionaler Gleichklang erzeugt wird. Gerade beim Erzählen ist es die Regel, dass miteinander erzählt wird und entsprechend unterbrochen wird (Quasthoff 1980). Insofern sind Unterbrechungen nur in Einzelfällen Ausdruck von Dominanz. Ähnliches gilt auch für Fragen, die, wie Günthner (1992) gezeigt hat, in unterschiedlichen Gesprächen auch unterschiedlich eingesetzt werden. Fragen signalisieren nicht automatisch Interesse und halten ein Gespräch in Gang, Vergewisserungsfragen (*tag questions*) wie „You've bought a new house, haven't you?" können ein Gespräch erleichtern, sie können aber auch aggressiv, gar impertinent verwendet werden. Trotz dieser Relativierung, die auch eine Folge erheblich verbesserter Methoden im Bereich der Gesprächsanalyse ist, lässt sich mit Günthner festhalten:

> „In zahlreichen Kontexten werden Unterbrechungen von Männern eingesetzt, um Dominanz auszuüben, bzw. verweigern Männer Hörersignale und damit konversationelle Unterstützungsarbeit gegenüber Frauen. Doch können sprachlich-kommunikativen Verfahren – wie Unterbrechungen, Fragen, Hörersignale etc. – keine festen, kontext-unabhängigen Bedeutungen zugeordnet werden, sondern die jeweilige Form wird – in Kookkurrenz mit anderen sprachlichen Verfahren – während des konkreten Interaktionsvorgangs – je nach sequenzieller Plazierung, Einbettung in bestimmte Interaktionstypen, Gattungen und Sprechereignisse sowie Form der Durchführung – kontextuell und interaktiv ausgehandelt." (2001: 215)

Aus einer sprachhistorischen Perspektive, die sich mittlerweile auf Untersuchungen vom Mittelalter bis zur Gegenwart beziehen kann (vgl. Bausteine zur Geschichte des weiblichen Sprachgebrauchs 1993–2008), wird deutlich, dass sich Unterschiede im Gebrauch von sprachlichen Strukturen (Syntax, Wortbildung, Partikeln), sofern Frauen und Männer derselben sozialen Schicht angehören, nicht nachweisen lassen. Die Texte von ungeübten Frauen sind ebenso gut oder schlecht wie die ihrer ungeübten männlichen Zeitgenossen, Nonnen weisen ebenso viel Routine im Schreiben klösterlicher Texte auf wie Mönche (vgl. Brandt 2008) und die Briefwechsel zwischen Nürnberger Patriziern und ihren Frauen zeigen kaum Unterschiede zwischen den Geschlechtern, sondern vielmehr eine beidseitige Orientierung an der bestehenden Prestigenorm (vgl. Ebert 1998).

Die von Wodak (1981) gebrauchte Gleichung „Women relate, men report" sowie die Auffassung Tannens, Frauen sprächen einen „rapport"-Stil, Männer hingegen einen „report"-Stil, wird heute eher harsch beurteilt, so von Ayaß:

> „Auf theoretischer Ebene wird hier eine Differenzverstärkung betrieben, indem Unterschiede zu kategorialen Differenzen überhöht werden. Die Konsequenz ist eine fast undurchlässige Vergeschlechtlichung von Kommunikation, die Geschlecht als fortwährendes Explanans verwendet, ohne die Geschlechtskategorisierung in irgendeiner Form zu problematisieren. Diese Stereotypisierung weiblichen und männlichen Verhaltens kann sich ihrerseits reflexiv auf die realen Kommunikationen zwischen Frauen und Männern auswirken. Es ist im Folgenden zu überlegen, ob und inwiefern die These der zwei Kulturen wiederum eine Vorlage für die gesellschaftliche Differenzierung von Geschlecht darstellt." (2008: 103)

Es ist sogar so, dass gerade die Bestseller von Tannen wie „Du kannst mich einfach nicht verstehen" als kommunikative Konstruktion von Geschlechterdifferenzen und geradezu als eine Handlungseinleitung zum sprachlichen Doing Gender gedeutet werden. Tannen liefere „eine bifokale Brille, mittels derer komplementäre Differenzen erzeugt, für Realität erklärt und in die alltägliche Praxis zurückvermittelt werden. Die These der zwei Kulturen rationalisiert damit die alltägliche Konstruktion von Zweigeschlechtlichkeit" (ebd.: 104).

Dass Frauen nicht als homogene Gruppe zu betrachten sind, machen auch konversationsanalytische Studien deutlich, die Frauen unterschiedlicher sozialer Schichten in gleichgeschlechtlichen Interaktionen betrachtet haben: Keim/Kallmeyer (1986) haben im Rahmen eines großen Projekts zur Kommunikation eine Bastelgruppe aus dem Unterschichtmilieu über mehrere Jahre beobachtet, viele

Stunden Gesprächsmaterial ausgewertet und dieses mit einem Literaturkreis aus der Mittelschicht verglichen. Themen, Stil und die sprachliche Konstitution einer Gruppenidentität weichen in der Tat so voneinander ab, dass sie sich kaum vergleichen lassen: Das omnipräsente Frotzeln in der Bastelgruppe und das intimisierende Auseinandersetzen der Literaturgruppe zeigen fast eine Abgeschlossenheit kommunikativer Welten. Keims Untersuchungen lassen sich in gewisser Weise auch als ein linguistischer Beitrag zur Intersektionalitätsforschung lesen: Schichttypische kommunikative Milieus binden den Sprachgebrauch zumindest hier mehr als das Geschlecht. Was über mehrere Generationen hin als weibliches Gesprächsverhalten angenommen wurde und sich bis heute reproduziert, könnte das Gesprächsverhalten einer bestimmten Schicht, des Bürgertums, reflektieren, in der Geschlechtscharaktere besondere Wirkung entfaltet haben. Das Bürgertum des 19. Jahrhunderts spielt bei sprachlichen Normierungsprozessen (Orthografiereformen), bei der Abwertung des regionalen Sprechens (Dialekte) sowie bei Prozessen der Sprachkultivierung eine herausragende Rolle. Dabei sind unter den Reformern keine Frauen zu finden, wohl aber sind Frauen aktiv einbezogen und werden sogar dafür verantwortlich gemacht, Sprache als Distinktionsmerkmal gegenüber unteren Schichten durchzusetzen. Sie gelten darüber hinaus als Organisatorinnen des gesellschaftlichen Gesprächs, als „Gesprächsarbeiterinnen", fast Mediatorinnen eines Gesprächs; so mangelt es auch an Ratgebern, wann eine Frau wie und wo in welchem Vokabular zu sprechen hat. Dabei wurde Frauen auch die Rolle zugewiesen, sich am Standard zu orientieren, und gleichzeitig aber auch einen natürlichen, nicht intellektualisierenden Stil zu schreiben. So heißt es z. B.: „Auch möge man nicht zu häufig ‚grossartig' und ‚entschieden' sagen; beides erinnert an die Ausdrucksweise eines Berliner Ladendieners" (Hohenhausen 1902: 44).

Diese historische Annotation ist auch aus einem anderen Grunde interessant: Gottburgsen (2000) kann in ihrer Dissertation herausstellen, dass viele Stereotype im sprachlichen Bereich angesiedelt sind. Obwohl die empirischen Befunde, wie gesehen, alles andere als eindeutig sind, hält sich etwa hartnäckig die Vorstellung, Frauen sprächen eher als Männer in unvollständigen Sätzen und Männer bevorzugten einen eher komplexen Satzbau. Viele der sprachlichen Stereotype sind zudem in sich widersprüchlich. Die häufig artikulierte Vorstellung, dass Frauen heute normgerechter sprächen, enthält zumindest ein Körnchen Wahrheit, sofern damit nicht das Vorurteil des vermeintlichen Konservativismus genährt wird. Dialektologische bzw. varietätenlinguistische Studien (Untersuchungen aus der korrelativen Soziolinguistik) zeigen, dass Frauen Sprache eher als Männer als soziales Kapital begreifen und auch Sprachenwechsel gegenüber aufgeschlossen sind, sofern dies mit Aufstiegsaspirationen verbunden werden kann. Es gibt signifikante Daten dafür, dass sich Frauen eher sprachliche Prestigesignale, die nicht unbedingt nur standardsprachlich zu verstehen sind, aneignen, wenn sie sich dadurch einen sozialen Aufstieg versprechen. Dies kann bis dahin gehen, dass Frauen Motoren des radikalen Sprachwandels sind. Trotz eines umfangreichen empirischen Materials fehlt noch eine Überblicksskizze jener sozialen Netzwerke, in denen Frauen als Sprachgestalterinnen auftreten.

3 Forschungsperspektiven

Was darf man aus diesen unterschiedlichen Studien nun schließen? Wie sind diese Ergebnisse zu bewerten und welche Forschungsperspektiven ergeben sich aus dem Gesagten?

Die Frauensprache gibt es ebenso wenig wie *die* Männersprache. Überblickt man die unterschiedlichen *communities of practice* (vgl. zu diesem Begriff Holmes/Meyerhoff 1999), so sind Frauen und Männer, in Abhängigkeit von Kommunikationskontext, kommunikativen Milieus, Bildungsgang und (kreativer) Sprachkompetenz in der Lage, auf der Klaviatur recht unterschiedlicher Register zu spielen. Beide Geschlechter beherrschen, wenn man es auf ein Gegensatzpaar bringen möchte, eine Sprache der Nähe und eine Sprache der Distanz. Sowohl synchron als auch diachron hat es sich als eine Sackgasse erwiesen zu meinen, besondere Sprachstrukturen seien dem einen oder dem anderen Geschlecht vorbehalten. Vielmehr sind der Beziehungsstil auf der einen und der berichtende Stil auf der anderen Seite nur hypostasierte Facetten eines milieubedingten Sprechens und Schreibens.

Gleichzeitig bedienen sich Frau und Mann aber auch eines Sprachgebrauchs (und gestalten diesen), der ihnen Pfade der geschlechtlichen Identitätskonstruktion, eine vermeintliche Perspektivendivergenz und damit auch unterschiedliche Topoi vorgibt. Letztere erweisen sich sowohl als „sperrig" als auch als veränderbar. Offensichtlich, wie auch die historische Betrachtung zeigen wird, unterscheidet sich jedoch der private Sprachgebrauch vom öffentlich-institutionellen, medial stilisierten Sprachgebrauch, in dem mittels Werbung, mittels der prosodischen Eigenschaften der Radiomoderatorin eines Privatsenders, mittels Bestsellern wie Tannens Buch, mittels einer schier nicht enden wollenden Produktpalette für *die* Frau und *den* Mann die geschlechtliche Differenz verstärkt wird. Ebenso wie das Deutsch von Migranten medial stilisiert wird und dann wieder auf das private Sprechen zurückwirkt, stehen auch beim Doing Gender öffentlicher Sprachgebrauch und Alltagskommunikation in einem Spannungsverhältnis.

Abgesehen von der Tatsache, dass es wesentlich mehr Studien bräuchte, die sich mit dem Doing Gender in der Medienkommunikation (z. B. Presseporträts) beschäftigen, und auch Studien zur geschlechtstypischen Gruppenkommunikation in Kommunikationsgemeinschaften noch rar sind, begreife ich folgende Fragen für wichtig:

a) Woher stammt die Vorstellung, Männer und Frauen sprächen/schrieben unterschiedlich? Diese Frage nach der Genese von Sprachstereotypen wird stärker, als dies bisher geschehen ist, diskurshistorisch zu beantworten sein.
b) Welche Kommunikationsformen können abseits eines essentialistischen Blicks auf Frau und Mann als potenziell genderisiert bezeichnet werden? Gibt es nach wie vor sprachliche Gestaltungen, beispielsweise Texte, die einen geschlechtstypischen Index haben (z. B. Leitartikel), und warum?
c) In welcher Form begreifen Frauen Sprache als ihr soziales Kapital? Gibt es Anzeichen dafür, dass die Befreiung von der Norm (z. B. die Vernachlässigung

der orthografischen Norm), wie sie im Internet deutlich wird, auch ein subversives Potenzial besitzt? Gibt es vielleicht auch Anzeichen dafür, dass Frauen in bestimmten Kontexten auch besondere sprachliche Strategien entwickelt haben, dieses Kapital zu verteidigen (möglicherweise im schulischen Kontext)?

Im Folgenden soll nur die Frage aufgeworfen werden, welche Koppelungen von gesellschaftlichen Typisierungen und individueller Textproduktion vorhanden sind: Welches Wechselverhältnis gibt es zwischen öffentlich propagierten Frauenbildern und damit verbundenen kommunikativen Leitbildern und der sprachlichen Konstitution der eigenen geschlechtlichen Identität etwa in Tagebüchern oder Lebenserinnerungen? Wie konstituiert sich in welchen sprachlichen Praxen welche Identität? Generell sind die nachfolgenden Ausführungen in ein Forschungsvorhaben eingebettet, bei dem ich Traditionen weiblichen Schreibens nachgehe.

4 Erzeugung und Tradierung eines Frauenbildes: Der Backfisch

Stocker thematisiert in ihrer Dissertation „Sprachgeprägte Frauenbilder" (2005) die sprachliche Konstitution des „Backfisches" mittels präferierter sprachlicher Selektionen, die in entsprechenden Mädchenbüchern des 19. und 20. Jahrhunderts auftauchen und sich auch wandeln. Die Mädchenliteratur bildet im Laufe des 19. Jahrhunderts einen Bestandteil einer geschlechtstypischen Lesesozialisation, die von einer spezifischen, zumeist bewachten Schreibsozialisation, deren Intensität man sich heute nur noch schwer vorstellen kann, flankiert wird. Es wird Tagebuch geschrieben, es werden etliche Korrespondenzen gepflegt, Vereinsbücher angelegt, Poesiealben ausgetauscht, es wird kein Geburtstag vergessen u.v.m.

Zu den präferierten sprachlichen Selektionen gehören nicht nur die gewählten Metaphern für pubertierende Mädchen (*Rose*), sondern auch, dass etwa Bewegungen dieser Mädchen häufig mit *hüpfen, tanzen, fliegen* und ihre Verhaltensweisen mit *kindlich, unbefangen, frisch, blühend* oder *erblühend* bezeichnet werden, vgl. beispielsweise: „[...] Papa ging seinen stillen bedächtigen Schritt, Friedel aber hüpfte und sprang um ihn herum" (zit. n. Stocker 2008: 81). Der gut dokumentierte „Backfisch" ist hier ein Beispiel für Typisierungen, die sich in ähnlicher Weise auch für andere Zeiten und heutige Typisierungen (*neue Frau, Zicke*) durchführen lassen. Die „selige Backfischzeit" wird von Stocker als eine Art Schonzeit interpretiert. Nicht im Fokus ihrer Darstellung liegt die Inszenierung des Sprachgebrauchs des Backfisches, die ich in einem Aufsatz (vgl. Schuster 2008) zu dem 1923 von Ury geschriebenen Roman *Nesthäkchens Backfischzeit* untersucht habe. Der Sprachgebrauch zeigt einerseits Verbindungen zur gut dokumentierten Schüler- und Studentensprache der Zeit, andererseits ist es zumeist eine Stilebene, die aktualisiert wird. Für die Gesprächsführung lässt sich festhalten, dass sie durch Themenassoziation, abrupten Themenwechsel, Ineinandergleiten von Gesprächsbeiträgen und andere Indikatoren für emotionale Involviertheit bestimmt ist. In der Außenwahrnehmung erscheinen dann die Backfische auch mal als *Bienenstock/-schwarm*, mal als *schnatternde* Gänse oder mal als *Hühnerhaufen*. Wichtige andere Bestandteile der Gruppenkommunikation sind der spaßige, oft schnoddrig-burschikose Schlagabtausch und das (zumeist imageschonende) Frotzeln:

> „Hat aber Vera statt der Schere die Hand ausgestreckt und ein Stück Papier dargestellt, so hat sie gewonnen, denn das Papier geht über den Stein, es wickelt ihn ein. Verstandezvous? ‚Nee' – ‚Keine Spur' – ‚Aber Kinder, das ist doch klar wie Kloßbrühe!' Wieder erhob sich ein lebhafter Tumult [...],Weibliche Sekundaner sind Heupferde' [...]." (1923: 7)

Neben der gängigen Mädchenliteratur zeigen sich ähnliche Versprachlichungen sowohl in den viel gelesenen Texten der *Gartenlaube* oder anderen illustrierten Zeitungen als auch in der medizinischen und psychologischen Literatur. Nun darf man sich fragen, inwieweit authentische Zeugnisse von jungen Frauen in der Hochzeit der Backfischliteratur um die Jahrhundertwende adaptiert werden und in welchem Verhältnis sie beispielsweise zu Sprachratgebern stehen. Linke (1998) hat die Berichte eines Backfischvereins, dem „Vereinli Erika", der seine Tätigkeit über eine Zeitspanne von fünf Jahren (1900–1905) in einem Vereinstagebuch dokumentiert hat, unter der These untersucht, dass „bestimmte Sprachgebrauchsformen, bestimmte ‚Traditionen des Sprechens' der symbolischen Konstruktion *sozialer und kultureller Ordnungen* dienen [...]" (ebd.: 212) und dass vergleichbare Quellen für die „Konstruktion von Geschlecht im Kontext der Ausbildung und Konsolidierung der Sozialformation Bürgertum konstitutiv" sind (ebd.: 213). Die Festigung der Gruppenidentität, die Darstellung von gruppenkonstitutiven Ereignissen wird in einer ähnlichen Weise wie in der Mädchenliteratur dargestellt. Nach Linke verwenden die Mitglieder nicht nur die Bezeichnung „Backfisch", sondern die gewählten Selbstbeschreibungen ähneln der Literatur stark. Das gilt auch für die sprachlichen Varietäten, bei denen unterschiedliche Stilelemente der Schülersprache ebenso verwendet werden wie – in ironischer Distanzierung – Zitate aus der hohen Literatur. Dieses Geflecht aus Stilelementen zeigt sich, wie ich auch aus anderen Quellen bestätigen kann, auch in privaten Briefwechseln, wobei das „privat" insofern relativiert werden kann, als Briefe oft auch von einer Gruppe befreundeter Personen gelesen werden. Ein deutlicher Unterschied zur Mädchenliteratur scheint sich allerdings dadurch zu ergeben, dass das Interesse am anderen Geschlecht ziemlich unverhohlen geäußert wird, vgl.:

> „[...] plötzlich eine wonnezitternde Stimme in unartikulierten Lauten ‚Richard Ikle' heulte. Wenn eine Bombe geplatzt wäre, hätte der Knalleffekt nicht grösser sein können; denn fort gings wie die wilde Jagd ins Haus, wo besagter Jüngling sich in ganzer Pracht auf der Treppe präsentierte. Vergessen war Kälte und Frost, als der jugendliche Corpsstudent eine Tennispartie mit dem gesamten Damenflor vorschlug." (zit. n. Linke 1998: 220)

Mit höherem Alter allerdings – analog zu den vielen Ratgebern züchtigen Verhaltens – macht sich auch ein anderer Sprachstil bemerkbar. Nun handelt es sich bei diesem seriellen Vereinstagebuch um ein Textprodukt, bei dem ein „common ground" erzeugt werden muss. Ähnlich ist dies bei Lebenserinnerungen von Frauen, bei denen bei der Schilderung von Schlüsselszenen bemerkenswerterweise Szenen aus der Backfischliteratur Pate gestanden haben könnten, vgl.:

> „Geben Sie mir die Torte, Johann!' rief ich ihm entgegen. ‚Sie ist sehr schwer, gnädiges Fräulein, es möchte Ihnen etwas passieren!' erlaubte sich der Diener artig einzuwenden. ‚Pah! Was soll denn passieren?' lachte ich, denn aus meinem Köpflein waren schon längst wieder alle guten Vorsätze verflogen; ‚nichts passiert, Sie ängstlicher Johann, geben Sie mir nur die Platte her!' Fast stürmisch riß ich ihm nach diesen Worten die allerdings sehr schwere Porzellanplatte aus der Hand und übernahm sie selbst. Aber nicht langsam und vorsichtig, nein, *über die Maßen lustig und übermütig, hüpfte und tänzelte ich damit ins Zimmer,* wo die Freundinnen saßen." (Giehrl 1911: 113)

Bei Tagebüchern auch von bürgerlichen Mädchen hingegen ist das Bild des Backfisches zwar präsent, es zeigt sich aber auch, dass die Bezugsquelle des öffentlichen Diskurses viel weniger Bedeutung hat. Die Verfasserinnen äußern Unmut, Unzufriedenheit und auch Probleme im Umgang mit dem anderen Geschlecht und/oder mit Freundinnen, was einem wie das Unterwandern der präferierten sprachlichen Selektionen vorkommt und den Verfasserinnen der Tagebücher z.T. auch bewusst ist. Als Schreibmaxime gibt etwa Christiane von Hofmannsthal an, kein *Backfischtagebuch*, sondern ein „aufrichtiges Tagebuch" schreiben zu wollen [10. Nov. 1918/1987: 24]. Damit verbindet sich, wie in ihrem Tagebuch deutlich wird, eine Ablehnung von Sentimentalität, Schwärmertum und Pathos, was von ihr wiederholt als kindisch und interessanterweise als deutsch abgelehnt wird. Oft greift sie Monate später korrigierend in den Text ein [„Blödsinn sentimentaler. Ich bin schon ein Jahr älter", 1918/1987: 48], was manchmal in Stilkritik, selbst in Hinsicht auf die Interpunktion mündet: „Gestern in der Schule, das erste Mal seit vorigem Jahr! Sie waren alle sehr nett zu mir! Heut bin ich blöd, ich mache nach jedem Satz ein Rufzeichen!" [30. Nov. 1918/1987: 31]. Das Tagebuch ist eine Nische, mittels dessen eine eigene Geschlechtsidentität aufgebaut wird.

Nur dann, wenn von gemeinsamen Unternehmungen berichtet wird, ist die „Backfischsprache" stets präsent. Was können wir daraus schließen? Ein Begriff wie Backfisch ist nicht nur ein Begriff im Lexikon einer Sprache, sondern mit seinem Gebrauch verbindet sich auch eine Typisierung eines bestimmten spontanen, jedoch nie wilden Kommunikationsverhaltens. Elemente dieses kommunikativen Stils werden heute noch genannt, wenn nach dem vermeintlich unterschiedlichen Kommunikationsverhalten von Männern und Frauen gefragt wird. Blickt man auf die oben kurz skizzierten, heutigen Domänen des Doing Gender, so wird eine Korrelation deutlich: Je öffentlicher die Kommunikationssituation und je stärker sie an bestimmte gruppenspezifische Praktiken gebunden ist, desto stärker ist das Ausmaß an Doing Gender – sowohl, was die Sprachproduktion als auch die Sprachrezeption anbelangt. Es ist für mich frappierend, dass jene lexikalischen Einheiten, die beispielsweise Lakoff (1975) für Elemente der Frauensprache hält, sich auch als ein Nachklang auf die Erfindung und gesellschaftliche Konstitution von Backfischen bzw. des Übergangs vom Backfisch zur jungen Frau lesen lassen.

Literaturliste

Ayaß, Ruth (2008): Kommunikation und Geschlecht. Eine Einführung, Stuttgart: Kohlhammer

Bär, Jochen (2001): Männer – Frauen: Sprachliche Stereotypie. Zu Möglichkeiten des Einsatzes von Wörterbüchern im Schulunterricht, in: Der Deutschunterricht 53, Heft 4, S. 30–41

Brandt, Gisela (2008): Ursula Pfaffinger, Agnes Sampach, Elisabeth Kempf, Caritas Pirckheimer u. a. – Chronistinnen von Amts wegen. Soziolinguistische Studien zur Geschichte des Neuhochdeutschen, Stuttgart: Heinz

Coates, Jennifer (2003): Men talk. Stories in the making of masculinities, Oxford: Blackwell Publishers

Ebert, Robert Peter (1998): Verbstellungswandel bei Jugendlichen, Frauen und Männern im 16. Jahrhundert, Tübingen: Niemeyer (= Reihe Germanistische Linguistik, 190)

Ervin-Tripp, Susan/Lampert, Martin D. (1992): Gender Differences in the Construction of Humorous Talk, in: Hall, Kira/Bucholtz, Mary/Moonwomon, Birch (Hrsg.): Locating Power, Berkeley: Berkley Women and Language Group, S. 105–117

Fishman, Pamela (1978): Interaction: The work women do, in: Social problems, 25, 4, S. 397–406

Garfinkel, Harold (1967): Passing and the managed achievement of sex status in an 'intersexed' person (part 1), in: Garfinkel, Harold (Hrsg.): Studies in ethnomethodology. Englewood Cliffs (NJ): Prentice-Hall, S. 116–185

Giehrl, Emmy (1911): Erinnerungen aus meiner Jugend, Donauwörth: Ludwig Auer

Gildemeister, Regine (2008): Doing Gender. Soziale Praktiken der Geschlechterunterscheidung, in: Becker, Ruth/Kortendiek, Beate (Hrsg.): Handbuch Frauen- und Geschlechterforschung. Theorie, Methoden, Empirie, 2., erw. und aktualisierte Aufl. (= Geschlecht & Gesellschaft, 35), Wiesbaden: VS Verlag für Sozialwissenschaften, S. 137–145

Goffman, Erving (1994a): Das Arrangement der Geschlechter, in: Goffman, Erving (Hrsg.): Interaktion und Geschlecht, Frankfurt am Main/New York: Campus, S. 105–158

Goffman, Erving (Hrsg.) (1994b): Interaktion und Geschlecht, Frankfurt am Main/New York: Campus

Goffman, Erving (1981): Geschlecht und Werbung, New York: Suhrkamp

Goffman, Erving (1980): Rahmen-Analyse. Ein Versuch über die Organisation von Alltagserfahrungen, New York: Suhrkamp

Gottburgsen, Anja (2000): Stereotype Muster des sprachlichen doing gender. Eine empirische Untersuchung, Opladen: VS Verlag für Sozialwissenschaften

Gottburgsen, Anja (1995): Zur sprachlichen Inszenierung von Geschlecht – doing gender in Kontaktanzeigen., in: Zeitschrift für germanistische Linguistik, 23, S. 257–283

Günthner, Susanne (2001): Die kommunikative Konstruktion von Geschlechterdifferenz: sprach- und kulturvergleichende Perspektiven, in: Muttersprache 3/2001, S. 205–219

Günthner, Susanne (1992): Sprache und Geschlecht. Ist Kommunikation zwischen Frauen und Männern interkulturelle Kommunikation? in: Linguistische Berichte, 138, S. 123–143

Günthner, Susanne/Kotthoff, Helga (Hrsg.) (1991): Von fremden Stimmen. Weibliches und männliches Sprechen im Kulturvergleich, Frankfurt am Main: Suhrkamp, S. 52–74,

Heintz, Bettina/Nadai, Eva (1998): Geschlecht und Kontext. De-Institutionalisierungsprozesse und geschlechtliche Differenzierung, in: Zeitschrift für Soziologie, 27, 2, S. 75–93

Hofmannsthal, Christiane von (1991): Tagebücher 1918–1923 und Briefe des Vaters an die Tochter 1903–1929, hrsg. von Rauch, Maya/Schuster, Gerhard, Frankfurt am Main: Fischer

Hohenhausen, Baronin Elise von (1902): Die feine junge Dame. Ein Buch des Rates für alle Fragen des feineren geselligen Verkehrs und der guten häuslichen Sitte mit besonderer Rücksicht auf die Ausbildung von Geist, Herz und Gemüt, Stuttgart: Schwabacher Verlag

Holmes, Janet/Meyerhoff, Miriam (1999): The community of practice: Theories and methodologies in language and gender research, in: Language in Society, 28, 2, S. 173–183

Jenkins, Mercilee M. (1988): Was ist daran so lustig? Scherzen unter Frauen, in: Kotthoff, Helga (Hrsg.): Das Gelächter der Geschlechter. Humor und Macht in Gesprächen von Frauen und Männern. Frankfurt am Main: UVK, S. 33–53

Keim, Inken/Kallmeyer, Werner (1986): Formulierungsweise, Kontextualisierung und soziale Identität, in: Zeitschrift für Linguistik und Literaturwissenschaft 16, S. 98–126

Keller, Rudi (1995): Zeichentheorie, Tübingen/Basel: UTB

Klann-Delius, Gisela (2005): Sprache und Geschlecht. Eine Einführung, Stuttgart: Metzler

Kotthoff, Helga (2002): Was heißt eigentlich „Doing gender"? (Zu Interaktion und Geschlecht), in: Wiener Slawistischer Almanach. Sonderband 55, S. 1–27

Kotthoff, Helga (1999): Die Kommunikation von Moral in georgischen Lamentationen, in: Bergmann, Jörg/Luckmann, Thomas (Hrsg.): Kommunikative Konstruktion von Moral. Bd. 2: Von der Moral zu den Moralen, Opladen: VS Verlag für Sozialwissenschaften, S. 50–79

Kotthoff, Helga (1994): Kommunikative Stile, Asymmetrie und „Doing Gender". Fallstudien zur Inszenierung von Expert(inn)entum in Gesprächen, in: Feministische Studien 2, S. 79–95

Kotthoff, Helga (Hrsg.) (1988): Das Gelächter der Geschlechter. Humor und Macht in Gesprächen von Frauen und Männern. Frankfurt am Main: UVK

Lakoff, Robin T. (1975): Language and women's place, New York: Harper & Row

Linke, Angelika (1998): Backfischsprache. Kultursemiotische Überlegungen zum Sprachgebrauch jugendlicher Bürgerinnen der Jahrhundertwende, in: Androutsopoulos, Jannis K./Scholz, Arno (Hrsg.): Jugendsprache – langue des jeunes – youth language. Linguistische und soziolinguistische Perspektiven (= VarioLingua. Nonstandard – Standard – Substandard, 7), Frankfurt am Main: Lang, S. 211–232

Maihofer, Andrea (2004): Geschlecht als soziale Konstruktion – eine Zwischenbetrachtung, in: Helduser, Urte/Marx, Daniela/Paulitz, Tanja/Pühl, Katharina (Hrsg.): under construction? Konstruktivistische Perspektiven in feministischer Theorie und Forschungspraxis (= Politik und Geschlechterverhältnisse, 24), Frankfurt am Main/New York: Campus, S. 33–43

Maltz, Daniel N./Borker, Ruth (1991): Mißverständnisse zwischen Männern und Frauen – kulturell betrachtet, in: Günthner, Susanne/Kotthoff, Helga (Hrsg.): Von fremden Stimmen. Weibliches und männliches Sprechen im Kulturvergleich, Frankfurt am Main: Suhrkamp, S. 52–74 (Originalausgabe: Maltz, Daniel N./Borker, Ruth (1982): A Cultural Approach to Male-Female Miscommunication, in: Gumperz, John J.: Language and Social Identity, Cambridge: Cambridge University Press, S. 196–212)

Motschenbacher, Heiko (2006): „Women and men like different things?" Doing Gender als Strategie der Werbesprache, Marburg: Tectum

Quasthoff, Uta M. (1980): Gemeinsames Erzählen als Form und Mittel im sozialen Konflikt oder Ein Ehepaar erzählt eine Geschichte, in: Ehlich, Konrad (Hrsg.): Erzählen im Alltag. Frankfurt am Main: Suhrkamp, S. 109–141

Rössler, Paul (ohne Jahr): „Der Gipfel der Gefühle". Genderkonstruktionen in Gipfelbucheintragungen (i. Dr.)

Romaine, Suzanne (1999): Communicating Gender, London: Lawrence Erlbaum Associates Inc.

Sacks, Harvey/Schegloff, Emanuel A./Jefferson, Gail (1974): A simplest systematics for the organization of turn-taking in conversation, in: Language, 50, 4, S. 696–753

Schuster, Britt-Marie (2008): Wie Backfische schreiben: Zur Wechselwirkung von gesellschaftlichem Diskurs und authentischem Schreiben von Mädchen und jungen Frauen in der ersten Hälfte des 20. Jahrhunderts, in: Brandt, Gisela (Hrsg.): Bausteine zu einer Geschichte des weiblichen Sprachgebrauchs VIII. Sprachliches Agieren von Frauen in approbierten Textsorten, Internationale Fachtagung, Magdeburg 10.–11. 9. 2007, (= Stuttgarter Arbeiten zur Germanistik, 445), Stuttgart: Akademischer Verlag, S. 149–170

Stocker, Christa (2008): Genderisierte Kollokationen, in: Der Deutschunterricht, 1, S. 78–85
Stocker, Christa (2005): Sprachgeprägte Frauenbilder. Soziale Stereotype im Mädchenbuch des 19. Jahrhunderts und ihre diskursive Konstituierung, Tübingen: Niemeyer
Tannen, Deborah (1991): Du kannst mich einfach nicht verstehen. Warum Männer und Frauen aneinander vorbeireden, Hamburg: Goldmann
Tertilt, Hermann (1996): Turkish Power Boys. Ethnographie einer Jugendbande, Frankfurt am Main: Suhrkamp
Ury, Else (1923/1992): Nesthäkchens Backfischzeit, Düsseldorf: Thienemann
West, Candace/Zimmermann, Don H. (1991): Doing gender, in: Lorber, Judith/Farrell, Susan A. (Hrsg.): The social construction of gender, Newbury Park (CA): Sage Publications, S. 13–37 (erstmals in: Gender and society, 1987, Vol. 1, Nr. 2, S. 125–151)
Wodak, Ruth (1981): Women relate, men report: Sex differences in language behavior in a therapeutic group, in: Journal of pragmatics, 5, S. 261–285

'Consumption, thy name is woman'?
Oder: Was bringt uns *Sex and the City*?
Über Gender, Konsum und Cultural Studies

Miriam Strube

Einleitung

Zu Beginn des 21. Jahrhunderts gibt es noch immer keine eindeutige Definition von *Feminismus* oder *Gender Studies*. Selbst innerhalb der Kulturwissenschaft existiert keine geschlossene Reihe von feministischen Analysemethoden, sondern ein Amalgam aus verschiedenen sich ändernden Methoden. Im Folgenden soll neben der Darstellung der unterschiedlichen Themen- und Forschungsschwerpunkte gezeigt werden, wie die einst nur literaturwissenschaftlich orientierte Amerikanistik sich zunehmend kulturwissenschaftlichen Fragestellungen und populärer Kultur geöffnet hat. Im zweiten Teil wird dann anhand des Beispiels von *Sex and the City* verdeutlicht, wie feministische Themen in Massenmedien verhandelt werden und welche positiven Effekte, aber auch welche Probleme dies mit sich bringt.

1 Von der feministischen Literaturwissenschaft zu den Cultural Studies

Zu Beginn der amerikanistischen *Women's Studies* in den späten 1960er-Jahren ging es zunächst darum, gegen die ‚patriarchale Omnipräsenz' (vgl. Selden/Widdowson 1985: 212) vorzugehen, indem man Schriftstellerinnen wie die mittlerweile kanonisierten amerikanischen Autorinnen Kate Chopin, Charlotte Perkins Gilman und Zora Neale Hurston aus der Unsichtbarkeit holte, um auch ihre Werke in den Curricula zu verankern. Wie Mary Ellman (1968) ausführte, sollte dies die männliche Sichtweise grundlegend hinterfragen. Dies sei wichtig, so betonte die *images-of-women*-Debatte, weil Schriftsteller zwar ausgiebig über weibliche Erfahrungen geschrieben hätten, ohne diese aber angemessen wiederzugeben (vgl. Gilbert/Gubar 1979; Showalter 1977). In ihrem bekannten Aufsatz „Toward a Feminist Poetics" prägte Elaine Showalter (1985) für diese Perspektive den Begriff des *Gynozentrismus*:

> „In contrast to [an] angry or loving fixation on male literature, the program of gynocritics is to construct a female framework for the analysis of women's literature, to develop new models based on the study of female experience, rather than to adapt male models and theories. Gynocriticism begins at the point when we free ourselves from the linear absolutes of male literary history, stop trying to fit women between the lines of the male tradition, and focus instead on the newly visible world of female culture." (131)

Nachdem Literaturwissenschaftlerinnen einem gynozentrischen Blick und entsprechenden theoretischen Diskussionen den Weg geebnet hatten, setzte sich in den 1980er-Jahren die Frage nach spezifisch ‚weiblichen' Qualitäten in den Texten selbst durch. Dabei ließ sich die feministische Amerikanistik von poststrukturalistischen Theoremen aus Frankreich inspirieren, vor allem von Julia Kristeva, Hélène Cixous und Luce Irigaray. Sie untersuchten nicht wie die Gynokritikerinnen die Repräsentation weiblicher Erfahrungen, sondern eine genuin weibliche Schreibweise, *l'écriture féminine*.

Cixous tat dies vor allem in Rückgriff auf Jacques Lacan. Dieser sah die Sprache als gesellschaftliches Regelsystem an, das bereits *vor* dem Subjekt da ist; das Subjekt sah Lacan (1973) sogar nur in der Rolle eines „Sklaven der Sprache" (19), denn es könne sich und die Welt nur über und in der Sprache erfahren. In Lacans Psychoanalyse, so Cixous, sei *das* Weibliche im allgemeinen Sinn nur im vorsprachlich und vorgesellschaftlich Imaginären angesiedelt, wo es mit dem Mütterlichen identifiziert sei. In der symbolischen Ordnung hingegen habe das Weibliche keinen Ort: „Es gibt das Weibliche nur als von der Natur der Dinge, die die Natur der Wörter ist, Ausgeschlossenes" (Lacan zit. nach Weber 1994: 20).

Gegen diesen Ausschluss setzten die Vertreterinnen der *écriture féminine* die Entdeckung der eigenen Sprache, indem sie über die Entdeckung der Sprache des Imaginären schrieben. Nur so könne man sich einerseits aus der Vater-Ordnung des Symbolischen befreien, für das Trennung und Entfremdung Bedingungen der Subjektkonstitution seien, und andererseits in der Mutter-Ordnung des Imaginären ein Subjekt hervorbringen, das eine herrschaftsfreie Gesellschaft Wirklichkeit werden lasse. Cixous folgte dem poststrukturalistischen Denken, indem sie Sprache bzw. Schrift als den Ort ansah, an dem sich individuelles Bewusstsein und gesellschaftliche Wirklichkeit konstituieren. Dabei proklamiert sie, dass das Imaginäre, das Lacan als vorsprachlich und kulturfeindlich ansah, kulturrevolutionär sei: „A feminine text cannot fail to be more than subversive. It is volcanic; as it is written, it brings about an upheaval of the old property crust, carrier of masculine investments" (Cixous 1976: 888).

Zu betonen ist, dass trotz aller Metaphorik, vor allem Muttermetaphorik (wie etwa: den Text mit Muttermilch und -stimme nähren, ihn aus dem Uterus heraus schreiben und ihn unter Schmerzen und Liebe gebären wie ein Kind), letztlich der Begriff des Femininen nicht auf das biologische Weibliche bezogen ist, sondern auf das normative Weibliche. Auch Männer könnten demnach weiblich schreiben, wenn sie die Verdrängung des Imaginären in sich vermieden. Eine genaue Definition dieser weiblichen Sprache gibt es nicht und, so Irigaray (1979), könne es nicht geben: Frau-Sprechen „spricht sich, es läßt sich nicht metasprechen" (141). Letztlich identifizierte Irigaray – ähnlich wie Cixous – dieses Frau-Sprechen mit dem Unbewussten, das diffus, plural und autoerotisch sei. Und auch Kristeva (1974) hoffte auf die Rückgewinnung der Lust *(jouissance)* in der Sprache durch die präödipalen „unphrased, nonsensical maternal rhythms" (150).

Während poststrukturalistische Feministinnen Weiblichkeit und Mutterschaft in den Vordergrund stellten, hat sich in den 1980er-Jahren – wie insgesamt in der Amerikanistik – eine kulturwissenschaftliche Perspektive etabliert, die neben Literatur und Theorie auch populäre Kultur analysierte. Dabei wurde Sexualität als der zentrale Ort der Unterdrückung wahrgenommen: Ohne ihre grundlegende Veränderung sei ein Wandel in der Gesellschaft ausgeschlossen.

In den 1980er-Jahren war es vor allem Andrea Dworkin, die diesen Wandel am lautesten forderte und den feministischen Blick auf Sexualität sowie deren Repräsentation in den Medien stark beeinflusste. Wegen ihrer Männer- und Sex-feindlichen Argumentation und Rhetorik hat sie aber den Vorwurf von Prüderie und Neo-Viktorianismus auf sich und ihr Lager der *Women Against Pornography* gezogen. Die opponierende feministische Seite, der *Pro-Sex-Feminismus*, verteidigte Pornographie, um eine Gefährdung der auch für Frauen wichtigen Redefreiheit auszuschließen (vgl. dazu Duggan/Hunter 1995; Vance 1992). Nicht ein Verbot von Pornographie, sondern ein selbstbestimmtes Erkunden weiblicher Sexualität jenseits des Mainstreams sei notwendig.

Seit den 1980er-Jahren lässt sich auch eine zunehmende Diversifizierung ausmachen (vgl. Maynard 2009: 31). So attackierten Afroamerikanerinnen nicht nur die Misogynie der frühen *Black Studies*, sondern auch den Rassismus weißer Feministinnen, die zwar verallgemeinernd über *die* Erfahrung der Frau schrieben, letztlich aber nur auf einen begrenzten weißen und westlichen Erfahrungsschatz zurückgreifen könnten. Wie ihre weißen Kolleginnen bemühten sich afroamerikanische Literaturwissenschaftlerinnen zunächst,[11] schwarze Schriftstellerinnen (erneut) auf den Büchermarkt zu bringen. In ihrem bahnbrechenden *Toward A Black Feminist Criticism* widmete sich Barbara Smith etwa der Analyse einer spezifisch weiblichen Ästhetik afroamerikanischer Schriftstellerinnen (vgl. Humm 1994: 175) und Hazel Carby (1987) analysierte in *Reconstructing Womanhood* die materiellen Bedingungen, unter denen schwarze Frauen in den USA leben mussten, sowie deren Konsequenzen: Sie zeigte auf, wie das Amerika vor dem Bürgerkrieg mit seiner Sexualmoral und Kulturgeschichte selbst das Schreiben schwarzer Schriftstellerinnen deutlich geprägt hat.

Während sich Carby und einige wenige schwarze Literaturwissenschaftlerinnen (etwa Spillers 1984, 1987) poststrukturalistischen Theorien öffneten, haben viele eine ‚theorielastige' Forschung abgelehnt. An den Universitäten, so Barbara Christian in „The Race of Theory", habe sich eine spezielle Gruppe durchgesetzt, „the 'race' of professional theory-creating critics, and this white academic hegemony has silenced women of colour" (Humm 1994: 186). Gerade in dem Moment, in dem Afroamerikanerinnen an Bedeutung für die Literaturwissenschaft gewonnen

---

11 „Afro-American criticism represents a sustained attack on the 'neutrality' of 'universal' criticism." (Humm 1994: 177) – Dieser Vorwurf wurde auch im postkolonialen Feminismus wiederholt. So kritisierte Chandra Mohanty, dass auch in feministischen Analysen künstlich und vereinfachend zwischen zwei Gruppen unterschieden würde, nämlich zwischen Kolonisator und Kolonisiertem. Anstatt ein monolitisches Bild der Frau aus der sogenannten Dritten Welt zu entwerfen, „criticism must accurately describe differences in cultures and create new words to express similarities and common ground". (Mohanty 1991: 67) – Zum postkolonialen und *third-world*-Feminismus vgl. auch Anzaldúa (1987) und Chow (1991).

hätten, seien sie durch eine neue und entfremdende Theoriesprache erneut ausgeschlossen worden.[12]

Dieser neue theoretische Fokus, den Christian kritisierte, entsprang postmodernen Ansätzen, die vor allem auf die französischen Denker Michel Foucault, Jacques Derrida und Jacques Lacan zurückzuführen sind. Der wichtigste Ansatzpunkt für die postmoderne Kulturwissenschaft war die Annahme, dass Konzepte wie ‚Autor‘, ‚Selbst‘ oder ‚Erfahrung‘ alles andere als stabil sind. Sogar die Differenz zwischen *sex* (dem biologischen Geschlecht) und *gender* (dem kulturellen Geschlecht) wurde hinterfragt und als falsche Natur-Kultur-Opposition dekonstruiert. Den als *Gender Studies* bezeichneten Theorien ging es darum, traditionell binäre Oppositionen wie Mann/Frau oder Natur/Kultur zu problematisieren und sie durch ein Denken in Differenzen zu ersetzen, weil selbst eine Umwertung oder Umkehrung von Binaritäten die Oppositionsstruktur als solche unangetastet lasse (vgl. Hof 1995: 11). Das Augenmerk der *Gender Studies* lag also nicht – wie einst bei den *Women's Studies* – auf Frauen und auf als *eindeutig* zugeschriebenen Machtmechanismen. Es ging vielmehr um ein Erforschen der Mechanismen, die mit Hierarchisierung und Naturalisierung verbunden sind, sowie um eine wissenschaftliche Grundlegung, mithilfe derer die Bedeutungszuschreibungen für eine Oppositionsbildung wie Mann/Frau hinterfragt werden könne (vgl. ebd.: 19, 22).

Die bekannteste Theoretikerin der *Gender Studies*, Judith Butler, widmete sich in *Gender Trouble* (1990) der Dekonstruktion des *Sex-/Gender*-Systems, indem sie darauf hinwies, dass es kein *sex* gäbe, keinen Körper, der selbstursprünglich und nicht gesellschaftlich-kulturell vermittelt sei. Sie negierte die Differenzierung zwischen *sex* und *gender* und sah selbst körperliche Merkmale als kulturspezifische Konstruktionen an: Bereits die Einteilung in ‚männlich‘ und ‚weiblich‘ sei eine solch wirkmächtige kulturelle Konstruktion, dass sie die *Fiktion* des Natürlichen bewirke. Sowohl Körper als auch Subjekt entstünden erst durch Handeln, d.h. durch sprachliche Praktiken, durch ihre Situiertheit in Diskursen.

Die *Gender Studies* hatten nicht nur auf die Dekonstruktion des *Sex-/Gender*-Systems Einfluss, sondern trugen auch zur Entwicklung der *Masculinity Studies* bei, die auf die Heterogenität von Männlichkeit verweisen (vgl. insbes. Connell 1995).[13] Vorbei war die Zeit, in der Simone de Beauvoirs Annahme unhinterfragt galt, mit der sie die Einleitung ihres bahnbrechenden Buches *The Second Sex* eröffnet hatte: „A man never begins by presenting himself as an individual of a certain sex; it goes without saying that he is a man" (zit. in Adams/Savran 2002: 1). Die Männlichkeitsstudien nahmen sich zur Aufgabe, der Frage nach der Formation von Maskulinität nachzugehen (vgl. Traister 2000: 281). Allerdings, so der Vorwurf, würden Schlüsseltexte wie Michael Kimmels Kulturgeschichte *Manhood*

---

12 Eine Entwicklung, die jenseits dieser Debatte anzusiedeln ist, bezieht sich vor allem auf drei Bereiche: Whiteness Studies, Intersektionalität und Transnationalität (vgl. hierzu Maynard (2009: 35); zum transnationalen Ansatz vgl. vor allem die seit 2000 bestehende Zeitschrift *Meridian: feminism, race, transnationalism* sowie Kaplan/Grewal (2002).
13 Ich danke Christoph Ribbat für seine Hinweise zur Maskulinitätsdebatte.

in America, David Leverenzs *Manhood and the American Renaissance* und E. Anthony Rotundos *American Manhood* ihre Perspektive auf eine heterosexuelle Männlichkeit beschränken, wenngleich sie Ängste und Krisen fokussierten, die historisch die Konstruktion von Maskulinität begleitet hätten. Außerdem warf Bryce Traister den Männlichkeitsstudien vor, zumindest unterschwellig selbsttherapeutisch tätig zu sein, und „durch die Verweise auf die Unsicherheitsmomente historischer Männlichkeit würde die tatsächlich ausgeübte Dominanz und Gewalt von Männern verharmlost" (Ribbat 2006: 82). Obendrein sei die Zeit der „powerful, authoriative, misogynistic, self-interested, and competative masculinity" (Traister 2000: 299) zu präsent, sodass es für die Kulturwissenschaft nicht ohne Weiteres möglich sei, das politisch-methodische Instrumentarium der *Gender Studies* zur Analyse von Männlichkeiten zu verwenden.

2 Aktuelle Forschungsinteressen

In der aktuellen Amerikanistik sind derzeit folgende Theorien und Untersuchungsgebiete von besonderem Interesse: 1) post-postmoderne Identitätsdebatten, 2) Visuelle Kultur und Postfeminismus und 3) Konsum und *Consumer Culture*.

2.1 Post-postmoderne Identitätsdebatten: *Ich bin du, aber ich bin auch ich*

In den letzten Jahren wird zunehmend die postmoderne Dekonstruktion der Geschlechterdifferenz hinterfragt, da ein radikaler Konstruktivismus die Körperlichkeit vollständig in Sprachmuster aufzulösen droht. In ihrem Sammelband aus dem Jahr 2000 reflektieren Catriona Mackenzie und Natalie Stoljar darum gemeinsam mit anderen feministischen Theoretiker/innen das herkömmliche Autonomiekonzept und entwickeln ihr Konzept der *relationalen Autonomie*, die dem Selbst eine eigenständigere Rolle zuschreibt: Autonomie sei fundamental wichtig, um Unterdrückung, Unterwerfung und Handlungsmacht zu verstehen (vgl. auch Strube 2009: 30–52). Das neue Konzept umfasst eine Reihe zusammenhängender Perspektiven, die auf der gemeinsamen Überzeugung basieren,

> „that persons are socially embedded and that agent's identities are formed within the context of social relations and shaped by a complex of intersecting social determinants, such as race, class, gender, and ethnicity. Thus the focus of relational approaches is to analyze the implications of the intersubjective and social dimensions of selfhood and identity for conceptions of individual autonomy and moral and political agency" (MacKenzie/Stoljahr 2000a: 4).

Anders als der in den *Gender Studies* vorherrschende radikale Konstruktivismus, der *sex* immer als Effekt begreift, integriert das Theoriemodell der relationalen Autonomie bis zu einem gewissen Grad auch selbstbestimmte Handlungsmacht.

Es betont eine bewusst vielschichtige Perspektive auf Subjekte als „emotional, embodied, desiring, creative, and feeling, as well as rational, creatures" (ebd.: 21) sowie die Fähigkeit zur (Selbst-)Reflexion.

2.2 Visuelle Kultur und Postfeminismus: *Sehen und gesehen werden*

Die Entwicklung der feministisch orientierten Amerikanistik geht eng einher mit der Etablierung der *Cultural Studies*, die seit den 1990er-Jahren auch eine Popularisierung der *Visual Studies* (vgl. Mirzoeff 1998; zur Einführung Elkins 2003) und ihres Gegenstandsbereiches hervorgebracht haben. Wie Amelia Jones (2003) in der Einleitung zum *The Feminism and Visual Culture Reader* festhält:

> „Visual culture, from the beginning, has been aimed at breaking down disciplinary limitations defining what and how visual imagery is to be analyzed within a critical visual practice. Both modes of thinking – feminism and visual culture – are, in this way, driven by political concerns and focus primarily on cultural forms as informing subjective experience." (ebd.: 1)

Innerhalb der *Cultural Studies* lässt sich bereits seit Längerem eine Hinwendung zur visuellen Kultur ausmachen, bei der seit den späten 1970er-Jahren auch ‚weibliche' Popkultur ernst genommen wird: „These approaches demonstrated that feminine texts such as soap operas, romantic fiction and women's magazines were worthy of analysis..." (Hollows/Morseley 2006: 6). *Cultural Studies* betrachten populäre Kultur sogar als zentralen Bestandteil ihrer Analysen, da Massenmedien *der* Ort seien, an dem Normen, auch Gendernormen, verhandelt und etabliert würden. Da diese veränderbar sind, ermöglicht ein Blick auf Massenmedien ein Verständnis dieses Wandels, von „shifts in regimes of representation. And thus perhaps commonsense notions about women" (Gamman/Marshment 1988: 4).

Darstellungen von Frauen in visuellen Medien haben sich in den letzen Jahren vor allem durch den *Postfeminismus* verändert, der als eine Fortführung des *Pro-Sex-Feminismus* gesehen werden kann und viele Schlachten für geschlagen und gewonnen hält. Das Präfix ‚post' ist daher als zeitlich zu verstehen, als einem Feminismus folgend, der die Frau nicht mehr als verletzbares Opfer des Patriarchats, sondern als stark und selbstverantwortlich sieht. Anders als ihre feministischen Vorgängerinnen in den 1960er-Jahren sehen Postfeministinnen visuelle (Massen-)Medien als lustbringenden und wertvollen Kulturbestandteil an.

Der *Postfeminismus* ist allerdings ebenfalls auf Kritik gestoßen. Deborah Rosenfelt und Judith Stacey (1990) sehen in ihm „an emerging culture and ideology that simultaneously incorporates, revises, and depoliticizes many of the fundamental issues advanced by second-wave feminism" (549). Aus einem solchen Blickwinkel erscheint der *Postfeminismus* als antifeministisch.[14] Das Präfix ‚post' fungiert in

---

14 Besonders bekannt ist die Kritik von Susan Faludi und deren Analyse vom *backlash* gegen den Feminismus seit der Ära Reagans. An diesem *backlash* sind laut Faludi Postfeministinnen selbst in hohem Maße beteiligt, indem sie die Frauenbewegung heftig kritisieren. Feminismus werde in den Medien extrem negativ dargestellt, selbst von Postfeministinnen. Eine Folge der

diesem Verständnis nicht nur zeitlich, sondern markiert auch ein ‚gegen', eine Abkehr vom Kampf gegen die strukturelle Unterdrückung der Frau, der für überholt gehalten wird, weil die Gleichberechtigung schon errungen sei.

Diesen *Postfeminismus* halte ich in mehrfacher Hinsicht für kritikwürdig: Erstens übt er eine allzu grob verallgemeinernde Kritik am früheren Feminismus. Zweitens verfügt er nur über eine stark vereinfachende Auffassung von Wahlmöglichkeiten, die die Bedeutung von machtvollen und einflussreichen Bildern und Stereotypen nicht reflektiert (vgl. auch Probyn 1990: 156). Drittens argumentiert er heterosexistisch und setzt viertens, ganz im Sinne neoliberaler Forderungen, auf ‚weißen' (Mittelschichts-)Individualismus und Selbstverantwortung.[15] Zwei Aspekte, die viele postfeministische Texte trotz dieser politisch prekären Betonung von Wahlmöglichkeiten, von Individualismus und Selbstverantwortung charakterisieren und immer wieder interessant machen, gilt es allerdings ebenfalls zu nennen: Ironie und Reflexivität.

2.3 Konsum und *Consumer Culture: Ich shoppe, darum bin ich?*

Konsum wird seit langem der weiblichen Sphäre zugeordnet: Mrs. Consumer steht Mr. Breadwinner gegenüber. Und spätestens seit dem 19. Jahrhundert wird *shopping* als eine „form of women's work" (Glickman 1999: 4) angesehen. Will man nicht nur die einzelnen Akte des Konsumierens analysieren, sondern allgemeiner die *consumer culture*, wendet man sich „with a collective eye to a larger historical problematic... and the transformation of goods from being relatively static symbols around which hierarchies were ordered to being more directly constitutive of class, social status, and personal identity" (De Grazia 1996: 4).

In den Kulturwissenschaften wird das Phänomen Konsum unterschiedlich bewertet. Während einige (in der Tradition der Frankfurter Schule) argumentieren, es sei eine homogenisierende und manipulierende Kraft, „central to economic inequality, the eclipse of traditional values, and the valorization of artifice" (Glickman 1999: 12), schätzen andere Konsum als Ausdruck von Freiheit und Individualität ein. Letztere Einschätzung setzt sich zunehmend in den feministischen

---

schlechten Presse sei, dass Frauen zwar durchaus Ziele unterstützten, für die der Feminismus kämpfte und noch kämpft, ohne sich aber selbst als Feministinnen zu verstehen. Gemäß der Einschätzung von Joanne Hollows und Rachel Moseley (2006: 9) sind diese Frauen zwar keine Feministinnen, „but neither do they operate as the 'other' of feminism".

15 Der selbstdeklarierte *third wave feminism* hingegen, wie er etwa von Rebecca Walker, Leslie Heywood und Jennifer Drake vertreten wird, unterscheidet sich von diesem postfeministischen Feminismus. *Third wave feminism* hält zwar ebenfalls das binäre Denken des sogenannten radikalen Feminismus für falsch, ist jedoch weniger durch den Pro-Sex-Feminismus als durch die Kritik von schwarzen und Chicana-Feministinnen sowie die poststrukturalistischen *Gender Studies* der 1980er-Jahre beeinflusst. Er versucht, die Komplexität und Hybridität von Weiblichkeit, Wirklichkeit und populären Medien zu verstehen, endet aber nicht mit einem entpolitisierten Feminismus, sondern setzt sich vielmehr für *coalition politics* ein (vgl. insbesondere Heywood/Drake [1998]; Walker [1995]).

Cultural Studies durch, eine „Defence of Shopping"– so der provokative Titel von Mary Douglas (1997: 15) – wird immer lauter. Doch wie lässt sich diese feministische Verteidigung von Konsum erklären?

Frauen erhielten durch Konsum mehr Macht, so etwa das Argument von Victoria De Grazia (1996), da sie der früheren Beschränkung auf die häusliche Sphäre entkommen und vorrangig an Konsumentenbewegungen beteiligt gewesen seien: „[P]oor women were at the forefront of food riots, socialist women backed consumer cooperatives, and middle-class women reformers promoted consumer legislation" (275). Außerdem sei Konsum nicht passiv, sondern aktiv: „we can look at our 'identities' in contemporary culture as worked out, in large part, through our relationships with the commodities that we exchange, use and possess" (Martin 2003: 106). Bis zu einem gewissen Grad ermögliche er sowohl Freude als auch Handlungsmacht.

Viele Kulturwissenschaftler/innen räumen jedoch ein, dass Konsum nicht einfach gefeiert werden sollte, sondern in einem komplexen Verhältnis zu Konformität und Individualität steht. Eine Reduktion des Themas „to a homogeneous thing which is then either condemned – as total commodification – or celebrated as a 'fun culture'" (Falk/Campbell 1997: 3) müsse vermieden werden. Eine noch weitergehende Perspektive entwickelt Angela McRobbie (2008). Sie betrachtet die Art und Weise, wie populäre Kultur Konsum und Weiblichkeit verknüpft und dies unter dem Banner des Feminismus. Diese Instrumentalisierung, so McRobbie, „provides corporate culture with the means of presenting itself to young women as their ally" (ebd.: 531). Die feministische Forschung, die sie als *Warenfeminismus* (*commodity feminism*) bezeichnet, sei vor allem problematisch, weil sie die politischen und ökonomischen Verhältnisse nicht kritisch hinterfragt, die jedoch Teil unserer Existenz seien (vgl. ebd.: 539).

2.4 'Shopping for Men': *Sex and the City*

Die Serie *Sex and the City* ist eine der erfolgreichsten Sitcoms und seit der Ausstrahlung ihrer ersten Folge 1998 vielfach preisgekrönt. Im Mittelpunkt der Kultserie stehen vier New Yorkerinnen, alle reich, weiß, gebildet und in den Dreißigern. Die Erzählerin und Hauptfigur ist Carrie Bradshaw (Sarah Jessica Parker), eine Journalistin, die in ihrer Kolumne ‚Sex and the City' eine pseudo-anthropologische Recherche betreibt, um Sexualmoral und Soziokultur in der Großstadt New York zu ergründen (vgl. McCabe/Akass 2004: 2). Dank ihrer besten Freundinnen kann sie unterschiedliche Perspektiven diskutieren: „PR executive and sexual libertine Samantha Jones (Kim Catrall), corporate lawyer and relationship cynic Miranda Hobbes (Cynthia Nixon) and art gallery manager and romantic optimist Charlotte York (Kristin Davis)" (ebd.: 3).

Lässt sich die Serie nun, wie von einigen proklamiert, als feministisch einstufen oder ist sie vielmehr, wie von Angela McRobbie (2008: 547) behauptet, eine Aufhebung des Feminismus?[16] Um diese Frage zu beantworten, möchte ich vor allem

---

16 Zu einer ausführlicheren Diskussion der Serie siehe Strube (2009).

auf die Differenzen zwischen der Sexualmoral in der Serie und der offiziellen während der Bush-Ära, auf die Bedeutung von Pluralität und Selbstreflexivität, die sowohl im Theoriegebäude der relationalen Autonomie als auch im Postfeminismus von großer Bedeutung ist, sowie auf die zentrale Rolle des Konsums in dieser Serie eingehen.

In ihrem Artikel zu *Sex and the City* behauptet Diane Negra (2004), dass die Entstehungszeit von *Sex and the City* eine besonders konservative Ära gewesen sei, „characterized by hightened pressure to define women's lives in terms of romance and marriage. Notably, this period has seen perhaps the most intense cultural coercion for women to retreat from the workplace since the post-World War II period..." Betrachtet man die *sexual politics* der amerikanischen Neokonservativen sowohl der Gesetzgeber als auch der Heritage Foundation, dem wohl einflussreichsten *think tank* der Bush-Regierung, wird diese neokonservative Ideologie schnell deutlich. Vor allem drei Aspekte finden sich immer wieder: die Wichtigkeit der Ehe, die Empfehlung sexueller Abstinenz und die Ablehnung homosexueller Lebensgemeinschaften. Die Heritage Foundation will dem Verfall von traditionellen amerikanischen Werten entgegenwirken: „For the sake of the nation's future health, it is time to redirect public policy so that the two vast resources of family and religion, instead of being weakened further, can be rejuvenated and encouraged."

Wer diesen gesellschaftspolitischen Hintergrund nicht kennt oder nicht berücksichtigt, kann das subversive Potenzial, das *Sex and the City* hat, nicht würdigen. Die Postfeministinnen der Serie hinterfragen ganz bewusst Themen wie Ehe und Sexualität. Gleich in der ersten Episode steht das sexuelle Begehren von Frauen im Vordergrund. In einer turbulenten Diskussion, die durch schnelle Schnitte unterstützt wird, äußern sich Carrie, Miranda, Samantha und Charlotte über das Geschlechterverhältnis, über Sex und Romantik. Vor allem Samanthas provokative Äußerungen fallen auf, darunter die Behauptung: „It is the first time in the history of Manhattan that women have as much money and power as men." Im Stil des *Postfeminismus* missachtet sie hier entscheidende Differenzen, vor allem in Hinsicht auf Schichtzugehörigkeit oder Ethnizität. Und sie schlussfolgert, dass Frauen deswegen die Macht hätten, Sex wie Männer zu haben. Auf Charlottes Nachfrage „You mean with dildos?" antwortet Samantha: „No, I mean without feeling." Im Folgenden reflektieren die Freundinnen ihr Verhältnis zu „sex without feeling" und zum romantischen Mythos, wobei Männer nicht besonders vorteilhaft gezeichnet werden. Ähnlich der Vorliebe der vier Freundinnen zu teuren Schuhen erscheint der Mann oft als Accessoire, oder wie Wendy Shalit (1999) zu den Frauen aus *Sex and the City* ausführt: „They are looking for men, sure, but it's just shopping, not survival."[17]

---

[17] David Greven (2004) widmet der negativen Darstellung von Männern in dieser Sitcom sogar einen ganzen Aufsatz. In „The Museum of Unnatural History: Male Freaks and *Sex and the City*" betrachtet er den „new freak, characterised by an inexhaustibly broad array of sexual deficiencies and bodily irregularities" (ebd.: 34).

'Consumption, thy name is woman'? Oder: Was bringt uns Sex and the City?

Es ist sicherlich unbestritten, dass die meisten Männer in *Sex and the City* wenig liebevoll oder gar herablassend beschrieben werden. Die Hauptdarstellerin Sarah Jessica Parker sagt zum Thema Mann in einem Interview, dass die Frauen in der Serie mehrdimensional seien, die Männer hingegen „objectified the way we often are" (Rudolph 1998: 12. R1). Diese Objektivierung und Eindimensionalität spiegelt sich auch in der Namensgebung wider. Von den meisten Männern erfahren die Zuschauer keinen Vornamen. „Instead they are simply referred to as Mr. Big, Mr. Pussy, Groovy Guy, Mr. Marvellous or Artist Guy" (McCabe/Akass 2004: 7). Hierin lässt sich eine parodistische Umkehrung sehen.

Allerdings – und dies zeigt die oft übersehene Komplexität von *Sex and the City* – bleibt die Serie nicht bei dieser Umkehrung stehen. So nehmen bereits in der ersten Folge Carries Beobachtungen zu „sex without feeling" eine interessante Wendung. Für eine Kolumne über dieses Thema trifft sie einen ehemaligen Liebhaber, der sie einst fallen ließ, da er keine Verpflichtungen eingehen, sondern nur „sex without feeling" wollte. Schnell endet dieses Treffen im Bett, wo sich Carrie den Cunnilinguskünsten dieses Mannes hingibt. Nach ihrem Orgasmus taucht der Mann unter der Decke hervor und sagt: „Alright, my turn." Doch Carrie hat anderes im Sinn, befriedigt und fest entschlossen, sich nicht wieder emotional auf ihren ehemaligen Geliebten einzulassen, steht sie auf und lässt den Mann nackt und unbefriedigt zurück. Wie Carries Off-Stimme bemerkt, hat sie es geschafft: „I just had sex like a man." Beim Verlassen des Wohnhauses fühlt sie sich „powerful, potent, and incredibly alive." Frauen, so zeigt diese Szene, können die Rollen umkehren und auch ohne Liebe sexuelles Vergnügen empfinden; geschlechtsspezifisches Begehren wird als erlernt oder sozial vermittelt entlarvt, der Glaube an die romantische Liebe und den Märchenprinzen erscheint als verstaubt.

Doch genau in diesem Moment nimmt das Geschehen eine ironische Wendung. Carries *voice-over*, das ihre Stärke betont, fährt fort: „Nothing and no one could get in my way." Im selben Moment wird sie von einem Fußgänger grob angerempelt, sodass ihre Handtasche zu Boden fällt. Zwischen den gezeigten Bildern und dem dazu gesprochenen Kommentar besteht ein Unterschied, der deutlicher nicht sein könnte. Carries Selbstermächtigung ist offenkundig nicht so absolut wie von ihr behauptet. Als sie sich hinkniet, um den Inhalt ihrer Handtasche aufzusammeln, kommt ihr ein attraktiver Mann, von ihr fortan Mr. Big genannt, zu Hilfe. Es wird deutlich, dass die postfeministische Frau den romantischen Mythos als Konstrukt erkennt, Alternativen zum Märchenprinzen sieht und diese ohne moralische Vorurteile ausleben will, aber letztlich den Traum vom Prinzen nicht gänzlich ausgeträumt hat.

Selbst bei der Figur der Samantha gibt es Ambivalenzen und Brüche – auch ihr „sex without feeling" stößt an Grenzen, etwa wenn sie zugibt, „sometimes you need to hear a 'we'" oder wenn sie zum Ende der sechsten Staffel doch eine feste Beziehung zu einem jungen Mann eingeht.

Es wäre nun allerdings verfehlt, der Serie ein ungebrochenes oder unterkomplexes Verhältnis zum klassischen (oder von konservativen Politiker/innen befürworteten) Geschlechterverhältnis zu unterstellen. Von den vier Hauptcharakteren ist nur Charlotte fest entschlossen, zu heiraten und Kinder zu bekommen, wofür sie auch ihren guten Job aufgeben will. Doch genauso wie Carries Ablehnung des romantischen Mythos gebrochen wird, verspottet *Sex and the City* Charlottes Glauben an den Märchenprinzen. Sie ist auf der Suche nach der großen Liebe, aber das hält sie nicht – wie von Bushs Abstinenzprogrammen gefordert – davon ab, mit einer Vielzahl von Männern zu schlafen. Zum anderen wird ihr Glaube an den Märchenprinzen durch ihre Heirat mit Trey, einem netten Arzt aus traditionsreicher und wohlhabender Familie, erschüttert, denn trotz der offensichtlichen beidseitigen Liebe scheitert die Ehe an der Impotenz ihres Mannes. Offensichtlich gehört zur selbstbestimmten Postfeministin das erotische Begehren, auf das sie selbst für ihren Traummann nicht verzichten möchte.

Ehe und Hausfrauendasein ist *eine* Option, aber eben nicht die einzige oder notwendigerweise die beste. Die Protagonistinnen von *Sex and the City* entsprechen insofern dem, was Angela McRobbie (2004) als das „new gender regime" bezeichnet:

„The new young women are confident enough to declare their anxieties about possible failure in regard to finding a husband, they avoid any aggressive or overtly traditional men, and they brazenly enjoy their sexuality, without fear of the sexual double standard. In addition, they are more than capable of earning their own living, and the degree of suffering or shame they anticipate in the absence of finding a husband is countered by sexual self-confidence. Being without a husband does not mean they will go without men." (262)

Dass die Suche nach einem passenden Partner nicht unbedingt mit dem Wunsch nach Ehe einhergeht, gehört ebenfalls zum Credo der Serie. Miranda hat ihren eigenen zynischen und pragmatischen Blick auf die Ehe. Nachdem sie nach einer Liebesnacht mit ihrem Ex-Liebhaber, dem Bartender Steve, schwanger ist, findet eine für eine TV-Serie durchaus ungewöhnliche und progressive offene Diskussion über Abtreibung statt. Miranda entscheidet sich schließlich für das Kind, aber die Zuschauer erfahren, dass zwei der vier Hauptcharaktere, Carrie und Samantha, bereits eine Abtreibung haben durchführen lassen. Obwohl Miranda ihr Kind austrägt, bedauert sie nicht die Tatsache, keinen Ehemann zu haben, sondern nur die Tatsache, derzeit über keinen Sexpartner zu verfügen.

Auch in dem 2008 erschienenen Film zur Serie stehen die Themen Frauenfreundschaft, Liebe und Ehe im Mittelpunkt des Geschehens. Allerdings fallen an dieser romantischen Komödie genrebedingte Konzessionen und Kompromisse auf. So stellt der Film den *marriage plot* in den Mittelpunkt und weicht somit in einer wesentlichen Hinsicht von der Serie ab.

In einer anderen Hinsicht sind jedoch Serie und Film durchaus ähnlich und gleichermaßen kritikwürdig, und zwar in der Darstellung von Konsum und Konsumgütern. Bereits in der Serie wird die unersättliche Leidenschaft zu Manolo-Blahnik-Schuhen und Accessoires von Dolce & Gabbana gezeigt, die immer wieder – wenn auch wenig überzeugend – ironisch gebrochen wird (vgl. McRobbie 2008: 541).

'Consumption, thy name is woman'? Oder: Was bringt uns Sex and the City?

Während die Serie Konsum wiederholt thematisiert, stellt der Film ihn bereits im eröffnenden Themensong „Labels or Love" in den Mittelpunkt:

> „Shopping for labels, shopping for love/Manolo and Louis, it's all I'm thinking of...Love's like a runway, so what's all the fussing for/Let's stop chasing them boys and shop some more/I know I might come off as negative/I be looking for labels, I ain't looking for love/Relationships are often so hard to tame/A Prada dress has never broken my heart before."

Labels und Liebe, so macht der Titelsong unmissverständlich klar, stehen in einem komplizierten Zusammenhang. Auf einer oberflächlichen Ebene gibt sich der Film so, als ob er Konsum und *consumer culture* kritisieren würde und stattdessen wahre Liebe jenseits allen Konsumdenkens zelebriere. Nachdem Carrie zunächst klein und überschaubar in einem *second-hand*-Hochzeitskleid heiraten wollte, wird sie schließlich für ein Frauenmagazin mit einer ganzen Reihe von unterschiedlichen Hochzeitskleidern (von Dior, Oscar de la Renta, Christian Lacroix und Vivienne Westwood) fotografiert. Da der Bräutigam, Mr. Big, nicht rechtzeitig erscheint, platzt die Hochzeit allerdings. Erst nachdem Carrie von ihren Freundinnen wieder aufgebaut worden ist, endet der Film doch mit der Eheschließung, und zwar wie ursprünglich geplant in kleinem Kreis und, wie Carrie im *voice-over* hervorhebt, „in a labelless dress", nämlich im *second-hand*-Hochzeitskleid.

Warum ist diese Abkehr von Konsumgütern so unglaubwürdig und so problematisch? Erstens inszeniert der Film teure Labels auf eine Art und Weise, dass er geradezu einem konsumistischen Manifest entspricht. Nach einer zweistündigen Feier von Labels wirkt die Schlussszene nicht wie eine Kritik, sondern wie ein bloßes Lippenbekenntnis, ja sogar wie ein performativer Widerspruch, zumal Carrie neben dem günstigen Hochzeitskleid auch ihre Manolo Blahniks (geschätzter Wert: 500 Euro) trägt. Schichtzugehörigkeit und finanzielles Kapital werden in der Serie nicht diskutiert. Vielmehr behauptet Samantha, dass die Frauen in Manhattan genauso viel Geld und Macht wie Männer hätten; eine Aussage, die insbesondere auf diejenigen Frauen nicht zutrifft, die nicht weiß und privilegiert sind.

Genauso problematisch ist der zweite Aspekt, die (postfeministische) Annahme von Wahlfreiheit, die zur Selbstverwirklichung gehöre. Es sind ja gerade nicht eigene Entwürfe, sondern teure Labelkleider und -schuhe, die Objekte des Begehrens sind. Darüber hinaus problematisiert McRobbie (2008: 541) zu Recht das „restabilizing through the comforting rituals of femininity." Hatte (vor allem) die Serie sexuelle Grenzüberschreitungen immer wieder gezeigt oder zumindest angedeutet, so ist die Darstellung von Weiblichkeit in anderen Hinsichten durchaus traditionell und limitiert.

Zusammenfassend lässt sich sagen, dass die meisten Kritiker/innen *Sex and the City* entweder sehr eindeutig als positiv und subversiv oder aber als negativ und traditionell einstufen (ausgenommen Sielke 2007). Beides erscheint mir ungenügend: *Sex and the City* ist ambivalent und verknüpft eine Reihe von unterschiedlichen (und sich widersprechenden) Aspekten miteinander.

Die Serie stellt die sexuell aktive und experimentierfreudige Frau ins Zentrum, die Partner wechseln und Praktiken variieren kann, wenn auch nur bis zu einem gewissen Grad (und Alter). Die von der neokonservativen amerikanischen Politik gesetzten Grenzen werden dadurch überschritten. Außerdem sollte man einen weiteren wichtigen Aspekt nicht übersehen: In *Sex and the City* geht es neben sexueller Freiheit, Pluralität und Konsum genauso sehr um Frauenfreundschaft wie um Liebesbeziehungen. Männer und die besten Freundinnen sind gleich wichtig. Wenn auch nicht universell, sondern postfeministisch, weiß, reich, heterosexuell und urban, steht die Liebe zu den Freundinnen, ihre *sisterhood*, im Zentrum.

Weitaus problematischer als dieses etwas enge Bild von *sisterhood* ist das Weiblichkeitsbild, das so eng mit klassischer Schönheit, Konsum und weißem Mittelschichtsleben verknüpft ist. Da Carrie & Co. in vielen Hinsichten eben doch traditionell und angepasst sind, drängt sich der Eindruck auf, dass trotz Ambivalenzen und sporadischer Subversionen und Grenzüberschreitungen, die es zumindest in der Serie gibt, letztlich ein ziemlich reaktionärer Wolf im Designerschafspelz steckt, der nur in wenigen Aspekten und meistens nur oberflächlich mit Konventionen bricht.

Was lässt sich von diesem Einzug des Postfeminismus in die Massenmedien erschließen? Theoretikerinnen wie Eve Sedgwick sprechen von einem „Faustian bargain because television is a genre which ultimately caters to the desires and expectations of mainstream audiences" (in Wolfe/Roripaugh 2006: 43). Dieser Pakt führt zu einer signifikanten Zweischneidigkeit: Einerseits werden Massenprodukte natürlich einem vermuteten Durchschnittsgeschmack angepasst, da ja das ästhetische Risiko hier mit einem nicht unbeträchtlichen ökonomischen Risiko einhergeht. Andererseits erreichen die tatsächlich realisierten Grenzüberschreitungen dann auch ein weitaus größeres Publikum und haben somit eine größere Breitenwirkung. Zu bedenken ist die Tatsache – wie die Theorie der relationalen Autonomie darlegt –, dass wir nicht selbst entscheiden können, mit welchen Normen, Idealen und Stereotypen wir uns auseinandersetzen: „…to a certain degree, we just find certain things mattering to us" (McKenzie 2000: 135). Massenmedien, die Freiräume für Frauen schaffen, sind daher wünschenswert. Diese Freiräume dürfen aber nicht darüber hinwegtäuschen, dass es noch immer viele Bereiche gibt, in denen es problematische Rollenzuschreibungen und Ungleichheit zwischen den Geschlechtern gibt. Und um diese aufzuzeigen, braucht man weniger Postfeminismus in den Massenmedien, sondern gute feministische Forschung.

Literaturliste

Adams, Rachel/Savran, David (2002): The Masculinity Studies Reader, Massachusetts: Blackwell Publishers

Anzaldúa, Gloria (1987): Borderlands/La Frontera. The New Mestiza, San Francisco: Aunt Lute Books

Butler, Judith (1990): Gender Trouble. Feminism and the Subversion of Identity, New York/London: Routledge
Carby, Hazel (1987): Reconstructing Womanhood. The Emergence of the Afro-American Woman Novelist, New York/Oxford: Oxford University Press
Chow, Rey (1991): Woman and Chinese Modernity. The Politics of Reading Between West and East, Minneapolis: University of Minnesota Press
Cixous, Helen (1976): The Laugh of the Medusa. Aus dem Französischen übersetzt von Cohen, Keith/Cohen, Paula, in: Signs 1 (4), S. 875–893
Connell, Robert W. (Raewyn) (1995): Masculinities, Sydney: Allen & Unwin
De Grazia, Victoria (1996): Introduction, in: De Grazia, Victoria/Furlough, Ellen (Hrsg.): The Sex of Things. Gender and Consumption in Historical Perspective, Berkeley: University of California Press, S. 1–10
Douglas, Mary (1997): In Defence of Shopping, in: Falk, Pasi/Campbell, Colin (Hrsg.): The Shopping Experience, London: SAGE, S. 15–30
Duggan, Lisa/Hunter, Nan D. (1995): Sex Wars: Sexual Dissent and Political Culture, New York/London: Routledge
Dworkin, Andrea (1979): Pornography. Men Possessing Women, New York: Plume
Elkins, James (2003): Visual Studies. A Skeptical Introduction, New York/London: Routledge
Ellman, Mary (1968): Thinking about Women, New York: Harcourt Brace Jovanovich
Falk, Pasi/Campbell Colin (1997): The Shopping Experience, London: SAGE
Foucault, Michel (1983/1998): Der Wille zum Wissen. Sexualität und Wahrheit, Bd. 1, Frankfurt am Main: Suhrkamp
Gamman, Lorraine/Marshment, Margaret (1988): The Female Gaze. Women as Viewers of Popular Culture, London: Women's Press
Gilbert, Sandra M./Gubar, Susan (1979): The Madwoman in the Attic. The Woman Writer and the Nineteenth-Century Literary Imagination, New Haven: Yale University Press
Glickman, Lawrence B. (1999): Consumer Society in American History A Reader, New York: Cornell University Press
Greven, David (2004): The Museum of Unnatural History. Male Freaks and Sex and the City, in: Akass, Kim/Kim/McCabe, Janet (Hrsg.): Reading Sex and the City, London/New York: I.B. Taurus, S. 33–47
Hagelin, Rebecca (2003): Marriage Protection Week – we shouldn't need it, Online-Ressource: http://<www.worldnetdaily.com/news/article.asp?ARTICLE_ID=35067 (10.12.2004)
Heritage Foundation: Online-Ressource: http://www.heritage.org (15.10.2005)
Heywood, Leslie/Drake, Jennifer (1998): Third Wave Agenda. Being Feminist, Doing Feminism, Minneapolis: University of Minnesota Press
Hof, Renate (1995): Die Entwicklung in der Gender Studies, in: Bußmann, Hadumod/Hof, Renate: Genus: Zur Geschlechterdifferenz in den Kulturwissenschaften, Stuttgart: Kröner
Hollows, Joanne/Moseley, Rachel (2006): Feminism in Popular Culture, New York: Berg
Humm, Maggie (1994): A Reader's Guide to Contemporary Feminist Literary Criticism, New York: Harvester Wheatsheaf
Irigaray, Luce (1979): Das Geschlecht, das nicht eins ist, Berlin: Merve
Jagose, Annamarie (1996): Queer Theory. An Introduction, New York: New York University Press
Jones, Amalia (2003): The Feminism and Visual Culture Reader, New York/London: Routledge
Kaplan, Caren/Grewal, Inderpal (2002): Transnational Practices and Interdisciplinary Feminist Scholarship. Refiguring Women's and Gender Studies, in: Wiegman, Robyn (Hrsg.): Women Studies on Its Own, Durham/London: Duke University Press, S. 66–81
Kristeva, Julia (1974): Revolution in Poetic Language, New York: Columbia University Press
Lacan, Jacques (1980): Das Ich in der Theorie Freuds und in der Technik der Psychoanalyse (1954–1955), Olten: Walter

Lacan, Jacques (1973): Schriften II, Olten: Walter
Lederer, Laura (1980): Take Back the Night. Women on Pornography, New York: Morrow
Mackenzie, Catriona/Stoljar, Natalie (2000a): Imagining Oneself Otherwise, in: Mackenzie, Catriona/Stoljar, Natalie (Hrsg.): Relational Autonomy. Feminist Perspectives on Automony, Agency, and the Social Self, Oxford: Oxford University Press, S. 124–150
Mackenzie, Catriona/Stoljar, Natalie (2000b): Relational Autonomy. Feminist Perspectives on Automony, Agency, and the Social Self, Oxford: Oxford University Press
MacKinnon, Catharine (1993): Only Words, Cambridge/Mass.: Harvard University Press
Martin, Fran (2003): Everyday Life and Commodity Culture, in: Martin, Fran (Hrsg.): Interpreting Everyday Culture, London: Edward Arnold, S. 103–108
Maynard, Mary (2009): Women's Studies, in: Essed, Philomena et al. (Hrsg.): A Companion to Gender Studies, Oxford: Blackwell Publishing, S. 29–39
McCabe, Janet/Akass, Kim (2004): Welcome to the Age of Un-innocence, in: Akass, Kim/McCabe, Janet (Hrsg.): Reading Sex and the City, London/New York: I. B. Tauris, S. 1–14
McRobbie, Angela (2008): Young Women and Consumer Culture, in: Cultural Studies 22 (5), S. 531–550
McRobbie, Angela (2004): Post-Feminism and Popular Culture, in: Feminist Media Studies. 4 (3), S. 255–264
Medhurst, Andy/Munt, Sally (1997): Lesbian and Gay Studies. A Critical Introduction, London: Cassell
Mirzoeff, Nicholas (1998): The Visual Culture Reader, New York/London: Routledge
Mohanty, Chandra Talpade (1991): Under Western Eyes. Feminist Scholarship and Colonial Discourses, in: Mohanty, Chandra Talpade/Russo, Ann/Torres, Lourdes (Hrsg.): Third World Women and the Politics of Feminism, Indianapolis: Indiana University Press, S. 51–80
Negra, Diane (2004): Quality Postfeminism?, in: Genders: Presenting Innovative Work in the Arts, Humanities and Social Theory. 39 (2004), Online-Ressource: http://www.genders.org/g39/g39_negra.html (1. 7. 2005)
Probyn, Elspeth (1990): New Traditionalism and Post-Feminism. TV does the Home, in: Screen, 31 (2), S. 147–159
Ribbat, Christoph (2006): Das Handtuch werfen. Boxen, Masculinity Studies und amerikanische Kulturgeschichte, in: Sielke, Sabine/Ortlepp, Anke (Hrsg.): Gender Talks. Geschlechterforschung an der Universität Bonn, Frankfurt am Main: Lang, S. 81–100
Rosenfelt, Deborah/Stacy, Judith (1990): Second Thoughts on the Second Wave, in: Hansen, Karen V./Philipson, Ilene J. (Hrsg.): Women, Class, and the Feminist Imagination. A Socialist-Feminist Reader, Philadelphia: Temple University Press, S. 549–567
Rudolph, Ileane (1998): 'Sex' and the Material Girl, in: TV Guide (6. Juni 1998), S. 12–14
Rudolph, Ileane (1990): Epistemology of the Closet, Berkeley: University of California Press
Selden, Raman/Widdowson, Peter (1985): A Reader's Guide to Contemporary Literary Theory, Lexington: Kentucky University Press
Shalit, Wendy (1999): Sex, Sadness, and the City, in: City Journal (Herbst 1999), Online-Ressource: http://www.city-journal.org/html/9_4_a4.html (14. 1. 2006)
Showalter, Elaine (1985): Toward a Feminist Poetics, in: Showalter, Elaine (Hrsg.): The New Feminist Criticism, New York: Pantheon
Showalter, Elaine (1977): A Literature of Their Own. British Women Novelists from Brontë to Lessing, Princeton: Princeton University Press
Sielke, Sabine (2007): Postfeminismus und kulturelle Amnesie. Zur Serialität feministischer Perspektiven oder: Sind Sex and the City, Fear of Flying und The Feminine Mystique Episoden ein und derselben Seifenoper?, in: Paul, Heike/Ganser, Alexandra (Hrsg.): Screening Gender. Geschlechterszenarien in der gegenwärtigen US-amerikanischen Populärkultur, Münster: LIT, S. 33–58

Smith, Barbara (1977): Toward a Black Feminist Criticism, New York: Out and Out Books
Spillers, Hortense (1987): Mama's Baby, Papa's Maybe. An American Grammar Book, in: Diacritics 17 (2), S. 64–81
Spillers, Hortense (1984): Interstices. A Small Drama of Words, in: Vance, Carole S. (Hrsg.): Pleasure and Danger. Exploring Female Sexuality, Boston: HarperCollins Publishers, S. 73–100
Strube, Miriam (2009): Subjekte des Begehrens. Zur sexuellen Selbstbestimmung der Frau in Literatur, Musik und visueller Kultur, Bielefeld: Transcript
Traister, Bryce (2000): Academic Viagra. The Rise of American Masculinity Studies, in: American Quarterly 52 (2), S. 274–304
Turner, Christy (2004): Fabulousness as Fetish. Queer Politics in Sex and the City, in: Feminist Television Studies, The Case of HBO 3 (1), Online-Ressource: http://www.barnard.columbia.edu/sfonline/hbo/turner_01.htm (20.10.2005)
Vance, Carole (1992): Pleasure and Danger. Exploring Female Sexuality, London: Pandora Press
Walker, Rebecca (1995): To Be Real. Telling the Truth and Changing the Face of Feminism, New York: Anchor Books
Weber, Ingeborg (1994): Jacques Lacans Linguistierung der Psychoanalyse, in: Weber, Ingeborg (Hrsg.): Weiblichkeit und weibliches Schreiben, Darmstadt: Wissenschaftliche Buchgesellschaft, S. 15–21
Wolfe, Susan/Roripaugh, Lee Ann (2006): The (In)visible Lesbian. Anxieties of Representation, in: Akass, Kim/McCabe, Janet (Hrsg.): Reading The L Word, New York: I.B. Tauris, S. 43–54

Gender, Geschlecht und Literatur: Tendenzen in der romanistischen Forschung

Annegret Thiem

Einleitung

Tendenzen der Gender- und Geschlechterforschung in der romanistischen Forschung nachzuzeichnen ist angesichts des vielfältigen Forschungsbereiches der Romanistik eine herausfordernde Aufgabe. „Romanistik ist potenzierte Vielfalt" (Gier 2000: 12). Sie vereint unterschiedliche Sprachen, die sich aus dem Lateinischen entwickelt und deren Kulturen ihren je eigenen Verlauf genommen haben. An dieser Stelle soll die Entwicklung der Literatur von Autorinnen vor allem aus dem spanischsprachigen Raum betrachtet und es sollen die für die romanistische Forschung wichtigsten feministischen Forschungsansätze in der Literaturtheorie skizziert werden.

1 Wehrhafte Stimmen

Eine diachrone Betrachtungsweise der Literatur von Autorinnen setzt voraus, dass wir die Rolle der Frau als Autorin in der Gesellschaft kennen. *Ob die Weiber Menschen seyn, oder nicht,* beschäftigt dabei die Intellektuellen nicht erst seit dem 16. Jahrhundert (vgl. Gössmann 1988). Für die europäische Kultur zeichnet sich dieser historische Diskurs über die Frau beispielhaft in den sogenannten *Querelles des femmes* ab. Diese Geschlechterdebatten, die in Europa seit dem 15. Jahrhundert geführt wurden, lassen von ihrer Begrifflichkeit her nicht direkt erkennen, ob es sich um einen Streit *der* Frauen oder um einen *um* Frauen handelt. Wir wollen uns hier auf den seit dem 14. Jahrhundert bekannten Schriftverkehr beziehen, der sich über die Rolle und Stellung der Frau Gedanken macht, und ihn als „leidenschaftliche Debatten über Geschlechterverhältnisse, die von Männern und Frauen geführt wurden" (Bock/Zimmermann 1997: 5) verstehen, um zu sehen, inwiefern die „lange Tradition des spätmittelalterlichen und frühneuzeitlichen Geschlechterstreits i[m] Text" (ebd.: 9) ihren Ausschlag findet. Diese Geschlechterdebatte hat nicht nur Auswirkungen auf die gesellschaftliche Situation der Frau, sondern zugleich auch auf die Wahrnehmung der Frau als Autorin und die von ihr geschriebene Literatur. Für viele Forscher/innen gilt heute Christine de Pizan als erste Frau, die sich diesbezüglich zu Wort gemeldet hat und in den streitbaren Dialog der Geschlechter eingetreten ist (vgl. Zimmermann 2000). Geboren 1365 in Venedig, lebt sie später am Hofe des französischen Königs Karl V., des Weisen, da ihr Vater dort als Astrologe im Dienste des Königs stand. Nach einer Reihe von Schicksalsschlägen ist sie gezwungen, sich und ihre Familie zunächst mit dem Abschreiben fremder Werke über Wasser zu halten, bevor sie selbst zu schreiben beginnt und einen Kreis adeliger Gönner für sich gewinnen kann. Über ihren Tod ist jedoch nichts bekannt, wie so häufig bei Autorinnen, verstummt sie, ohne dass weitere Informationen über die Umstände ihres Lebensendes bekannt wären. In ihrem 1405 erschienenen *Buch von der Stadt der Frauen* verteidigt sie die Frauen ausgehend von ihrem Unverständnis angesichts der Vorurteile, welche die Männer über Frauen haben. Dieses Unverständnis ist zugleich die literarische Motivation für ihr Buch und ihre Versuche, sich gegen die negativen Äußerungen bekannter Autoren über die Frauen und die Liebe zur Wehr zu setzen:

> „In meinem Inneren war ich verstört und fragte mich, welches der Grund, die Ursache dafür sein könnte, daß so viele und so verschiedene Männer, ganz gleich welchen Bildungsgrades, dazu neigten und immer noch neigen, in ihren Reden, Traktaten und Schriften derartig viele teuflische Scheußlichkeiten über Frauen und deren Lebensumstände zu verbreiten. Und zwar nicht nur einer oder zwei oder nur jener Matheolus, der in literarischer Hinsicht völlig unbedeutend ist und Lügengewäsch verbreitet, nein: allerorts, in allen möglichen Abhandlungen scheinen Philosophen, Dichter, alle Redner (ihre Auflistung würde zu viel Raum beanspruchen) wie aus einem einzigen Munde zu sprechen und alle zu dem gleichen Ergebnis zu kommen, daß nämlich Frauen in ihrem Verhalten und ihrer Lebensweise zu allen möglichen Formen des Lasters neigen." (Pizan 1995: 35f.)

In den anderen romanischen Ländern findet, ebenso wie in Deutschland, eine vergleichbare Geschlechterdebatte statt, die jedoch mit unterschiedlichen Begrifflichkeiten bezeichnet wird und in Teilen anders gelagert ist, anders funktionalisiert wird oder anderen Notwendigkeiten entspringt (vgl. Bock/Zimmermann 1997). Allen gemeinsam ist aber die „Diskussion der Schwächen und Vorzüge der Geschlechter" (Brandenberger 1997: 188). Für Spanien bedeutet dies die Frage nach Schwächen und Vorzügen beider Geschlechter, die vor allem innerhalb der Literatur diskutiert werden und so etwas wie eine „literarische Geschlechterdebatte" (ebd.: 1990) darstellen. Wichtigster Text ist dabei die Erziehungslehre für Mädchen und Frauen von Juan Luis Vives *De institutione feminae christianae* aus dem Jahr 1524. Der Text ist in Antwerpen erschienen, Katharina von Aragon, Königin von England, gewidmet und ganz im Sinne christlicher Ratgeber gehalten. Weit über Spanien hinaus in ganz Europa bekannt, haben Vives' konkrete Handlungsanweisungen großen Erfolg, wobei sein Konzept der Frau als einem inferioren Wesen mit einer Kombination aus theologischer und biologisierender Argumentation begründet wird. Vor diesem Hintergrund nimmt es nicht wunder, wenn die Akzeptanz von Autorinnen in der literarischen Gesellschaft bis in die heutige Zeit ein vieldiskutiertes Element ist. Die Annahme einer Inferiorität weiblicher Literatur kann auch nicht durch das Herausstellen einiger weniger großartiger Autorinnen wettgemacht werden. In den Diskurs der Geschlechterdebatten seit der Frühen Neuzeit mischten sich auch Autorinnen ein, die innerhalb ihrer Literatur eine Auseinandersetzung mit dem Geschlechterdiskurs vollzogen. In Spanien steht dafür explizit María de Zayas y Sotomayor, die in ihren literarischen Werken Anteile dieser Diskussion verarbeitet hat. Die 1590 geborene Tochter eines Edelmannes, über deren Lebensdaten heute nur wenig bekannt ist, gehört zu den herausragenden Autorinnen ihrer Zeit, der großen *Siglos de Oro* der spanischen Literatur des 16. und 17. Jahrhunderts. In einem Vorwort zu ihrer Werkausgabe *Novelas ejemplares y amorosas* wird sie als „genio menor"[18], als geringeres Genie, bezeichnet, das nicht an ihre Zeitgenossen und große Autoren wie Lope de Vega oder Francisco de Quevedo heranreiche. Die 1637 publizierten *Novelas amorosas y ejemplares* stellen ihre eigene Sichtweise auf den Geschlechterdiskurs dar. In ihrem Vorwort *Al que leyere* gibt sie zu verstehen, dass Männer und Frauen aus demselben Stoff gemacht und auch an der Seele gleich sind, denn diese seien geschlechtlich nicht differenziert. Deshalb gibt es für sie keinen Grund für die Behauptung, Frauen könnten nicht gelehrt sein. Die mangelnde Bildung der Frauen sei nicht fehlender Begabung, sondern fehlender Ausbildung geschuldet:

> „[...] denn wenn diese Materie, das Blut, die Sinne, der Verstand und die Organe, aus der wir geschaffen sind, gleich ist, denn Seelen sind weder Mann noch Frau, welchen Grund gibt es also, daß die Männer weise sein sollten und vorgeben, wir wären es nicht? Es kann dafür nur eine Antwort geben, ihre Ruchlosigkeit oder Tyrannei uns einzusperren [...]."[19]

In ihren Texten stellt sie das Recht auf das weibliche Begehren als Grundvoraussetzung für die weibliche Existenz dar und versucht, über das weibliche Begehren die männliche Gesellschaftsordnung zu unterwandern. Dieses Begehren führt notwendigerweise zu einer Doppelexistenz der Frauen, da sie ihre Männer angesichts ihrer gesellschaftlichen Position hintergehen müssen. Die List ist der Autorin zufolge die Sphäre der Frau. Diese bricht aber nicht das Gesetz, sondern ergänzt es. Gerade an diesem Punkt setzt später die Kritik an Zayas ein, den eigentlichen Status Quo der Frau beibehalten zu haben, da die List als eine der stereotypen weiblichen Verhaltensweisen gilt. Ein ähnliches Verfahren, das vom weiblichen Begehren ausgeht, werden die französischen Philosophinnen im 20. Jahrhundert diskutieren.

In Lateinamerika ist Sor Juana Inés de la Cruz die zentrale Figur der barocken Literatur. Sie hat im 17. Jahrhundert im Vizekönigreich Neuspanien, dem heutigen Mexiko, gelebt. Geboren um 1648/1651 unter dem Namen Juana Ramírez de Asbaje, hatte sie das Leben als Nonne einem Leben als Hofdame vorgezogen. Ihre Intelligenz macht sie zu einer der herausragenden Autorinnen ihrer Zeit, nicht nur für das Vizekönigreich Neuspanien, sondern auch für Spanien selbst. In ihrem Werk *Primero sueño* (*Erster Traum*), das von philosophischer Tiefe und einer formvollendeten barocken Sprache zeugt, beschreibt die Autorin den Aufstieg der von der Körperlast befreiten Seele zur Erkenntnis, die dann aber erkennen muss, dass höchste Anschauung nicht möglich ist. Die Auseinandersetzung der

---

18 Vgl. Vorwort von Eduardo Rincón in: Zayas y Sotomayor, María de (1968), das selbst in seiner dritten Auflage aus dem Jahre 1990 dieses fragwürdige Qualitätsurteil beibehält. Interessant an dieser Ausgabe ist zudem, dass das Vorwort von María de Zayas *Al que leyere*, in dem sie ihre Version der Situation der Frau darlegt, nicht aufgenommen ist.

19 Vgl. María de Zayas y Sotomayor *Al que leyere*, in: http://www.edualter.org/material/mujer/docu5.htm (Übersetzung von der Verf.).

Autorin mit der kirchlichen Obrigkeit ist das wichtigste Zeugnis ihrer Forderung nach Zugang zu Wissen und Schrift für Frauen. Schon in ihrer Lyrik hatte sie die Männer bezichtigt, selbst die Schuld an der Situation der Frau und ihren Verhaltensweisen zu tragen: „Törichte Männer, warum beschuldigt ihr/die Frau ohne Verstand/ohne zu sehen, daß ihr selbst Schuld seid/an dem, was ihr anprangert; [...]" (Sor Juana 1996; Übersetzung von der Verf.). Der von der Forschung am meisten analysierte Text ist jedoch ihre *Respuesta a Sor Filotea de la Cruz*, ihre Antwort an Schwester Filotea, ein sehr persönlicher, teils autobiografischer Text, der als rhetorisches Meisterwerk gelten kann. Er ist die Rechtfertigung Sor Juanas gegen eine Intrige, die auf den Bischof Manuel Fernández de Santa Cruz zurückgeht. Dieser hatte sie aufgefordert, eine Kritik an der Gründonnerstagspredigt des Jesuitenpaters Antônio de Vieira zu schreiben, die als sogenannte *Carta atenagórica* (*Athenengleicher Brief*) im Jahre 1690 veröffentlicht wurde.

Fernández de Santa Cruz veröffentlicht diesen Text unter dem Pseudonym Sor Filotea und stellt ihm ein Vorwort voran, in dem er Sor Juanas Gier nach weltlichem Wissen und Dichten anprangert. In ihrem Antwortbrief verteidigt sie die Rolle der Frau mithilfe von Bibelstellen, darunter der Römerbrief 12,3[20], dem sie hinzufügt: „[...] und tatsächlich hat dies der Apostel nicht zu den Frauen gesagt, sondern zu den Männern; und nicht nur sie sollen schweigen[21], sondern alle, die nicht besonders fähig sind" (vgl. Sor Juana 1996: 841). Dieser Brief ist das letzte Aufflackern des Mutes dieser Autorin, die letztlich Opfer der kirchlichen Hierarchie geworden ist. Ihr Verstummen gibt bis heute Rätsel auf. Sie stirbt 1690 vermutlich an einer Epidemie, die im Kloster herrschte.

Im Spanien des 19. Jahrhunderts ist Emilia Pardo Bazán diejenige, die das Recht der Frau auf Bildung einfordert. 1851 in A Coruña geboren, hatte sie europäische Bildung genossen, kannte die deutsche, englische und französische Kultur und Sprache und verband Ehe und Schriftstellerei. Nach der Trennung von ihrem Mann unterhält sie eine Liebesbeziehung zu dem berühmten spanischen Autor Benito Pérez Galdós. Es gelingt ihr, konservative und liberale Aspekte zu verbinden. Beeinflusst von der Philosophie des *krausismo*[22], glaubt sie an die Perfektibilität des Menschen und zwar beiderlei Geschlechts. Ihre Werke zeichnen die gesellschaftliche Situation ihrer galicischen Heimat nach, wobei ihre Kritik vor allem die ungleichen Bildungsmöglichkeiten der Geschlechter betrifft. In ihrem Vortrag *La educación del hombre y de la mujer: sus diferencias* aus dem Jahr 1892 prangert sie die Bildungsunterschiede zwischen den Geschlechtern an, die sichtbar machen, dass das Ideal der Perfektibilität der menschlichen Natur nur auf männ-

---

20 „Denn ich sage kraft der Gnade, die mir verliehen worden ist, einem jeden von euch: er soll nicht höher von sich denken, wie Gott einem jeden das Maß des Glaubens zugeteilt hat" (Röm 12,3).
21 Anspielung auf das Pauluswort „Wie in allen Gemeinden der Heiligen, so sollen die Frauen in den Versammlungen schweigen" (1. Kor 14,33–34).
22 Die Philosophie des *krausismo* geht auf den deutschen Philosophen Karl Christian Friedrich Krause zurück.

liche Erziehung reduziert ist. Ähnlich kämpferisch zeigt sich Gertrudis Gómez de Avellaneda, die 1814 im heutigen Camagüey auf Kuba geboren wurde. Von ihrem Großvater enterbt, weil sie ein Ehearrangement ausgeschlagen hatte, geht sie zu Verwandten nach Spanien. Dort verweigert sie erneut die Ehe und lässt sich schließlich in Sevilla nieder, bevor sie sich in Madrid etabliert. In ihrem 1841 publizierten Roman *Sab* vergleicht sie das Schicksal der Frauen mit dem der Sklaverei:

> „Oh, die Frauen! Arme und blinde Opfer! Wie die Sklaven schleifen sie geduldig ihre Ketten und senken den Kopf unter dem Joch der Menschengesetze. Ohne anderen Führer als ihr unwissendes und gläubiges Herz, wählen sie einen Herrn für das ganze Leben. Der Sklave kann wenigstens den Herrn wechseln, kann hoffen, daß er sich, wenn er genug Geld gespart hat, eines Tages frei kaufen kann: aber die Frau, wenn sie ihre abgemagerten Hände und ihre gedemütigte Stirn hebt, um die Freiheit zu erbitten, hört das Monster mit der Grabesstimme brüllen: Im Grabe!" (Gómez de Avellaneda 2001: 194)

Sowohl Emilia Pardo Bazán als auch Gertrudis Gómez de Avellaneda wird die Aufnahme in die *Real Academia Española*, die große spanische Akademie für Sprachkultur, allein aufgrund ihres Status als Frau verweigert.

Im Zuge der Kritik, die die Autorinnen an der ungleichen Situation der Geschlechter üben, lässt sich eine gemeinsame Strategie in der literarischen Umsetzung erkennen, die es ihnen erlaubt, über Dinge zu schreiben, über die sie öffentlich nicht schreiben dürften. So nutzen Sor Juana Inés de la Cruz, María de Zayas y Sotomayor und auch die große spanische Mystikerin Teresa von Ávila bewusst den Diskurs über die inferiore Position der Frau, um ihre Schriften an die Öffentlichkeit dringen lassen zu können. Teresa von Ávila, die 1515 in Ávila geboren wurde, erfährt mystische Erlebnisse und widmet sich daraufhin dem Klosterleben, der Reformierung der Karmelitinnenklöster und der Unterweisung ihrer Mitschwestern. Um ihre mystischen Erfahrungen schriftlich niederzulegen, bedarf es gerade im religiösen Umfeld einiger Strategien, die es ihr erlauben, als Frau über theologische Dinge zu schreiben, ohne dabei in das Visier der Inquisitionsbehörden zu geraten. So finden wir immer wieder Textstellen, die ihre Stellung als Autorin auf die unterwürfige Position der Frau zurückführen:

> „Ich weiß, daß in mir weder die Liebe noch der Wunsch fehlt, um mitzuhelfen, [...] daß die Seelen meiner Mitschwestern im Dienst des Herren gut vorankommen. [...], daß ich in geringfügigen Dingen eher richtig liege als die Studierten, [...] weil sie mit wichtigeren Aufgaben beschäftigt und starke Männer sind, während einem so schwachen Wesen, wie wir Frauen es sind, alles schaden kann, [...]. Ich erbärmlich wie ich bin, [...] werde nichts sagen, was ich nicht aus Erfahrung von mir oder anderen weiß oder vom Herrn im Gebet zu verstehen gegeben bekam." (Teresa von Ávila 2007: 71 f.)

Selbsterniedrigung ist eine Rechtfertigungsstrategie, die es den Autorinnen erlaubt, zu schreiben und durch vorgetäuschte Demut angesichts ihres inferioren Status letztlich doch gesellschaftliche oder theologische Sachverhalte zu diskutieren.

2 Feministische Literaturtheorien

Angesichts der Fülle an Werken von Autorinnen, die sich kritisch mit der Situation der Frau und Autorin auseinandergesetzt haben, bleibt aber dennoch die Frage ungeklärt, wie sich Texte von Schriftstellerinnen literarisch einordnen lassen. Die Frage, was denn eigentlich ein Frauenroman sei (vgl. die einführenden Kapitel in Thiem 2003), kann nur im Kontext der Entwicklungsphasen feministischer (Literatur-)Theoriebildung verstanden werden (vgl. Lindhoff 1995; Osinski 1998). Wenn wir von der Literatur von Autorinnen sprechen, ist meist der Begriff *Frauenliteratur* nicht weit. Die Frage, die sich unweigerlich stellt, ist, ob es sich bei Frauenliteratur um „Literatur von, für oder über Frauen" handelt oder um Literatur „im Interesse von Frauen, aus der Perspektive von Frauen" (Weigel 1995). Muss *Frauenliteratur* zwangsläufig Literatur *für* Frauen sein, und wenn ja, welche Absicht bzw. Zielsetzung wäre damit verbunden? Muss *Frauenliteratur* Literatur *über* Frauen sein? Sicherlich gibt es viele weibliche Helden, die aber nicht nur in von Frauen geschriebener Literatur erscheinen. In welche Kategorie würden dann männliche Autoren eingeordnet, die aus der Perspektive einer Frau schreiben, oder umgekehrt, fallen Frauen, die aus männlicher Perspektive schreiben, automatisch aus der Kategorie *Frauenliteratur* heraus? Was bedeutet „im Interesse von Frauen" geschriebene Literatur? Welches Interesse ist damit gemeint? Handelt es sich um Ratgeber in Bezug auf allgemeine (weibliche) Lebenshilfe oder um Aufklärungsbücher über die Situation der Frau in der Gesellschaft und Ehe, oder sind es vielleicht Erziehungsbücher für junge Mädchen und Frauen in Ausrichtung auf die zu erfüllenden gesellschaftlichen Funktionen, wie sie sich erneut im 18. Jahrhundert herausgebildet haben? All dies sind Definitionsversuche eines Begriffes, dessen männliches Pendant, also *Männerliteratur*, erst gar nicht existiert, es sei denn in der direkten Abgrenzung der *Gay and Lesbian Studies*. Die Versuche, *Frauenliteratur* zu definieren, machen Literatur von Frauen zum „Objekt eines Partialinteresses" (Bovenschen 2003: 19) und damit zu einem aus der literarischen (männlichen) Norm ausgegrenzten, marginalisierten Gegenstand. Abgrenzung als Opposition, als das Andere, fördert nicht das unvoreingenommene Lesen und Analysieren einer von Frauen geschriebenen Literatur, um es vorsichtig zu formulieren.

Auch der Begriff *weibliches Schreiben* wird ambivalent diskutiert (vgl. zum Überblick Weber 1994). Ein Experiment mit Studierenden zum Thema *weibliches Schreiben* zeigte, dass die Argumente unhinterfragten, nicht nachgewiesenen klischeehaften Vorstellungen entspringen und damit ein Produkt kultureller Konventionen sind. Anhand ausgewählter literarischer Texte von lateinamerikanischen Autorinnen sollte herausgefunden werden, ob die Texte von Männern oder Frauen geschrieben wurden und anhand welcher Merkmale sich dies erkennen ließe. Danach waren die Texte, die Autorinnen zugeordnet worden waren, als gefühlsbetont, irrational und persönlich eingestuft worden, mit einem „dahin plätschernden" Erzählfluss – Charakteristika, die die allgemeine Opposition der Geschlechter auf die literarische Ebene heben. Im Gegensatz dazu erschien die Literatur, die

Autoren zugeordnet worden war, als verallgemeinernd, abstrahierend und kompliziert, mit einem universalen Charakter. Hier zeigen sich Geschlechteroppositionen als stereotype Vorstellungen, die das private Verständnis von Literatur prägen. Und dabei hatte in den 1960er-Jahren alles so hoffnungsfroh begonnen. Ausgehend von der *Neuen Frauenbewegung* und der in den USA entstandenen schwarzen Bürgerrechts- sowie der europäischen Studentenbewegung wurde eine Ausweitung der Feminismusdebatte auf die literarische Ebene möglich. Vorreiter waren dabei die USA mit ihren *Women's Studies*, deren Hauptziel die Bewusstseinsbildung von Frauen war und die mit interdisziplinären Ringvorlesungen oder Vorlesungsreihen zur Rolle der Frau in den Einzeldisziplinen beitrugen (vgl. Osinski 1998: 42f.). In die amerikanische Literaturwissenschaft hielten die *Women's Studies* als *Feminist Literary Criticism* Einzug. Ausgangspunkt war die Kritik an der männlich determinierten Literaturgeschichte und Literaturwissenschaft. Diese Dominanz sollte konkret nachgewiesen und die Auswirkungen auf literarische Texte erforscht werden. Feministinnen begannen bewusst „gegen den Strich" zu lesen, um so Frauenbilder in kanonisierten Werken männlicher Autoren herauszuarbeiten. Wichtigste Vertreterin war Kate Millett mit ihren 1969 veröffentlichten *Sexual Politics*, die schon 1971 unter dem Titel *Sexus und Herrschaft* ins Deutsche übertragen wurden. Den Weg hatten zwar schon andere Kritikerinnen gebahnt, die jedoch kein so großes Aufsehen erregt hatten. Die Relektüre kanonisierter männlicher Autoren, die durch die Gegenüberstellung von Frauenleben und ideologisch verzerrten literarischen Frauenbildern Ausgrenzungsmechanismen innerhalb der Literatur sichtbar machte, gehört nach wie vor zu den Methoden, Geschlechterhierarchien auf die Spur zu kommen. Nach und nach etablierte sich innerhalb der Literaturwissenschaft ein Forschungsbereich, der heute als *feministische Literaturwissenschaft* bezeichnet wird und als eigenständige Methode seine Gültigkeit unter Beweis gestellt hat. Als die *Women's Studies* gegen Ende der 70er-Jahre in eine Legitimationskrise geraten, richtet sich die Aufmerksamkeit stärker auf eine Beschäftigung mit Theorien, wodurch es zu einer Schwerpunktverlagerung auf die Literatur von Autorinnen kam, denn die Annahme, dass Weiblichkeit auf einer spezifischen historischen und kulturellen Erfahrung von Frauen beruht, müsse sich in der Schrift erkennen lassen. Dieser Ansatz wurde zur Grundlage der sogenannten *gynocritics*, deren Vorreiterin Elaine Showalter mit ihrem Aufsatz „Towards a Feminist Poetics" (1979) ist. Angesichts der Legitimierungskrise der feministischen Literaturwissenschaft in den USA richtet sich das Interesse verstärkt auf Frankreich, wo eine theoretische feministisch-philosophische Diskussion entstanden ist, die den Diskurs des Poststrukturalismus mitbestimmt. Die französischen Theoretikerinnen Hélène Cixous und Luce Irigaray, die in den 1970er-Jahren mit ihren Konzepten der *écriture féminine* und des *parler femme* für Furore gesorgt haben, nehmen großen Einfluss auf die zunehmende Diskussion um die Literatur von Frauen und wenden sie gegen die Vorstellung von Simone de Beauvoir, die schon 1949 den berühmten Satz geprägt hatte: „On ne naît pas femme: on le devient" („Man wird nicht als Frau geboren, man wird es"). In ihrem Werk *Le deuxième sexe* vertritt sie die Vorstellung von der Gleichheit der Geschlechter. Mit diesem *Egalitätsfeminismus* steht sie im Widerspruch zu den französischen Theoretikerinnen der 1970er-Jahre, deren *Differenzfeminismus* auf den nicht feministischen sprach- bzw. kulturkritischen Theorien eines Derrida oder Lacan basieren (vgl. zum Egalitätsfeminismus und Differenzfeminismus in Frankreich: Galster 1999). Die weibliche Textproduktion wird hierbei von der biologischen Geschlechterdifferenz abgetrennt und zu einer reinen Textstrategie, die beiden Geschlechtern möglich ist. Die Inanspruchnahme dieser Art des *Weiblichen Schreibens* als einer reinen Textstrategie stieß bei Cixous und Irigaray jedoch auf heftige Kritik, woraufhin sie insbesondere die Psychoanalyse Lacans geschlechterspezifisch auslegten. Sie bestimmen weibliches Schreiben von Frauen als rein weiblich, d. h. der Frau eigen, während sie weibliches Schreiben von Männern als Strategie betrachten, die Männer als Bereicherung zur Produktion ihrer eigenen Texte nutzen und die Frauen einmal mehr auf ihre Ergänzungsfunktion reduziert und zurückdrängt. Die Aufwertung durch die Theoretikerinnen der bis dato negativen Weiblichkeit und die Konstituierung eines weiblichen Subjekts über den weiblichen Körper sowie die weibliche Lust, die zu einer weiblichen Logik führen soll, trägt allerdings zu einer weiteren Ausgrenzung bei. Mithilfe dieses Differenzfeminismus soll sich die Frau bewusst als verschieden wahrnehmen und den Status dieser Andersheit als gleichberechtigtes Pendant einfordern. Für die feministische Literaturwissenschaft bedeutet dies, weiblichen Schreibstrategien nachzuspüren, die all das verkörpern, was Sprache in den westlichen Zivilisationen ausschließt: alles a-logische und nichtidentische.

In den 90er-Jahren verändert sich die Sichtweise erneut und es findet eine Verlagerung der Kategorie *sex* zu *gender* statt (vgl. Butler 1990). Die in den USA entwickelten *Gender Studies* gehen davon aus, dass Männer und Frauen Subjekte sind, deren Erfahrungen soziokulturell diskursiv bedingt und nicht biologisch determiniert sind (vgl. für den Bereich der Literaturwissenschaft Braun/Stephan 2006; Kroll 2002; Kroll/Zimmermann 1995, 1999; Schößler 2008). Männlichkeit und Weiblichkeit beschreiben demzufolge soziokulturelle Regeln, Gesetze und Normierungen und sind keine *natürlichen* Geschlechtsidentitäten; vielmehr erzeugen sie kulturelle Geschlechtsidentitäten. Wenn man sich die Entwicklungen bis zum Ende des vergangenen Jahrhunderts ansieht, lassen sich also grundsätzlich drei Forschungsansätze unterscheiden. Zunächst Forschungen, die sich mit den Rahmenbedingungen für die Produktion von Literatur beschäftigen. Sie zeigen bewusst die Gesichts-, Geschichts- oder Ortlosigkeit der Frau sowie ihre fehlende weibliche Stimme in ihrer jeweiligen historischen und soziokulturellen Einbettung. Dabei gilt es zu unterscheiden zwischen der *literaturhistorischen Frauenforschung*, dem *Feminist Literary Criticism*, dem *Gynocriticism* und der Erforschung literarischer Frauen*bilder*. In den 70er-Jahren entwickeln sich in Frankreich die theoretischen Konzepte der *écriture feminine* und des *parler femme* und in den 1990er-Jahren schließlich die *Gender Studies*.

Die Rezeption dieser Theorien wird jedoch auch kritisch gesehen, wie sich am Beispiel Lateinamerikas verdeutlichen lässt (vgl. Thiem 2003). Lateinamerika insgesamt ist bestrebt, den ihm zugedachten Status des *Anderen* aufzubrechen und sich mit eigener Stimme und eigenem Standort im offiziellen Diskurs zu positionieren, der durch die oppositionelle Beziehung zwischen *Erster Welt* und *Dritter Welt* bzw. *Zentrum* und *Peripherie* geprägt war und ist. Die Schwierigkeiten einer lateinamerikanischen Identitätsbildung zeigen sich im Kampf gegen die vorhandenen Tendenzen einer Neo-Kolonialisierung, vor allem seitens der USA, und den Bemühungen, einen eigenen Subjektstatus auszubilden und aufrechtzuerhalten. Die allgemeine Sorge vor einer erneuten Vereinnahmung durch die vorherrschende patriarchale Ordnung, die Frauen und ihre Literatur sowieso zum Schweigen verurteilt, geht dabei einher mit einer ‚doppelten Kolonialisierung' der Frau, denn wenn es ein männliches Subjekt gibt und ein anderes weibliches Subjekt, was ist dann, wenn dieses eine Subjekt zugleich ein kolonisierter Anderer ist: ist dann die Frau das Andere des Anderen?

Lateinamerikanische Kritikerinnen haben sich zunächst mit der Möglichkeit bzw. Unmöglichkeit befasst, sich bestimmte Ansätze feministisch orientierter Literaturwissenschaft vor allem aus den USA und aus Frankreich zunutze zu machen. Das Für und Wider bezüglich der Akzeptanz und Anwendbarkeit der Theorien und feministischen Ansprüche betrifft die grundlegende Verschiedenheit der Kulturen und die spezifischen Unterschiede lateinamerikanischer Frauenleben, die von vornherein eine Verallgemeinerung des Begriffes *Frau* unmöglich machen. Der lateinamerikanische *Feminist Literary Criticism* beginnt daher auch nicht erst mit den Theorien, die sich Ende der 60er-Jahre entwickelt haben, sondern setzt schon mit Virginia Woolf ein. Victoria Ocampo, berühmte argentinische Schriftstellerin und Kunstmäzenin des 20. Jahrhunderts um den literarischen Kreis des Jorge Luis Borges herum, hat Woolfs Text *A Room of One's Own* in Lateinamerika bekannt gemacht und weist in einem Brief an die ihr gut bekannte Autorin, der sich in ihren postum veröffentlichten *Testimonios* befindet, auf die Unvergleichbarkeit der Situation von Frauen in den unterschiedlichen Erdteilen hin. Kulturelle Erfahrungen in Lateinamerika seien nicht mit denen in Europa vergleichbar. Die Kritik richtet sich damit vor allem gegen die subjektiven Erfahrungen, die universell für alle Frauen gleiche Gültigkeit haben sollen. Diese Universalisierung erschwert die allgemeine Akzeptanz und somit die Übertragbarkeit bestimmter Theorien, in diesem Fall in und auf Lateinamerika. Die Kritik muss dem Versuch, Feminismus als universelle Kategorie verstanden wissen zu wollen und damit als Ideologie zu begründen, nicht nur widersprechen, sondern hat auch gar keine andere Wahl, will sie nicht im Falle einer Vereinheitlichung ihren Anspruch auf Authentizität verlieren. Die Diskussion um europäische und US-amerikanische Theoriemodelle dient in Lateinamerika vor allem der Infragestellung ihres eigenen Ortes bzw. ihrer eigenen Stimme.

Latin American Feminist Literary Criticism bedeutet nicht nur die Entwicklung eigener Theorien in Lateinamerika selbst, sondern bezeichnet auch die allgemeine Beschäftigung der Kritiker/innen mit lateinamerikanischer Literatur von Frauen *und* Männern. *Latin American Feminist Literary Criticism* charakterisiert sich bei der Textanalyse durch eine ebenso große Diversität, wie er auch in der Textproduktion eine heterogene Entwicklung erkennen lässt. Diese Vielfalt lässt sich nicht mit einem einzigen, allgemeingültigen theoretischen Modell beschreiben, daher ruht das Interesse eher auf den angewandten spezifischen Strategien der Autorinnen. Das Forschungsgebiet zu Autorinnen in Lateinamerika bietet ebenso wie in Europa oder den USA verschiedene Schwerpunkte und reicht von der Beschäftigung mit der offiziellen *gender*-spezifischen Literaturgeschichtsschreibung über die Erstellung weiblicher Literaturgeschichten bzw. Anthologien von Autorinnen bis hin zu der Frage nach Inhalten und Zielen einer lateinamerikanischen feministischen Literaturkritik. Veränderungen seit den 1990er-Jahren zeigen im Umgang mit Theorien, die außerhalb Lateinamerikas begründet wurden, weniger Ablehnung. Das Ausloten der Möglichkeiten im postkolonialen Diskurs, das Abwägen der unterschiedlichen kritischen Ansätze und das Anwenden derjenigen Aspekte auf die ‚eigene' Literatur werden zu einer Chance für einen eigenständigen literarischen Diskurs, der allerdings nach wie vor männlich determiniert bleibt, wie die aktuellen Tendenzen in der Literaturentwicklung Lateinamerikas zeigen.

3   Literaturgeschichtsschreibung und literarischer Kanon

Diese aktuellen Tendenzen lassen sich gut vor dem Hintergrund der Literaturgeschichtsschreibung und Kanonbildung erläutern. Die seit dem 19. Jahrhundert „beginnenden Verfahren einer systematischen und klassifizierenden Ordnung und Wertung von literarischen Texten" (Stenzel 2005: 32) müssen sich die Frage gefallen lassen, wie sie mit Autorinnen umgehen. Vergleichen wir die Literaturgeschichten und Lektüreempfehlungen, die speziell für Studierende der Romanistik entwickelt worden sind, lässt sich folgendes Panorama feststellen. In der von Baasner und Kuon (1994) herausgegebenen „notwendige[n] Orientierungshilfe" (ebd.) sollen „Studierende der Romanistik zur selbständigen Lektüre" angeregt werden. Hierbei handelt es sich um den „traditionellen Kanon der wichtigsten Primärwerke der drei großen romanischen Literaturen [wobei sich] Konventionalität des Kanons und Subjektivität der Auswahl die Waage" (ebd.) halten. Fakt ist jedoch, dass Kanon und Subjektivität der Auswahl deutlich zeigen, dass Autorinnen nur in geringem Maße in das Blickfeld der Herausgeber einzudringen vermögen. Auch andere Literaturgeschichten, z. B. aus der Metzler-Serie, die Studierenden einen Überblick über die Literatur verschaffen wollen, zeigen eine äußerst geringe Präsenz von Autorinnen. Sie versuchen, das gehäufte Auftreten der Autorinnen im 20. Jahrhundert mit Begriffen wie Frauenliteratur oder Frauenroman zu umschreiben. Doch wo sind die Autorinnen? Studierende antworten auf diese Frage oftmals, es habe sie sicherlich nicht gegeben. Damit wird der Ausgrenzungsmechanismus der Kanonbildung als einem Selektionsprozess deutlich. Literarischer Kanon orientiert sich an bestimmten zeitspezifischen ästhetischen Normen, Moralvorstellungen oder Verhaltenskodizes (vgl. Lüsebrink/Berger 1987; Saul/ Schmidt 2007; Schulz-Buschhaus 1975). Dass es hierbei zu einer Hierarchisierung kommt, dass ästhetische Erfahrung über die Jahrhunderte männlich geprägt war und ist, dass es um Kunst/Nichtkunst geht, stellt die Forschung der Literaturgeschichtsschreibung vor ungelöste Probleme. Wie sollen Autorinnen sichtbar werden? Aktuell werden immer mehr Werke produziert, die dank einer verstärkten Autorinnenforschung alle Bereiche der Schriftkultur erforschen. Es sind Versuche, Autorinnen in das Bewusstsein zu heben, doch kann ein eigener weiblicher Kanon (vgl. Hechtfischer 1998; Makward/Cottenet-Hage 1996; Marting 1990) keine Alternative sein, bildet er doch eine vergleichbare Ausgrenzungsstrategie, indem er bisherige Handlungsweisen umkehrt. Das Problem bleibt ungelöst, wie schon Osinski (1998: 181) festgestellt hat: „Feministische Literaturwissenschaft und Gender Studies haben bewußt gemacht, daß und warum historische Literatur von Frauen nicht kanonisiert wurde. Und dabei wird es wohl bleiben."

Für die romanistische Forschung ergibt sich daraus folgendes Panorama. Die spanische 27er-Dichtergeneration, die sich anlässlich des 300. Todestages des großen barocken Dichters Luis de Góngora gegründet hatte, bestand laut Kanon ausschließlich aus Männern. Erst die Frauenforschung hat schließlich ergeben, dass auch Frauen dieser Gruppe als Autorinnen angehörten, dass sie jedoch niemals in Anthologien erschienen. Eine Anthologie der 27er-Generation aus dem Jahre 2004 enthält nunmehr zwei Lyrikerinnen dieser Generation.

Ein weiteres Beispiel für die Ausgrenzung von Autorinnen zeigt sich auf den französischsprachigen Antillen. Während die Intellektuellen bemüht waren, eigene kulturelle Identitäten zu diskutieren, um sich endgültig von Europa abzunabeln, lassen sie den weiblichen Teil der Kultur außen vor. Im Versuch, diese Bemühungen theoretisch zu fundieren, hat Aimé Césaire (1938/1983) das Konzept der *Négritude*, die große Referenz für den schwarz-karibischen Raum, als eine Positivwendung der schwarzen Hautfarbe und Ausdruck eines eigenen literarischen Selbstverständnisses begründet. Darauf aufbauend haben drei namhafte männliche Intellektuelle aus Guadeloupe und Martinique 1988 ein Manifest entwickelt (*Éloge de la Créolité*), das die ethnische, kulturelle und sprachliche Vermischung der karibischen Inseln als positiven Status quo einer globalisierten Welt postuliert (vgl. Bernabé/Chamoiseau/Confiant 1989). In ihrem Text nehmen die Autoren Bezug auf Aimé Césaire, den sie als Initiator einer eigenen literarischen Tradition verehren. Vorläufertraditionen, zu denen auch einige Autorinnen gehören, werten sie grundsätzlich als Nichtliteratur ab. Raphaël Confiant (1993: 18) weist in seiner Biografie über Césaire explizit auf dessen zentrale Rolle für die Literaturentwicklung hin: „Ohne Aimé Césaire hätte es weder Frantz Fanon, noch Édouard Glissant, noch Bertène Juminer, noch Guy Tirolien, noch René Depestre, noch Jean Bernabé, noch Patrick Chamoiseau, [...] gegeben" (Übersetzung von der Verf.). Wie unschwer zu erkennen ist, findet sich kein einziger weiblicher Name in dieser Aufzählung. Der Wert der genannten Autoren soll keinesfalls geschmälert werden, sie alle sind oder waren großartige Schriftsteller, aber die Reihe ließe sich erweitern um Maryse Condé, Simone Schwartz-Bart, Marie Chauvet, Myriam Warner-Vieyra, Gisèle Pineau etc. – ebenfalls großartige Autorinnen. Aber wieso werden sie nicht erwähnt?

Vergleichbar verläuft der sogenannte lateinamerikanische literarische *Boom*. Boom-Literatur bezeichnet die Romane, die seit den 1960er-Jahren in Lateinamerika entstanden sind und meint deren Siegeszug auch in Europa. Bekannte Autoren sind unter anderem Mario Vargas Llosa, Carlos Fuentes, Gabriel García Márquez und Julio Cortázar, die meist der sozialen Oberschicht angehören und einen regelrechten Personenkult nach sich gezogen haben. Zusammen mit Kritikern und Verlegern hatte sich ein Cliquencharakter entwickelt, der in Form von „Männerseilschaften" den Buchmarkt über die Frauen hinweg erobert hatte. Es gibt in dieser Boomphase keine weiblichen Autoren, die nach Europa gekommen wären, was auch angesichts der Verleihung des ersten Literaturnobelpreises für Lateinamerika 1945 an Gabriela Mistral verwundert. Erst ab den späten 1970er- bzw. Anfang der 1980er-Jahre finden Autorinnen ihren Weg nach Europa (vgl. Küppers 1985) und gehören zum sogenannten *Post-Boom*, zu einer *escritura femenina* oder einer *Frauenliteratur ohne Feminismus* (vgl. Rössner 1995), wie für die brasilianischen Autorinnen festgestellt wird.

Ein ähnliches Prozedere findet sich auch in den aktuellen Literaturentwicklungen. Mit *Crack* bezeichnet sich eine neue Generation mexikanischer Autoren um den Autor und Diplomaten Jorge Volpi, deren Anliegen eine Abgrenzung von den Autoren des magischen Realismus ist, mit anderen Worten ein Generationskonflikt auf literarischer Ebene. In altbekannter Männerseilschaftmanie tragen sie ihren Kosmopolitismus als neue literarische Strategie vor sich her und vermeiden jegliche Ausweitung ihres intellektuellen Zirkels auf weibliche Mitglieder. Bei genauerer Lektüre ihrer Romane scheint es sogar wieder notwendig, mit einer Relektüre der Texte zu beginnen, denn Frauen spielen in den Texten kaum eine Rolle, und wenn, dann in ebenfalls altbekanntem Objektstatus. Vor allem Volpis Texte sind ins Deutsche übersetzt worden und gelten als intellektuelle Erneuerung der mexikanischen Literatur.

4 Ausblick

Ein Fazit hinsichtlich des Stellenwertes der Literatur von Autorinnen kann nicht einheitlich ausfallen. Insgesamt lässt sich feststellen, dass Autorinnen zwar stärker wahrgenommen werden als bisher, wenn man an die Rezeption deutschsprachiger Autorinnen wie Herta Müller oder Christa Wolf denkt. Im Bereich der lateinamerikanischen Literatur, die in Deutschland rezipiert wird, stehen aktuell Autorinnen im Kurs, die den magischen Realismus mit einer weiblichen Perspektive der Liebe kombinieren, wie z. B. Laura Esquivel mit ihrem Dauererfolg *Como agua para chocolate*, der schon den deutschen Schulkanon erreicht hat, oder Autorinnen, die weibliche Sinnlichkeit und Selbstbefreiung literarisch inszenieren, wie Ángeles Mastretta, deren Erfolgsroman *Arráncame la vida* (1985) 2008 verfilmt worden ist. In Spanien ist die Präsenz von Autorinnen im Literaturalltag ebenso wie in Frankreich erkennbar. Allerdings ist der Kampf um Akzeptanz ihrer Literatur, die universell gültige Menschheitsprobleme behandeln kann, noch lange nicht ausgefochten. Zugleich erschwert das neue Verständnis von Literatur als einem *event*, das öffentlich inszeniert werden muss, um die Verkaufszahlen anzuheben, den eigentlichen Zugang zur Literatur. Als Beispiel sei hier die spanische Autorin Lucía Etxebarría erwähnt, die 1998 bei der Verleihung des großen spanischen Literaturpreises „Premio Nadal" für ihren Roman *Beatriz y los cuerpos celestes* in einer roten Abendrobe auftrat, die ihre üppigen weiblichen Reize zur Geltung brachte. Die Artikel in den einschlägigen Literaturmagazinen befassten sich anschließend vor allem mit dem Kleid, über den Roman wurde wenig berichtet. Literatur hingegen, die weibliche Sexualität als Provokation und nicht mehr als Selbstbefreiung auffasst, wie es die französische Autorin Catherine Millet mit ihrem autobiografischen Roman *La vie sexuelle de Catherine M.* aus dem Jahr 2001 getan hat, erhitzt die Gemüter mehr als das Gesamtwerk eines Michel Houellebecq.

Insgesamt gesehen haben Autorinnen weiterhin Probleme, ihre Werke ohne jeglichen Geschlechterbezug als Literatur ins Gespräch zu bringen. Das Ansteigen der von Frauen geschriebenen Literatur bedeutet nicht, dass ihre Literatur auch als solche verstanden wird. Diesen Status haben sich nur wenige erworben und nur wenige haben den Sprung in den allgemeinen literarischen Kanon geschafft. Für die literaturwissenschaftlichen Forschungen bleiben daher folgende Aspekte literaturwissenschaftliche Notwendigkeiten:

- Frauen(literatur)forschung muss weiterhin gefördert und gefordert werden.
- Eine „Re-écriture", d. h. eine Neu- bzw. Umschreibung von Literaturgeschichten sollte trotz aller Probleme weitergeführt werden.
- Es sollte eine Analyse der von Frauen geschriebenen Literatur unter „literarischen" Gesichtspunkten und nicht immer auf der Basis einer weiblichen Kondition vollzogen werden.
- Es sollte endlich Normalität im Umgang mit Autorinnen und ihren Texten einkehren.
- Für den Unterricht an Universitäten und Schulen bedeutet das konkret das Aufbrechen des literarischen Kanons durch permanente Integration weiblicher Autoren in den Kanon.

Hoffen wir also erneut, dass die Texte von Autorinnen in Zukunft aufgrund ihres literarischen Wertes beurteilt werden mögen (vgl. Thiem 2003: 215), und nicht nach der Frage des Geschlechts. Hoffen wir, dass Autorinnen in Zukunft zu der literarischen Entwicklung beitragen, an ihr teilhaben und möge endlich dieses Auseinandersortieren von Geschlechtlichkeiten zumindest literarisch überwunden werden. Das heißt aber auch, dass Forscher/innen nicht immer zuerst feministische Tendenzen in den Werken aufspüren, sondern erst einmal nach literaturwissenschaftlichen Kriterien analysieren sollten. Die „Gender-Brille" (Osinski 1998: 184) sollte aber immer zur Hand sein. Literatur von Autorinnen bleibt zwar verankert in einem Erfahrungshorizont historischer und kultureller Erfahrungen von Frauen, aber dieser gehört ebenso zur Welt wie derjenige der Männer. Er ist nicht weniger wert.

Literaturliste

Baasner, Frank/Kuon, Peter (Hrsg.) (1994): Was sollen Romanisten lesen?, Berlin: Erich Schmidt Verlag

Bernabé, Jean/Chamoiseau, Patrick/Confiant, Raphaël (1989): Éloge de la Créolité, Paris: Gallimard

Bovenschen, Silvia (2003): Die imaginierte Weiblichkeit. Exemplarische Untersuchungen zu kulturgeschichtlichen und literarischen Präsentationsformen des Weiblichen, Frankfurt am Main: Suhrkamp

Brandenberger, Tobias (1997): Malas hembras und virtuosas mujeres. Querelles in der spätmittelalterlichen und frühneuzeitlichen Iberoromania, in: Bock, Gisela/Zimmermann, Margarete (Hrsg.) (1997): Die europäische Querelle des Femmes. Geschlechterdebatten seit dem 15. Jahrhundert. Stuttgart: Metzler, S. 183–202

Braun, Christina von/Stephan, Inge (Hrsg.) (2006): Gender Studien. Eine Einführung, Stuttgart: Metzler

Butler, Judith (1990): Gender Trouble. Feminism and the Subversion of Identity, New York/London: Routledge

Césaire, Aimé (1938/1983): Cahier d'un retour au pays natal, Paris: Présence Africaine

Confiant, Raphaël (1993): Aimé Césaire. Une traversée paradoxale du siècle, Paris: Stock

Galster, Ingrid (1999): Positionen des französischen Feminismus, in: Gnüg, Hiltrud/Möhrmann, Renate (Hrsg.): Frauen – Literatur – Geschichte. Schreibende Frauen vom Mittelalter bis zur Gegenwart, 2. Aufl., Stuttgart: Metzler, S. 591–602

Gier, Albert (2000): Orientierung Romanistik. Was sie kann, was sie will, Reinbek bei Hamburg: Rowohlt

Gössmann, Elisabeth (Hrsg.) (1988): Ob die Weiber Menschen seyn, oder nicht nicht?, München: Iudicium

Gómez de Avellaneda, Gertrudis (2001): Sab, Manchester: Manchester University Press

Hechtfischer, Ute (Hrsg.) (1998): Metzler-Autorinnen-Lexikon, Stuttgart: Metzler

Kroll, Renate (Hrsg.) (2002): Metzler-Lexikon Gender Studies. Geschlechterforschung: Ansätze, Personen, Grundbegriffe, Stuttgart: Metzler

Kroll, Renate/Zimmermann, Margarete (Hrsg.) (1999): Gender Studies in den romanischen Literaturen: Revisionen, Subversionen, Bd. 1 und 2, Frankfurt am Main: dipa

Kroll, Renate/Zimmermann, Margarete (Hrsg.) (1995): Feministische Literaturwissenschaft in der Romanistik, Stuttgart: Metzler

Küppers, Gabriele (1985): Wir sammeln die stummen Worte und die zornigen Stimmen. Schreiben als Lebensversuch lateinamerikanischer Autorinnen angesichts von Gewalt und Diktatur, in: Gnüg, Hiltrud/Möhrmann, Renate (Hrsg.): Frauen – Literatur – Geschichte. Schreibende Frauen vom Mittelalter bis zur Gegenwart, Frankfurt: Suhrkamp. S. 453–474

Lindhoff, Lena (1995): Einführung in die feministische Literaturtheorie, Stuttgart: Metzler

Lüsebrink, Hans-Jürgen/Berger, Günter (Hrsg.) (1987): Literarische Kanonbildung in der Romania, Rheinfelden: Schäuble

Makward, Christiane/Cottenet-Hage, Madeleine (Hrsg.) (1996): Dictionnaire littéraire des femmes de langue française. De Marie de France à Marie Ndiaye, Paris: Karthala

Marting, Diane E. (Hrsg.) (1990): Spanish American women writers: a bio-bibliographical source book, Conneticut: Greenwood Press

Osinski, Jutta (1998): Einführung in die feministische Literaturwissenschaft, Berlin: Erich Schmidt Verlag

Pardo Bazán, Emilia (1976): *La mujer española y otros artículos feministas (hrsg. von Leda Schiavo)*, Madrid: Editora Nacional

Pizan, Christine de (1995): Das Buch von der Stadt der Frauen, 4. Aufl., München: dtv (Originaltitel: Le livre de la cité des Dames)
Rössner, Michael (Hrsg.) (1995): Lateinamerikanische Literaturgeschichte, Stuttgart: Metzler
Saul, Nicholas/Schmidt, Ricarda (Hrsg.) (2007): Literarische Wertung und Kanonbildung, Würzburg: Königshausen & Neumann
Schößler, Franziska (2008): Einführung in die Gender Studies, Berlin: Akademie
Schulz-Buschhaus, Ulrich (1975): Der Kanon der romanistischen Literaturwissenschaft, Trier: NCO
Sor Juana Inés de la Cruz (1996): Obras completas, México: Porrúa
Stenzel, Hartmut (2005): Einführung in die spanische Literaturwissenschaft, Stuttgart: Metzler
Teresa von Ávila (2007): Weg der Vollkommenheit, 3. Aufl., Freiburg: Herder
Thiem, Annegret (2003): Repräsentationsformen von Subjektivität und Identität in zeitgenössischen Texten lateinamerikanischer Autorinnen, Frankfurt am Main: Vervuert
Weber, Ingeborg (Hrsg.) (1994): Weiblichkeit und weibliches Schreiben, Darmstadt: Wissenschaftliche Buchgesellschaft
Weigel, Sigrid (1995): Die Stimme der Medusa, Dülmen-Hiddingsel: tende
Zayas y Sotomayor, María de (1968): Novelas ejemplares y amorosas, Madrid: Alianza
Zayas y Sotomayor, María de (ohne Jahr): Al que leyere, Online-Ressource: http://www.edualter.org/material/mujer/docu5.htm
Zimmermann, Margarete (2000): Christine de Pizan, Reinbek bei Hamburg: Rowohlt

Geschlechterforschung in der evangelischen Theologie

Helga Kuhlmann

1 Theologie als Wissenschaft an der Universität

Christliche Theologien im Rahmen der Kulturwissenschaften machen es sich zur Aufgabe, das kulturelle Leben im weitesten Sinn in individueller, sozialer und gesellschaftlicher Hinsicht aus der Perspektive des christlichen Glaubens an Gott zu betrachten. Sie beruhen auf der Annahme, dass es sinnvoll und lebensdienlich ist, die Kultur und das Leben in der irdischen Welt aus christlicher Sicht in den Blick zu nehmen. Christinnen und Christen vertrauen darauf und orientieren sich in ihrer Praxis daran, dass Gott, wie sie/er sich Menschen in Jesus Christus durch den göttlichen Geist gezeigt hat, in der Welt des kulturellen Lebens auf empirisch nicht nachweisbare Weise präsent und wirksam ist und ihr Gutes und Heilsames mitzuteilen hat.

Die Position der Theologien kann daher nicht als neutral betrachtet werden. So wie viele andere hermeneutische Wissenschaften werden sie sich selbstreflexiv dessen bewusst, dass sie durch einen „subjektiven Faktor" mitgeprägt werden. Dennoch unterscheiden sich die Theologien durch die Art und Weise ihrer Perspektive von den anderen hermeneutischen Wissenschaften. Sie laden dazu ein, die Welt, die Geschichte, Ökonomie und Ökologie sowie andere systemische Zusammenhänge, die Menschen, das Leben und das Sterben aus ihrer Sicht zu verstehen. Dass alle Menschen und die ganze Welt von Gott geliebt werden, ist eine spezifische theologische Überzeugung.

Für ihre Arbeit bedient sich die Theologie wissenschaftlicher Methoden und der Freiheit des Denkens. Ihr Modus ist das nachvollziehbare plausible Argument, das Verstehen ermöglichen soll. Aufgrund mancher theologischer Inhalte reflektiert die Theologie aber auch Grenzfragen vernünftigen Denkens. An der Grenze der theoretischen Vernunft, die Immanuel Kant dem „Wissen" programmatisch setzte, arbeitet die Theologie gedanklich, auch spekulativ, weiter – in dem Bewusstsein, dass sie es mittels der Vernunft nicht erreichen kann, Gott selbst vollständig zu erfassen. Um Gott und von Gott menschlich bezeugtes Tun und Wirken zu denken, eignen sich die analoge und die metaphorische Rede.

2 Überblick über die Genderforschung in der evangelischen Theologie

2.1 Geschichtliche Entwicklung

Während der ersten bürgerlichen Frauenbewegung am Ende des 19. und zu Beginn des 20. Jahrhunderts sowie verstärkt während der zweiten Frauenbewegung in den

1970er-Jahren änderte sich auch in den Theologien das Bild der Natur der Frau und des Weiblichen.

Für die Wahrnehmung von Unterschieden zwischen Menschen war das Geschlechterverhältnis bis ins 18. Jahrhundert weniger dominant als häufig angenommen wird. Der Kulturhistoriker Thomas Laqueur vertritt die Auffassung, dass die Anthropologie bis ins 18. Jahrhundert durch die antike Theorie der Geschlechter geprägt ist, die von Aristoteles vertreten wurde. Ihr zufolge bildet sich im Weiblichen das Männliche verkleinert oder nach innen gerichtet ab, sowohl psychisch als auch physisch. Die Vagina gilt dann als nach innen gerichteter Penis. Das Männliche ist das vollständige Menschliche, das Weibliche das verkleinerte und untergeordnete. Zu dieser Theorie passt eine seit dreißig Jahren vertretene These der Geschlechtertheorie, dass seit Ende des 18. Jahrhunderts zumindest in der aufgeklärten westlichen Welt die Ausdifferenzierung der Geschlechtscharaktere von männlich und weiblich zur bestimmenden Differenzierung unter Menschen und im Menschlichen wurde, während zuvor ständische Differenzen sozial, ökonomisch und politisch weitaus relevanter waren. Es wäre ein Missverständnis, diese Theorien zu verabsolutieren und zu ignorieren, dass über die ständische Differenz hinaus eine geschlechtliche relevant war, die die jeweils weibliche Variante des Standes noch einmal der männlichen unterordnete. Dazu kommt, dass ständisch sowie geschlechtlich differenzierendes Denken selbst im Rahmen einer Naturvorstellung zu deuten ist, die vorgibt, dass all dies schon in der Natur oder christlich in der Schöpfungsordnung so angelegt ist. Dieses Natur- und Schöpfungsverständnis wird weder in der Reformationszeit noch in den Anfängen der Aufklärung ernsthaft angefochten. Erst die ausdrückliche Einbeziehung von Frauen in die volle Menschennatur, die bei den großen Denkern der Moderne und Aufklärung leider noch nicht zu finden ist, stellt Frauen Männern sowie das als weiblich Geltende dem als männlich Geltenden in vollem Maß gleich. Auch die meisten Frauen des 19. Jahrhunderts verstanden die Natur der Frau als essentiell verschieden von der männlichen Natur, und nur die wenigsten forderten gleiches politisches Recht und beanspruchten Macht und Einfluss in gleichem Maße wie Männer.

Selbstverständlich ist auch die Theologie von diesem patriarchalen Denken geprägt. Erst in den letzten Jahrzehnten des 20. Jahrhunderts wird dieses Denken von feministischen Theoretikerinnen grundlegend infrage gestellt und bestritten. In der christlichen Theologie und in den christlichen Kirchen wird im Zuge dessen die seit den 1920er-Jahren geforderte Gleichstellung der Frauen im Amt kontrovers diskutiert. Die evangelischen Kirchen Deutschlands ermöglichten dann seit den 60er-Jahren und EKD-weit seit 1978 die volle Gleichstellung der Frauen im Amt, während die römisch-katholische Kirche sowie die orthodoxen Kirchen die Zulassung von Frauen im Amt bis heute verweigern.

In den USA schon seit den 1960er-Jahren und im deutschsprachigen Raum erst in der zweiten Hälfte der 70er-Jahre veröffentlichten Theologinnen erste Überlegungen einer geschlechtersensiblen Theologie. Sie fragten nach bis dahin kaum beachteten Frauenfiguren in biblischen Texten und in der Theologiegeschichte und deckten auf, dass das weibliche Geschlecht sowie weiblich symbolisierte Inhalte theologischen Denkens wie Leiblichkeit, Gefühl, Schwäche, Passivität unter anderem in der Nähe von Sündigkeit verortet wurden, während das männliche Geschlecht und männlich symbolisierte Inhalte wie Rationalität, Vernunft, Stärke, Aktivität mit Göttlichkeit verbunden wurden.

2.2 Methoden genderbewusster Theologie

Im Zuge der einsetzenden Neuperspektivierung erfolgt die theologische Arbeit in der doppelten Weise der Dekonstruktion und der Rekonstruktion, der Dekanonisierung und der Rekanonisierung. Die Subjekte der theologischen Wissenschaft prüfen mit den bewährten, aber auch fehleranfälligen Methoden – Schrift- und Traditionsgemäßheit –, mit Methoden, die die Treue zum „Evangelium", zur „Freudenbotschaft" bewahren sollen, ob bestimmte Inhalte der Tradition mehr oder weniger ins Gewicht fallen für das, was gegenwärtig als Freudenbotschaft mitgeteilt werden kann. Dabei spielt auch eine Rolle, was aufgrund der eigenen Überzeugung, die durchaus über das Tradierte hinausgehen kann, gegenwärtig als Evangelium gelten kann. Die Denkrichtung genderbewusster Theologie ist dabei eine doppelte: einerseits kritisch gegenüber androzentrischen Inhalten der Denktradition, andererseits konstruktiv in der Entwicklung neuer geschlechtssensibler und geschlechtsgerechter Vorstellungen. Im Falle der Zulassung der Frauen zum Amt galt es, vor allem die Weichenstellungen der Alten Kirche zu korrigieren, aber auch die Bestätigung dieser Entscheidungen in der Theologie der Reformationszeit und der Moderne. Heute denken alle christlichen Kirchen darüber nach, ob dieser Wandel der Position zur Frage der Ordination von Frauen nicht theologisch richtig ist, und eine Negation muss inzwischen immer stärker gerechtfertigt werden.

2.3 Inhalte genderbewusster Theologie

Angefangen von der Analyse der Konstruktion weiblicher und männlicher Figuren der biblischen Texte und der theologiegeschichtlichen Tradition erfasst die geschlechtssensible Theologie alle Bereiche theologischen Denkens einschließlich der Konstruktion von Geschlechtlichkeit selbst. Vor allem die Symbolisierung der Geschlechtlichkeit im Verhältnis zum Göttlichen sowie im Verhältnis zum Bösen bzw. theologisch gesprochen zur Sünde ist ein fruchtbarer Gegenstand der Gendertheologie. Theologinnen decken die misogyne Interpretation des Sündenfalls auf und weisen gleichzeitig deren Berechtigung zurück. Als Folge und zum Ausgleich der Schuld der Frau an der Sünde wurde die Frauenunterdrückung theologisch begründet, wobei die Argumentationsmuster direkt auf biblische Texte zurückführen, die miteinander kombiniert dann kulturprägend wurden. Besonders hervorzuheben sind: „Er aber soll Dein Herr sein!" (Gen 3,16) sowie „Das Weib schweige in der Gemeinde" (1 Kor 14,34). Dieser Vers wurde nicht nur auf die religiöse, sondern auch auf die gesellschaftlich-politische Gemeinde bezogen. „Die Frau werde selig durch Kindergebären" (Tim 2,16) prägt das Schicksal der Frauen: Sie habe „demütig" zu sein, „keinen Schmuck" zu tragen und „ihrem Mann zu dienen". Der Mann soll nach 1. Kor 11,7 „Haupt der Frau" sein wie Christus das Haupt des Mannes.

Die genderkritische theologische Reflexion beschränkt sich nicht auf die Anthropologie, sondern erfasst auch die Gotteslehre und traf damit ins Zentrum theologischer Reflexion.

2.4 Feministisch-theologische Kritik an androzentrischer Gotteserkenntnis und Anthropologie

„Wenn Gott männlich ist, muß ... das Männliche Gott sein" (Daly 1978: 33). Mit diesem Urteil prägte vor mehr als dreißig Jahren die damals noch christliche, später sich selbst als postchristlich verstehende amerikanische Theologin und Philosophin Mary Daly die theologische Debatte um die Geschlechtlichkeit des christlichen Gottes. Sie verstand die Männlichkeit des Jesus Christus als Ausweis des Androzentrismus der christlichen Religion, verbunden mit der Vorstellung eines patriarchalen Gottvaters, der im Himmel thront und seine herrschaftliche Macht über die Welt, die Geschichte und die Menschen ausübt. Andere Theologinnen und Religionswissenschaftlerinnen (Göttner-Abendroth 1980; Weiler 1989) deuten die in den Schriften des Alten Testaments vorausgesetzte Durchsetzung des Monotheismus in der Gottesvorstellung des JHWH vor allem als Abwehr einer weiblichen Himmelskönigin, von deren Existenz manche Texte des Alten Testaments noch Spuren aufweisen (z. B. Jer 44,15–19).

Die feministische Kritik Dalys spricht aus, was eine gendersensible Wahrnehmung der liturgischen Rede von Gott in einem christlichen Gottesdienst vermuten lässt: dass der christliche Gott männlich gedacht wird. Das Glaubensbekenntnis, die Lieder des Gesangbuchs und die liturgischen Texte sprechen nahezu ausnahmslos von Gott mit dem männlichen Personalpronomen. Auch in der Anrede werden vorwiegend männliche Gottesbenennungen verwendet: Herr, Schöpfer, Richter, König, Messias, Heiland, Arzt und Retter. An die Lehre der Dreieinigkeit erinnert vor allem das in der Liturgie der Gottesdienste verankerte dreiteilige Credo, das Gott als Vater und Schöpfer, als Sohn und als Heiligen Geist bekennt. Diese Lehren beziehen sich zwar äußerst selten explizit auf die Frage nach dem Geschlecht Gottes, setzen aber das männliche Geschlecht voraus und benutzen in ihren Aussagen über das Göttliche männliche Pronomina und männliche Metaphern.

Während Karl Barth, der große Theologe des 20. Jahrhunderts, noch ohne Probleme schreiben konnte „Gott ist ein ER", hat sich die wissenschaftliche Theologie inzwischen dahingehend verändert, dass viele jüngere Ansätze im Denken des Göttlichen nicht länger männliche Metaphern oder Männlichkeitsstereotype bevorzugen. Gleichzeitig weisen einige bekannte Theologen wie Klaus Berger und Dietrich Korsch die Vorstellung ab, Gott könne weiblich sein. Da sie aber an einem personalen Gottesbild festhalten, drängt es sich auf, dass sie mit einem männlichen Gott keine Probleme haben.

Wie in anderen Bereichen der Genderforschung konzentrierte sich in den vergangenen Jahren die theologische Diskussion auf *Trans-Gender*-Theorien. In der theologischen Tradition sind hier anregende Potenziale verborgen. Ob Engel ein Geschlecht haben, die Konstruktion der Jungfrauengeburt und die offene Frage nach der Geschlechtlichkeit des Göttlichen sowie nach der Bedeutung der Geschlechtlichkeit für Christus und für den Heiligen Geist werden hier analysiert und reflektiert. Während die überlieferte Schöpfung der Menschen zu Bildern Gottes eine zweigeschlechtliche Differenzierung nach Männlichkeit und Weiblichkeit einführt, wird diese in einer auf Christus bezogenen und in der Taufliturgie verankerten Aussage vom Ende der Kategorien von Männlichkeit und Weiblichkeit transzendiert. Innerhalb der theologischen Ethik werden dabei verstärkt Fragen nach einer menschenwürdigen Schwangerschaft und nach menschenwürdigem Sterben aufgegriffen. Die Frage nach der Kraft des Vertrauens auf die göttliche Würdigung jeder Person, unabhängig von Leistungen und Eigenschaften gegenüber dem Schönheits-, Leistungs- und Gesundheitswahn, gewinnt zunehmend an Bedeutung.

Während gendersensible Theologie in den USA längst selbstverständlich geworden ist, hat sie sich im deutschsprachigen Raum noch nicht überall durchgesetzt. Inhaltlich aber bezieht sie alle Bereiche theologischen Denkens und religiöser christlicher Praxis ein. In mehreren Sprachen sind zudem gendergerechte Bibelübersetzungen erschienen. Wie massiv diese die theologischen Denkgewohnheiten irritieren, zeigt sich darin, wie umstritten sie sind. Auch im deutschsprachigen Raum wurde aus wissenschaftlichen Kreisen an Häresievorwürfen nicht gespart.

3 Gott – Vater, Sohn und Heiliger Geist. Hat Gott kein Geschlecht?

3.1 Geschlechtliche Gottesmetaphorik und analoge Rede vom Göttlichen

Bevor das Verhältnis von Göttlichkeit und Geschlechtlichkeit inhaltlich bestimmt werden kann, ist zu klären, was die Beurteilung der Geschlechterfrage zwischen Menschen mit der Geschlechtlichkeit Gottes zu tun hat. Wird Menschliches in Gott projiziert, wenn Gott mit Männlichkeit oder mit Weiblichkeit verbunden wird?

Theologisches Denken bezieht sich immer auf die Erscheinung des Göttlichen und spiegelt die Denkmöglichkeiten der jeweiligen Zeit und Kultur wider. Das Denken des Göttlichen gibt es nie in Reinform, sondern immer gebrochen durch menschliche Erkenntnis, ausgesprochen in menschlicher Sprache und in den Möglichkeiten menschlichen Denkens. Allerdings wäre es ein Ende der Theologie, Göttliches ausschließlich als Projektion menschlicher Wünsche zu verstehen, wie es religionskritische Theorien intendieren. Das Göttliche kann nur als Gott verehrt, angebetet und geheiligt werden, wenn sich dies Göttliche Menschen als Göttliches zeigt, als Heil und grenzüberschreitendes befreiendes Gutes, das nicht nur Individuen, sondern auch den Kosmos und die Geschichte umfasst.

Weil wir aber die Erfahrung Gottes ausschließlich aus den Erzählungen von Menschen kennen, muss das theologische Nachdenken darüber, wie das Göttliche angemessen gedacht werden kann, immer auch religionskritische Gedanken einschließen, die auch die eigenen Denkmuster – einschließlich der Geschlechtsstereotypen – und die eigene Denkgeschichte einschließlich der uns als selbstverständlich erscheinenden Namen für Gott berühren.

Dass es keineswegs unangemessen, sondern menschengemäß ist, über Gott in Bildern und Metaphern zu denken, wird schon aus biblischen Texten erkennbar, in denen Gott selbst in Analogien und Metaphern, die häufig anthropologischer Natur sind, vorgestellt wird. Gleichzeitig wird ein Verbot ausgesprochen, Abbildungen Gottes und Gott zu verwechseln. Das Bilderverbot steht in der Bibel neben der Rede über Gott in Metaphern und Bildern. Gott wird als König, Licht, Quelle, Richter, Fels, Geist, Vater, Mutter usw. vorgestellt. Schon im ersten Kapitel der Bibel gelten die Menschen in ihrem Weiblich- und in ihrem Männlichsein als Bilder des Göttlichen, sie werden nach Gen 1,27 als Bilder Gottes erschaffen. In diesem Zusammenhang interessiert besonders die Aussage der Gottesbildlichkeit selbst. Festgehalten werden kann, dass über Gott nur metaphorisch und analog gesprochen werden kann. Zugleich aber ist Gott von den Bildern zu unterscheiden. Denn, wie viele Texte darlegen, Gott ist weder sichtbar, noch auf andere Weise im naturwissenschaftlichen Sinn empirisch fassbar. Die Erfahrung der Präsenz des Göttlichen wird begleitet von der Erfahrung des Selbstentzugs, der Fremdheit des Göttlichen, in der die Freiheit Gottes deutlich wird. Einzig die analoge Rede von Gott wahrt die Freiheit und das Geheimnis des Göttlichen.

3.2 Göttlichkeit und Geschlechtlichkeit in trinitarischer Theologie

Nun stellt sich die Frage, wie das Verhältnis von Gott und Geschlecht angemessen zu denken ist. Meine These ist, dass in den Denktraditionen der christlichen und schon der jüdischen Religion Spuren zu finden sind, die die Vorrangigkeit männlicher Metaphorik und Attribute für das Göttliche bestreiten. Den Ausweg sehe ich aber nicht in einem Verzicht auf Geschlechtssymbolik in der Rede von Gott. Ich meine, dass es der religiösen Praxis und auch der theologischen Reflexion angemessen und unerlässlich ist, Weiblichkeit und Männlichkeit in den Metaphern sowie in der Anrede des Göttlichen zu verwenden.

Dabei greife ich auf das trinitätstheologische Denkmodell der drei sich wechselseitig durchdringenden Hypostasen (Erscheinungsweisen) für Gott zurück, das die christliche Gottesreflexion seit der Antike bestimmt. Die Trinitätstheologie bietet in meinen Augen ein gutes, geschichtlich bewährtes und ökumenisches Modell dafür, wie die Vielfältigkeit und zugleich Einheitlichkeit des Göttlichen gedacht werden kann. Sind die Eigenschaften und Attribute der jeweiligen Hypostase typisch männlich oder typisch weiblich? In welcher Weise wurden Hypostasen in der Überlieferung geschlechtlich bestimmt?

Damit deutlich wird, dass solche Reflexionen nach wie vor erforderlich sind, gehe ich zunächst auf ein Beispiel für eine differenzierte und genderbewusste, aber die Geschlechtstypologien reproduzierende Bestimmung des Verhältnisses von Gott und Geschlechtlichkeit aus der Gegenwartstheologie ein, aus einem weit verbreiteten Lehrbuch von Wilfried Härle. Härle spricht nicht unreflektiert vom Vatersein Gottes, sondern weist mehrfach darauf hin, dass „Vater" eine Metapher für Gott ist und fragt, ob durch die Männlichkeit Gott unangemessen eingeengt werde. Auch wenn er sich in seiner Gendersensibilität von den meisten unterscheidet, die diese Frage ausblenden, denkt er über geschlechtstypologische Aussagen so nach, dass er die Tradition bestätigt und verstärkt.

Zur Frage, woher der Sohn komme, heißt es im nicänischen Glaubensbekenntnis, er sei „gennethenta" (gezeugt oder geboren) und „nicht poiethenta" (geschaffen, gemacht). Beide Charakterisierungen (gezeugt und nicht geschaffen/nicht geboren) beschreiben die Wesensgleichheit zwischen Sohn und Vater, in diesem Sinn sei der Sohn „omo-ousios", „dem Vater wesensgleich". Demnach ist der Sohn wie der Vater kein Geschöpf, er geht aber aus dem Vater hervor. Bereits die lateinische Übersetzung des Nicänums aber wählt hier nicht beide Formen, sondern legt sich auf „geboren" fest: „ex patre natum". Härle selbst verwendet in der dritten Auflage seiner Dogmatik aus dem Jahr 2007 dafür eine doppelte, wie er selbst sagt „androgyne" Bestimmung. Der Sohn sei vom Vater gezeugt und vom Vater geboren, während er durch den Geist von Maria Fleisch angenommen habe und Mensch geworden sei. Eine ähnliche Formulierung findet er auch im kleinen Katechismus von Luther, der zweimal das Wort „geboren" verwendet: „Jesus Christus, wahrhaftiger Gott vom Vater in Ewigkeit geboren und wahrhaftiger Mensch von der Jungfrau Maria geboren." Hinsichtlich der Gottheit Christi bevorzugt Härle nun die männliche, hinsichtlich der Menschheit die weibliche Metapher. In seiner Begründung dafür charakterisiert er die Vatermetaphorik als „distanzierter" gegenüber der Muttermetaphorik. In Bezug auf die Menschheit werde Jesus „wie von einer ‚Mutter' geboren" (ebd.: 400). Wenn ich Härle richtig verstehe, versteht er die Bekenntnisaussage so, dass der Sohn von Gott als Vater in Ewigkeit gezeugt und von Gott als Mutter zeitlich, irdisch-leiblich geboren worden sei. Im Zusammenhang der Entfaltung der theologischen metaphorischen Rede von Gott finden wir mehr über Härles Verwendung der Geschlechtssymbolik:

> „Das weiblich-mütterliche Element kommt dabei zum Ausdruck in Bildern und Aussagen, die körperliche und seelische Nähe, behütende und nährende Fürsorge sowie Lebensbegleitung, Zärtlichkeit und Trost zum Ausdruck bringen. Das männlich-väterliche Element findet Ausdruck in Bildern und Aussagen, die auf großzügige Güte, verlässlichen Schutz, ermutigendes Zutrauen, aber auch auf Strenge verweisen. Der weiblich-mütterlichen Nähe korrespondiert auf männlich-väterlicher Seite ein Element der Distanz." (ebd.)

Härle erklärt nun dieses distanzierte Verhältnis für geeignet, die Beziehung zwischen Schöpfer und Geschöpf zu beschreiben. „Die männliche Metaphorik bringt deutlicher als die weibliche zum Ausdruck, dass die Geschöpfe nicht von Natur aus mit Gott wesensgleich sind und auf keinen Fall mit Gott gleichgesetzt oder verwechselt werden dürfen" (ebd.: 254). In einem weiteren Schritt interpretiert er dann die in der Bibel und der Tradition auffindbaren weiblichen Metaphern für Gott als Steigerung der männlichen Metaphern „im qualitativen Sinn" (ebd.: 255).[23] Die Argumentation verläuft nun so: Wenn Menschen Gott als Mutter verstünden, könnten sie die Differenz zwischen sich und Gott außer Acht lassen, traditionell gesprochen die Gottesfurcht, und meinen, sie hätten einen Anspruch auf die mütterliche Liebe Gottes. Härle kommt es darauf an, die Metaphorik für Gott so zu gestalten, dass Gott frei bleibt, den Geschöpfen „gänzlich überraschend" mütterlich liebevoll nahe zu kommen. Dies begründet er mit einem Hinweis darauf, dass „in einer Religion, die von einer natürlichen, symbiotischen Nähe zwischen Mutter-Gottheit und Geschöpf ausgeht, [...] die Botschaft vom Nahekommen der Gottesherrschaft entweder sinnlos oder geradezu bedrängend wirken" (ebd.) müsste. Grundsätzlich begegne Gott Menschen väterlich-distanziert, zuweilen und überraschend aber mütterlich und komme ihnen dann nah. Auf den Sohn bezogen sieht Härle also im Geborenwerden einen Ausdruck von Nähe, während er in der Zeugung einen Ausdruck von Distanz erkennt. Stattdessen könnte er ja auch darüber nachdenken, ob die Metapher selbst durch das Gebären verändert wird, zu einem Vatersein, das die Distanz überwunden hat.

Dass Härle in der Metaphorik traditionelle und problematische Geschlechtsstereotype bestätigt und festschreibt, dürfte deutlich geworden sein. In der Verwendung der Metaphorik für Gott verweigert er sich einer Gleichstellung weiblicher und männlicher Metaphorik und dem Impuls, durch einen anderen Gebrauch der Metaphorik auch die Metaphern selbst zu verflüssigen. Er bestätigt nicht nur eine problematische Fixierung von Väterlichkeit und Mütterlichkeit, sondern auch ein bestimmtes, zum Teil durch die Vatermetaphorik geprägtes Gottesbild der Distanz zwischen Göttlichem und Menschlichem. Ohne kritische Reflexion ist seine Geschlechtssymbolik stark an den biologischen Funktionen der Fruchtbarkeit orientiert. Obwohl Härle in Klammerbemerkungen in seinem Buch bedauert, dass die männliche Metaphorik für Gott zu dominant sei, stellt er sich nicht der berechtigten Frage, ob durch die einseitige Metaphorik nicht auch eine problematische Gottesvorstellung nahegelegt und permanent neu erzeugt wird. Könnte es eine Muttermetaphorik nicht ebenso wie die Vatermetaphorik erlauben, am Gedanken der Differenz zwischen Menschlichem und Göttlichem festzuhalten? In keiner Weise berücksichtigt Härle die Tatsache, dass die Vatermetaphorik zur Zeit der Entstehung der neutestamentlichen Texte und der altkirchlichen Bekenntnisse einen erheblich von der modernen Vaterfigur abweichenden Gehalt hatte. Auch Vater- und Muttermetaphorik bedürfen der historischen Kritik.

In diesen Überlegungen tritt eine prinzipielle „Falle" des kritischen Nachdenkens über Gender zutage, die von Theoretikerinnen in den letzten Jahren betont

---

23 In der ersten, jedoch nicht mehr in der dritten Auflage wendet er sich ausdrücklich gegen Bestrebungen, die männliche durch weibliche Metaphorik ersetzen zu wollen.

wurde: Wenn wir Genderkategorien kritisch analysieren und uns konstruktiv an der Etablierung einer gendergerechten Sprache und gendersensibler Theorien beteiligen, über personale Beziehungen aber weiterhin zweigeschlechtlich sprechen, prägen wir die teils problematischen Kategorien immer wieder neu. Dennoch sehe ich für die Gottesrede und Anthropologie keine Alternative jenseits geschlechtsmetaphorischer Sprache. Für die Metaphorik und die Grammatik personaler Größen müssen wir nicht ausschließlich, aber auch in bestimmender Weise auf männliche und weibliche Bilder sowie auf männliche und weibliche Pronomina zurückgreifen, denn unsere Kultur, unsere Erfahrung, unser Fühlen und unser Denken sowie unsere Sprache sind stark von Genderkategorien durchzogen.

4 Weiterführende Überlegungen

Meine konstruktiven Überlegungen zum trinitarischen Gott-Denken beginnen mit den göttlichen Attributen der dritten Hypostase des Göttlichen, mit dem Geistsein Gottes. Möglich und üblich in der theologischen Tradition wäre ein Beginn bei der ersten Erscheinungsweise Gottes, beim Schöpfer und Vater. Der Grund für die geänderte Reihenfolge liegt darin, dass auf diese Weise von Anfang an einige Missverständnisse vermieden werden können. Dieser Denkweg beginnt mit der Erfahrung des Göttlichen, damit, dass sich Gott unterschiedlichen Menschen unterschiedlich mitteilt. Das Medium dafür bildet in der theologischen Denktradition der Geist, die dritte Hypostase. Ich folge also dem Weg der religiösen Erfahrung, die nicht mit dem Wissen eines Schöpfungsgottes beginnt, sondern mit der Erfahrung, in überraschender Weise mit dem Göttlichen konfrontiert, vom Göttlichen berührt worden zu sein. Insofern kann diese Methode als induktiv und erfahrungsorientiert verstanden werden.

4.1 Geistsophia

Als Gott mitteilende Kraft versteht die christliche Theologie den Heiligen Geist oder „die Heilige Geistsophia" (Johnson 1994). Diese Geistkraft kann überall und zu jeder Zeit wirken, wenn Menschen in ihren Erfahrungen und Wahrnehmungen durch Gott bewegt, belebt, verändert und gestärkt werden. Als besonderen Ort der Zusage dieses Wirkens sehen Christen die Kirche, römisch-katholische Theologie auch deren hierarchische Ämterstruktur. Geistsophia wirkt nicht außerhalb des menschlichen Erfahrungsraums und setzt natürliche und intendierte Vorgänge nicht außer Kraft, sondern zeigt Menschen Gottes Präsenz in Ereignissen, Handlungen und Prozessen. Selbst politische Institutionen und Systeme können durch den Geist zu Erfahrungsräumen des Göttlichen werden, z.B. wenn ein unterdrückerisches System friedlich beendet wird oder wenn Gesetze erlassen werden, die die Würdigung von bisher Benachteiligten ermöglichen.

Wie aber wirkt nun Geistsophia? In der biblischen Überlieferung werden dem Geist sehr unterschiedliche Kräfte zuerkannt: kreative erneuernde wie erhaltende,

Leben spendende und lebensfördernde, heilende, vergebende, begnadende, reinigende, beziehungs- und freundschaftsermöglichende, stellvertretende sowie vollendende Kräfte.

Im Unterschied zur späteren auch außertheologischen Wirkungsgeschichte wird der Geist in biblischen Texten nicht in einem dualistischen Verhältnis zum Gefühl oder zum Fleisch gesehen. Sowohl rationale als auch emotionale, aktive und empfangende Fähigkeiten werden durch den Geist gegeben. In der Gemeinschaft der Christinnen und Christen markiert die Taufe den Beginn neuen Lebens in der Kraft des göttlichen Geistes. Biblische und spätere theologiegeschichtliche Darstellungen der göttlichen Geistsophia verweisen neben der möglichen Zuordnung zum männlichen sowie zum weiblichen Geschlecht besonders auf die Mobilität, die Lebendigkeit und die Transgeschlechtlichkeit des Göttlichen. Geistsophia wirkt lebendigmachend und verbreitet Liebe und Erkenntnis, aber sie lässt sich nicht an einem Ort fixieren, sie transzendiert Grenzen. Sie wird als Wind und Luft (Apg 2,2), als fließendes Wasser (Joel 2,28f.) und als Feuer (Apg 2,3) erfahren.

Vor allem im Mittelalter verstehen einige Theologen und Theologinnen den Geist als weibliche Gestalt, so z. B. Hildegard von Bingen. Zuweilen wird die Trinität nun auch als Heilige Familie dargestellt, in der der Heilige Geist die Mutterfunktion einnimmt (vgl. Wodtke-Werner 2001).

Spricht dieses Spektrum an Wirkungen dafür, den Geist entweder als männlich oder als weiblich zu qualifizieren? Ich denke nicht. Weiblich sowie männlich symbolisierte Eigenschaften und Fähigkeiten werden mit dem Geist verbunden. Daher kann die dritte Hypostase in weiblichen wie männlichen Gestaltungen gedacht werden. Nicht überzeugt bin ich von den Versuchen, aus der Grammatik die Weiblichkeit des Geistes abzuleiten. Diese Begründung kann nur für das hebräische „ruach" geltend gemacht werden, denn im Griechischen steht für Geist „pneuma", ein Neutrum, im Lateinischen, der Sprache der biblischen Texte in der Antike und im Mittelalter, heißt Geist „spiritus". Dieses breite Spektrum könnte allenfalls eine vielfältige und komplexe, keinesfalls aber eine einzige Geschlechtszuordnung untermauern.

4.2 Christus-Sophia

Am schwierigsten ist es, neben der Männlichkeit auch eine weibliche Dimension der zweiten Hypostase plausibel zu machen. Im Neuen Testament wird der Mann Jesus von Nazareth, der in der christlichen Religion als Messias, als Gesalbter, als Christos geglaubt und verehrt wird, als Kind des Geistes präsentiert, das im Geist empfangen und aus dem Leib der Maria geboren wurde. In ihm konzentriert sich die göttliche Schechina, das irdische Wohnen Gottes, im Leben eines jüdischen männlichen Menschen. Historisch gibt es keinen Zweifel, dass Jesus ein Mann war, der den Evangelien zufolge so wirkte, dass er Gemeinschaft und Freundschaft mit Frauen und Männern praktizierte, Ausgegrenzte in die Gemeinschaft hinein holte, dass er Gefühle, Stärke und Schwäche zeigte. Als Mann entsprach er keineswegs den Normen der Männlichkeit. Es ist nun zu fragen, wie dies theologisch bewertet wird.[24]

In den biblischen Texten lässt sich in den Evangelien nur eine einzige weibliche Metapher für Jesus finden. Während er über Jerusalem weint und klagt, vergleicht sich Jesus mit einer Henne (Mt 23,37). Diese Metapher wurde in der Denk- und Kunstgeschichte vielfach aufgenommen. Auch Anselm von Canterbury verwendet dies Motiv: „Aber auch Du, Jesus, ...bist nicht auch Du Mutter? Oder ist nicht Mutter, wer wie die Henne ihre Küchlein unter ihre Flügel versammelt? [...]" (zit. n. Johnson 1994: 209). Auch die sich in einigen Texten als Leib Christi verstehende Gemeinschaft der Christinnen und Christen, die Kirche (griechisch „ekklesia"), wird weiblich identifiziert. Sie gilt *zugleich* als Braut Christi, die den Bräutigam Christus heiratet (Eph 5,25–27). An dieser Stelle werden Christus also beide Geschlechter zugeordnet, die sich zudem noch in der Ehe verbinden: Der Leib Christi, die Kirche, ist weiblich und heiratet den Bräutigam Christus. Dass dies möglich ist, dokumentiert, dass in der Antike Geschlechtskategorien weitaus komplexer wahrgenommen wurden. Erst im 19. und deutlicher noch im 20. Jahrhundert wurden Weiblichkeit und Männlichkeit im harten Sinn normativ, juristisch und medizinisch als Gegensätze bestimmt.

Hervorzuheben ist schließlich das Bild der Weisheit für Jesus: Nach Joh 1,14 kommt die Weisheit oder der Logos ins Fleisch. Auch von Paulus kann Christus als „Weisheit Gottes" bezeichnet werden (1 Kor 1,24). Die Theologie des inkarnierten, ins Fleisch gekommenen Logos und die Theologie der Weisheit teilen vieles und haben sich traditionsgeschichtlich gegenseitig bereichert. Besonders mystische Theologen und Theologinnen haben Christus mehrfach als Frau erkannt. Selbst dann, wenn sie ihn als Mann sahen, identifizieren sich Theologinnen gerade körperlich mit ihm, weil er die Schwäche des Fleisches repräsentierte, so wie auch sie ihren weiblichen Körper erfuhren (vgl. Walker Bynum 1991: 73–81). Die Historikerin Caroline Walker Bynum (1991: 134) erläutert dies so:

> „Aus der traditionellen Gleichsetzung von Weiblichkeit mit Leiblichkeit bezogen Frauen am ehesten noch eine besondere Emphase ihrer Erlösung durch einen Christus, der höchst körperlich, weil höchst menschlich war. Manchmal schlossen sie daraus sogar, daß in Christus das Göttliche zum Menschlichen sich verhalte wie das Männliche zum Weiblichen."

Walker Bynum hebt hervor, dass sich Frauen aufgrund ihrer Leiblichkeit besonders befähigt gesehen hätten, „Christus zu imitieren – ohne Rollen- oder Geschlechts-

---

[24] In der Theologiegeschichte wurde vom päpstlichen Lehramt die Männlichkeit Jesu als Argument für den Ausschluss der Frauen vom Priesteramt herangezogen. Historisch hat die christliche Tradition die patriarchale Kultur nicht nur nicht kritisiert, sondern sie aktiv darin bestärkt, Frauen auf ihren angeblich natürlichen Auftrag festzulegen, Mutter und dem Mann untergeordnete Gattin zu sein. Die hierarchischen Anordnungen dafür reichen bis in die neutestamentlichen Schriften und bis in die zweite Paradieserzählung im 3. Kapitel der Bibel zurück (vgl. Gen 3,16; im NT vgl. 1 Kor 11,3; 7; Eph 5,23f., 1 Tim 2,9–15).

inversion" (ebd.: 136). In dieses Denken kann auch die Mutter Gottes identifikatorisch einbezogen werden, wie bei Juliana von Norwich:

> „So ist die Mutter Gottes unsere Mutter, in der wir alle sind und von der wir alle in Christus geboren werden, denn sie, die die Mutter unseres Erlösers ist, ist die Mutter all derer, die in unserem Heiland erlöst werden; und unser Erlöser ist unsere wahre Mutter, in dem wir alle ewiglich geboren werden und aus dem wir niemals herauskommen." (zit. nach Walker Bynum 1991: 77)

Vor allem im Mittelalter imaginieren mehrere männliche und weibliche theologische Deutungen Jesus auch weiblich und legen ihn nicht auf die Männlichkeit fest. Hintergrund dafür ist unter anderem eine Darstellung seiner Figur, die den Stereotypen starker, dominierender und schöner Männlichkeit in vielfacher Weise widerspricht. Seit dem Mittelalter stehen zwei Bildtypen im Vordergrund: die Darstellung Jesu als Gekreuzigter, als leidendes Folteropfer, dessen geschundener Körper die Menschen erschreckt und zur Anteilnahme und zum Mitleiden motiviert. Andere Bilder zeigen den Leib Christi als Gabe der Eucharistie und wählen dafür auch weibliche Motive. Das Blut strömt aus seinen Brüsten direkt in den Kelch, wobei sich die Glaubenden selbst als Säuglinge verstehen, die von Christus trinken. Hinzu kommt das Bild des Säuglings, das dem weiblichen Lebenszusammenhang entspringt und die Weihnachtsfrömmigkeit bereichert.

Die gegenwärtige Christologie muss dieses Erbe nicht aufgeben. Für die christliche Religion, in deren Zentrum Gottes Einbruch in die Geschichte, die Menschwerdung des göttlichen Logos (trennungschristologisch gedacht) oder gar Gottes (einheitschristologisch gedacht) stehen, wäre es widersinnig, in irgendeiner Weise die historische Männlichkeit des Jesus von Nazareth zu bestreiten. Die Bedeutung dieser Männlichkeit aber kann theologisch und normativ als kontingent beurteilt werden, als eine Art und Weise, menschlich irdisch zu existieren. Die entscheidende in Jesus Christus überwundene Differenz ist aus theologischer Sicht die zwischen Göttlichem und Menschlichem. Kontingente Merkmale der Menschlichkeit werden damit zunächst sekundär.

Dennoch muss, so meine ich, die christliche Theologie *einer* Kontingenz theologisches Gewicht geben: und zwar dem Jude-Sein Jesu, das in mehreren NT-Texten theologisch hervorgehoben und affirmiert wird („Das Heil kommt von den Juden", Joh 4,22). Gott bleibt seinem erwählten Volk treu. Das Christentum verliert seine Identität, wenn es sich von seiner Wurzel trennt.

Die Männlichkeit des Gotteskindes setzt Männlichkeitsnormen außer Kraft, das galt schon in der Antike, zieht sich aber bis heute durch. Jesus wird als ein Mann gezeichnet, der stets Beziehungen sucht und ermöglicht, der Schwache unterstützt, der Frauen in seine Gruppe hereinruft und sie an der Kommunikation beteiligt. Er zeigt Gefühle, auch Angst. Daher kann er weiblich wie männlich vorgestellt werden. Das könnte die frühe Entscheidung der Christenheit bestätigen, die 451 in Chalcedon festgehalten wurde, dass Jesus Christus zugleich wahrer Gott und wahrer Mensch sei. Diese Differenz sei in Jesus Christus überwunden und ungetrennt, beide Seiten seien in ihm aber auch unveränderlich miteinander verbunden. Reflexionen über Geschlechtlichkeit unterbleiben hier. Die Geschlechterdifferenz wird offenbar dem Menschsein untergeordnet, zeitübergreifend und ewigkeitsbeständig erscheint sie nicht. Dies könnte als Ausdruck gelten, dass, wie Paulus die Wirkung der Taufe erklärt, „männlich und weiblich nicht mehr sein werden" (Gal 3,27 f.).

4.3 Gott, Vater und Mutter

Der ersten Schöpfungserzählung zufolge, mit der die Bibel programmatisch beginnt, erschafft Gott Himmel und Erde sowie alles Leben im Wasser und auf dem Land durch ordnende verbale Zuweisungen. Wo zuvor Chaos war, wird nun eine Ordnung eingerichtet, in Zeit und Raum, Licht und Dunkelheit. Schöpfung geschieht durch das Wort, weder durch Zeugung noch durch Geburt. Hat dies mit Geschlechtlichkeit zu tun? Im Vergleich mit Schöpfungserzählungen anderer Kulturen lässt sich zunächst feststellen, dass hier eine auf die Geschlechtlichkeit direkt bezogene Schöpfung negiert wird. Diese Schöpfungsvorstellung wirkt fast modern, kulturalistisch. Schöpfung geschieht durch ordnende Anordnung, durch einlinige hierarchische Kommunikation, durch das Wort, das die Funktion der Geschöpfe bestimmt – und sie erschafft sich in der Erschaffung der Menschen die eigenständigen Adressaten der Kommunikation mit einem Anderen, einer dann zweipoligen Kommunikation. Diese Schöpfungsvorstellung entspricht traditionellen Männlichkeitsstereotypen.

Daneben allerdings wird die Mütterlichkeit Gottes im Alten wie im Neuen Testament mehrfach bezeugt. Am deutlichsten wird dies in der Beschreibung des schöpferischen Gottes durch sein Erbarmen, als welches es in der Regel übersetzt wird. „Rächäm" bedeutet wörtlich übersetzt „Mutterschoß". Daher hat die systematische Theologin Magdalene Frettlöh (2006) Gott als „mutterschößig" bezeichnet. Vor allem im zweiten Teil des Buches Jesaja finden sich vielfach Mütterlichkeitsmetaphern für Gott. Trotz dieser Metaphorik bleibt es in der jüdischen und christlichen Theologie ein männlich konstruierter Gott, der weibliche Eigenschaften integriert. Die weiblichen Metaphern ändern die Dominanz des Männlichen nicht.[25]

Vor allem in der nachbiblischen Denktradition wird das göttliche Schöpfersein auf engste Weise mit dem Vatersein Gottes verbunden. So wird die Dominanz männlicher Geschlechtssymbolik in der Darstellung der ersten Hypostase verstärkt. In der Theologiegeschichte wurden für die erste Hypostase in noch höherem Maß als für die zweite und dritte Hypostase vorwiegend männliche Bilder, Metaphern und Vorstellungen verwendet. Einen wesentlichen Grund dafür sehe ich darin, dass Gottvater an der Spitze aller hierarchischen Modelle der Trinität

---

25 Alternativ dazu wird in anderen Modellen anstelle der Trinität eine Familie konstruiert, in der anstelle des Geistes die Gottesmutter fungiert. Sie steht dem Vatergott gegenüber, ihr werden auch Herrschaftsqualitäten zuerkannt, indem sie als Himmelskönigin verehrt wird. Statt, wie es eher der biblischen Tradition entspricht, Gott selbst so zu denken, dass in ihm/ihr als männlich geltende und als weiblich geltende Eigenschaften und Fähigkeiten vereint werden, werden die Eigenschaften und Fähigkeiten im Familienmodell auf zwei Figuren verteilt.

steht, die in Vater, Sohn und Geist differenziert sind. Aufgrund immanenter trinitätstheologischer Spannungen wird Gottvater bis in gegenwärtige Liturgien hinein häufig von der ganzen Trinität nicht unterschieden und mit „Gott" identifiziert.

Obwohl traditionell in der Geschlechtssymbolik der ersten Hypostase Männlichkeit dominiert, scheinen mir in der Gegenwartstheologie aufgrund der im Vergleich zur zweiten Hypostase zahlreichen Mütterlichkeitsmetaphern in den biblischen Texten Impulse der Ergänzung der Vatermetapher durch die Muttermetapher auf weniger Widerstand zu stoßen. Dennoch bleibt ein weiter Weg von der theoretischen Erkenntnis zur Veränderung der religiösen und vor allem der liturgischen Praxis. Wem die Vater-Anrede Gottes sehr eng vertraut ist, wer gewohnt ist, im Gebet Gott den Vater, anzusprechen, wird sich vielleicht nur schwer und nur sehr langsam der Muttermetapher annähern können. Mit der Muttermetapher wird nur eine Facette im Leben von Frauen berührt, die nicht einmal im Leben aller Frauen zur Erfahrung wird. Das gilt auch für Männer hinsichtlich der Vatermetaphorik, neben der aber im Unterschied zur Muttermetapher viele andere männliche Metaphern stehen. Gegenwärtig wären für die Gottesrede weitere weibliche Metaphern hilfreich, um gleichgewichtig neben der männlich-analogen Rede von Gott eine weiblich-analoge Rede zu ermöglichen. Bei feministischen Theologinnen wird in den letzten Jahren die Metapher der „Freundin" für Gott besonders geschätzt (vgl. Johnson 1994: 217f.).

5 Was spricht dafür, Männlichkeit und Weiblichkeit im Denken sowie in der Rede von und über Gott gleich zu gewichten?

Für alle drei Hypostasen wurde gezeigt, dass die biblischen und die theologiegeschichtlichen Deutungen des Göttlichen durch ausschließlich männliche Darstellungen, Bilder und Metaphern unangemessen verkürzt werden. Zusammenfassend möchte ich sechs Gründe festhalten, die für eine Gleichgewichtung von Männlichkeit und Weiblichkeit in der Gottesrede sprechen.

1. Auf dreifache Weise widersprechen biblische Texte einer Fixierung von Göttlichkeit auf Männlichkeit.

   Schon im biblischen Denken findet sich die explizite Verneinung der Männlichkeit des Göttlichen. Der im Hoseabuch überlieferte Spruch Gottes „Gott bin ich und kein Mann!" (Hos 11,9)[26] widerspricht der Vorherrschaft männlicher Gottesmetaphorik direkt.

---

26 Im Hebräischen steht hier das Wort „isch", das wörtlich übersetzt „Mann" bedeutet, und nicht das Wort „adam", das zugleich mit „Mensch", mit „Mann" sowie mit dem Eigennamen „Adam" übersetzt werden kann. Martin Luther übersetzt hier „Mensch". Das lässt vermuten, dass er in der Gegenüberstellung von „Gott" und „Mann" die im hebräischen Wort deutlich ausgedrückte Geschlechtlichkeit für irrelevant hält. Er deutet also die im Text benannte

Weitere biblische Texte sowie Texte der theologischen Denktradition dokumentieren, dass der männlichen Vorstellung des Göttlichen eine weniger bekannte Geschichte weiblicher Vorstellungen des Göttlichen gegenübersteht. Im Buch des Jesaja ist die Rede von der Mütterlichkeit Gottes. Die weibliche Gestalt der Weisheit wurde eng mit der Figur des Messias verknüpft und die Kraft des göttlichen Geistes mit Attributen verbunden, die traditionell als weiblich gelten: Die Kraft des Geistes nährt, ermöglicht neues Leben, verbindet Menschen, leidet mit und stärkt Schwache.

Schließlich wird Gott durchgängig in beiden Teilen der Bibel so präsentiert, dass er sich für Arme, Schwache, Benachteiligte und Ausgeschlossene einsetzt, dass er sie würdigt und ihnen zu ihrem Recht verhilft. Unter ihnen waren immer auch Frauen.

2. Die Gleichstellung von Männlichkeit und Weiblichkeit in der Schöpfung der Menschen als Bildern Gottes nach Gen 1,27 legt nahe, Männlichkeit und Weiblichkeit nicht nur anthropologisch gleichzustellen, sondern im Rückwärtslesen des Verses auch die Metaphorik des Göttlichen. Wie bei der Erschaffung der Menschen als Bildern Gottes Männlichkeit und Weiblichkeit gleichgestellt werden, so ist in jeder Darstellung des Göttlichen, sei es im geschriebenen oder gesprochenen Wort, im Bild, in der Musik, im Theater, im Film oder im theoretischen Denken, weibliche und männliche Symbolik gleichzustellen.

3. Die göttliche Zuwendung zum Menschen kann in Analogie zur trinitarischen Theologie in drei Differenzen geordnet werden. Alle drei Aspekte bestätigen die anthropologische Gleichstellung von Männlichkeit und Weiblichkeit.

Neben der Erschaffung der Menschen nach dem Bilde Gottes werden in der Taufe nach Gal 3,27f. und in der Geistausgießung (Joel 2,28f.; Apg 2,17f.) Söhne und Töchter, Knechte und Mägde gleichermaßen beschenkt. In Christus werden Männer und Frauen zu Geschwistern Christi. Die Umordnung der bis dahin geltenden Hierarchien geht soweit, dass die sozialen Kategorien sogar insgesamt als beendet betrachtet werden: Herrschaft und Unterordnung, Männlichkeit und Weiblichkeit ebenso wie Jüdisch- und Nicht-Jüdisch-Sein. Diese Aussagen sind so radikal, dass sie eine zweigeschlechtliche Ordnung, soziale Hierarchien und religiöse und/oder ethnische Differenzen von Grund auf infrage stellen und als in Christus überwunden betrachten.

4. Trinitarisches Modell für Gott: Gott als wechselseitige Liebe

Obwohl ich viele biblische Hintergründe genannt habe, meine ich nicht, dass die theologische Argumentation ausschließlich auf biblischen Grundlagen beruhen könnte. Auch die nachbiblische theologische Denkentwicklung impliziert keine Notwendigkeit der Höherwertung des Männlichen. Das deute ich am

---

Differenz als eine zwischen Gott und Mensch, und entscheidet sich auf diese Weise dagegen, die im hebräischen Text erkennbare Differenz zwischen Gott und Mann auch in der Übersetzung kenntlich zu machen. Gendertheologisch analysiert präsentiert er sich damit hier als genderblind. Durch die Übersetzung verdeckt und versteckt er an dieser Stelle eine im hebräischen Text auch als Kritik an Männlichkeit interpretierbare Differenz. Die Zürcher Übersetzung übersetzt wie die Bibel in gerechter Sprache „isch" mit „Mensch".

Modell trinitarischer Theologie an, und zwar am Modell der Perichorese, der wechselseitigen Durchdringung der göttlichen Hypostasen. Gott wird hier so vorgestellt, dass er in sich konstitutiv Liebe ist und zwar Liebe zum Anderen seiner selbst. Die Trinität selbst bringt die größten denkmöglichen Gegensätze auf dem Weg der Liebe zusammen: Menschlichkeit und Göttlichkeit in Jesus Christus, Böses und Sünde, die Jesus Christus stellvertretend auf sich nimmt, mit der vergebenden Liebe der ersten und auch der dritten Hypostase, der Tod, den Jesus Christus stirbt, mit der neues Leben stiftenden Kraft des Geistes und des schöpferischen Vaters, der schöpferischen Mutter. Gott liebt das Andere seiner selbst in sich selbst. Das bleibend Andere in Gott wird dem Anderen Gottes gleichgestellt. „Das Sprechen über die Dreifaltigkeit drückt den Glauben an den einen Gott aus, der kein einsamer Gott ist, sondern eine Gemeinschaft in Liebe ist, die durch überströmendes Leben gekennzeichnet wird" (Johnson 1994: 301).

Angesichts dieser umfassenden Liebe zwischen größer nicht denkbaren Gegensätzen scheint mir die Geschlechterdifferenz als nur geringfügig. Zusammengefasst deutet alles darauf hin, dass männlich und weiblich relative Unterscheidungen sind, die angesichts der Liebe Gottes als Trennungen oder Hierarchiebegründungen sinnlos werden.

5. Die göttliche Selbstpräsentation im Geist sowie das Eingehen von Logos und Sophia in der Leiblichkeit sprechen allerdings dafür, einerseits leiblich-personale und damit geschlechtliche, andererseits transpersonale Metaphern wie Grund des Seins, Liebe, Tiefe des Seins, Quelle des Lebens oder Quelle der Liebe, das Absolute oder das Unbedingte in der Gottesrede zu verwenden, insofern sie die Gottesvorstellungen seit den biblischen Texten prägen. Weil aus meiner Sicht die christliche Gottesmetaphorik nicht auf die personalen Metaphern verzichten kann und sollte, sehe ich in den transpersonalen Metaphern keinen Ersatz personaler Metaphern. Wie beide Darstellungsweisen des Göttlichen schon in den Büchern der Bibel friedlich nebeneinander stehen, sollten sie auch aktuell nebeneinander gelten.

6. Schließlich spricht die theologische Überzeugung von der beständigen göttlichen Freiheit zum Selbstentzug des Göttlichen nicht dafür, Männlichkeit der Weiblichkeit in der Gottesdarstellung zu bevorzugen. In Aufnahme der Selbstvorstellung Gottes nach Ex 3,14: „Ich bin, die/der ich bin" bleibt Gott selbst Herrin und Herr ihrer Präsentation. Neben den vielfachen Gottesbildern zeigt das Bilderverbot die prinzipielle Begrenzung jeglicher Gottesbildlichkeit.

6   Konkretionen

„Als Gott den Mann schuf, übte sie bloß." Dieses ungefähr dreißig Jahre alte Votum aus der christlichen Frauenbewegung zeigt an, wie die Erkenntnisse sprachlich konkret werden können. Das Spiel mit den Geschlechtern in der Sprache, um Selbstverständlichkeiten zu zeigen und zu verfremden, wurde zur Methode. „Gott und ihre Freunde" nannte Dorothee Sölle 1983 einen ihrer Aufsätze. Vorwiegend Frauen in den Kirchen sowie eine bis heute kleinere Zahl von Männern wollen mit diesen Erfindungen die männliche Gottesrede nicht ersetzen, sondern Gott aus der Gefangenschaft in männlichen Vorstellungen befreien und dem theologischen Gedanken Raum geben, dass Gott weder männlich noch weiblich ist, sich aber in Männlichkeit wie in Weiblichkeit zeigen kann.

Die im Jahr 2006 erschienene „Bibel in gerechter Sprache" (Bail et al.) bietet erstmals im deutschen Sprachraum eine Übersetzung der biblischen Texte, die sich auf der Ebene der Übersetzung um Gerechtigkeit hinsichtlich der Geschlechtlichkeit, im Verhältnis von christlicher und jüdischer Religion sowie hinsichtlich sozialer Zuschreibungen bemüht. Er/Sie, die und der Ewige, der/die Lebendige werden zu möglichen Gottesnamen. Personen, die sich mit diesen Texten vertraut machen, erkennen, dass schon der Wechsel des Pronomens „er" zu „sie" in ihrer Wahrnehmung des Göttlichen und in ihrer Kommunikation mit Gott ungemein viel verändert.

Literaturliste

Bail, Ulrike et al. (Hrsg.) (2006): Bibel in gerechter Sprache, Gütersloh: Gütersloher Verlagshaus
Coakley, Sarah (2007): Macht und Unterwerfung. Spiritualität von Frauen zwischen Hingabe und Unterwerfung, Gütersloh: Gütersloher Verlagshaus
Daly, Mary (1978): Jenseits von Gottvater, Sohn & Co. Aufbruch zu einer Philosophie der Frauenbefreiung, München: Verlag Frauenoffensive
Dingel, Irene (Hrsg.) (2003): Feministische Theologie und Gender-Forschung, Bilanz, Perspektiven, Akzente, Leipzig: Evangelische Verlagsanstalt
Frettlöh, Magdalene L. (2006): Gott Gewicht geben. Bausteine einer geschlechtergerechten Gotteslehre, Neukirchen-Vluyn: Neukirchener Verlag
Gebara, Ivone (2000): Die dunkle Seite Gottes. Wie Frauen das Böse erfahren, Freiburg im Breisgau: Herder
Gössmann, Elisabeth A. et al. (Hrsg.) (2002): Wörterbuch der feministischen Theologie, 2. Aufl., Gütersloh: Gütersloher Verlagshaus
Göttner-Abendroth, Heide (1980): Die Göttin und ihr Heros, München: Verlag Frauenoffensive
Härle, Wilfried (2007): Dogmatik, 3. Aufl., Berlin/New York: de Gruyter (Originalausgabe: 1995)
Johnson, Elisabeth A. (1994): Ich bin, die ich bin. Wenn Frauen Gott sagen, Düsseldorf: Patmos
Lanwerd, Susanne/Moser, Marcia (Hrsg.) (2010): Frau – Gender – Queer. Gendertheoretische Ansätze in der Religionswissenschaft, Würzburg: Königshausen & Neumann
Leicht, Irene et al. (Hrsg.) (2003): Arbeitsbuch Feministische Theologie. Inhalte, Methoden und Materialien für Hochschule, Erwachsenenbildung und Gemeinde, Gütersloh: Gütersloher Verlagshaus
Sölle, Dorothee (1983): Gott und ihre Freunde. Zur feministischen Theologie, in: Pusch, Luise (Hrsg.): Inspektion der Herrenkultur. Ein Handbuch, Frankfurt am Main: Suhrkamp, S. 196–209
Walker Bynum, Carolin (1991/1996): Fragmentierung und Erlösung, Frankfurt am Main: Suhrkamp (Originalausgabe: Fragmentation and Redemption, New York: Zane Books)
Walz, Heike (2006): „...nicht mehr männlich und weiblich..."? Ekklesiologie und Geschlecht in ökumenischem Horizont, Frankfurt am Main: Lembeck

Weiler, Gerda (1989): Das Matriarchat im Alten Israel, Stuttgart: Kohlhammer
Wodtke-Werner, Verena (2001): Der Heilige Geist als weibliche Gestalt im christlichen Altertum und im Mittelalter. Eine Untersuchung in Texten und Bildern, Pfaffenweiler: Centaurus

Musik, Stimme und Gesang*

Rebecca Grotjahn

Einleitung

Frauen- und Genderforschung in der Musikwissenschaft ist zwei entscheidenden fachspezifischen Bedingungen unterworfen: Erstens hat die traditionelle und nach wie vor institutionell verankerte Dreiteilung des Faches in die – dominante – Historische Musikwissenschaft, die Systematische Musikwissenschaft (mit den Teilgebieten Musiksoziologie, Musikpsychologie und Musikästhetik) und die Musikethnologie zur Folge, dass die Diskurse teilweise parallel und unabhängig voneinander geführt werden. Der Stand der Genderforschung in den Teildisziplinen ist kaum vergleichbar. Zweitens steht insbesondere die historische Musikwissenschaft in enger Beziehung zum öffentlichen Musikleben mit seinem stark auf ‚klassische' Musik ausgerichteten Repertoire. Institutionen und Musiker/innen sind auf musikwissenschaftliche Arbeit (Recherche von Werken, Notenausgaben, Aufführungsweisen) unmittelbar angewiesen und prägen somit Fragestellungen und Arbeitsgebiete der Musikwissenschaft mit. Die Neuausrichtung der historischen Musikwissenschaft sowohl auf Geschlechteraspekte als auch allgemein auf innovative kulturwissenschaftliche Methoden ist dadurch erschwert.

Dass die musikwissenschaftliche Frauen- und Genderforschung bis heute ihre Arbeitsfelder dennoch überwiegend in der historischen Musikwissenschaft findet, erklärt sich nicht zuletzt durch ihre eigene Geschichte: Die feministische Frauenmusikforschung seit den 1970er-Jahren war von traditionskritischen Ansätzen geprägt, die sich zunächst vor allem im Hinterfragen der das Musikleben und die Repertoires prägenden Machtstrukturen äußerten. Sie ist eine Voraussetzung der späteren Genderforschung, die die Grundannahmen und zentralen Kategorien der Musikhistoriographie (Werk und Oeuvre, Kanon, Autor, Geniebegriff etc.) auf ihre geschlechtergeschichtlichen Implikationen hin analysiert und als gegenderte Phänomene erkennt (vgl. Citron 1993).

---

* Der Text basiert auf den beiden Aufsätzen: „Musik: Frauen- und Geschlechterforschung in der Musikwissenschaft, in: Becker, Ruth/Kortendiek, Beate (Hrsg.) (2008): Handbuch Frauen- und Geschlechterforschung, 2. Aufl.; „Das Geschlecht der Stimme", in: Grotjahn, Rebecca/Vogt, Sabine (Hrsg.) (unter Mitarbeit von Sarah Schauberger) (2010): Kompendium Musik und Gender (Kompendien Musik, Bd. 5), Laaber: Laaber-Verlag (mit freundlicher Genehmigung der Verlage, d. Hrsg.).

1 Frauen- und Genderforschung in den musikwissenschaftlichen Teildisziplinen

In der historischen Musikwissenschaft herrschte lange Zeit eine selbstverständliche Konzentration auf die „Meisterwerke" der Musikgeschichte, die bis heute die Themenstellungen für die Forschung prägt. Dabei gerieten Frauen als Akteurinnen der Geschichte aus mehreren Gründen aus dem Blick. Erstens finden sich Komponistinnen mit ihren Werken nicht im Kanon der Meisterwerke. Der Grund dafür liegt in der Tatsache, dass Frauen in allen musikhistorischen Epochen nur eingeschränkten Zugang sowohl zu fundierter Musikausbildung als auch zu professioneller Musikausübung hatten und so generell seltener komponierten, insbesondere in den großen repräsentativen Gattungen (z. B. Messe, Oper oder Symphonie). Zweitens sind die Urteilsprozesse, auf denen die Einschätzungen von Werken als musikhistorisch relevant beruhen, noch immer von Vorurteilen im Hinblick auf weibliche Leistungen beeinflusst, aufgrund derer Kompositionen von Frauen abgewertet oder ganz verschwiegen werden. Von erheblicher Bedeutung ist drittens die mit der Werkorientierung der Musikwissenschaft verbundene Marginalisierung des praktischen Musizierens und der Musikrezeption. Aufführung, Interpretation und Rezeption von Musik werden oft als untergeordnete Funktionen des Komponierten aufgefasst. Dadurch werden große Bereiche der Musikgeschichte aus dem Spektrum der Forschungsthemen ausgeblendet, und zwar gerade diejenigen, in dem Frauen historisch eine weit wichtigere Rolle spielen konnten als im Feld der Komposition. Aber selbst wenn – wie in den letzten Jahrzehnten zunehmend – die Musikausübung und das praktische Umgehen mit Musik thematisiert werden, finden Handlungen, die mit männlich dominierten Berufsfeldern verbunden sind, eine stärkere Aufmerksamkeit als etwa das Singen, das bis heute ein ausgesprochener Frauenberuf ist, ungeachtet der tatsächlichen Bedeutung etwa von weiblichen Gesangsstars im Musikleben ihrer Zeit.

Derzeit bestehen in der historischen Musikwissenschaft mehrere Ansätze nebeneinander (vgl. Rieger/Nieberle 2005). Zur Frauen- und Genderforschung werden üblicherweise auch Studien gezählt, die sich der Erforschung der Musik von Komponistinnen widmen, wenngleich sie oft mit den traditionellen Ansätzen der Philologie und Kompositionsgeschichte arbeiten: Arbeiten über Werke etwa von Fanny Hensel, Clara Schumann, Louise Farrenc oder Emilie Mayer sind in ihren Fragestellungen nicht notwendig stärker von gendertheoretischen Überlegungen geprägt als solche z. B. über Joseph Haydn oder Johannes Brahms. Ohne die durch die Frauenforschung ausgelöste Kanonkritik freilich wären sie kaum entstanden. Das Arbeitsgebiet der musikgeschichtlichen Genderforschung ließe sich allgemein definieren als die Untersuchung musikbezogenen Handelns unter Geschlechteraspekten. Komponieren wird dabei als soziale Praxis im geschlechtergeschichtlichen Kontext aufgefasst, aber auch als künstlerische Konstruktion von Gender bzw. als Partitur für die Performanz von Geschlecht. Es stellt jedoch nur eines unter zahlreichen anderen musikbezogenen Handlungsfeldern dar, dem nicht a priori eine wichtigere Bedeutung für die Erkenntnis zukommt als etwa der Musikausübung, dem Musikhören, dem Musikmarkt, dem Nachdenken über Musik etc.

Umstritten – und vielleicht gar nicht endgültig entscheidbar – ist die Frage, ob die Genderforschung ein eigenes Teilgebiet oder eine eigene Methode der Musikwissenschaft darstellt. Auf der einen Seite kann Geschlecht als eine allgemeine, sich in unterschiedlichsten methodologischen Ansätzen manifestierende Perspektive aufgefasst werden, die für das Verständnis musikalischer Phänomene mehr oder weniger ergiebig, aber kaum jemals vollkommen irrelevant ist. Dem kann ein Ansatz gegenübergestellt werden, der die Musik im Kontext allgemeinhistorischer – und hier insbesondere geschlechtergeschichtlicher – Erkenntnis sieht. Hier profitiert weniger die Erklärung musikhistorischer Phänomene durch die Anwendung der Geschlechterperspektive als umgekehrt die geschlechtergeschichtliche Erkenntnis dadurch, dass Musik bzw. musikbezogenes Handeln als Gegenstand einbezogen wird.

Auch in der Musiksoziologie wird Geschlecht als Kriterium der Analyse bevorzugt auf historische Phänomene angewandt. Empirische Untersuchungen zu Geschlechteraspekten etwa des aktuellen Musiklebens mit Methoden der quantitativen und qualitativen Sozialforschung (vgl. Vogt 2005) hingegen sind noch selten, ebenso solche zur Musikpsychologie und zu musikpädagogischen Fragestellungen (vgl. Green 1997). Ein immer wichtiger werdendes Arbeitsgebiet ist der Bereich der Popularmusikforschung (vgl. Whiteley 2000). Werden deren von Geschlechterverhältnissen geprägte Strukturen auch zunehmend zum Gegenstand musiksoziologischer Forschung, so ist doch gleichzeitig zu beobachten, dass die Historiografie der populären Musik ebenso wie die der ‚klassischen' Musik dazu neigt, traditionelle Mechanismen der Geschichtsschreibung zu reproduzieren und weibliche Akteure wie auch Geschlechteraspekte bei der Analyse von Texten, Musik und sozialen Funktionen zu vernachlässigen. In der Musikethnologie gehört die Untersuchung der sozialen Kontexte und Funktionen des Musizierens auch unter Berücksichtigung des Geschlechts seit Langem zu den etablierten Arbeitsgebieten, wenn auch Theorien über Geschlechterverhältnisse und zur sozialen Konstruktion von Gender erst in jüngeren Studien fruchtbar gemacht werden (vgl. Herndon/Ziegler 1990).

2 Geschichtliche Entwicklung der musikwissenschaftlichen Frauen- und Genderforschung

Schon in der Zeit um 1900 hatte das Fehlen weiblicher Namen in den Darstellungen der Musikgeschichte einige Schriften über Komponistinnen bzw. zum früher gern so genannten Themengebiet „Frau und Musik" motiviert. Darunter finden sich neben überblicksartigen Darstellungen (vgl. La Mara 1882/83; Morsch 1893) einige fundierte Spezialstudien, etwa Berthold Litzmanns (1902–1908) dreibändiges Werk über Clara Schumann oder Heinrich Stümckes (1913) Arbeit über Henriette Sontag, die sich nicht nur durch sorgfältige Quellenstudien auszeichnen, sondern auch durch ihr Interesse an sozial- und aufführungsgeschichtlichen Aspekten, die im Zuge der kulturwissenschaftlichen Neuorientierung des Faches heute als überraschend innovativ erscheinen.

Vor Beginn des Zweiten Weltkrieges wurden mehrere Arbeiten zur Sozialgeschichte der Musik von Frauen publiziert, etwa von Kathi Meyer-Baer (1917), Margarete Högg (1931) oder Annemarie Krille (1938).

Im Zuge der ‚Zweiten Frauenbewegung' setzte in den 1970er-Jahren eine Phase des Wiederentdeckens der Musik von Frauen ein, die sich – im Sinne des „HerStory"-Konzepts – von vornherein stark mit historischen Interessen verband. Hier ging es zunächst vor allem um das Recherchieren von Noten wie auch von biografischen Informationen zu Komponistinnen, deren Werke in Konzerten und speziellen Festivals dargeboten wurden. Die seit dieser Zeit entstandenen Überblickswerke und editorischen Aktivitäten schufen eine unschätzbare Grundlage für die Forschung (z. B. Weissweiler 1981; Bowers/Tick 1986; Pendle 1991; Hoffmann/Rieger 1992; Sadie/Rhian 1994; Roster 1998; Rebmann/Nägele 2004). Zugleich entstanden einschlägige Fachorganisationen, die zum Teil eigene Archive unterhalten (z. B. Arbeitskreis Frau und Musik mit Archiv Frau und Musik seit 1978, heute in Frankfurt am Main) und eigene Publikationen herausgeben.

Als Durchbruch zu einer feministischen Musikwissenschaft gilt international Eva Riegers (1981) „Frau, Musik und Männerherrschaft", die als erste Monografie die Zusammenhänge von Geschlecht und Musikgeschichtsschreibung systematisch hinterfragte. In der Folge kam es zu einer stetigen Intensivierung der musikwissenschaftlichen Frauenforschung, die sich in Deutschland insbesondere nach der Gründung der Fachgruppe Frauen- und Geschlechterforschung (heute: Frauen- und Genderstudien) in der Gesellschaft für Musikforschung im Jahre 1994 im Fach zu etablieren begann; inzwischen sind mehrere Professuren mit spezieller Denomination versehen. Durch die Publikation einschlägiger Lehrbücher und Lexika wurde die Etablierung des Bereichs „Musik und Gender" als Teildisziplin des Faches weiter vorangetrieben (z. B. Grotjahn/Vogt 2010, Kreutziger-Herr/Unseld 2010).

In der Forschung liegt ein Schwerpunkt bis heute im Bereich der Komponistinnenbiografik, die zuweilen als Reproduktion der traditionellen Heroengeschichte unter feministischen Vorzeichen verkannt wird. Das Interesse an ‚großen Namen' war zunächst von der Aufbruchsstimmung der Anfangszeit getragen und hatte nicht zuletzt wichtige Auswirkungen auf das künstlerische Selbstverständnis der in diesem Bereich aktiven Musikerinnen, die in Komponistinnen auch Identifikationsfiguren sahen. Inzwischen hat gerade im Bereich Biografik eine intensive methodologische Reflexion stattgefunden. Viele der biografischen Studien zu Musikerinnen folgen nicht mehr traditionellen heroen- bzw. geniebiografischen Modellen, sondern thematisieren kultur- und sozialgeschichtliche Bedingungen musikalischen Handelns, wobei zugleich neue Erzählweisen entwickelt wurden, die sich als wegweisend für die gesamte Musikerbiografik erwiesen haben.

Hier sind vor allem die Arbeiten Beatrix Borchards (1985, 2005) zu nennen. Dabei wurde das Spektrum der behandelten Persönlichkeiten mittlerweile erheblich ausgeweitet; zahlreiche Komponistinnen, Instrumentalistinnen und Sängerinnen vom Mittelalter bis zur Gegenwart sind inzwischen durch Monografien, aber auch durch Editionen von Briefen und anderen Dokumenten wissenschaftlich erschlossen (vgl. z. B. Kreutziger-Herr/Unseld 2005 ff.).

Unterschiedliche Auffassungen gibt es im Hinblick auf die Möglichkeit, Geschlechteraspekte in musikalische Analysen einzubringen. In weiten Kreisen der traditionellen Musikwissenschaft wurde die Frauen- bzw. Genderforschung eben aus dem Grunde lange als irrelevant betrachtet, dass man das Geschlecht des Komponisten für die – im Zusammenhang mit der werkorientierten Ausrichtung des Faches als zentrales Arbeitsfeld betrachteten – Werkanalyse als unerheblich betrachtete: Musikalische Formen und Strukturen seien geschlechtsneutral. Hier setzen verschiedene Stränge der Genderforschung kritisch an. Als veraltet gelten inzwischen die auf der Basis eines essentialistischen Geschlechterbegriffs vorgenommenen Versuche, geschlechtstypische Weisen des Komponierens bzw. der musikalisch ausgedrückten Emotionalität zu belegen. Hingegen arbeiten Vertreterinnen der New Musicology, oft auf der Basis von Theoriekonzepten der queer bzw. lesbian studies, aus Kompositionen narrative Strukturen heraus, die Genderkonstruktionen abbilden, reproduzieren oder dekonstruieren (vgl. z.B. McClary 1991). Diese Perspektive führt zu neuen Interpretationen nicht zuletzt auch der ‚Meisterwerke' männlicher Komponisten, die sich allerdings zuweilen der Kritik ausgesetzt sehen, unhistorisch zu argumentieren. Kulturgeschichtlich orientierte Analysen setzen an der Erkenntnis an, dass sozial- bzw. geschlechtergeschichtliche Bedingungen die konkreten kompositorischen Handlungen mit prägen. Die sozialen Kontexte des Komponierens – das Vorhandensein einer Öffentlichkeit oder eines Marktes, die Zusammensetzung der Musizierenden und der Hörerschaft, lokale und räumliche Bedingungen usw. – sind in der Regel auch geschlechtsspezifisch bestimmt und wirken sich nicht nur auf die Wahl der musikalischen Gattungen aus, sondern auch auf kompositorische Strukturen.

Zu neuen Erkenntnissen führt die geschlechtergeschichtliche Kontextualisierung vor allem im Bereich der Opernforschung. Viele Werke lassen sich als musikalisch-szenische Inszenierung von Geschlechterverhältnissen beschreiben, die erst im Kontext zeitgenössischer geschlechtertheoretischer Debatten verständlich werden (vgl. Herr 2000; Unseld 2001). Als fruchtbar erweist sich in diesem Zusammenhang nicht zuletzt die Begrifflichkeit Performanz/Performativität. Sie liefert nicht nur ein Vokabular für die Analyse musikbezogener künstlerischer Handlungen (Singen, Aufführen, szenische Realisation), sondern ermöglicht auch einen neuen Blick auf Werke als Partituren für die Performanz von Geschlecht im Sinne des ‚Doing' bzw. ‚Undoing Gender' (vgl. Oster/Emst/Gerards 2008).

Insbesondere deutschsprachige Forscherinnen mahnen in jüngster Zeit eine stärkere empirisch-kulturhistorische Fundierung der musikwissenschaftlichen Genderforschung an, die – wie die Musikwissenschaft insgesamt – sozialgeschichtliche Themen weitgehend vernachlässigt (vgl. Kraus 2002). Dadurch fehlt für die geschlechtergeschichtliche Kontextualisierung von Musik vielfach eine sichere Grundlage. So sind die Ausbildung, Arbeitsbedingungen, Bezahlung oder Sozialstatus von Musikerinnen erst ansatzweise erforscht (vgl. Hoffmann 1991; Koldau 2005). Auch mentalitäts- und alltagsgeschichtliche Perspektiven werden bislang kaum in die Forschung einbezogen. Die wenigen Beispiele – etwa der Sammelband „Puppen, Huren, Roboter" (vgl. Meine/Hottmann 2005), der Körperkonzepte des frühen 20. Jahrhunderts untersucht – zeigen jedoch, welches Potenzial gerade in diesen Ansätzen liegt, in denen sich Musik als Quelle für Mentalitäten und Geschlechterverhältnisse erweist.

Nach diesem allgemeinen Überblick über Frauen- und Genderforschung in den musikwissenschaftlichen Teildisziplinen wird im Folgenden das „Gendering der Singstimme" als ein Beispiel aktueller Forschungsthemen der Genderforschung in der Musik vorgestellt und erörtert.

3 Das Geschlecht der Stimme

Kaum eine musikbezogene Tätigkeit scheint so stark vom Geschlecht bestimmt zu sein wie das Singen. In den Bereichen Instrumentalspiel, Dirigieren oder Komposition sieht man geschlechtsspezifische Differenzen heute nicht mehr als biologisch bedingt, sondern als Auswirkungen von Sozialisationsfaktoren, Machtverhältnissen und Traditionen. Dass es beispielsweise nur wenige berühmte Dirigentinnen gibt, wird nicht mehr darauf zurückgeführt, dass Frauen von ihrem ‚natürlichen' Wesen her weniger Führungsstärke besäßen, und auch die Dominanz von Männern bei Blechbläsern wird kaum mehr mit deren angeblich leistungsfähigeren Lungen erklärt. Anders verhält es sich beim Singen. Die Stimme gilt als sekundäres Geschlechtsmerkmal: Selbst wenn wir nicht sehen, wer gerade singt und die Stimme nie zuvor vernommen haben, so hören wir doch, ob sie einem Mann gehört oder einer Frau. Als körperliche Tätigkeit ist das Singen anscheinend unmittelbar vom biologischen Geschlecht beeinflusst, das die Lage der Stimme und ihren Klang bestimmt.

Diese vermeintliche Selbstverständlichkeit wird vor dem Hintergrund verschiedener Einsichten der Genderforschung fragwürdig (vgl. ausführlicher Grotjahn 2005). Erstens ist die Binarität der Geschlechter keine natürliche Gegebenheit, sondern ein Raster, auf dessen Grundlage nicht nur soziale und psychologische, sondern auch körperliche Vorgänge – wie auch das Singen – erst mit einem Geschlecht ausgestattet werden. Zweitens relativiert sich die Eindeutigkeit des ‚Stimmgeschlechts' durch Erkenntnisse der historischen Gesangsforschung: Die Unterteilung der Stimme in weiblich und männlich ist das Ergebnis eines historischen Konstruktionsprozesses. Und das Gendering der Stimme ermöglicht es wiederum, Gesangstechniken als musikalische Symbole für das Geschlecht zu interpretieren.

3.1 Die Konstruktion des Stimmgeschlechts

In fast jedem Lehrbuch zur Gesangspädagogik findet sich eine Klassifikation der Singstimme, und diese beginnt fast immer mit einer Einteilung nach dem Geschlecht: Die Stimmen werden in Frauen- und Männerstimmen unterteilt. Deren Verhältnis wird gerne als symmetrisch dargestellt: Man unterscheidet jeweils eine hohe, mittlere und tiefe Frauen- und Männerstimme, deren Stimmumfänge eine Oktave auseinanderliegen. Solche Klassifikationen werden nicht auf der Basis empirischer Beobachtungen hergestellt, und wohl jede Leserin kennt Beispiele von Sänger/innen mit abweichenden Stimmumfängen. Die wenigen empirischen Untersuchungen zu Stimmumfängen (vgl. Nadoleczny 1923) belegen keineswegs eine große Kluft zwischen den Stimmumfängen von Frauen und Männern, sondern vielmehr große Überschneidungen und fließende Übergänge: Viele Männer können ohne Weiteres im Bereich der zwei- oder gar dreigestrichenen Oktave singen, und viele Frauen erreichen Töne unterhalb des c, mit denen mancher professionelle Tenor bereits Schwierigkeiten hat.

Damit sei nicht abgestritten, dass die Stimmlagen von Frauen durchschnittlich höher sind als die von Männern. Aber bereits damit, dass wir die Stimmen nach dem Kriterium Geschlecht sortieren, nehmen wir das vor, was die Genderforschung spätestens seit Judith Butlers „Gender Trouble" (1990) als „Konstruktion von Geschlecht" bezeichnet. Ein Feld verschiedener Werte, das von sich aus keine eindeutige Struktur besitzt, wird nach einem Kriterium geordnet, das sich nicht aus den Werten selbst ergibt. Wir könnten zum Beispiel ebenso das Alter der Probanden als Kriterium wählen: Die These, alte Menschen sängen und sprächen tiefer als jüngere, ließe sich sicherlich ebenfalls mit Durchschnittswerten untermauern.

Auch der Zusammenhang der Kehlkopfgröße – und damit des Stimmumfangs – mit dem Hormonspiegel ist nicht zu bestreiten. Findet man bei Kindern keine signifikanten Differenzen des Stimmumfangs in Abhängigkeit vom Geschlecht (vgl. Mecke 2007), so ändert sich das bekanntlich in der Pubertät. Das bei männlichen Jugendlichen verstärkt ausgeschüttete Hormon Testosteron bewirkt ein im Vergleich zum übrigen Körper schnelleres Wachstum des Kehlkopfes und damit die Stimmmutation – und außerdem einige weitere körperliche Veränderungen wie die Ausbildung der männlichen Keimdrüsen und verstärkte Körperbehaarung. Übrigens findet auch bei weiblichen Jugendlichen eine Stimmmutation statt, nicht selten sogar verbunden mit Stimmkrisen. Die häufig geäußerte Behauptung, dass bei Jungen die Stimme durch die Mutation um eine Oktave sinke, ist nicht empirisch belegt und dürfte wohl eher darauf beruhen, dass in der Praxis das Singen in Oktavabständen praktikabler und musikalisch sinnvoller ist als das in individuellen physiologischen Stimmabständen.

Dies alles spricht jedoch nicht gegen den Konstruktionscharakter des Stimmgeschlechts. Denn in hormoneller Hinsicht kann von einer eindeutigen Zweigeschlechtlichkeit nicht die Rede sein. In allen Menschen wirken dieselben Hormone, jedoch in unterschiedlichen Mischungsverhältnissen. Je nach Menge und

Verhältnis bestimmter Hormone besitzt der Einzelne mehr oder weniger Körperbehaarung, breitere oder schmalere Hüften, größere oder kleinere Kehlköpfe. Eine Mindestmenge Östrogen bzw. Testosteron ist notwendig, damit sich weibliche oder männliche Keimdrüsen ausbilden, aber damit sind keineswegs all die Eigenschaften bestimmt, die gemeinhin als Geschlechtsmerkmale gelten: „Gene bzw. Chromosomen sind keine Schalter, die, einmal angedreht, eine Frau oder einen Mann im umfassenden Sinne hervorbringen" (Villa 2000: 59). So gibt es zwar, statistisch betrachtet, zweifellos mehr Frauen mit breiten Hüften und mehr Männer mit Haaren auf der Brust; aber umgekehrt ist es nicht möglich, aus einer unbehaarten Brust ‚Frausein' oder aus schmalen Hüften ‚Mannsein' abzuleiten. Ebenso lässt der Stimmumfang nur mit einer gewissen Wahrscheinlichkeit auf das Vorhandensein anderer geschlechtstypischer Merkmale schließen. Eine Stimme mit dem unteren Grenzton E gehört mutmaßlich einem erwachsenen Mann, aber bei einem unteren Grenzton H können wir nur raten, ob wir es mit der Stimme eines Mannes oder einer Frau zu tun haben. Für die Stimme gilt dasselbe wie für die Körpergröße oder die in biologistischen Theorien gerne herangezogene Größe des Gehirns: Die Unterschiede zwischen zwei Männern – oder zwei Frauen – sind oft größer als die zwischen einem Mann und einer Frau (vgl. auch den Beitrag von Schmitz in diesem Band).

Das Stimmgeschlecht ist also keine natürliche Tatsache, sondern ein Konstrukt: Wir ordnen die Stimmen nach dem Kriterium Geschlecht und projizieren somit die in unserer Kultur allgegenwärtige Zweigeschlechtlichkeit auf ein an sich amorphes Feld von Stimmumfängen. Nur unter dieser Voraussetzung fungiert die Stimme als Zeichen für das Geschlecht.

3.2 Gesangsgeschichtliche Aspekte

Wie wurde die Beziehung von Stimme und Geschlecht in früheren musikhistorischen Epochen gesehen? Bekanntlich war es in der Kunstmusik vor 1800 weit verbreitet, dass Männerstimmen in Alt- oder Sopranlage sangen, entweder als Falsettisten (Sänger, die in den hohen Lagen die Falsett- oder Kopfstimme verwenden, wie die heutigen Countertenöre bzw. Altus-Stimmen) oder als Kastraten (Sänger, die aufgrund der Entfernung der Keimdrüsen keinen Stimmwechsel durchmachten). Oft wird behauptet, dass Letztere vor allem in Frauenrollen eingesetzt wurden, da Frauen das Auftreten verboten gewesen sei. Das trifft jedoch nicht zu. Erstens galt dieses Verbot vor allem für die Kirchenmusik, während es im Theater nur zeitweise in bestimmten Städten und Ländern bestand und auch dort immer wieder unterlaufen wurde. Zweitens gibt es in der Barockoper noch keinen Zusammenhang von Stimmhöhe und Geschlecht. Vielmehr stellen Soprane und Alte – ob männlichen oder weiblichen Geschlechts – ebenso oft männliche Götter, Helden und Liebhaber dar wie Göttinnen oder Königinnen. Die hohe Stimme steht nicht so sehr für Weiblichkeit denn für Göttlichkeit, Status und Jugend (vgl. Leopold 2000). Dies bestätigt sich dadurch, dass ausgerechnet Ammen – an deren Weiblichkeit ja kaum Zweifel bestehen können – häufig als (von Männern gesungene!) Tenorpartien komponiert wurden. Dies ist nicht etwa ein Spiel mit Geschlechterrollen, sondern erklärt sich dadurch, dass die Tenorstimme im Vergleich zu Sopran oder Alt, die die höher gestellten Rollen verkörperten, die tiefere Stimme ist. Sie fungiert als stimmliches Kennzeichen des höheren Alters wie auch des niedrigeren sozialen Status der Amme.

In Gesangslehrschriften aus dem 17. und 18. Jahrhundert spielt das Geschlecht eine vernachlässigbare Rolle. Vergebens sucht man in ihnen nach Angaben zu weiblichen und männlichen Stimmumfängen. Indessen findet sich in gesangspädagogischen Schriften aus dem 19. und 20. Jahrhundert fast standardmäßig eine Stimmklassifikation, die von der Einteilung nach Geschlecht ausgeht. So wie noch heute üblich, wird hier ein Feld ineinander übergehender Möglichkeiten als System geordnet, dessen Basis die Konstruktion zweier symmetrischer Gruppen ist. Tenorsingende Frauen oder männliche Altstimmen haben in diesem System nur als Ausnahmeerscheinungen Platz.

Freilich enthalten auch die modernen Stimmklassifikationen einen Tonhöhenbereich, den Männer- und Frauenstimmen gemeinsam nutzen. Die Töne ungefähr zwischen a^1 und a^2 bilden den Kernbereich sowohl des Tenors als auch des Altes, und etwa zwischen c^1 und f^1 überschneiden sich sogar Sopran und Bass. Diesen gemeinsam genutzten Bereich klanglich nach dem Geschlecht zu differenzieren, ist eines der Ergebnisse der gesangsgeschichtlichen Entwicklung in der Zeit zwischen ca. 1830 und 1930. Sie betraf vor allem die Stimmgattungen Tenor und Alt.

Der klassische Belcanto verlangte vom Tenor in den oberen Lagen die Benutzung des Falsetts[27], in dem die Stimme leichter anspricht als im Brust- bzw. Mittelregister. Diese Praxis ist (zumindest in der ‚klassischen' Musik) heute kaum mehr anzutreffen; der Klang des männlichen Falsetts wird allgemein als zu wenig maskulin betrachtet. Ab der zweiten Hälfte des 19. Jahrhunderts setzte sich ein verändertes Tenor-Ideal durch, das selbst in den obersten Lagen die volle Stimme (bzw. – je nach Terminologie – das „Mittelregister") nutzt. Wegweisend war der Sänger Gilbert-Louis Duprez (1806–1896) der als einer der ersten das *ut de poitrine* verwendete, das mit voller Stimme gesungene hohe c.

Das Gegenstück zur Tabuisierung des Tenor-Falsetts ist die Ächtung der weiblichen Bruststimme in den höheren Lagen. Heute nur noch im Pop-und Musicalgesang selbstverständlich genutzt, war die Benutzung der Bruststimme bis in die ersten Jahrzehnte des 20. Jahrhunderts hinein auch im klassischen Gesang ein wichtiges Ausdrucksmittel vor allem von Altistinnen. Spätere Gesangspädagog(inn)en indessen denunzierten die weibliche Bruststimme nicht nur als ‚männlich' klingend, sondern zusätzlich als gefährlich für die Stimme.

Insgesamt führte die skizzierte gesangsgeschichtliche Entwicklung dazu, dass die stimmlichen Unterschiede von Frauen- und Männerstimmen herausgearbeitet wurden. In einem ersten Schritt verschwanden bereits zu Beginn des 19. Jahrhunderts die hohen Männerstimmen – Kastraten und Falsettisten – aus dem Musik-

---

27 Der in der Gesangspädagogik uneinheitlich gebrauchte Begriff wird hier verwendet für die Form der Tonerzeugung, bei der nur die Ränder der Stimmlippen schwingen.

leben, ebenso sehr tiefe Frauenstimmen (das Fach des *contralto musico*). Im Laufe der folgenden Jahrzehnte wurde der stimmliche Bereich, den beide Geschlechter gemeinsam nutzen, immer mehr nach Geschlechtern differenziert – mit dem Ergebnis, dass auch Tenöre und Altistinnen – selbst wenn sie im gleichen Tonhöhenbereich singen – klanglich kontrastieren und somit die Geschlechter nicht mehr verwechselt werden können.

3.3 Koloratur als Symbol für Weiblichkeit

Der stimmästhetische Wandel wirkt sich auf einen weiteren Aspekt der Gesangstechnik aus: den Koloraturgesang. Dieser gilt seit geraumer Zeit als Frauendomäne. Halsbrecherisches wie die Partien einer Königin der Nacht aus Mozarts „Zauberflöte" oder Zerbinetta aus Richard Strauss' „Ariadne auf Naxos" wird Tenören oder gar Baritönen und Bässen kaum abverlangt. Allerdings finden sich unter den zahlreichen männlichen Countertenören, die in den letzten Jahrzehnten zu Stars des Musikbetriebs aufstiegen, viele hervorragende Koloratursänger. Ist die Koloratur also keine Domäne des weiblichen Geschlechts, sondern eine der hohen Stimmlage?

Gesangsphysiologisch betrachtet ist die Beweglichkeit der Stimme weniger eine Frage der Höhe als eine der Technik: Geläufigkeit setzt einen leichten Stimmeinsatz voraus, während sich mit voller Stimme – d. h. mit vollschwingenden Stimmlippen – schnelle Läufe oder Staccatoakkorde kaum realisieren lassen. Im Prinzip gibt es in allen Stimmgattungen Sänger/innen, deren Stimmen eher leicht veranlagt sind, und solche, die sich durch Kraft und dramatische Durchschlagskraft auszeichnen; die Differenzierung der Opernstimmfächer in lyrische und dramatische Stimmen (und zahlreiche weitere Untergliederungen) spiegelt dies wider. Allerdings führte die oben beschriebene Entwicklung im Bereich der Männerstimmen dazu, dass dort der leichte Typus an Bedeutung verlor. In der Gesangsliteratur des Barock bis zum beginnenden 19. Jahrhundert (z. B. bei Rossini) finden sich viele virtuose Tenor- und sogar Bassarien. Diese können heute allerdings nur von wenigen Sängern ausgeführt werden, denn der Einsatz der vollen Stimme (oder des Mittelregisters) – die den Sängern ja im Interesse des ‚maskulinen' Klanges abverlangt wird – erschwert die Ausführung von virtuosem Passagenwerk oder Trillern erheblich. Zugespitzt formuliert ist es also die ‚Männlichkeit' des Tenors, die den Koloraturgesang zur Frauendomäne werden lässt.

Wenn aber (fast) nur noch Frauen Koloratur singen, lässt sich die Koloratur umgekehrt als Zeichen für Weiblichkeit verwenden. Nachdem in der Oper des 18. Jahrhunderts die – zumeist improvisierte – Verzierung eine Selbstverständlichkeit für alle Sänger/innen war, konzentriert sich im Verlauf des 19. Jahrhunderts der Ziergesang immer mehr auf bestimmte Aspekte von Weiblichkeit.

Dies heißt nicht nur, dass Koloraturpartien jetzt fast ausschließlich Frauenrollen sind. Vielmehr sind es bestimmte als weiblich aufgefasste Eigenschaften, die durch Verzierungen und virtuose Passagen dargestellt werden. Dies betrifft auf der einen Seite die weibliche Koketterie, wie sie etwa in Rossinis Rosina (*Il barbiere di*

Siviglia), Donizettis Norina (*Don Pasquale*), Verdis Violetta (*La Traviata*) oder Strauss' Zerbinetta (*Ariadne auf Naxos*) begegnet. Hier geht es darum, mit Koloratur-Zierrat die Eitelkeit einer Frau darzustellen, die sich darin gefällt, den Männern den Kopf zu verdrehen.

Eine andere weibliche Eigenschaft, die mit dem Mittel der Koloratur dargestellt wird, ist der Wahnsinn. Bereits die Barockoper bedient sich bei der Darstellung von (männlicher wie weiblicher) Raserei virtuosen Passagenwerks. Im 19. Jahrhundert jedoch wird nicht nur die vokale Virtuosität, sondern auch der Wahnsinn auf der Opernbühne zu einer fast ausschließlich weiblichen Angelegenheit. Hier spiegeln sich die sozialen Geschlechterverhältnisse, ist der weibliche Wahnsinn in der Oper doch zumeist ausgelöst durch Bedingungen, die der gesellschaftlichen Stellung der Frau geschuldet sind: erstens durch unglückliche Liebe, die für Frauen, deren Lebensentwürfe sich in dieser Zeit vornehmlich über die Liebe zum Mann definierten, existenzielle Folgen hat; zweitens durch Machtlosigkeit, die es den Protagonistinnen unmöglich macht, ihr Schicksal selbst zu bestimmen (vgl. Rieger 1996). Figuren wie Bellinis Imogene (*Il pirata*) oder Donizettis *Lucia di Lammermoor* stehen exemplarisch für diese Konstellationen und weisen zugleich voraus auf den Hysterie-Diskurs der zweiten Hälfte des 19. Jahrhunderts, der diese weibliche Form des Wahnsinns als Frauenkrankheit definierte, verursacht durch eine Fehlfunktion der Gebärmutter.

Musikalischen Ausdruck findet dies nicht nur in formalen und melodischen Strukturen der ‚Wahnsinnsszenen' (vgl. Dürr 2001), sondern auch in Koloraturen. Und das gilt nicht allein für die in den vom Komponisten festgelegten Noten. Jede Sängerin von Partien wie beispielsweise der Lucia di Lammermoor muss – unter Beachtung des Verzierungsstils der Donizetti-Epoche – die Partie selbstständig verzieren und durch improvisierte Kadenzen ergänzen. Beispielhaft für dieses Herangehen ist die Realisierung der Rolle durch Maria Callas, wie sie auf der Tonaufnahme von 1959 unter Leitung von Tullio Serafin dokumentiert ist. Ihre Kadenz zur Arie „Ardon gl'incensi" mit ihrem stringenten Aufbau zeigt eine Lucia, die sich vollkommen von den üblichen menschlichen Ausdrucksformen entfernt und die Zuhörer – auf der Bühne und im Publikum – sprach- und hilflos in der Wirklichkeit zurücklässt. Durch die Phantastik der Kadenz steigert sie den in den auskomponierten Ebenen des Tonsatzes ausgedrückten Wahnsinn ins Extrem.

Manche der improvisierten Elemente, die Maria Callas verwendet, finden sich übrigens bereits auf früheren Tonaufnahmen und sind teilweise sogar schon in Aufführungen des 19. Jahrhunderts nachweisbar. Die Lucia-Sängerinnen haben immer wieder auf Fassungen ihrer Vorgängerinnen zurückgegriffen, diese variiert und fortgeführt. Sie gehören somit – im Kollektiv – in gewisser Weise zu den Mitautorinnen der Oper, sofern diese nicht im Sinne eines abgeschlossenen Werkbegriffs, sondern als ein durch seine Rezeptionstradition konstituiertes und tendenziell offenes Kunstwerk aufgefasst wird. Improvisationen und Kadenzen erschließen gegenüber dem Komponierten neue Ebenen vokalen Ausdrucks. Koloraturgesang wird so zu einem Mittel der musikalischen Figurengestaltung, das dem Zugriff des Komponisten entzogen bleibt und von den Sängerinnen kontrolliert wird. Damit ist ein weiterer Aspekt musikwissenschaftlicher Genderforschung angesprochen: das Verhältnis von Sängerin und Komponist, das in der Dichotomie von maskulin konnotierter ‚Produktion' und der ihr klar untergeordneten ‚Reproduktion' nicht aufgeht.

Literaturliste

Borchard, Beatrix (2005): Stimme und Geige: Amalie und Joseph Joachim – Biographie und Interpretationsgeschichte (Wiener Veröffentlichungen zur Musikgeschichte, Bd. 5), Wien u. a.: Böhlau, 2. Aufl. 2007

Borchard, Beatrix (1985): Robert Schumann und Clara Wieck. Bedingungen künstlerischer Arbeit in der ersten Hälfte des 19. Jahrhunderts, Weinheim/Basel: Beltz (Ergebnisse der Frauenforschung, Bd. 4), 2. Aufl. 1991 unter dem Titel: Clara Wieck und Robert Schumann. Bedingungen künstlerischer Arbeit in der ersten Hälfte des 19. Jahrhunderts, Kassel: Furore

Bowers, Jane/Judith Tick (Hrsg.) (1986): Women Making Music, The Western Art Tradition, S. 1150–1950, Urbang: University of Illinois Press

Butler, Judith (1991): Das Unbehagen der Geschlechter. Aus dem Amerikanischen von Katharina Menke, Frankfurt am Main: Suhrkamp. (Originalausgabe: (1990): Gender Trouble. Feminism and the Subversion of Identity, New York/London: Routledge)

Citron, Marcia (1993): Gender and the Musical Canon, Cambridge: Cambridge University Press

Dürr, Walther (2001): Gaetano Donizettis Lucia di Lammermoor oder: Die Befreiung von der Konvention, in: Mautz, Susanne/Breitweg, Jörg (Hrsg.): Festschrift für Siegfried Schmalzriedt zum 60. Geburtstag, Frankfurt am Main: Lang, S. 147–163

Green, Lucy (1997): Music, Gender, Education, Cambridge/New York: University Press

Grotjahn, Rebecca (2005): „Die Singstimmen scheiden sich ihrer Natur nach in zwei große Kategorien". Die Konstruktion des Stimmgeschlechts als historischer Prozess, in: Meine, Sabine/Hottmann, Katharina (Hrsg.): Puppen, Huren, Roboter: Körper der Moderne in der Musik zwischen 1900 und 1930, Schliengen: Edition Argus, S. 34–57

Grotjahn, Rebecca/Vogt Sabine (Hrsg.) (unter Mitarbeit von Sarah Schauberger) (2010): Kompendium Musik und Gender (Kompendien Musik, Bd. 5), Laaber: Laaber-Verlag

Hausen, Karin (1976): Die Polarisierung der „Geschlechtercharaktere" – eine Spiegelung der Dissoziation von Erwerbs- und Familienleben, in: Conze, Werner (Hrsg.): Sozialgeschichte der Familie in der Neuzeit Europas, Stuttgart: Klett, S. 363–393

Herndon, Marcia/Susanne Ziegler (Hrsg.) (1990): Music, Gender and Culture (Intercultural music studies, 1), Wilhelmshaven: Noetzel

Herr, Corinna (2000): Medeas Zorn. Eine „starke Frau" in Opern des 17. und 18. Jahrhunderts, Herbolzheim: Centaurus

Hoffmann, Freia (1991): Instrument und Körper. Die musizierende Frau in der bürgerlichen Kultur, Frankfurt am Main/Leipzig: Insel

Hoffmann, Freia/Rieger, Eva (Hrsg.) (1992): Von der Spielfrau zur Performance-Künstlerin. Auf der Suche nach einer Musikgeschichte der Frau, Kassel: Furore

Högg, Margarete (1931): Die Gesangskunst der Faustina Hasse und das Sängerinnenwesen ihrer Zeit in Deutschland, Königsbrück: Pabst

Honegger, Claudia (1992): Die Ordnung der Geschlechter. Die Wissenschaften vom Menschen und das Weib, 1750–1850, 2. Aufl., Frankfurt am Main/New York: Campus

Knaus, Kordula (2002): Einige Überlegungen zur Geschlechterforschung in der Musikwissenschaft, in: Archiv für Musikwissenschaft 59, S. 319–329

Koldau, Linda Maria (2005): Frauen – Musik – Kultur. Ein Handbuch zum deutschen Sprachgebiet der Frühen Neuzeit, Köln/Weimar/Wien: Böhlau

Kreutziger-Herr, Annette/Unseld, Melanie (Hrsg.) (2010): Lexikon Musik und Gender, Stuttgart: Metzler/Kassel: Bärenreiter

Kreutziger-Herr, Annette/Unseld, Melanie (Hrsg.) (seit 2005): Europäische Komponistinnen, Köln/Weimar/Wien: Böhlau [auf 24 Bände angelegte Biografienreihe]

Krille, Annemarie (1938): Beiträge zur Geschichte der Musikerziehung und Musikübung der deutschen Frau (von 1750 bis 1820), Berlin: Triltsch und Huther

La Mara [Lipsius, Marie] (1882/83): Die Frauen im Tonleben der Gegenwart (Musikalische Studienköpfe, Bd. 5), Leipzig: Breitkopf und Härtel

Laqueur, Thomas (1992): Auf den Leib geschrieben. Die Inszenierung der Geschlechter von der Antike bis Freud. Aus dem Englischen von Bussmann, H. Jochen, Frankfurt am Main/New York: Campus (Originalausgabe: (1992): Making Sex: Body and Gender from the Greeks to Freud, Cambridge: Harvard University Press)

Leopold, Silke (2000): „Not sex but pitch". Kastraten als Liebhaber – einmal „über" der Gürtellinie betrachtet, in: Linde, Hans-Martin/Rapp, Regula (Hrsg.): Provokation und Tradition. Erfahrungen mit der alten Musik, Stuttgart u.a.: Metzler, S. 219–240

Litzmann, Berthold (1902–1908): Clara Schumann – Ein Künstlerleben. Nach Tagebüchern und Briefen, 3 Bände, Leipzig: Breitkopf und Härtel

McClary, Susan (1991): Feminine Endings: Music, Gender and Sexuality, Minneapolis u.a.: University of Minnesota Press

Mecke, Ann-Christine (ohne Jahr): Ihr aber seid nicht geistlich, sondern fleischlich. Warum Mädchen nicht in Knabenchören singen, Online-Ressource: http://www.ruendal.de/aim/tagung06/pdfs/mecke.pdf (1.4.2009)

Meine, Sabine/Hottmann, Katharina (Hrsg.) 2005: Puppen, Huren, Roboter: Körper der Moderne in der Musik zwischen 1900 und 1930. Schliengen: Edition Argus

Meyer[-Baer], Kathi (1917): Der chorische Gesang der Frauen. Mit besonderer Bezugnahme seiner Betätigung auf geistlichem Gebiet, Leipzig: Breitkopf und Härtel

Morsch, Anna (1893): Deutschlands Tonkünstlerinnen. Biographische Skizzen aus der Gegenwart, Berlin: Stern und Ollendorf

Nadoleczny, Max (1923): Untersuchungen über den Kunstgesang. I. Atem- und Körperbewegungen, Berlin: Springer

Oster, Martina/Ernst, Waltraud/Gerards, Marion (Hrsg.) (2008): Performativität und Performance. Geschlecht in Musik, Theater und Medienkunst, Hamburg: Lit

Pendle, Karin (Hrsg.) (1991): Woman & Music. A History, Bloomington (Indiana): Indiana University Press

Rebmann, Martina/Nägele, Reiner (Hrsg.) (2004): klangwelten: lebenswelten. komponistinnen in süddeutschland, Stuttgart: Württembergische Landesbibliothek

Rieger, Eva (1981): Frau, Musik und Männerherrschaft. Zum Ausschluß der Frau aus der deutschen Musikpädagogik, Musikwissenschaft und Musikausübung, Frankfurt am Main u.a.: Ullstein (2. Aufl. 1988, Kassel: Furore)

Rieger, Eva (1996): Zustand oder Wesensart. Wahnsinnsfrauen in der Oper, in: Duda, Sybille/Pusch, Luise F. (Hrsg.): Wahnsinnsfrauen, Bd. 2, Frankfurt am Main: Suhrkamp

Rieger, Eva/Nieberle, Sigrid (2005): Frauenforschung, Geschlechterforschung und (post-)feministische Erkenntnisinteressen: Entwicklungen in der Musikwissenschaft in: Bußmann, Hadumod/Hof, Renate: Genus. Geschlechterforschung/Gender Studies in den Kultur- und Sozialwissenschaften. Ein Handbuch, Stuttgart: Kröner, S. 263–294

Roster, Danielle (1998): Die großen Komponistinnen, Lebensberichte, Frankfurt am Main/Leipzig: Insel (rev. Neuauflage von Roster, Danielle (1995): Allein mit meiner Musik. Komponistinnen in der Musikgeschichte vom Mittelalter bis ins früher 20. Jahrhundert, Echternach. Editions phi)

Sadie, Julia/Rhian, Samuel (Hrsg.) 1994: The New Grove Dictionary of Woman Composers, London: Macmillan

Stümcke, Heinrich (1913): Henriette Sontag. Ein Lebens- und Zeitbild, Berlin: Selbstverlag der Gesellschaft für Theatergeschichte

Unseld, Melanie (2001): „Man töte dieses Weib". Weiblichkeit und Tod in der Musik der Jahrhundertwende, Stuttgart: Metzler

Villa, Paula (2000): Sexy Bodies. Eine soziologische Reise durch den Geschlechtskörper, Opladen: Leske und Budrich

Vogt, Sabine (2005): Clubräume – Freiräume. Musikalische Lebenswelten in den Jugendkulturen Berlins, Kassel: Bärenreiter

Weissweiler, Eva (1981): Komponistinnen aus 500 Jahren. Eine Kultur- und Wirkungsgeschichte in Biographien und Werkbeispielen, Frankfurt am Main: Fischer

Whiteley, Sheila (2000): Women and Popular Music. Sexuality, Identity, and Subjectivity, New York/London: Routledge

III Geschlecht und Gesellschaft

Einleitung 157

Brave Mädchen – dumme Jungen? Erziehung und Geschlecht 158
Barbara Rendtorff

Die Arbeit an der Kategorie Geschlecht: Zwischen (erkenntnis)theoretischer
Weiterentwicklung und gestaltungsorientiertem Anspruch 172
Birgit Riegraf

Anfang und Ende des bürgerlichen Geschlechterdiskurses: Philosophisch-
feministische Forschungen zur Autonomie der Frau 185
Marion Heinz

Zum Verhältnis von Gewalt und Geschlecht: Entwicklungen und
Perspektiven der soziologischen Geschlechterforschung 201
Mechthild Bereswill

Einleitung

Im dritten Teil dieses Buches sind Texte aus sozialwissenschaftlichen und philosophischen Fragestellungen zusammengestellt. Dies sind wohl diejenigen Bereiche im Kontext akademischer Wissenschaft, in denen Geschlecht und Geschlechterverhältnisse mit der im Vergleich zu anderen disziplinären Feldern größten Selbstverständlichkeit schon seit sehr langer Zeit zum Gegenstand von Analysen und Debatten worden sind. Das heißt natürlich nicht unbedingt, dass diese Debatten uns zufriedenstellen – im Gegenteil, meist waren sie unterkomplex, tendenziös oder ignorant. Auch in diesen Bereichen ist es also notwendig, weiterzudenken, auch wenn schon auf viele frühere Überlegungen, auch von wissenschaftlich arbeitenden Frauen, zurückgegriffen werden kann.

„Die Gesellschaft" fußt in ihren Konventionen, ihren Übereinkünften und Regelungen immer sowohl auf Aushandlungsprozessen – dies verweist auf gesellschaftliche Machtverteilungen – als auch auf einer symbolischen Ebene von Bedeutungszuschreibungen, auf die sich alle Beteiligten mehr oder weniger ausdrücklich beziehen. Die in diesem Abschnitt versammelten Texte fassen jeweils einzelne Aspekte dieses Fragekomplexes ins Auge.

Barbara Rendtorff diskutiert neben der strukturierenden Rolle von Geschlecht für Erziehungswissenschaft und Pädagogik die aktuelle Debatte um Jungen und Mädchen in der Schule. Birgit Riegraf gibt einen Überblick über die soziologische Geschlechterforschung und fokussiert dann das neue Paradigma „Intersektionalität". Marion Heinz setzt sich mit bürgerlichen Geschlechtertheorien und deren philosophischen Begründungsfiguren auseinander, mit den Schwerpunkten auf Rousseau, Humboldt und Beauvoir. Und Mechthild Bereswill befasst sich mit geschlechtertheoretischen Perspektiven auf Gewalt und diskutiert diese anhand von zwei Fallvignetten von jungen Männern mit Hafterfahrungen.

Die Beiträge sind nicht im engeren Sinne disziplingebunden, stehen aber doch jeweils in spezifischen Denk- und Begriffstraditionen, sodass deren Unterschiedlichkeit und ihre Ähnlichkeiten gerade dadurch erkennbar werden.

Brave Mädchen – dumme Jungen? Erziehung und Geschlecht

Barbara Rendtorff

Einleitung

Über „dumme Jungen" und deren Pendant, die „Alphamädchen", wird derzeit ständig in der Presse räsoniert und dabei auch diskutiert, was wohl die Erziehung zu diesem Phänomen beiträgt. Nun hat sich die Erziehungswissenschaft ja schon lange mit der Frage nach möglichen Unterschieden zwischen Mädchen und Jungen, Frauen und Männern befasst – und insbesondere die erziehungswissenschaftliche Geschlechterforschung hat dieses Themenfeld bearbeitet. Was wissen wir also und wo müssten wir weiterarbeiten?

1 Geschlechterforschung in Pädagogik und Erziehungswissenschaft

Pädagogik und Erziehungswissenschaft nehmen im Kontext von Geschlechterforschung eine gewisse „Sonderrolle" ein, denn sie bewegen sich an einer zentralen Stelle auf zwei unterschiedlichen Ebenen der Problematik. Der pädagogischen Praxis und der dazugehörigen Handlungstheorie obliegen die Vermittlung und Durchsetzung von normativen Geschlechterbildern: Sie geben die Auffassungen von „richtigem" und „falschem" Verhalten, von „passenden" und „unpassenden" Interessen weiter und verleihen diesen damit den Anstrich von Wahrheit. Schule sowie außerschulische Bildungsprozesse nehmen damit eine Schlüsselstellung im Prozess der Formung gesellschaftlicher Ordnung ein.

Der Erziehungswissenschaft als disziplinärer Theoriebildung kommt entsprechend die Aufgabe zu, für die Plausibilisierung jener normativen Geschlechterbilder zu sorgen: Sie unterfüttert die einzelnen Auffassungen mit historisch passenden Begründungen, sorgt aber auf der anderen Seite auch dafür, dass diese durch Reflexionen über das Menschenbild und die Gesellschaftsordnung überprüft werden können. Dabei stellt sich die Frage, welche Interessen sich hier jeweils historisch ausdrücken oder anders gefragt, in wessen Namen erziehungswissenschaftliche Konzepte für die pädagogische Praxis entwickelt worden sind und werden.

Schule und Bildungsinstitutionen haben gegenüber den Kindern, mit denen sie zu tun haben, immer eine ambivalente Position. Auf der einen Seite haben sie als Institutionen, als Interessenvertreter des Staates und der Gesellschaft einen Bildungs- und Erziehungsauftrag zu erfüllen – sie sollen Kinder und Jugendliche mit der Gesellschaft und ihren Forderungen versöhnen –, auf der anderen Seite sind sie auch „Anwalt der Kinder", deren abweichende Interessen, Widerspruch und Einspruch gegen die Forderungen der Gesellschaft sie vertreten wollen und sollen. Der in der deutschen pädagogischen Tradition so reichhaltig wirksame Begriff „Bildung" fokussiert gerade diesen Aspekt: dass Bildung als individuell vollzogene geistige Erschließung der Welt immer (auch) Subjektbildung ist, also die Aktivität und Freiheit des Individuums sowohl fordert als auch hervorbringt.

Da die Interessen der zu erziehenden Kinder strukturell in Spannung zu denen der Gesellschaft stehen, verwundert es nicht, dass sich in der erziehungswissenschaftlichen Theorie gegensätzliche und einander widersprechende theoretische Positionen finden lassen. Denn die politische Entscheidung über den Wert und Platz eines Kindes bzw. Menschen (also die Allokations- und Stratifikationsfunktion des Bildungssystems) begründet ja die Bildungs- und Erziehungsvorstellungen der verschiedenen gesellschaftlichen Gruppen. Wer also kein Interesse daran hatte, dass Frauen einen besseren Platz in der Gesellschaft finden sollten, der hatte auch kein Interesse an einer besseren Bildung für Mädchen. Umgekehrt setzten all diejenigen Gruppen, die für sich und ihresgleichen einen besseren Platz in der Gesellschaft anstrebten (die Frauen, die Arbeiterbewegung u.Ä.), auf Bildung als Bedingung und Möglichkeit für gesellschaftlichen Aufstieg.

Proteste gegen die Ungerechtigkeiten der gesellschaftlichen Geschlechterverhältnisse standen deshalb zu allen Zeiten im Kontext von Bildungsüberlegungen. Das Streben von Frauen nach „Gelehrsamkeit" und die Frage, ob sie dazu fähig und berechtigt seien, beschäftigt Autor/innen schon seit mehreren Jahrhunderten. Die wohl bekannteste frühe Autorin ist Christine de Pizan, die zu Beginn des 15. Jahrhunderts die Auffassung verbreitete, dass Mädchen ebenso fähig wären, Wissenschaften und Künste zu erlernen und zu praktizieren, wenn man sie nur wie die Knaben die Schule besuchen ließe (De Pizan 1405/1986). Auch Anna Maria Schürmann in der Mitte des 17. Jahrhunderts oder 100 Jahre später Dorothea Christiane Erxleben waren in ihrer Zeit bekannte und anerkannte Autorinnen und zugleich Fürsprecherinnen der Bildung für Mädchen und Frauen (vgl. Kleinau/Opitz 1996). Einwände gegen das Fernhalten der Mädchen und Frauen von Schule und Bildung kamen auch von männlichen Autoren: So propagierte beispielsweise der an den Schriften von Descartes geschulte Theologe Poullain de la Barre Mitte des 17. Jahrhunderts unter der Parole „Der Geist hat kein Geschlecht" („L'esprit n'a point de sexe") die „Befreiung der Frauen durch Erziehung" – eine Forderung, die ihm allerdings vor allem den Spott seiner Zeitgenossen eintrug (vgl. Hierdeis 1990).

Schon lange bevor die Pädagogik sich überhaupt als akademische Disziplin formiert hatte, wurde also über die Bedeutung von Erziehung und Bildung für die gesellschaftliche Position und die intellektuellen Fähigkeiten von Frauen diskutiert – jedoch so weit am Rande, dass der Mainstream der erziehungswissenschaftlichen Theoriebildung diese Problemstellung nie ernsthaft als zentralen Punkt in seine Debatten über die Grundlegung der Disziplin aufgenommen hat. Geschlecht wurde daher nicht zu einer „systematischen Kategorie" der Erziehungs- und Bildungstheorie (vgl. Klika 2004: 36). Die reichhaltigen theoretischen Impulse, die vor allem seit der ersten Frauenbewegung (vgl. Gerhard et al. 2008) und seit den 1970er-Jahren (vgl. Handbuch Gender und Erziehungswissenschaft 2004) von Wissenschaftlerinnen vorgelegt wurden, sind vom männlichen Mainstream des Faches kaum rezipiert worden und konnten deshalb für die Weiterentwicklung erziehungswissenschaftlicher Theorien nicht nutzbar gemacht werden. Autorinnen und pädagogische Praktikerinnen blieben deshalb über lange Zeit genötigt, immer wieder ihre kritischen Einwände, Forderungen und Vorschläge zu rechtfertigen. Durch diese Versäumnisse hat auch die Erziehungswissenschaft mit dazu beigetragen, dass die seit einigen Jahren zu beobachtende Wiederkehr tumber biologistischer (Schein-)Erklärungen für Verhaltens- und Leistungsunterschiede zwischen Mädchen und Jungen so populär werden konnte.

So scheint es mir also charakteristisch für die Erziehungswissenschaft zu sein, dass sie sich naturgemäß immer mit der Tatsache befasst, dass sie Bedingungen einer Bildung für Jungen und Mädchen festlegen muss, aber der Großteil der disziplinären Theoriebildung sich nicht mit der strukturellen Dimension und der Tragweite dieser Thematik konfrontiert und über geschlechtsbezogene theoretische Einschätzungen und Schwerpunktsetzungen keine Rechenschaft abgelegt wird. Deshalb ist die Erziehungswissenschaft zwar in mehrfacher Hinsicht maßgeblich am Diskurs über Emanzipation, Differenz und Gleichheit beteiligt, ohne jedoch selbst eine geschlechterbewusste oder „geschlechtersensible" Disziplin im eigentlichen Sinne zu sein. Das ist natürlich angesichts der großen Verantwortung der Erziehungswissenschaft für die Entwicklung der jeweils nächsten Generation höchst beunruhigend, insofern sie doch eigentlich genauestens über aktuelle theoretische Erkenntnisse über Kinder, Jugendliche und gesellschaftliche Institutionen informiert sein müsste. Dass die Erziehungswissenschaft auf die Daten und Arbeiten aus der Philosophie, Psychologie und der empirischen Sozialforschung angewiesen ist, schwächt und verunsichert sie dabei zusätzlich und erschwert ihr diese gesellschaftliche Aufgabe.

Gleichwohl hat es sowohl in der Theoriebildung als auch auf der politischen Ebene immer wieder (vor allem von Wissenschaftlerinnen und pädagogischen Praktikerinnen) aktive und auch erfolgreiche Strategien zur Veränderung des Bildungswesens gegeben. Allerdings ergeben diese keineswegs eine Art ‚fortschreitenden Weg zur Gleichberechtigung' in der Bildung, sondern zeichnen sich im Gegenteil dadurch aus, dass gegensätzliche Einschätzungen und widersprüchliche Forderungen nebeneinander stehen (vgl. Kraul 2004), dass sich widerstreitende politische Koalitionen ergeben (vgl. Sandkühler/Schmidt 1991) oder dieselben Argumente für widersprüchliche Forderungen geltend gemacht werden. Sehr deutlich lässt sich das an den Argumenten für und gegen die Koedukation erkennen. Die zentralen Argumentationsmuster sind hier jeweils zeittypische und gruppenspezifische Einschätzungen von naturgegebenen Wesensunterschieden sowie Charakter- und Begabungsunterschieden, aus denen Argumente etwa zum Schutz der Mädchen oder Förderung der Jungen abgeleitet werden. Doch das Interessante ist, dass dieselben Argumente in den Augen von Kritikern und Befürwortern der Koedukation gegenteilige Bedeutungen haben und für gegensätzliche Strategien in Anspruch genommen werden. Die Einschätzung, dass Jungen und Mädchen naturgegebene Charakterunterschiede aufweisen, könnte nämlich einerseits zu der Schlussfolgerung führen, dass man sie gemeinsam unterrichten solle, damit sie von der Andersheit der jeweils anderen Gruppe lernen und so voneinander profitieren könnten. Andererseits könnte sie aber auch zu dem Schluss verleiten, dass man den unterschiedlichen Geschlechtergruppen durch gemeinsame Unterrichtung nicht die ihnen jeweils förderliche Behandlung zukommen lassen und ihnen deshalb damit Schaden zufügen würde. An diesem Punkt dreht sich denn auch die Diskussion seit 100 Jahren im Kreis (vgl. Klimek 2002; Neghabian 1992: 282).

Die Frage, ob Mädchen und Jungen getrennte Beziehungs- und Bildungszuwendungen erhalten, ob sie gemeinsam, aber unterschiedlich, oder ob sie gleich erzogen werden sollten, rührt also an die Grundfrage der (pädagogischen) Anthropologie, an die seit Platon und Aristoteles diskutierte Frage, ob die biologische Verschiedenheit von Männern und Frauen ihre unterschiedliche Wertigkeit als Menschen begründe, zu unterschiedlichen gesellschaftlichen Aufgaben führe und folglich auch eine verschiedene Erziehung von Mädchen und Jungen notwendig mache. So war für lange Zeit die Frage „Gleichheit oder Differenz?" die Leitfrage, entlang welcher sich die unterschiedlichen Argumentationsstrategien entwickelten, sodass Interpretationen von Schöpfung, Naturgeschichte und politischer Ordnung immer im Zentrum dieser pädagogischen Erwägungen standen. Erst in unserer Zeit ist (nicht zuletzt unter dem Einfluss konstruktivistischer Theoriebeiträge) die Einsicht plausibel geworden, dass Geschlechtsidentität, und damit geschlechtstypische Verhaltensweisen, Selbstbilder und Lernwege das Ergebnis des komplexen Zusammenwirkens unterschiedlicher Faktoren und des aktiven Interpretationsbeitrags der Individuen sind. Das derzeit prominente Paradigma „Doing Gender" soll denn auch betonen, dass am Prozess der Herstellung geschlechtstypischer Besonderheiten auch die Individuen selbst aktiv beteiligt sind, sodass als Handlungsoption die Erziehung wieder zentral in den Blick gerät. Dabei wird es nun entscheidend darauf ankommen, ob es der erziehungswissenschaftlichen Geschlechterforschung gelingt, das Gefangensein im alten Rechtfertigungsdiskurs zu überwinden und der Diskussion eine neue Qualität zu geben, und ob die allgemeine erziehungswissenschaftliche Theoriebildung endlich die Frage nach der innertheoretischen Bedeutung von Geschlecht seriös in den Blick nimmt.

2 Themen, Fragen und Herausforderungen erziehungswissenschaftlicher Geschlechterforschung

Im Folgenden soll vor allem gezeigt werden, welche interessanten und aktuellen Forschungsfragen es im erziehungswissenschaftlichen Kontext geben könnte, wobei viele dieser Fragen z.Z. leider nicht oder nur von Einzelnen bearbeitet werden. Vielleicht wird die eine oder andere Leserin die Anregungen aufgreifen und sich einer der offenen Fragen zuwenden.

Die Forschungsfragen erziehungswissenschaftlicher Geschlechterforschung verteilen sich im Wesentlichen auf drei Ebenen: Eine *erste Gruppe* von Fragen müsste untersuchen, was *aktuelle Theorien von Erziehung und Bildung* eigentlich zu dieser Problematik beitragen und wie sie auf die aktuellen Geschlechtervorstellungen einwirken. Die uns vorliegenden Arbeiten beziehen sich allerdings überwiegend auf Debatten und Klassiker der pädagogischen Theorie aus dem 19. und der ersten Hälfte des 20. Jahrhunderts. Studien zu Geschlechterbildern der aktuellen (Mainstream-)Pädagogik dagegen gibt es kaum. Meines Erachtens hat es zunächst eine Art stillschweigenden Konsens darüber gegeben, dass die Geschlechterthematik ein Thema für die neu in die Disziplin und Fachgesellschaft strebenden Frauen sei. Mit zunehmender gesellschaftlicher Angleichung der Geschlechter schien das Thema dann erledigt zu sein und wurde für die Wissenschaftlerinnen bald zur Karrierebremse. Das neuerdings aufflammende Interesse für eine (mögliche) Benachteiligung von Jungen dagegen ist selbst nicht theoriebezogen. Die meisten Arbeiten betrachten lediglich, was „der Fall ist", und begnügen sich mit Theorieansätzen aus der frühen Frauen- und Geschlechterforschung. Und der allergrößte Teil der erziehungswissenschaftlichen Theoriebildung befasst sich ja ohnehin nicht mit dieser Thematik (außer in den üblich gewordenen Randbemerkungen). Dabei wissen wir ja aus der Geschichte, dass Haltungen wie „für uns existiert das Problem nicht" oder „wir sehen gar kein Problem" noch immer dazu geführt haben, dass überkommene Vorstellungen letztlich unreflektiert im Stillen weiterwirken. Das führt heute dazu, dass es (nicht nur) im pädagogischen Bereich geradezu als fortschrittlich gilt, die Verschiedenheit von Mädchen und Jungen zu betonen. Gerade wenn das Doing-Gender-Paradigma scheinbar politisch korrekt eingesetzt wird – etwa in Form allfälliger Anmerkungen und Einschübe wie „diese Unterschiede sind Ergebnis gesellschaftlicher Prozesse" u. Ä. –, dient es paradoxerweise oftmals dazu, Trennungen zwischen den Geschlechtern zu festigen. Und diese Trennungen bringen – scheinbar wie zufällig – gerade die seit Jahrzehnten kritisierten ökonomischen und machtförmigen gesellschaftlichen Unterschiede erneut hervor und operieren gänzlich unbefangen mit den alten Klischees. Doch weil die kritische Betrachtung und Analyse solcher Aspekte von Pädagogisierung der Geschlechterthematik durch das Etikett altmodischer feministischer Nickeligkeit gewissermaßen infiziert und verdorben ist, beschäftigt sich die Disziplin damit nicht in einem der Problematik angemessenen Umfang und Stil.

Eine *zweite Gruppe* von Forschungsfragen bezieht sich auf Überlegungen und Untersuchungen darüber, wie sich Geschlechtervorstellungen und -stereotype (in ihrer jeweiligen historischen Form) auf das *Bildungswesen und die pädagogischen Institutionen* auswirken, und will herausfinden, wie Geschlecht als strukturierende Kategorie im Bildungswesen wirksam ist. In diesem Kontext wird z. B. gefragt, wie die Verteilung von Männern und Frauen auf (Schul-)Fächer zustande kommt, wie die Entscheidungen für oder gegen bestimmte Studienfächer und Berufe getroffen werden und wie Vorstellungen über individuelle „Eignung" und „Passung" entstehen. Wieso denken Mädchen ab der Pubertät zunehmend, dass Physik „nichts für sie" sei, und halten Jungen sich von Kunst und Französisch fern? Wieso interessieren sich Frauen weniger für Leitungspositionen, warum haben wir so wenig männliche Pädagogen im Elementarbereich? Und welche Strategien wären denkbar (oder nötig), um dies zu ändern? Wie kommen Fähigkeitsselbstkonzepte zustande und wie kann die Pädagogik sie beeinflussen? Wie wirkt sich die Tatsache aus, dass Mädchen ein niedrigeres Selbstvertrauen in Bezug auf ihre intellektuellen Fähigkeiten haben, und wie geht die Schule damit um oder vielmehr, wie könnte sie damit umgehen? Wie lassen sich die Nachteile der Koedukation (z. B. die stärkere Selbst-Stereotypisierung der Geschlechtergruppen) gegenüber ihren Vorteilen (etwa der Gewöhnung der Geschlechtergruppen aneinander und der Möglichkeit, voneinander zu lernen) abwägen und dabei die Nachteile möglichst abschwächen?

In den 1980er-Jahren wurde der Ausdruck „Hidden curriculum" von der (damaligen) Frauenforschung „adoptiert" und für den eigenen Themenbereich übernommen. Wurde der Begriff vorher in einem kritischen Sinne mit Blick auf die „heimlichen" Einflüsse von kapitalistischer Leistungsorientierung auf die Schule verwendet, so sollte der Ausdruck „heimlicher Lehrplan" nun anzeigen, dass Jungen und Mädchen zwar denselben Unterricht erfahren, dabei jedoch auch quasi unbemerkt an ihre gesellschaftliche Geschlechterrolle gewöhnt werden sollen und insofern auch Unterschiedliches lernen: dass Mädchen stärker zur Anpassung erzogen, intellektuell entmutigt und so an ihren Platz als „Frau eines Mannes" gewöhnt werden sollten, und dass Jungen daran gewöhnt würden, dass ihre Interessen mehr zählen, sie zugleich aber auch dem Druck ausgesetzt sind, die erwartete Rolle des überlegenen Mannes auszufüllen.

Wie alle geschlechterbezogenen Fragen sind auch diese mit dem Verschwinden der Frauenbewegung in der Forschung entpolitisiert, marginalisiert und banalisiert worden. Sie werden, wenn überhaupt, extrem reduziert auf den viel zu eng gedachten Zusammenhang zwischen einem konkreten Unterricht und konkreten Schüler/innen hin untersucht.

Außerdem hat die geschlechterbezogene Forschung bis auf wenige Ausnahmen nicht die vereinfachende Gegenüberstellung Mädchen/Jungen aufgegeben. So werden vereinheitlichte, kollektive Bilder von „den" Mädchen und „den" Jungen gezeichnet, hinter denen die Unterschiedlichkeiten innerhalb jeder Geschlechtergruppe ebenso verschwinden wie z.B. die Tatsache, dass auch innerhalb der Gruppe der Männer Auseinandersetzungen stattfinden und die „hegemoniale Männlichkeit" (Connell) ihre Definitionsmacht auch auf Kosten anderer marginalisierter Gruppen von Männern gründet.

Wenn wir die Debatten um „heimliche Lehrpläne" heute in ihrer früheren Grundsätzlichkeit aufnehmen wollten, so müsste also sehr viel komplexer gefragt werden – z.B. nach dem Zusammenhang von Fachkultur, Schulstruktur, Unterrichtsmaterial und -gestaltung, den darin enthaltenen Botschaften, nach Weglassungen und Betonungen und deren jeweiligen geschlechtstypischen (und -typisierenden) Wirkungen. Es wäre sehr fruchtbar, hier neuere Studien zu bekommen, die mit erweitertem und theoretisch fundiertem Blick der Debatte anregende Impulse geben könnten.

Eine *dritte Gruppe* von Forschungsfragen fokussiert stärker die *individuelle Dimension* des Geschehens. Hier wird einerseits danach gefragt, wie die Erwartungen von Schule, Eltern und Peergroup kommuniziert werden, wie sie empfunden und beantwortet werden und wie sie sich z. B. auf das Fähigkeitsselbstkonzept modellierend auswirken. Die einzige große Studie zum schulbezogenen Selbstvertrauen ist bereits über 20 Jahre alt (vgl. Horstkemper 1987). Außerdem sollte in diesem Kontext untersucht werden, welche individuellen Spielräume die einzelnen Mädchen und Jungen sehen, um etwa nicht-geschlechtstypische Randbereiche für sich zu nutzen. Wie kann ein Junge „cool" sein und sich trotzdem für Kunst und klassische Musik interessieren? Wie kann ein Mädchen sich für logische Abläufe interessieren, sich aber zugleich nicht als „Intelligenzbestie", sondern als begehrenswertes feminines Mädchen darstellen? Oder: Wohin verschwinden eigentlich die Interessen, die in der frühen Adoleszenz als „unpassend" ausgesondert und verworfen werden? Und die vielleicht wichtigste Frage in diesem Zusammenhang wäre wohl, wie der Einfluss der außerschulischen Sozialisationserfahrungen auf die Schule einzuschätzen ist. Ist die Schule überhaupt der Ort, an dem geschlechtsstereotype Selbstbilder erzeugt werden? Oder sind sie durch Elternhaus und Medien schon so stark vorgeformt, dass sie in der Schule nur mehr weitergegeben und ausgestaltet werden? Wenn das der Fall wäre – worin läge dann die Aufgabe der Schule? Müsste sie aktiv den geschlechtstypisierenden Wirkungen von Elternhaus und Medien entgegenarbeiten? Oder ist dies nicht Teil ihres Erziehungs- und Bildungsauftrags?

Die in der Überschrift angesprochene Typisierung von Mädchen als „brav", leistungswillig und bereit zu schuladäquatem Verhalten, von Jungen dagegen als tendenziell schwierigeren Schülern, ist seit einiger Zeit in Mode: „Dumme Jungen – brave Mädchen" verweist auf einen Spiegel-Titel (21/2004), wobei sich ähnliche Titelgeschichten auch im Fokus (32/2002), Stern usw. finden lassen. Da bis vor wenigen Jahrzehnten die Jungen als grundsätzlich begabter galten, erscheint der aktuelle Befund, dass Mädchen die besseren Schulabschlüsse aufweisen, als besonders erklärungsbedürftig. Nicht zuletzt darin liegt auch das Medieninteresse begründet: dass die aus der Erfahrung und Denkgewohnheit erwartete männliche Führungsrolle und Überlegenheit infrage gestellt scheint. Auch hier ist es ein echtes Desiderat der Erziehungswissenschaft, dass sie nicht genau hinschaut und fragt: Sind denn tatsächlich „alle" Jungen schlechter geworden? Oder sind es nur bestimmte Schichten/Gruppen von Jungen (was die englische Forschung seit Jahren nahelegen würde [vgl. z. B. Skelton 2001])? Wie ist die Tatsache zu erklären, dass die Leistungen der Jungen breiter streuen als die der Mädchen (Budde 2009: 74 f.)? Oder werden sie vielleicht einfach schlechter benotet, als sie es verdienen würden? Sind überhaupt die Jungen schlechter geworden oder nur die Mädchen besser (wie es in England der Fall ist [Stamm 2009: 140])? Hängt das mit den Lebensentwürfen zusammen, die junge Frauen und junge Männer aktuell angeboten bekommen? Hängt es mit den Veränderungen in den Geschlechterbildern zusammen, mit der ökonomischen Entwicklung oder mit deren Kombination? Sind die traditionellen Entwürfe von Männlichkeit nicht mehr zeitgemäß und zieht das zumindest in bestimmten gesellschaftlichen Schichten eine „Krise der Männlichkeit" nach sich? In der Tat stellt sich die Frage, was denn eigentlich heute „männlich" ist, wo die Frauen auch alles können und dürfen sollen, was früher den Männern vorbehalten war?

Auch der Blick auf die Lehrerinnen und Lehrer gehört in diese Gruppe von Forschungsfragen: Ist das professionelle Selbstbild eigentlich bei beiden dasselbe? Sind die Erwartungen an die eigene Arbeit unterschiedlich oder vielleicht auch die an die Schülerinnen und Schüler?

Natürlich gibt es auch eine Menge außerordentlich interessanter Themen, die quer zu diesen drei Fragenkomplexen liegen. Hier denke ich vor allem an Fragen, die überhaupt erst durch einigen Abstand zum unmittelbaren Geschehen in den Blick geraten. Ich würde es z. B. sehr begrüßen, wenn jemand der Frage der Sprachkompetenz auf einem anderen als dem üblichen Weg begegnen würde. In den neueren Schulvergleichsstudien fällt immer wieder auf, dass bei vielen Jungen die Lesekompetenz, und dabei vor allem die Fähigkeit zur Interpretation des Gelesenen, geringer ist als bei Mädchen. Auch scheint die Verbalisierungsfähigkeit schwächer oder anders entwickelt zu werden. Üblicherweise wird das mit der geringeren Leselust von Jungen erklärt und mit entsprechenden Lesefördermaßnahmen beantwortet. Aber vielleicht liegt ja das Problem auf einer ganz anderen Ebene. Ist vielleicht die Verwendung von Sprache als Mittel der Beziehungsaufnahme und der Berührung des Anderen durch unterschiedliche Sozialerfahrungen bei Jungen und Mädchen schon im frühen Kindesalter unterschiedlich ausgeformt worden? Hat die Sprache deshalb für beide unterschiedliche Bedeutungen? Wenn das Lesen für Jungen gerade deswegen verpönt ist, weil es als „weiblich" gilt, dann ist das ja nicht in erster Linie ein Problem der Schule, und Lesefördermaßnahmen würden gar nichts nützen, solange sprachliche Formen der Beziehungen zwischen dem einzelnen Jungen und seinem (imaginären) Gegenüber nicht für ihn selbst einen anderen Wert und eine andere Bedeutung annehmen können. Zur Problematik der „Passung" zwischen Weiblichkeit und naturwissenschaftlichem Denken gibt es etliches an Literatur, zu entsprechenden Fragen in Bezug auf das Verhältnis (nicht nur) von Jungen zur Sprache inner- und außerhalb der Schule jedoch nicht. Frühere feministische Studien konzentrierten sich vor allem auf die innersprachlichen Strukturen, auf geschlechtstypische Verwendungen und die Macht-Aspekte in Kommunikationsstrukturen (vgl. z. B. die Arbeiten Pusch [1984] oder Kotthoff [1988]) und weniger auf die Funktion von Sprache als Beziehungsmittel (vgl. aber Braun 1985, Kap. III). Heute gilt es, einen entscheidenden Schritt darüber hinaus zu machen.

Auch eine andere, eigentlich sehr wichtige Frage wird in der pädagogischen Forschung kaum diskutiert: nämlich die Frage, was es für die Pädagogik der Sekundarstufe und/oder die außerschulische Jugendarbeit eigentlich bedeutet, dass die körperliche und soziale Entwicklung bei Mädchen und Jungen nicht gleichzeitig verläuft, sondern zeitlich versetzt (die Wachstums- und Reifungsprozesse von Mädchen beginnen und enden durchschnittlich früher). Solange die Mädchen qua Mädchensein keine ernsthafte intellektuelle Konkurrenz für die Jungen darstellten, konnten diese den körperlichen und sozialen Vorsprung der Mädchen vielleicht eher verkraften oder anders kompensieren als heute, wo die Tatsache des Jungeseins zumindest in der Schule selbst keine große Überlegenheit mehr verspricht. Wie geht die Schule mit diesem Problem um? Sieht sie es überhaupt und beantwortet sie es mit speziellen pädagogischen Konzepten für diese Altersstufe?

Obgleich die Erziehungswissenschaft so prominent mit der Thematik der geschlechtstypischen Erziehung und Bildung befasst ist (bzw. sein sollte), gibt es also riesige Wissenslücken und zentrale Themen, über die nicht nachgedacht wird, und damit einen großen Forschungsbedarf.

3 Die Debatte über die „Bildungsverlierer"

Im dritten Abschnitt dieses Aufsatzes möchte ich die Überschrift noch einmal aufgreifen, wobei es mir jetzt nicht um die Frage geht, ob Jungen tatsächlich „dümmer" oder Mädchen „braver" seien, sondern darum, welche gesellschaftliche Funktion die Debatte um die angebliche schulische Schwäche der Jungen hat, insbesondere die schnell populär gewordene Erklärung, dass die Überzahl an Frauen im pädagogischen Bereich daran schuld sei, weil diese mehr oder weniger bewusst die Mädchen bevorzugen und den Jungen schaden würden, und welche Folgen diese öffentliche Debatte zeitigt.

Es lassen sich derzeit nach meinem Eindruck vor allem drei Argumentationsmuster unterscheiden. „Muster Eins" ist die Verbreitung von schlichten Behauptungen. In dieses Muster gehören Verlautbarungen, die unbewiesen, unbeweisbar oder sogar nachweislich falsch und widerlegt sind und die lediglich der Stimmungsmache dienen. Das sind etwa Schlagzeilen wie „Eine starke Frauenlobby verhindert, dass Jungen in der Schule besser werden" (Der Spiegel, 25. 8. 2008) oder eilfertige Verbindungen der Benachteiligung von Jungen mit Gewaltexzessen – so lässt etwa Dieter Lenzen (der schon seit Jahren mit derartigen Äußerungen unangenehm auffällt) verlauten, angesichts des „Umgangs mit Jungen in der deutschen Schule" sei es „nicht verwunderlich, dass die meisten Amokläufer Jungen seien" und „die meisten Opfer [...] Mädchen und Lehrerinnen" (Welt online, 12. 3. 2009). In den Kreis dieser Muster-Eins-Verlautbarungen lässt sich aber auch der 12. Kinder- und Jugendbericht der Bundesregierung einordnen. Dort heißt es sehr selbstsicher: „Mädchen signalisieren vom ersten Tag an eine höhere Kontaktbereitschaft und größere Nähe", Jungen „lächeln weniger, sind irritierbarer, schreien mehr und lassen sich schlechter beruhigen" (Bundesministerium 2005: 162). Tatsächlich beruhen diese Angaben auf einer einzigen Studie mit 81 Säuglingen aus dem Jahr 1978, in der die Autor/innen selber betonen, dass es unklar sei, woher die beobachteten Unterschiede rühren, und sie eine deutliche sozialisatorische Komponente für wahrscheinlich halten (vgl. Weinberg et al. 1999). Weiter schreibt der Kinder- und Jugendbericht mit derselben Attitüde von Sicherheit, dass „die Gehirne von Mädchen und Jungen von Anfang an eher ,weiblich' oder eher ,männlich' ausgerichtet" seien, während die seriöse Hirnforschung hier dezidiert anderer Ansicht oder zumindest sehr viel vorsichtiger ist (vgl. Schmitz in diesem Band).

Ein zweites Muster haben wir bereits kennengelernt, und zwar die tiefe Irritation, die vom (vermeintlichen oder befürchteten) Verlust der männlichen Vorherrschaft ausgelöst wird. Es drückt sich in Schlagzeilen aus wie „Männlich? Sechs, setzen" (Spiegel online, 6. 8. 2004) und zeichnet die Jungen „als entmachtete Opfer der Feminisierungsprozesse" (Stamm 2009: 140). Dabei wird suggeriert, der Befund der besseren Schulleistungen der Mädchen sei ein Novum (eben ein Ergebnis der Frauenbewegung) – dabei bedürfte es nur eines Blickes in entsprechende öffentlich zugängliche Bücher, um zu erkennen, dass auch in den frühen 1960er-Jahren die Mädchen durchschnittlich bessere Leistungen zeigten, dass sie bei den „Overachievern" (also bei denen, deren Leistungen besser als erwartet ausfielen) überzufällig häufig, bei den „Underachievern" jedoch seltener vertreten waren als Jungen (vgl. Zinnecker 1978, Kap II.1). Das fiel seinerzeit weniger auf, weil die Mädchen im Gymnasium damals noch insgesamt in der Minderzahl waren und weil mit der Pubertät oftmals ein Leistungsabfall einherging.

Es gibt in unserer Gesellschaft einen Vorherrschaftsanspruch nicht einfach „der Männer", sondern einer bestimmten Gruppe von Männern, die das verkörpern, was Robert/Raewyn Connell „hegemoniale Männlichkeit" nennt. Diese hegemoniale Männlichkeit bezieht ihre Position nicht nur aus der Selbsterhebung über Frauen bzw. das Weibliche, sondern auch aus der Abgrenzung gegen andere Gruppen von Männern und deren Herabsetzung (Connell nennt das die Gruppen der „marginalisierten Männlichkeiten"). Dadurch ist logischerweise der Abgrenzungsdruck, der auf der Gruppe der „hegemonialen Männer" lastet, viel höher, als wenn sie sich nur vom anderen Geschlecht abheben müsste, und uns ist im Alltag kaum bewusst, wie sehr wir an die Ansprüche derer gewöhnt sind, die diese hegemoniale Männlichkeit verkörpern und die mit ihr verbundenen Vorteile beanspruchen. Umgekehrt gilt natürlich, dass die „Entmachtung" dieser hegemonialen Männlichkeit als bedrohlich empfunden werden würde – nicht nur von den Angehörigen dieser Gruppe, die um ihre Position bangen müssten, sondern auch von allen anderen, deren gewohnte und vertraute Ordnung dadurch irritiert würde.

Der (paradox erscheinende) Effekt der Dramatisierungsstrategie in Bezug auf die männlichen Verluste ist demnach also eine Entmutigung der Mädchen und Frauen. Die öffentliche Irritation über das Ausbleiben der männlichen Überlegenheit signalisiert ja zugleich, dass das die „eigentlich richtige" Lage wäre, dass etwas nicht in Ordnung ist, wenn die Jungen nicht die Besseren sind usw. Dazu passt auch, dass kaum jemals in dieser Debatte die Tatsache mitdiskutiert wird, dass die Mädchen ihren schulischen Vorsprung nicht über die Schule hinaus mitnehmen können, sondern anschließend auf vielerlei Weise „benachteiligt" scheinen – von der Wahl der Berufsausbildung angefangen bis zu durchschnittlich niedrigeren Einstiegsgehältern oder Einstellungsnachteilen gerade in dem doch angeblich so gewünschten Bereich der Ingenieurberufe. Es zeigt sich also, dass etliche Jungen ganz im Sinne des alten Begriffs vom „heimlichen Lehrplan" ihre schulischen Nachteile durch non-formale Bildungserfahrungen, performanzorientierte schulische Praktiken und ihren größeren Zukunftsoptimismus mehr als ausgleichen können (vgl. Budde 2009: 86; Großkurth/Reißig 2009: 126 f.).

Das heißt natürlich nicht, dass die Verschiebung der Leistungsergebnisse zwischen Jungen und Mädchen nicht erklärungsbedürftig sei und dass man nicht die schulischen Probleme der Jungen genau beobachten, analysieren und ihnen abhelfen sollte – es geht mir hier lediglich darum, zu verstehen, was in dieser öffentlichen Debatte mitklingt und welche unsichtbaren Effekte sie macht.

Das dritte Muster der Argumentation folgt letztlich aus den beiden erstgenannten (und scheint mir der zentrale und am meisten bedenkenswerte Effekt dieser Diskussion zu sein), und das ist die Offensive einer geschlechtlichen Zweiteilung insbesondere im Bildungswesen. Ein kleines Beispiel mag dies illustrieren: Die Firma PONS wirbt für eine neue Produktlinie ihrer Lernsoftware und Sprachlernmaterialien mit dem Slogan „Mädchen lernen anders – Jungs auch!" Natürliche Unterschiede werden auf schlichte Weise vorausgesetzt: Während die „natürliche Bewegungsfreude" der Jungen nutzbar gemacht werden soll, gibt es für die Mädchen „kreative Anregungen zum Basteln". Dazu heißt es in der Werbung des Verlags: „Wilde Jungs, die erst aktiv an ein Lernthema herangeführt werden, lösen anschließend bereitwilliger die nächsten Aufgaben konzentriert am Tisch. Gleiches gilt für Mädchen, deren Aufmerksamkeit vor allem über ihre Lieblingsthemen wie Pferde, Prinzessinnen und Mädchenfreundschaften gefesselt wird. Eine ideale Voraussetzung" (Web-Seite des Verlags). Den Band „Textaufgaben für Jungs" (Papier und Schrift in Blau- und Grüntönen) schmückt ein als Pirat verkleideter Junge, den Band „Textaufgaben für Mädchen" (Papier und Schrift rosa- und lilafarben) zieren zwei als Englein verkleidete niedliche Mädchen mit Engelsflügeln.

Zwei Strategien sind in diesem Kontext besonders effektiv: das eine ist die Isolierung des Leistungsaspekts und damit der Schule von den komplexen gesellschaftlichen Bedingungen, das andere ist die extreme Reduktion der Komplexität menschlicher Entwicklung und des gesellschaftlichen Miteinanders auf geschlechtstypische *skills*. Damit kehrt die alte geschlechtstypische Teilung von Sozialwelt und Arbeit in neuem Gewande wieder zurück und es wird alles, was wir über das komplexe Zusammenwirken verschiedener Faktoren in Bezug auf Geschlechterstereotypisierungen wissen und wissen könnten, beherzt ignoriert – ja, es wird diskriminiert und verschwindet hinter dem so viel wichtiger erscheinenden neuen Thema.

Für die Erziehungswissenschaft muss der Befund der neuerdings selbstverständlichen Trennung von Leistungsoutput und gesamtgesellschaftlicher Realität alarmierend sein, da der Bildungs- und Erziehungsauftrag der Schule diese Trennung gerade untersagt. Im Bericht des „Aktionsrat Bildung" wird gezeigt, in welch großem Ausmaß die Abmilderung geschlechtsstereotyper Spielzeug- und Spielangebote im Kindergarten die Bildung geschlechtsgleicher Spielgruppen (die als alterstypisch gelten) verringert (vbw 2009: 59) – doch in der öffentlichen Debatte tauchen solche differenzierenden Überlegungen nicht mehr auf. Hier klingt es mittlerweile so, als würden wir unseren Kindern einen Tort antun, wenn wir sie nicht gemäß ihrer „natürlichen Anlagen", Bedürfnisse und Interessen auseinanderdividieren. Es wird damit eine Gruppenhomogenität behauptet, von der eigentlich jeder erwachsene Mensch wissen müsste und könnte, dass sie so nicht existiert.

Wie kommt also diese Stimmung zustande, und was bringt sie zum Ausdruck?

Eine naheliegende Antwort gerade aus der Geschlechterforschung wäre, die Debatte aus der Perspektive der Frauen und Mädchen zu betrachten: In der Tat tauchen ja Frauen als Verursacherinnen des Jungen-Elends (s. o.) und Mädchen als Nutznießerinnen auf, als diejenigen, welche den Jungen den (ihnen zustehenden) Platz wegnehmen. Von hier aus betrachtet wäre die Debatte als tendenziell neidisch und (frauen-)diskriminierend einzuschätzen – und die Antwort wäre, die Interessen der Mädchen an Erfolg und Entwicklung und dem Lohn für ihre Mühen weiterhin und sogar verstärkt zu unterstützen.

Die umgekehrte, aus dem Interesse der Jungen formulierte Antwort ist oben schon angeklungen: Hier würde es darum gehen, sich schützend vor die Jungen zu stellen, Mädchen und Frauen daran zu hindern, auf ihre Kosten Erfolge zu feiern, und Schule und Curricula, Lehrpläne und außerschulische Bildungseinrichtungen auf eine etwaige Bevorzugung von Mädchen hin zu überprüfen.

Es könnte aber auch ganz anders sein. Wenn wir den Hinweis auf die „hegemoniale Männlichkeit" aufnehmen, könnten wir den Fokus probehalber verschieben: Wir kämen dann zu dem Schluss, dass die aktuelle Krisenrhetorik vor allem als Praxis der neuerlichen Befestigung und Verankerung hegemonialer Männlichkeit dienen könnte. Gerade das Beschwören einer „Krise der Männlichkeit" ruft ja den Gedanken an eine stabile und „essenziell zu denkende Männlichkeit" auf, die „diese Krise durchlebt" (Martschukat/Stieglitz 2008: 64). So gesehen wären die Verweise auf besser werdende Mädchen und hinderliche Frauen gar nicht das Thema, sondern nur mehr oder weniger ablenkendes Beiwerk, und es ginge nicht darum, die Männlichkeit gegen Angriffe von außen zu verteidigen, sondern sie in einem historisch notwendigen Schritt zu modernisieren. Es ginge also in dieser Krisenrhetorik nicht (nur) um „Re-Souveränisierung" (Opitz-Belakhal 2008: 49), sondern vor allem um „Re-Formulierung", also darum, Männlichkeit angesichts der Umformung der ökonomischen und politischen Verhältnisse, angesichts der veränderten Anforderungen an Akteure, die überlegen sein wollen, und angesichts der notwendig gewordenen Anpassung von Fähigkeitsselbstkonzepten an Erfordernisse wie Soft Skills, Teamfähigkeit usw. neu und zeitgemäß zu justieren – und dabei zugleich den Anspruch auf Hegemonie erneut zu formulieren und geltend zu machen.

Wenn wir die Sache so betrachten, müsste unsere Antwort auf die Krisenrhetorik eine andere sein – sehr viel verhaltener und in eine andere Richtung weisend. Denn wenn wir den Jungen und künftigen Männern das breitere Angebot verschiedener Möglichkeiten von Männlichkeit offenhalten wollen, dürfen wir gerade nicht in den Chor derjenigen einstimmen, welche „die Jungen" vor „den Frauen" retten wollen, sondern müssten die Gelegenheit nutzen, um statt der Hegemonieansprüche „der" Männlichkeit verschiedene Möglichkeiten zu entwickeln, ein Mann zu sein. Hier könnten wir durchaus auf frühere Arbeiten aus der Frauen- und Geschlechterforschung zurückgreifen, denn es ist eine der wertvollsten Erkenntnisse der feministischen Theoriegeschichte, dass die Gegenüberstellung von Frauen und Männern als homogene Geschlechtergruppen sich immer als Hemmschuh einer wirklich weiterführenden Entwicklung erwiesen hat, der beide auf der Ebene der Aushandlung von Verteilungsgerechtigkeit fesselt, eine Ausdifferenzierung innerhalb der Geschlechtergruppen verhindert und damit die Herausbildung unterschiedlicher, differenzierter und in gewissem Sinne auch „demokratisierter" Angebote und Formen von Geschlechtsidentitäten.

So gesehen ist es die Aufgabe von Erziehungswissenschaft und Pädagogik, den Diskurs um die „Benachteiligung von Jungen" zu entkräften, ihn auszudifferenzieren und zu verflüssigen, statt ihn zu bedienen und so die damit verbundenen Rigidisierungen zu bestärken.

Literaturliste

Braun, Christina von (1985): Nicht Ich – Ich Nicht. Logik, Lüge, Libido, Frankfurt am Main: Verlag Neue Kritik

Budde, Jürgen (2009): Perspektiven für Jungenforschung an Schulen, in: Budde, Jürgen/Mammes, Ingelore: Jungenforschung empirisch. Zwischen Schule, männlichem Habitus und Peerkultur, Wiesbaden: VS Verlag für Sozialwissenschaften

Bundesministerium für Familie, Senioren, Frauen und Jugend (2005): Kinder- und Jugendbericht: Bericht über die Lebenssituation junger Menschen und die Leistungen der Kinder- und Jugendhilfe in Deutschland, erstellt vom deutschen Jugendinstitut

Connell, Robert W. (Raewyn) (1999): Der gemachte Mann. Konstruktion und Krise von Männlichkeiten, Opladen: Leske und Budrich

De Pizan, Christine (1405/1986): Das Buch von der Stadt der Frauen. Aus dem Mittelfranzösischen übersetzt und mit einem Kommentar und einer Einleitung versehen von Margarete Zimmermann, Berlin: Orlanda

Ebeling, Smilla/Schmitz, Sigrid (Hrsg.) (2006): Geschlechterforschung und Naturwissenschaften. Einführung in ein komplexes Wechselspiel, Wiesbaden: VS Verlag für Sozialwissenschaften

Forster, Edgar (2005): Männerforschung, Gender Studies und Patriarchatskritik, in: Jahrbuch Frauen- und Geschlechterforschung in der Erziehungswissenschaft, Bd. 1: Geschlechterforschung in der Kritik, Leverkusen: Verlag Barbara Budrich

Gerhard, Ute et al. (2008): Klassikerinnen feministischer Theorie. Grundlagentexte, Band I (1789–1919), Königstein/Taunus: Ulrike Helmer

Glaser, Edith/Klika, Dorle/Prengel, Annedore (2004): Handbuch Gender und Erziehungswissenschaft, Bad Heilbrunn: Klinkhardt

Großkurth, Heike/Reißig, Birgit (2009): Geschlechterdimensionen im Übergang von der Schule in den Beruf, in: Budde, Jürgen/Mammes, Ingelore (Hrsg.): Jungenforschung empirisch. Zwischen Schule, männlichem Habitus und Peerkultur, Wiesbaden: VS Verlag für Sozialwissenschaften

Hierdeis, Irmgard (1990): Poullain de la Barre. Zur Modernität eines Vergessenen, in: Hohenzollern, Johann Georg von (Hrsg.): Der weite Schulweg der Mädchen: Die Geschichte der Mädchenbildung als Beispiel der Geschichte anthropologischer Vorurteile, Bad Heilbrunn: Klinkhardt

Horstkemper, Marianne (1987): Schule, Geschlecht und Selbstvertrauen, Weinheim: Juventa

Kleinau, Elke/Opitz, Claudia (1996): Geschichte der Mädchen- und Frauenbildung, Frankfurt am Main/New York: Campus

Klika, Dorle (2004): DerDieDas Subjekt und die Welt – bildungstheoretische Beiträge, in: Glaser et al. (Hrsg.): Handbuch Gender und Erziehungswissenschaft, Bad Heilbrunn: Klinkhardt

Klimek, Brigitte (2002): Mädchenbildung zwischen Traditionsbindung und Reformanspruch, Bonn (Dissertationsschrift)
Kotthoff, Helga (1988): Das Gelächter der Geschlechter. Humor und Macht in Gesprächen von Frauen und Männern, Frankfurt am Main: Fischer
Kraul, Margret (2004): Klassikerinnen, in: Handbuch Gender und Erziehungswissenschaft, Bad Heilbrunn: Klinkhardt
Kuhn, Hans-Peter (2008): Geschlechterverhältnisse in der Schule: Sind die Jungen jetzt benachteiligt? Eine Sichtung empirischer Studien, in: Jahrbuch Frauen und Geschlechterforschung in der Erziehungswissenschaft 4/2008
Martschukat, Jürgen/Stieglitz, Olaf (2008): Geschichte der Männlichkeiten, Frankfurt am Main/ New York: Campus
Neghbian, Gabriele (1992): Gibt es einen Rationalitätsfortschritt in der Argumentation zum Thema Koedukation während der letzten 100 Jahre?, in: Paschen, Harm/Wigger, Lothar (Hrsg.): Pädagogisches Argumentieren, Weinheim: Deutscher Studienverlag
Opitz-Belakhal, Claudia (2008): „Krise der Männlichkeit" – ein nützliches Konzept der Geschlechtergeschichte?, in: Krise(n) der Männlichkeit, L'HOMME 19, 2/2008
Prengel, Annedore/Rendtorff, Barbara (2008): Kinder und ihr Geschlecht – vielschichtige Prozesse und punktuelle Erkenntnisse, in: Rendtorff, Barbara/Prengel, Annedore (Hrsg.): Kinder und ihr Geschlecht, in: Jahrbuch Frauen und Geschlechterforschung in der Erziehungswissenschaft 4/2008
Pusch, Luise F. (1984): Das Deutsche als Männersprache: Aufsätze und Glossen zur feministischen Linguistik, Frankfurt am Main: Suhrkamp
Rendtorff, Barbara (2011): Bildung der Geschlechter, Stuttgart: Kohlhammer
Rendtorff, Barbara (2006): Erziehung und Geschlecht. Eine Einführung, Stuttgart: Kohlhammer
Sandkühler, Thomas/Schmidt, Hans-Günter (1991): „Geistige Mütterlichkeit" als nationaler Mythos im deutschen Kaiserreich, in: Wink, Jürgen/Wülfing, Wulf (Hrsg.): Nationale Mythen und Symbole in der zweiten Hälfte des 19. Jahrhunderts. Strukturen und Funktionen von Konzepten nationaler Identität, Stuttgart: Klett-Cotta
Schmitz, Sigrid (2006): Frauen- und Männergehirne. Mythos oder Wirklichkeit? in: Ebeling, Smilla/Schmitz, Sigrid (Hrsg.): Geschlechterforschung und Naturwissenschaften. Einführung in ein komplexes Wechselspiel, Wiesbaden: VS Verlag für Sozialwissenschaften
Skelton, Christine (2001): Schooling the boys. Masculinities and primary education, Buckingham: Open University Press
Stamm, Margrit (2009): Underachievement von Jungen in der Schule, in: Budde, Jürgen/Mammes, Ingelore (Hrsg.): Jungenforschung empirisch. Zwischen Schule, männlichem Habitus und Peerkultur, Wiesbaden: VS Verlag für Sozialwissenschaften
vbw/Vereinigung der bayerischen Wirtschaft (Hrsg.) (2009): Geschlechterdifferenzen im Bildungssystem. Jahresgutachten/Aktionsratbildung, Wiesbaden: VS Verlag für Sozialwissenschaften
Weinberg, M. Katherine et al. (1999): Gender Differences in Emotional Expressivity and Self-Regulation During Early Infancy, in: Developmental Psychology 35/1, 1999, S. 175–188
Willems, Katharina (2007): Schulische Fachkulturen und Geschlecht. Physik und Deutsch – natürliche Gegenpole?, Bielefeld: Transcript
Zinnecker, Jürgen (1978): Emanzipation der Frau und Schulausbildung, Weinheim: Beltz

Die Arbeit an der Kategorie Geschlecht: Zwischen (erkenntnis)theoretischer Weiterentwicklung und gestaltungsorientiertem Anspruch

Birgit Riegraf

Einleitung

Eng verbunden mit der Frauenbewegung ging es der soziologischen Geschlechterforschung von Anbeginn an darum, die Entstehung und die Bedeutung von Geschlechterungleichheiten in Wissenschaft und Gesellschaft in gesellschaftsemanzipatorischer Absicht aufzudecken, sie analysierbar und erklärbar zu machen (vgl. Althoff/Bereswill/Riegraf 2001; Aulenbacher/Meuser/Riegraf 2010; Brück/Kahlert/ Krüll 1992; Bührmann/Diezinger/Metz-Göckel 2000; Casale/Rendtorff 2008; Hark 2005). Mit dem emanzipatorischen Impetus war die Frage verbunden, warum und wie es einer vermeintlich objektiven Wissenschaft über viele Jahrzehnte gelingen konnte, die weiblichen Lebenskontexte und Lebenszusammenhänge erfolgreich auszublenden. Die Erkenntnis- und Wissenschaftskritik wurden zu einem zentralen Arbeitsschwerpunkt in dem sich etablierenden Wissenschaftsfeld der Geschlechterforschung. Zugleich problematisierte sie wie kaum ein anderer Wissenschaftszweig in (selbst)reflexiven Denkbewegungen „über den Fokus und die Perspektiven der eigenen Forschungsarbeiten" (Casale/Rendtorff 2008: 10) ihre zentralen Erkenntniskategorien immer wieder neu. Die Geschlechterforschung blieb dabei mit der Frauenbewegung verbunden, auch wenn das Verhältnis sich im Laufe der Jahre veränderte (vgl. Riegraf/Plöger 2009).

In diesem Beitrag wird zunächst in die wissenschaftskritischen Denkbewegungen eingeführt, die den Institutionalisierungsprozess der soziologischen Geschlechterforschung begleitet haben und begleiten. War es zu Beginn das Ziel, die Lebenskontexte und die Leistungen von Frauen überhaupt erst sichtbar und analysierbar zu machen, so veränderte sich dieser Fokus mit der fortschreitenden Etablierung der Geschlechterforschung. Die Kategorie „Geschlecht" selbst wurde mehr und mehr auf den Prüfstand gestellt und ihre (erkenntnis)theoretische Ausarbeitung vorangetrieben (Kapitel 2). Im Zuge der (erkenntnis)theoretischen Diskussionen stellte sich zunehmend die Frage, was eigentlich das Gemeinsame zwischen Frauen angesichts ihrer unterschiedlichen sozialen und kulturellen Herkunft, sexuellen Orientierungen oder ihres unterschiedlichen Alters ausmache. Diese Diskussion wird im Folgenden mit Bezug auf die Debatte in den Blick genommen, die sich unter dem Stichwort *Intersektionalität* entfaltet hat (Kapitel 3). Was diese Diskussion für den gesellschaftsverändernden Anspruch der Geschlechterforschung bedeutet, wird entlang der Unterscheidung von Kimberlé Crenshaw nach struktureller und politischer Intersektionalität diskutiert (Kapitel 3), um anschließend den Gewinn einer solchen Perspektive für Antidiskriminierungspolitiken zu skizzieren (4). Ein Fazit rundet die Diskussion ab (5).

1 Geschlechterforschung als Wissenschaftskritik

Den Beginn des Institutionalisierungsprozesses und damit der Sichtbarmachung, Verstetigung und Absicherung der Geschlechterforschung als eigenständiges Lehr- und Forschungsgebiet markierte ein Bündnis zwischen außeruniversitären Frauengruppen und feministischen Wissenschaftlerinnen, zwischen politischer Praxis und feministischer Wissenschaft. Die Frauen aus unterschiedlichen gesellschaftlichen Sphären einte die Kritik an allen Formen von Macht, Herrschaft und Ungleichheiten im Geschlechterverhältnis und ein (wissenschafts)politisches Emanzipationsinteresse (vgl. Althoff/Bereswill/Riegraf 2001; Aulenbacher/Meuser/Riegraf 2010; Brück/Kahlert/Krüll 1992; Bührmann/Diezinger/Metz-Göckel 2000; Hark 2005). Indem die Lebenszusammenhänge, die gesellschaftlichen Lebensbedingungen und die weibliche Subjektivität als Maßstab an theoretische Ansätze und Untersuchungen angelegt wurden, deckten Wissenschaftlerinnen den tiefreichenden Geschlechterbias der vorgeblich geschlechtsneutralen soziologischen Theorien, Ansätze und Begrifflichkeiten auf: Deutlich wurde, dass die Lebenskontexte von Frauen und ihre Beiträge zu Kultur, Wissenschaft und Geschichte in empirischen Untersuchungen und theoretischen Konzeptionen überhaupt nicht oder nur verzerrt zur Kenntnis genommen und erforscht wurden (vgl. Brück/Kahlert/Krüll 1992: 17f.). Dass diese Lücke nicht mit einer additiven Integration der Leistungen von Frauen in die bisherigen wissenschaftlichen Ansätze und einer einfachen Vervollständigung des „weiblichen Lebenszusammenhangs" (Prokop 1976) aufgefüllt werden kann, wurde rasch in der weiteren Ausarbeitung deutlich. Aufgedeckt werden konnte, dass die „blinden Flecken" bereits in theoretischen und methodologischen Entscheidungen angelegt sind. So wurde in den Gesellschaftsentwürfen der soziologischen Klassiker durch konzeptionelle Weichenstellungen der grundlegende Stellenwert der unbezahlten Arbeitskraft von Frauen in der sogenannten Reproduktionssphäre für die Funktionsweise der Gesellschaft ausgeblendet (vgl. beispielsweise Becker-Schmidt/Knapp 2000; Beer 1990; Schmerl 2006). Die Erkenntnis über diese grundlegenden „male bias" des wissenschaftlichen Erkenntnisprozesses hatte zur Konsequenz, dass der etablierte Wissenskanon, die zugrunde liegenden Theorien sowie die erkenntnistheoretischen und methodologischen Prämissen des bisherigen Wissenschaftssystems insgesamt, darunter auch diejenigen der Soziologie, grundlegend auf ihre Glaubwürdigkeit hin befragt wurden: Androzentrismuskritik wurde zum Dreh- und Angelpunkt der weiteren Arbeit..

Die Kritik der soziologischen Geschlechterforschung zielte darauf, dass sich Forschungsfragen, wissenschaftliche Erkenntnisse und Theorien allein auf die Lebenswelt, die Lebensbedingungen und die Erfahrungen von Männern bezogen, sie aber zugleich den Anspruch auf Allgemeingültigkeit erhoben. An diesem

„männlichen" Maßstab gemessen, wurde der „weibliche Lebenszusammenhang", wenn überhaupt, dann lediglich als „Sonderfall" oder „Abweichung" erfasst. Mit dem Anspruch, den Stellenwert und die Leistungen von Frauen in der Geschichte und Gegenwart, ihre Lebensformen, Erfahrungen und Handlungsmöglichkeiten mit wissenschaftlichen Ansätzen sichtbar zu machen und damit dem „male bias" herkömmlicher Wissenschaft eigene Wissenschaftskonzeptionen entgegenzusetzen, begab sich die Geschlechterforschung zunächst in ein kompliziertes Spannungsfeld zwischen „Gleichheits-" und „Differenzansätzen", das sich anhand folgender Fragen skizzieren lässt (vgl. Kahlert 2004): Ist in wissenschaftlichen Konzeptionen von einer grundsätzlichen Gleichheit oder grundlegenden Verschiedenheit von Mann und Frau auszugehen? Geht es im Forschungs- und Erkenntnisprozess also darum, verschiedene Sichtweisen, Fähigkeiten und die Besonderheiten der Erfahrungen und Fähigkeiten von Frauen im Vergleich zu Männern herauszuarbeiten und damit die wissenschaftlichen Ansätze um eine „weibliche" Sichtweise zu vervollständigen? Oder werden durch Grundannahmen über eine wesenhafte Differenz zwischen Männern und Frauen zentrale gesellschaftliche Differenzierungsprozesse und die Prozesse der Herstellung von Ungleichheiten nicht erfasst? Muss also umgekehrt von einer grundlegenden Gleichheit zwischen Mann und Frau ausgegangen werden und in Theoriekonzepten und empirischen Untersuchungen analysiert werden, wie die Ungleichheiten und Differenz zwischen den Geschlechtern in gesellschaftlichen Prozessen und erkenntnistheoretischen Überlegungen erst hergestellt wird?

Die Annahme einer grundlegenden und letztlich natürlich-biologischen Differenz zwischen Mann und Frau leitete beispielsweise Untersuchungen, die von einem ganz spezifischen Zugang von Frauen zur Technik und Computern ausgingen (vgl. Bührmann/Diezinger/Metz-Göckel 2000; Schiersmann 1987). Da aus dieser Perspektive die Differenzen zwischen Männern und Frauen als naturhaft und damit nicht mehr als gesellschaftlich und kulturell hergestellt begriffen wurden, waren damit wichtige gesellschaftliche Prozesse der Geschlechterdifferenzierungen und der Herstellung von Ungleichheiten einer soziologisch-analytischen Perspektive entzogen. Diese Perspektive war letztlich auch nicht mit den Erkenntnissen der Geschlechterforschung vereinbar, dass gesellschaftliche Ungleichbehandlung nicht auf einer über alle Kulturen hinweg gleichermaßen geltenden, ahistorischen und natur- und wesenhaften Geschlechterdifferenz basiert. Die Erkenntnis, dass durch die Gegenüberstellung eines weiblichen und eines männlichen Lebenszusammenhangs zugleich die Unterschiede innerhalb der Gruppen der Männer und der Frauen eingeebnet wurden, bildete einen wichtigen Ansatzpunkt weiterer Forschungen.

Ein entscheidender Schritt in der konzeptionellen Ausarbeitung der Kategorie Geschlecht, der das skizzierte Spannungsfeld aufzulösen versprach, war die analytische Unterscheidung zwischen *gender*, dem „sozialen Geschlecht", und *sex*, dem „biologischen Geschlecht", die im US-amerikanischen Raum entstand und in den 1980er-Jahren Eingang in die deutschen Debatten fand (vgl. beispielsweise Hagemann-White 1984; Löw/Mathes 2005; Müller 2003). 1986 forderte Joan Scott eine kritische Reflexion der wissenschaftlichen Kategorie „Frau" und schlug vor, diese durch die Kategorie „Geschlecht" zu ersetzen bzw. zu ergänzen, auch um das kulturelle Geschlecht durch die Entkopplung vom körperlichen Geschlecht einer weiteren Gesellschaftsanalyse zugänglich zu machen und den relationalen Aspekt von Männlichkeit und Weiblichkeit in den Macht- und Herrschaftsbeziehungen aufnehmen zu können (zu neueren Entwicklungen vgl. Scott 2001). Scott definiert „gender" durch zwei Aspekte: *Gender* sei erstens ein konstitutives Element von gesellschaftlichen Beziehungen, das auf wahrgenommenen Unterschieden zwischen den Geschlechtern (*sexes*) beruhe. Zweitens sei *gender* als eine Art und Weise zu verstehen, wie Machtverhältnisse in einer Gesellschaft reproduziert würden (vgl. ebd.). Mit der Unterscheidung in *sex* und *gender* war es nun möglich geworden, das soziale Geschlecht, also die gesellschaftlich und kulturell geprägten „Geschlechtercharaktere" (Hausen 1976), und das körperliche Geschlecht, also Anatomie, Morphologie, Physiologie und Hormone, in ihrem Wirkungszusammenhang konzeptionell zu entkoppeln. Dies sollte es ermöglichen, den Körper nicht als ein unhintergehbares gesellschaftliches „Schicksal" zu verstehen (vgl. Gildemeister 2004), sondern die Differenzierungen und Ungleichheiten zwischen den Geschlechtern als Resultat von sozialen und kulturellen Einflussnahmen konzeptionell begreifen zu können. Oder anders formuliert: *Gender* ist nun nicht mehr an *sex* gebunden und die Zuweisung zu einer Geschlechtsgruppe (*sex*) begründet nicht die im gesellschaftlichen und sozialen Leben beobachtbaren Geschlechterungleichheiten und -differenzierungen. *Gender* kann damit nicht mehr auf *sex* reduziert werden: Soziale Ausprägungen wie Einfühlsamkeit und Emotionalität, Durchsetzungsfähigkeit und Rationalität stehen aus dieser Perspektive grundsätzlich allen Gesellschaftsmitgliedern offen, unabhängig vom körperlichen Geschlecht. Anknüpfend an die analytische Entkopplung von körperlichem und sozialem Geschlecht schlägt Carol Hagemann-White (1984) vor, von einem kulturellen System der Zweigeschlechtlichkeit auszugehen, das die Menschen bei ihrer Geburt vorfinden und das maßgeblich für ihre Einordnung als männliche oder weibliche Gesellschaftsmitglieder ist, weshalb sie ein Interesse daran haben, im zweigeschlechtlichen System als Mann oder Frau erkannt und anerkannt zu werden. Damit werden neben dem Prozess der gesellschaftlichen Geschlechtszuweisung zudem „Selbstzuweisungen" der Gesellschaftsmitglieder analysierbar. Das Mann- oder Frau-Sein ist demnach als ein Herstellungsprozess in der alltäglichen Interaktion der Gesellschaftsmitglieder zu verstehen und nicht als eine Tatsache, die jenseits des Tuns der Akteure feststeht.

Die Unterscheidung zwischen *sex* und *gender* wurde in einem erneuten (er-kenntnis)theoretischen Schritt grundlegend kritisiert. Für diese Diskussion über die Kategorie „Geschlecht" steht die Veröffentlichung „Gender Trouble" von Judith Butler (1991, 1993; Bublitz 2010; Villa 2003). Butler betont, dass auch die Zuordnung zum körperlichen Geschlecht keineswegs selbstverständlich sei, sondern die Vorstellung von männlichen und weiblichen Körpern und die jeweiligen Zuordnungen ebenfalls in kulturellen und gesellschaftlichen Prozessen hergestellt werden. Demnach ist selbst die körperliche Differenzierung in zwei

Geschlechter das Resultat einer kulturspezifischen Klassifikation, die schon bei der Geburt zur Wirkung kommt. Damit steht die zentrale Erkenntniskategorie Geschlecht erneut auf dem Prüfstand. Indem Butler die bis dahin in der Geschlechterforschung gängige Unterscheidung zwischen *sex* und *gender* grundlegend zur Disposition stellt (Becker-Schmidt/Knapp 2000), radikalisiert sie zugleich die Frage nach dem Verhältnis von Natur und Kultur in Bezug auf die Kategorie Geschlecht. Mit der Annahme, dass bereits die Vorstellung, die Natur gebe nur zwei körperliche Geschlechter vor, eine gesellschaftliche Konstruktion sei, löst sich schließlich auch *sex* in *gender* auf. Ein Resultat dieser Debatte ist, dass Geschlechterdifferenzen, weibliche (und männliche) Subjektivität bzw. geschlechtliche Identitäten als durch und durch sozial und diskursiv konstruiert erscheinen, als das Resultat sozialer Institutionalisierungsprozesse wirken und Geschlecht lediglich relational zu bestimmen ist.

Neben der Auslösung einer erneuten (erkenntnis)theoretischen Diskussion zur Kategorie Geschlecht hat der Begriff *gender* auch dazu beigetragen, die Perspektive gegenüber Unterschieden zwischen Frauen aufgrund der sozialen und kulturellen Herkunft, sexuellen Orientierungen oder des Alters zu öffnen. Diese Debatte soll im Folgenden in den Blick genommen werden.

2 Wechselwirkungen von Ungleichheiten und Differenzierungen

Die Diskussion unter dem Schlagwort „Intersektionalität" dreht sich um die Fragen, wie die Unterschiede zwischen Frauen in theoretischen Ansätzen und methodologischen Überlegungen angemessen berücksichtigt werden können, wie Ungleichheiten und soziale Differenzen in Wechselbeziehungen zueinander treten, wie sie sich gegenseitig verändern, abschwächen oder verstärken können (vgl. Aulenbacher 2010; Aulenbacher/Riegraf 2009; Degele/Winker 2008; Winker/Degele 2009; Knapp 2005a, 2005b; Klinger/Knapp 2008; Verloo 2006; Yuval-Davis/Anthias/Kofman 2005).

Das Anliegen der Intersektionalitätsanalysen war anfänglich eng mit politischen Interventionen der Frauenbewegung, wie denen der schwarzen Feministinnen in den USA, verbunden. Das in den 1970er-Jahren entstandene Combahee River Collective formulierte in der Streitschrift „A Black Feminist Statement" (1977) bereits den Gedanken, dass es keine einheitlichen Interessen von Frauen gibt, sondern dass sich die Situation von schwarzen Frauen grundlegend von der weißer Frauen unterscheidet. Demnach finden sich die spezifischen Unterdrückungsmechanismen gegenüber schwarzen Frauen, ihre Erfahrungen und Interessen in einem Feminismus nicht wieder, der auf die Bedürfnisse weißer, heterosexueller und westlicher Mittelschichtsfrauen ausgerichtet ist. Die US-amerikanische Rechtswissenschaftlerin Kimberlé Crenshaw führte schließlich den Begriff der Intersektionalität in den 1980er-Jahren ein. Das eingängige Bild eines Unfalls an einer Straßenkreuzung diente ihr zur Verdeutlichung, dass sich die Diskriminierungsmechanismen von *gender* und *race* verschränken (vgl. Crenshaw 1989: 56). Ihr ging es darum zu zeigen, dass in amerikanischen Antidiskriminierungsgesetzen die Kategorien *gender* und *race* als sich gegenseitig ausschließend konzeptionalisiert werden. Insbesondere die Situation schwarzer Frauen würde in diesen Gesetzen nicht angemessen berücksichtigt. Während einer weißen Frau oder einem schwarzen Mann nur auf der einen Straße etwas zustoßen kann (*gender* oder *race*), kann die schwarze Frau durch das Zusammentreffen beider Kategorien an dessen Kreuzung spezifische Verletzungen erleben (vgl. Walgenbach/Eggers/Grohs 2006; Crenshaw 1989). Crenshaw konzentrierte sich in ihren Arbeiten zunächst auf die zwei Benachteiligungsdimensionen von Geschlecht und *race*/Ethnizität, denen im Laufe der Diskussion weitere Dimensionen hinzugefügt wurden.

Im deutschsprachigen Raum versuchten Cornelia Klinger und Gudrun-Axeli Knapp aus einer makrotheoretischen Analyse die Frage nach der Anzahl der relevanten Kategorien und ihrer Gewichtung zu klären. Demnach sind die drei Dimensionen Geschlecht, Klasse und *race*/Ethnizität zentral für eine Intersektionalitätsanalyse, da sie auf drei große „systems of oppression" (Klinger 2008: 55) verweisen. Die drei Dimensionen stellen nach Klinger und Knapp die Grundmuster gesellschaftlich-politisch relevanter Ungleichheit dar und verweisen zugleich auf verschiedene Ausschlusspraxen: Patriarchat, Kapitalismus und Nationalismus/Imperialismus sind die dazugehörigen Herrschaftsverhältnisse, so Klinger. Diese „welthistorischen" Herrschaftssysteme seien wiederum von „spielerischen" Differenzierungen wie Alter oder Religion zu unterscheiden (vgl. Klinger 2003: 6). Klinger und Knapp (2007; Knapp 2005 b), die dem Konzept der Intersektionalität programmatischen Charakter zuschreiben, gehen davon aus, dass Ungleichheiten nach Geschlecht, Klasse und *race*/Ethnizität keine vorübergehenden Erscheinungen moderner Gesellschaften sind, sondern ihnen eine nicht leicht zu bestimmende Funktionalität innewohnt, die es noch näher zu bearbeiten gelte.

Nach Klinger und Knapp beschäftigen sich drei Wissenschaftsbereiche mit Ungleichheiten, die durch die Diskussionen in der Geschlechterforschung zur Intersektionalität herausgefordert werden: die Ungleichheitssoziologie (1), die gesellschaftstheoretischen Reflexionen (2) und die Critical Race Studies, Gender Studies und Class Studies (3).

Die Ungleichheitssoziologie könne zwar eine Vielzahl empirischer Bestandsaufnahmen vorweisen, allerdings bleibe der theoretische Forschungsstand angesichts der Fragen, die durch die Intersektionalitätsperspektive aufgeworfen werden, unbefriedigend. Die Gründe für den Mangel an theoretischen Reflexionen sehen Klinger und Knapp (2005: 22) in der „Arbeitsteilung zwischen empirischer Ungleichheits- und Strukturanalyse und Ungleichheits- bzw. Gesellschaftstheorie". Sie kritisieren, dass sich die Ungleichheitssoziologie in den letzten Jahren zu sehr auf den Wandel von Ungleichheitsstrukturen konzentriert habe, anstatt deren Kontinuitäten zu beachten. Gegenwärtig lägen zwar eine Reihe von Untersuchungen vor, die auf grundlegende gesellschaftliche Umbruch- und Umbauprozesse und Verwerfungen in den letzten Jahrzehnten hinweisen, die mit veränderten

Positionierungen von Gesellschaftsmitgliedern und der Pluralisierung von Lebenszusammenhängen einhergehen (vgl. Aulenbacher/Riegraf 2009). Es seien aber vorwiegend empirische Forschungen, die sich mit dem Nebeneinander von „neuen" und „alten" Ungleichheitsdimensionen im Geschlechterverhältnis beschäftigten, wie mit neuen Migrationsmustern angesichts von Transnationalisierungsprozessen oder veränderten Ungleichheiten durch die Zunahme von Globalisierungsprozessen (vgl. Han 2005; Morokvasic-Muller 2003). Ihre Bedeutung für die modernen Gesellschaften in einer theoretischen Betrachtung herauszuarbeiten, stelle sich aber als Manko dar. Die großen gesellschaftstheoretischen Strömungen wiederum gingen den Fragen nach Ungleichheitsstrukturen entweder gar nicht nach oder sie würden „im Kontext der jeweils als dominant beschriebenen Trends und damit aus einer in der Regel partikularen Sicht auf den gesellschaftlichen Prozess" (Klinger/Knapp 2005: 26) diskutiert. Die Forschungsrichtungen der Critical Race Studies, Gender Studies und Class Studies wiederum konzentrieren sich nach Klinger und Knapp jeweils lediglich auf eine Dimension auf den „Achsen der Ungleichheit" und würden dadurch das Wechselspiel mit den anderen Ungleichheitskategorien nicht adäquat in den Blick bekommen.

3 Intersektionalität und Politik

Aus einer handlungs- und politikorientierten Perspektive ist ein Verdienst der Analyse von Crenshaw aufzuzeigen, dass in US-amerikanischen Antidiskriminierungsgesetzen die Kategorien Geschlecht und *race*/Ethnizität nicht nur als sich gegenseitig ausschließend konzeptualisiert werden, sondern dass die Konzentration auf eine Ungleichheitsdimension in politischen Konzepten, Strategien und Programmen verstärkend auf eine andere Diskriminierungsdimension wirken kann (vgl. Riegraf 2010). Crenshaw diskutiert entlang von Beispielen aus dem US-amerikanischen Kontext die Konsequenzen, die eine Konzentration von politischen Akteuren und Programmen auf lediglich eine Machtkonstellation entfalten können. Demnach sind Daten über Polizeiinterventionen zu häuslicher Gewalt in Los Angeles offiziell nicht nach Distrikten verfügbar, um rassistische Stereotypen nicht zu fördern, also durchaus in bester politischer Absicht. Diese Informationen wurden von politischen Akteuren, die sich mit häuslicher Gewalt beschäftigten, aufgrund der Befürchtung zurückgehalten, die Daten könnten dazu missbraucht werden, Stereotypen über krankhafte Gewalttätigkeit von gesellschaftlichen Gruppen zu aktualisieren und zu verstärken (vgl. Crenshaw 1989, 1994; Verloo 2006). Allerdings richte sich eine solche Politik potenziell gegen die Interessen von „women of colour", da sie nicht darin unterstütze würden, „to 'break the silence' within the respective communities, thus hindering broad mobilization against domestic violence in these communities" (ebd.: 213).

Crenshaw (1989: 213) unterscheidet zwischen *struktureller* und *politischer Intersektionalität*, um sowohl die theoretischen als auch die handlungsorientierten Aspekte der Diskussion in den Blick zu bekommen. Strukturelle Intersektionalität soll die Perspektive für eine stärker gesellschaftstheoretische und methodologisch orientierte Analyse öffnen, während mit der politischen Intersektionalität eine handlungs- und politikorientierte Perspektive gemeint ist.

Nach Crenshaw soll über eine strukturelle Analyse ausgearbeitet werden, wie und wann sich gesellschaftliche Ungleichheitslagen und Subjektpositionen lesbischer Frauen grundlegend von der gesellschaftlichen Situation heterosexueller Frauen, und die Situation schwarzer Frauen sich grundlegend von gesellschaftlichen Ungleichheitslagen und Subjektpositionen weißer Frauen unterscheiden (vgl. Verloo 2006). Mit einer strukturellen Intersektionsanalyse wird beispielsweise zugänglich gemacht, „why a black woman is not considered for one job because she is black since the 'norm employee' is a white woman, while other jobs are also unavailable to her since the jobs available to black persons in that context are predominantly male jobs" (Verloo 2006: 213). Mit einer solchen Perspektive, die bei Crenshaw noch auf die Kategorien Geschlecht und *race*/Ethnizität hin ausgerichtet ist, wird gefragt: Wie und in welchen gesellschaftlichen Situationen verändern rassistische Strukturen die gesellschaftlichen Ausprägungen von Sexismus oder Homophobie? Wie und in welchen gesellschaftlichen Situationen verstärkt die Klassenlage Homophobie? Wie und in welchen gesellschaftlichen Situationen erweitert oder bestärkt Homophobie Rassismus?

Demgegenüber wird mit der politischen Intersektionalitätsanalyse der gesellschafts-emanzipatorische Impetus der Intersektionalitätsperspektive deutlich unterstrichen. Die zentralen Fragen sind aus dieser Perspektive: Wie und in welchen Situationen grenzen Politiken gegen Geschlechterdiskriminierung andere Benachteiligungsdimensionen aus oder verstärken diese gar? Wie und in welchen Situationen marginalisieren Maßnahmen beispielsweise gegen Diskriminierungen aufgrund von *race*/Ethnizität Benachteiligungen aufgrund des Geschlechts? Wie und in welchen Situationen schließen Politiken zur Geschlechtergleichstellungen lesbische Frauen aus? Oder allgemeiner formuliert: In welcher Weise fordern die Wechselwirkungen von Ungleichheiten und Differenzen politische Konzepte, Programme und Maßnahmen heraus? Wie wirkt sich die Konzentration von politischen Konzepten, Strategien und Programmen auf eine konkrete Ungleichheits- und Diskriminierungsstruktur auf andere Ungleichheits- und Diskriminierungsstrukturen aus? Und daran anschließend: Wie müssen vor diesem Hintergrund die bisherigen politischen Konzepte, Programme und Instrumente überdacht und weiterentwickelt werden? Welche Gleichstellungskonzepte können dem Anspruch überhaupt gerecht werden?

Im folgenden Kapitel wird die politik- und handlungsorientierte Ausformulierung der Intersektionalitätsdebatte anhand von Antidiskriminierungspolitiken betrachtet. Diese sind gerade in Zeiten von gesellschaftlichen Umbrüchen zentral, da in diesen Prozessen Gestaltungskompetenzen und -konzepte zum Abbau von Benachteiligungen besonders relevant werden (vgl. hierzu Aulenbacher et al. 2007; Riegraf 2008).

4 Intersektionalität zwischen Gesellschaftstheorie und politischer Anwendung

Vor dem Hintergrund der oben skizzierten Analysen von Klinger und Knapp zur Entstehung und zu Überkreuzungen von Ungleichheiten lässt sich bezweifeln, dass sämtlichen gesellschaftlichen Ungleichheitsstrukturen und Benachteiligungsdimensionen mit ähnlichen oder gar gleichen Politiken, Strategien und Programmen begegnet werden kann. Eine Politik, die alle Ungleichheitsstrukturen und Benachteiligungsdimensionen mit gleichgerichteten Maßnahmen und Instrumenten angehen möchte, erkennt deren Bezogenheit auf unterschiedliche gesellschaftliche und historische Faktoren nicht an. Eine Gleichstellung der drei grundlegenden Ungleichheiten mit anderen Differenzierungen birgt zudem aus Sicht von Klinger (2003) die Gefahr eines Relativismus und einer Abwertung der grundlegenden gesellschaftsstrukturierenden Ungleichheiten.

Multiple Diskriminierungsstrukturen und -praxen sind in den letzten Jahren durchaus Thema von Politiken, wie beispielsweise der „Politics of multiple Identities" auf der Ebene der Vereinten Nationen (UN) und der Europäischen Union (EU) (vgl. Raj 2002; Sauer/Wöhl 2008). Antidiskriminierungspolitik auf europäischer Ebene hat das erklärte gesellschaftspolitische Ziel, alle relevanten Merkmalsgruppen zu umfassen und keine Hierarchien zwischen den einzelnen Benachteiligungsdimensionen aufzubauen. Auf europäischer Ebene durchlief das Antidiskriminierungsrecht einen langen Weg vom Verbot der Geschlechterdiskriminierung bis hin zu einem *Diversity*-Ansatz (vgl. Sauer/Wöhl 2008). Die EU trieb zudem eine Politik der zielgerichteten Maßnahmen jeglicher Benachteiligung aufgrund des Geschlechts, *race*/Ethnizität, Religionszugehörigkeit, Alter, Behinderung oder sexueller Orientierung voran. Die politische Anerkennung von ungleichheitsgenerierender Kategorien dehnte sich also über die Kategorie Geschlecht und *race*/Ethnizität hinaus auf andere Benachteiligungsdimensionen aus: Die EU „moves from a predominant focus on gender inequality towards policies that address multiple inequalities" (Verloo 2006: 214). Verloo führt drei Problembereiche aus, in denen die Ausweitung des Fokus der EU von Geschlechtern auf Politiken, die multiple Ungleichheiten in den Vordergrund schieben, sichtbar wird (vgl. ebd.):

1. Annahme der Ähnlichkeit dieser Ungleichheiten
2. Notwendigkeit von strukturellen Ansätzen
3. politischer Wettkampf zwischen diesen Ungleichheiten.

Zum ersten Punkt sieht Verloo (ebd.: 221) als problematisch an, dass „different inequalities are dissimiliar because they are differently framed to be relevant as policy problems." Weiter führt sie aus: „'One size fits all' approach to addressing multiple discrimination is based on an incorrect assumption of sameness or equivalence of the social categories connected to inequalities and of the mechanisms and processes that constitute them" (ebd.: 223). Mit der Ausdehnung der als ungleichheits- und diskriminierungsrelevant anerkannten Kategorien haben sich aber die Politiken, Instrumente und Strategien nicht in gleicher Weise vervielfältigt, so die Kritik von Verloo, vielmehr würden dieselben Instrumente gegen Diskriminierung für alle Dimensionen angewandt: „The fact that inequalities are dissimiliar means that such 'equality' mainstreaming cannot be a simple adaption of current tools of gender mainstreaming" (ebd.: 222).

Daran knüpfen zwei weitere Problembereiche an, die – laut Verloo – eng mit der Ausgestaltung der politischen Programme verbunden sind. Das ist erstens der vorwiegend individualistische Charakter der Antidiskriminierungspolitik, was die Notwendigkeit der Rückkopplung an strukturelle Ansätze der Intersektionalitätsdebatte verdeutlicht. Antidiskriminierung werde zu einer begrenzten Strategie, wenn strukturelle Unterschiede unangetastet blieben. Zweitens würde die wachsende Konkurrenz „between inequalities [...] fuelled by the specific nature of current policies" (ebd.: 215). Verloo warnt davor, die „Ungleichheitshierarchien" zu verwischen, da dies bedeuten könne, dass „gender might lose out, or is already losing out" (ebd.: 215), und sie schließt daraus, dass der Kampf zwischen verschiedenen Ungleichheitendimensionen um angemessene (oder vorrangige) Berücksichtigung immer präsent bleibe und daher immer die Gefahr der Hierarchisierung von Ungleichheiten in der Politik bestehe.

5 Fazit

In diesem Beitrag wurde zunächst in die (erkenntnis)theoretischen Diskussionen zur Kategorie Geschlecht eingeführt. Ausgangspunkt der Diskussion war die Einsicht, dass sich die Lebenswirklichkeit und die Lebensrealität von Frauen lange nicht oder nur verzerrt in den wissenschaftlichen Konzeptionen und empirischen Erhebungen wiederfanden. Diese Erkenntnis entstammt einer engen Verbindung zwischen Frauenbewegung und Geschlechterforschung, die auch den gesellschaftlich-emanzipatorischen Anspruch der Geschlechterforschung mit begründet. Die Verbindung zwischen Frauenbewegung und Geschlechterforschung veränderte sich zwar, sie blieb aber dennoch bestehen. Ging es in der soziologischen Geschlechterforschung zunächst darum, die Lebenswirklichkeiten und Lebenskontexte von Frauen sichtbar zu machen, wurde schließlich die Kategorie Geschlecht selbst theoretisch weiter ausgearbeitet. Hier ergibt sich dann als Herausforderung die Diskussion über die Differenzen zwischen Frauen, die unter dem Schlagwort „Intersektionalität" geführt wird, und deren Ertrag für die theoretische und methodologische Debatte in der Geschlechterforschung. Es wird nun künftig zu fragen sein, welche weiterführenden Impulse die Debatte für die handlungs- und politikorientierten Konzepte gibt und geben kann.

Literaturliste

Althoff, Martina/Bereswill, Mechthild/Riegraf, Birgit (Hrsg.) (2001): Feministische Methodologien und Methoden, Opladen: Leske und Budrich
Aulenbacher, Brigitte (2010): Intersektionalität – Die Wiederentdeckung komplexer sozialer Ungleichheiten und neue Wege in der Geschlechterforschung, in: Aulenbacher, Brigitte/Meuser, Michael/Riegraf, Birgit (2010): Soziologische Geschlechterforschung. Eine Einführung, Wiesbaden: VS Verlag für Sozialwissenschaften
Aulenbacher, Brigitte/Riegraf, Birgit (2009): Markteffizienz und Ungleichheit – Zwei Seiten einer Medaille? Klasse/Schicht, Geschlecht und Ethnie im Übergang zur postfordistischen Arbeitsgesellschaft, in: Aulenbacher, Brigitte/Wetterer, Angelika (Hrsg.) (2009): ARBEIT. Perspektiven und Diagnosen der Geschlechterforschung. Band 25 des Forums Frauen- und Geschlechterforschung, Münster: Westfälisches Dampfboot, S. 230–248
Aulenbacher, Brigitte/Meuser, Michael/Riegraf, Birgit (2010): Soziologische Geschlechterforschung. Eine Einführung, Wiesbaden: VS Verlag für Sozialwissenschaften
Aulenbacher, Brigitte/Funder, Maria/Jacobsen, Heike/Völker, Susanne (Hrsg.) (2007): Arbeit und Geschlecht im Umbruch der modernen Gesellschaft. Forschung im Dialog, Wiesbaden: VS Verlag für Sozialwissenschaften
Becker-Schmidt, Regina/Knapp, Gudrun-Axeli (2000): Feministische Theorien zur Einführung, Hamburg: Junius
Beer, Ursula (1990): Geschlecht, Struktur, Geschichte. Soziale Konstituierung des Geschlechterverhältnisses, Frankfurt am Main/New York: Campus
Brück, Brigitte/Kahlert, Heike/Krüll, Marianne (1992): Feministische Soziologie. Eine Einführung, Frankfurt am Main/New York: Campus
Bublitz, Hannelore (2010): Judith Butler zur Einführung, 3. Aufl., Hamburg: Junius
Bührmann, Andrea/Diezinger, Angelika/Metz-Göckel, Sigrid (Hrsg.) (2000): Arbeit –Sozialisation – Sexualität. Zentrale Felder der Frauen- und Geschlechterforschung, Wiesbaden: VS Verlag für Sozialwissenschaften
Butler, Judith (1993): Kontingente Grundlagen: Der Feminismus und die Frage der „Postmoderne", in: Benhabib, Seyla/Butler, Judith/Cornell, Drucilla/Fraser, Nancy (Hrsg.): Der Streit um Differenz, Frankfurt am Main: Fischer, S. 31–58
Butler, Judith (1991): Das Unbehagen der Geschlechter. Aus dem Amerikanischen von Katharina Menke, Frankfurt am Main: Suhrkamp (Originalausgabe: (1990): Gender Trouble. Feminism and the Subversion of Identity, New York/London: Routledge)
Casale, Rita/Rendtorff, Barbara (Hrsg.) (2008): Was kommt nach der Genderforschung? Zur Zukunft der feministischen Theoriebildung, Bielefeld: Transcript
Combahee River Collective (1977/1997): A Black Feminist Statement, in: Nicholson, Linda (Hrsg.): The Second Wave. A Reader in Feminist Theory, New York/London: Routledge, S. 63–70
Crenshaw, Kimberlé W. (1994): Mapping the Margins: Intersectionality, Identity Politics, and Violence against Women of Color, in: Fineman, Martha Albertson/Mykitiuk, Roxanne (Hrsg.): The Public Nature of Private Violence. The Discovery of Domestic Abuse, New York/London: Pantheon Books, S. 93–118
Crenshaw, Kimberlé W. (1989): Demarginalizing the Intersection of Race and Class. A black feminist critique of antidiscrimination doctrine, in: University of Chicago Legal Forum, S. 139–167
Degele, Nina/Winker, Gabriele (2008): Praxeologisch differenzieren. Ein Beitrag zur intersektionalen Gesellschaftsanalyse, in: Klinger, Cornelia/Knapp, Gudrun-Axeli (Hrsg.) (2008):

ÜberKreuzungen. Fremdheit, Ungleichheit, Differenz, Münster: Westfälisches Dampfboot, S. 194–209

Gildemeister, Regine (2004): Doing Gender: Soziale Praktiken der Geschlechterunterscheidung, in: Becker, Ruth/Kortendiek, Beate (Hrsg.): Handbuch Frauen- und Geschlechterforschung. Theorie, Methoden, Empirie, Wiesbaden: VS Verlag für Sozialwissenschaften, S. 132–141

Hagemann-White, Carol (1984): Sozialisation: weiblich-männlich, Opladen: Leske und Budrich

Han, Petrus (2005): Soziologie der Migration. Erklärungsmodelle, Fakten, politische Konsequenzen, Perspektiven, Stuttgart: UTB für Wissenschaft

Hark, Sabine (2005): Dissidente Partizipation. Eine Diskursgeschichte des Feminismus, Frankfurt am Main: Suhrkamp

Hausen, Karin (1976): Die Polarisierung der „Geschlechtercharaktere" – eine Spiegelung der Dissoziation von Erwerbs- und Familienleben, in: Conze, Werner (Hrsg.): Sozialgeschichte der Familie in der Neuzeit Europas, Stuttgart: Klett, S. 363–393

Kahlert, Heike (2004): Differenz, Genealogie, Affidamento. Das italienische ‚pensiero della differenza sessuale' in der internationalen Rezeption, in: Becker, Ruth/Kortendiek, Beate (Hrsg.): Handbuch Frauen- und Geschlechterforschung. Theorie – Methoden – Empirie, Wiesbaden: VS Verlag für Sozialwissenschaften, S. 91–98

Klinger, Cornelia (2008): Überkreuzende Identitäten – Ineinandergreifende Strukturen. Plädoyer für einen Kurswechsel in der Intersektionalitätsdebatte, in: Klinger, Cornelia/Knapp, Gudrun-Axeli (Hrsg.): ÜberKreuzungen, Fremdheit, Ungleichheit, Differenz, Münster: Westfälisches Dampfboot, S. 38–67

Klinger, Cornelia (2003): Ungleichheit in den Verhältnissen von Klasse, Rasse und Geschlecht in: Knapp, Gudrun-Axeli/Wetterer, Angelika (Hrsg.): Achsen der Differenz. Gesellschaftstheorie und feministische Kritik II, Münster: Westfälisches Dampfboot, S. 14–48

Klinger, Cornelia/Knapp, Gudrun-Axeli (Hrsg.) (2008): ÜberKreuzungen. Fremdheit, Ungleichheit, Differenz, Münster: Westfälisches Dampfboot

Klinger, Cornelia/Knapp, Gudrun-Axeli (Hrsg.) (2007): Achsen der Ungleichheit – Achsen der Differenz: Verhältnisbestimmungen von Klasse, Geschlecht, „Rasse"/Ethnizität, in: Klinger, Cornelia/Knapp, Gudrun-Axeli/Sauer, Birgit (Hrsg.): Achsen der Ungleichheit, Zum Verhältnis von Klasse, Geschlecht und Ethnizität, Frankfurt am Main/New York: Campus, S. 19–41

Klinger, Cornelia/Knapp, Gudrun-Axeli (2005): Achsen der Ungleichheit – Achsen der Differenz. Verhältnisbestimmungen von Klasse, Geschlecht, „Rasse"/Ethnizität, in: Transit – Europäische Revue. Heft 29, Online-Ressource: http://www.iwm.at/index.php?option=com_content&task=view&id=232&Itemid=230

Knapp, Gudrun-Axeli (2005a): Race, Class, Gender: Reclaiming Baggage in Fast Travelling Theories, in: European Journal of Women's Studies 12 (3), S. 249–265

Knapp, Gudrun-Axeli (2005b): „Intersectionaliy" – ein neues Paradigma feministischer Theorie? Zur transatlantischen Reise von „Race, Class, Gender", in: Feministische Studien 23 (1), S. 68–81

Löw, Martina/Mathes, Bettina (Hrsg.) (2005): Schlüsselwerke der Geschlechterforschung, Wiesbaden: VS Verlag für Sozialwissenschaften

Morokvasic-Muller, Mirjana (2003): Gender-Dimensionen der postkommunistischen Migrationen in Europa, in: Apitzsch, Ursula/Jansen, Mechtild M. (Hrsg.): Migration, Biographie und Geschlechterverhältnisse, Münster: Westfälisches Dampfboot, S. 143–171

Müller, Ursula (2003): „Gender" kommt – die Geschlechter gehen? Selbst- und Fremdpositionierungen in den Sozialwissenschaften, in: Zeitschrift für Frauenforschung & Geschlechterstudien 21 (2/3), S. 48–66

Prokop, Ulrike (1976): Weiblicher Lebenszusammenhang. Von der Beschränktheit der Strategien und der Unangemessenheit der Wünsche, Frankfurt am Main: Suhrkamp

Raj, Rita (2002) (Hrsg.): Women at the Intersection. Invisible Rights, Identities and Oppressions, New Brunswick: Rutgers University Press

Riegraf, Birgit (2010): Intersektionen von Ungleichheiten und Differenzen: Kursbestimmung im Nebel zwischen Gesellschaftstheorie und politischem Gestaltungsanspruch, in: Böllert, Karin/Oelkers, Nina (Hrsg.): Frauenpolitik in Familienhand? Neue Verhältnisse in Konkurrenz, Autonomie oder Kooperation, Wiesbaden: VS Verlag für Sozialwissenschaften, S. 39–55

Riegraf, Birgit (2008): Anwendungsorientierte Forschung und der Wandel der Wissensordnung zu Geschlecht: Konzeptionelle Annäherungen, in: Österreichische Zeitschrift für Soziologie, Themenheft „Soziologie und Geschlechterforschung", 33 (4), S. 62–78

Riegraf, Birgit/Plöger, Lydia (Hrsg.) (2009): Gefühlte Nähe – faktische Distanz: Geschlecht zwischen Wissenschaft und Politik. Perspektiven der Frauen- und Geschlechterforschung auf die „Wissensgesellschaft", Opladen/Farmington Hills: Budrich

Sauer, Birgit/Wöhl, Stefanie (2008): Governing intersectionality. Ein kritischer Ansatz zur Analyse von Diversitätspolitiken, in: Klinger, Cornelia/Knapp, Gudrun-Axeli (Hrsg.): ÜberKreuzungen. Fremdheit, Ungleichheit, Differenz, Münster: Westfälisches Dampfboot, S. 249–273

Schiersmann, Christiane (1987): Computerkultur und weiblicher Lebenszusammenhang: Zugangsweisen von Frauen und Mädchen zu neuen Technologien. Bundesministerium für Bildung und Wissenschaft, Bad Honnef/Bonn: Vertrieb K.H. Bock

Schmerl, Christiane (2006): Und sie bewegen sich doch... Aus der Begegnung von Frauenbewegung und Wissenschaft, Tübingen: dgvt

Scott, Joan W. (2001): Die Zukunft von gender. Phantasien zur Jahrtausendwende, in: Honegger, Claudia/Arni, Caroline (Hrsg.): Gender – die Tücken einer Kategorie, Zürich: Chronos, S. 39–63

Scott, Joan W. (1986/1994): Gender: Eine nützliche Kategorie der historischen Analyse, in: Kaiser, Nancy: Selbst bewusst. Frauen in den USA, Leipzig: Reclam, S. 27–75

Verloo, Mieke (2006): Multiple Inequalities, Intersectionality and the European Union, in: European Journal of Women's Studies 13 (3), S. 211–228

Villa, Paula-Irene (2003): Judith Butler, Frankfurt am Main/New York: Campus

Walgenbach, Katharina/Eggers, Maureen Maisha/Grohs, Telse S. (2006): Interdependenzen: Geschlecht, Ethnizität, Klasse. Virtuelles Seminar an der FU Berlin, Online-Ressource: http://www2.gender.hu-berlin.de/geschlecht-ethnizitaet-klasse/www.geschlecht-ethnizitaet-klasse.de

Winker, Gabriele/Degele, Nina (2009): Intersektionalität. Zur Analyse sozialer Ungleichheiten, Bielefeld: Transcript

Yuval-Davis, Nira/Anthias, Floya/Kofman, Eleonore (2005): Secure Borders and Safe Haven and the Gendered Politics of Belonging: Beyond Social Cohesion, in: Ethnic and Racial Studies 28 (3), S. 513–535

Anfang und Ende des bürgerlichen Geschlechterdiskurses: Philosophisch-feministische Forschungen zur Autonomie der Frau

Marion Heinz

Einleitung

In Geschlechtertheorien wird kein von der Alltagspraxis getrennter Gegenstandsbereich verhandelt: Sie stehen vielmehr in unmittelbarem oder vermitteltem Konnex zur gesellschaftlichen Wirklichkeit, indem sie in biografische oder gesellschaftspolitische Prozesse der Selbstverständigung konservierend, retardierend oder forcierend eingreifen. Im *philosophischen* Geschlechterdiskurs wird das Wirkliche in Hinsicht auf seine Vernünftigkeit abgeschätzt und auf den Begriff gebracht, und das setzt voraus, die Prinzipien für die vernünftige Gestaltung und Normierung von Handlungen und Institutionen im Rückbezug auf den Lehrbestand zu erörtern, den die Tradition im Zuge der philosophischen Debatten als bewahrenswert ausgezeichnet hat.[28]

Wie prägend der philosophische Geschlechterdiskurs für das Selbstverständnis von Individuen und die kurrenten Vorstellungen gesellschaftlicher Ordnung ist, lässt sich im Ausgang von der durch Jean-Jacques Rousseau um die Mitte des 18. Jahrhunderts initiierten bürgerlichen Geschlechtertheorie zeigen. Dieser Diskurs liefert die entscheidenden Parameter für das Gerüst der bürgerlichen Gesellschaft, soweit dieses auf dem für die Stabilität des Staates entscheidenden Ordnungsgefüge von Ehe und Familie errichtet ist. An diesen Leitlinien bürgerlicher Lebensordnung richtet sich nicht nur das alltägliche Bewusstsein von Frauen und Männern aus, sondern an ihnen arbeiten sich auch alle nachfolgenden Theoretiker implizit oder explizit, zustimmend oder ablehnend ab.

Im vorliegenden Beitrag geht es darum, die philosophischen Lehrstücke zur Geschlechtlichkeit des Menschen und zur gesellschaftlichen Ordnung der Geschlechter in wenigen wegweisenden und für die eigene Gegenwart noch relevanten Stationen skizzenhaft präsent zu machen. Nur durch eine solche Selbstvergewisserung im Horizont der Geschichte philosophischer Geschlechtertheorien

---

28 Die feministisch motivierten Bemühungen um die „Relektüre" des Kanons der klassischen Texte der Philosophie sind zuerst im angelsächsischen Raum entstanden; das Hörbarmachen der verschwiegenen weiblichen Stimme in der Philosophie der männlichen Meisterdenker hat auch die Relektüre der Klassiker im deutschsprachigen Raum maßgeblich geprägt. Eine Auswahl der mittlerweile selber als Klassiker der feministischen Philosophie zu bezeichnenden Arbeiten: Benhabib (1995), Doyé/Heinz/Kuster (2002) [vgl. in diesem Band die für die hier vorgestellten Überlegungen einschlägigen Beiträge von Kuster und Heinz], Clark/Lange (1979), Lloyd (1984), Shanley/Pateman (1991), Moller Okin (1979), Nagl-Docekal (2001), Nagl-Docekal/Pauer-Studer (1996).

und ihrer Kritik als ideologisches Konstrukt ist den im Zuge des Neoliberalismus entstandenen neuen Ideologemen von weiblichem Subjekt und von Gleichstellung der Frau wissenschaftlich und politisch entgegenzutreten.

Im Zentrum steht damit die Frage nach dem, was Autonomie der Frau heißen kann. Versteht man Autonomie hier im Sinne der alltagssprachlichen Bedeutung als Selbstbestimmung in rechtlicher, politischer und biografischer Hinsicht, so ist der Befund unübersehbar, dass mit der konzeptionellen Grundlegung der bürgerlichen Gesellschaft bei Rousseau Frauen Autonomie in den genannten Hinsichten – dem Postulat der Freiheit und Gleichheit des Bürgers widersprechend – verweigert wird (vgl. Kuster 2009). Diese Ausgrenzung des Weiblichen beruht bei Rousseau darauf, dass der *partikulare* männliche Geschlechtscharakter mit den Attributen dessen ausgestattet wird, was im Aufklärungsdiskurs die normative Auszeichnung des *allgemein* Menschlichen bildet, jenen Attributen also, die als Inbegriff des Geistigen gelten. Es ist nun Wilhelm von Humboldt, dem eine entschiedene Umwertung zu verdanken ist: Dem Ideal des Menschen entspricht nicht der Mann in seiner die abgehobene Sphäre des Intellekts repräsentierenden Gestalt, sondern es ist das weibliche Geschlecht, welches als das dem Ideal des Menschen entsprechende gedacht wird (vgl. Menze 1993; Vogel 1987: 106–126). Während Rousseau der aristotelischen Linie der Geschlechtertheorien darin folgt, dass er aus dem maßgeblichen Bestimmtsein der Frau durch ihre biologische Natur und dem entsprechenden Mangel an geistigen Fähigkeiten ihre Zuordnung zur Sphäre der Familie begründet, entwirft Humboldt eine neue Konfiguration von Geschlechtscharakteren und Sozialordnung, die zugleich eine Umwertung in der gängigen Bestimmung der Herrschaftsbereiche von Haus und Staat mit sich bringt: Die klassische Zuordnung des das eigentlich Menschliche repräsentierenden Geschlechts zum Staat wird aufgegeben; das überlegene Geschlecht wird dem Haus zugeordnet: Es ist dies eine Konfiguration, die die Sphäre des Staats gegenüber der des Hauses abwertet. Das wahrhaft Humane entfaltet sich im herrschaftsfreien Raum der vom Staat als Herrschaftsgebilde weitestgehend untangiert zu lassenden Gesellschaft. So progressiv nun Humboldts Geschlechterkonzept im Vergleich zu Rousseau erscheinen mag, es gehört gleichwohl noch zum Strang der bürgerlichen Geschlechtertheorie, deren ideologische Grundfigur darin besteht, den Gewinn des Aufklärungsdenkens für die Geschlechterproblematik zu torpedieren: Während es bei Poullain de la Barre (1673: 109) heißt: „Der Geist hat kein Geschlecht", bemühen sich die Rousseau folgenden Geschlechtertheorien zu demonstrieren, dass und wie der faktische biologische Unterschied der Geschlechter auf die geistig-seelische Verfasstheit des Menschen durchschlägt.

Dies gilt mutatis mutandis bis zum Jahr 1949, in dem mit Simone de Beauvoirs Buch „Das andere Geschlecht" ein vollkommen neuer, und doch an die Aufklärungsphilosophie vor Rousseau anschließender Typ von Geschlechtertheorie die Arena betritt (vgl. Beauvoir 2002; Galster 2010; Paul 2002: 34f.). Beauvoirs Epoche machendes Buch markiert den Anfang der sogenannten zweiten Phase feministischer Bewegung, in deren Zuge die Herausbildung feministischer Philosophie erfolgt: Frauen definieren sich selbst explizit als Subjekte politischen Handelns, fordern den ihnen als Menschen zukommenden rechtlichen und politischen Status in der realen Welt ein und erschließen sich in konsequentem Rückbezug auf ihre emanzipatorischen Interessen auch den Raum wissenschaftlicher, empirischer und philosophischer Erkenntnis. Beauvoirs kritische Einsicht in den ideologischen Charakter vermeintlich natürlicher Geschlechtseigenschaften destruiert nicht nur den gegenaufklärerischen Diskurs, den Rousseau mit seiner Berufung auf die Natur als Quelle normativer Vorgaben für die Geschlechterordnung initiiert hat; Beauvoir begründet auch das feministische Interesse an der ideologiekritischen Analyse der philosophischen Tradition: Deren in zahlreichen Varianten auftretende grundsätzlich herrschaftsstabilisierende Leistung besteht nämlich darin, eine bereits als unvernünftig erkannte vormoderne Ordnung unter Berufung auf Vernunft auf neue Weise und mit fataler Überzeugungskraft für das Gros der Frauen selber zu legitimieren.

1 Rousseau und der Beginn der bürgerlichen Geschlechtertheorie

Rousseaus wegweisende Neuerungen in der philosophischen Grundlegung der Geschlechterordnung erscheinen heute so selbstverständlich und ihre scheinbare theoretische Schlichtheit macht sie unauffällig und damit übersehbar, sodass es gewisser gedanklicher Anstrengungen bedarf, um das allzu Vertraute fremd werden zu lassen und in seinen konstruktiven Mitteln sichtbar zu machen. Als politischer Autor der Neuzeit kann Rousseau nicht – wie es in antiken Geschlechtertheorien der Fall war – die Ordnung des Privaten auf eine teleologisch verfasste Natur gründen. Unter Wahrung des Gleichheitspostulats der Neuzeit gelingt es ihm gleichwohl, die natürliche Geschlechterdifferenz erneut zur Grundlage der Geschlechterordnung zu machen.

Der Kontext für diese Geschlechtertheorie ist die Kulturkritik (vgl. insbes. Reich 1947/2001). Die Übel dieser Welt entstammen Kultur und Zivilisation, und d. h., sie sind als vom Menschen selbst gemachte weder Gott noch der durch ihn geschaffenen menschlichen Natur als solcher zuzuschreiben. Gemessen am Zustand der Natur und der darin sich auslebenden ursprünglichen Natur des Menschen erscheint der Zustand der Kultur als solcher problematisch; Selbstentfremdung, Neid, Pleonexie (Unersättlichkeit) und andere Untugenden sind Folgen des kulturell entwickelten Lebens von Menschen in der Gesellschaft mit anderen. Die kulturelle Entwicklung des Menschen im Sinne des seinem Wesen immanenten Strebens nach Vervollkommnung geht bei Rousseau einher mit einer Aberration, Verfehlung seines Menschseins: Kultivierung steht im Widerspruch zur Moralisierung des Menschen. Mit der Trennung beider Sphären und der Einsicht in die von Wissenschaft und sogenannten verfeinerten Sitten ausgehenden Gefährdungen ergibt sich – verkürzt gesprochen – ein neuer zu normierender Bereich, eben die Kultur selber. Die praktische Philosophie hat sich nicht mehr nur mit den

Prinzipien moralischen Handelns und denen der Einrichtung von Staat und Haus zu befassen (vgl. Cassirer 1998: 32 ff.); zu thematisieren sind auch Sitten, Meinungen, Geschlechterverhältnisse, Kindererziehung, Theater als die in einer Kultur wirksamen, die Ausbildung des moralischen Menschen maßgeblich beeinflussenden gesellschaftlichen Faktoren.

Die richtige Einrichtung des Geschlechterverhältnisses wird von Rousseau als für das Gedeihen menschlichen Zusammenlebens und für das Gelingen des Lebens von Individuen gleichermaßen bestimmendes Ordnungsgefüge erkannt und wird als solches – nicht weniger als der Staat – einer philosophischen Neubegründung unterzogen. Grundlegend für die Geschlechterproblematik ist das fünfte Buch von Rousseaus „Emile", in dem Rousseau zur Begründung der vernünftigen Ordnung der Geschlechter den antiken Theorien vergleichbar die Geschlechterdifferenz in Ansatz bringt. Es gehe darum, so Rousseau, Identität und Differenz von Mann und Frau zu bestimmen, damit sie „ihren Platz in der physischen und geistigen Ordnung ausfüllen" (Rousseau 1963: 719) können. Anders als die antiken Vorgänger sieht sich Rousseau der Aufgabe enthoben, die Relevanz der Geschlechterdifferenz für die soziale und politische Verortung von Menschen eigens zu begründen. Auch Vorklärungen wie die, welche Bedeutung dieser mit allem tierischen Leben geteilte Unterschied für das spezifisch Menschliche, die rationale Seele, haben könne, sind für Rousseau offensichtlich uninteressant. Er geht von der Dichotomie zweier Klassen von Eigenschaften aus: solchen, die allen Menschen gemeinsam sind, den sogenannten Gattungseigenschaften, und solchen, durch die sich Menschen unterscheiden in Männer und Frauen, das sind die sogenannten Geschlechtseigenschaften. Die logische Differenz von gemeinsamen und differenten Merkmalen wird also verbunden mit der inhaltlichen Bestimmung der Klasse differenter Eigenschaften als Geschlechtseigenschaften. Das den Menschen als Menschen zukommende Gemeinsame, ihre Gattungsbestimmtheit, bleibt inhaltlich unbestimmt. Unangesehen dessen, als was die Gattung des Menschen genau zu definieren ist, bedeutet diese anscheinend harmlose Neuvermessung von Identität und Differenz in Bezug auf Menschen, dass jede Differenz zwischen Menschen als geschlechtsbedingt anzusehen ist, und das wiederum bedeutet, dass auch intellektuelle, emotionale und moralische Eigenschaften als grundsätzlich durch den Geschlechtsunterschied betreffbare oder betroffene erscheinen. Mit diesen Verschiebungen wird zugleich das Menschsein logisch als Gattung und die Geschlechterdifferenz als grundlegender, Art bildender Unterschied in Ansatz gebracht, der sogar die Gattungseigenschaft selbst, die Vernunftfähigkeit, zu affizieren vermag. „Mensch" ist nicht mehr – wie etwa bei Platon und Aristoteles – unterste Art, species infima; vielmehr werden jetzt Mann und Frau als Arten des Menschseins konstituiert, die einen jeweils besonderen Endzweck, eine ihnen jeweils eigene Bestimmung zu erfüllen haben. Kennzeichnend für die bürgerlichen Geschlechtertheorien ist diese Konzeption von maßgeblich, durch ihren Geschlechtscharakter bestimmten Subjekten, durch die – das neuzeitliche Gleichheitspostulat unterlaufend – die hierarchisch strukturierte Geschlechterordnung der bürgerlichen Gesellschaft legitimiert wird. Dabei wird sogar das männliche Geschlecht als das von

Natur defizitäre vorgestellt, womit zwar einerseits sein notwendiges weibliches Komplement sogar aufgewertet ist. Der physischen, genauer gesagt sexuellen Überlegenheit der Frau entspricht jedoch auf der anderen Seite die mangelhafte Ausprägung ihres Vernunftcharakters, woraus dann – dem vormodernen Muster folgend – die Notwendigkeit der Unterordnung des Weiblichen in privater und öffentlicher Sphäre – zum Zweck des biologischen Erhalts der Gattung und der Stabilität einer unentfremdeten Gesellschaft gleichermaßen – philosophisch begründet wird.

Die Pointe dieser „bürgerlichen" Geschlechtertheorie besteht aber darin, dass der Gleichheitsdiskurs verändert bewahrt werden kann, indem die Gleichheit zur Gleichwertigkeit umgedeutet wird und so die in ihrer Differenz als gleich wert behaupteten Geschlechter zugleich als komplementär aufeinander bezogene Teile eines Ganzen gedacht werden können. Frauen sind „andere" Menschen, sie sind primär Geschlechtswesen und sekundär Vernunftwesen; damit ist aber das männliche Gegenstück implizit als diejenige Art gesetzt, die dem tradierten Gattungsbegriff des Menschen entspricht, oder als Mensch im eigentlichen Sinne. Paradox formuliert: Der Mann ist die die Gattung repräsentierende Art. Ungeachtet der politisch korrekt vertretenen Gleichheit von Männern und Frauen als Menschen und ungeachtet der wortreich beschworenen funktionalen Gleichwertigkeit der Geschlechter als dynamisch aufeinander bezogene Glieder eines organischen Ganzen, ist der alte Vorzug des Mannes, das eigentliche Menschsein zu repräsentieren, bewahrt. Kaschiert unter den neuen argumentativen Zurüstungen kann dieses Theorem weiterhin zur Stütze der sozialen und politischen Degradierung der Frau dienen, ohne zum Skandalon zu werden.

2 Wilhelm von Humboldt und die Umwertung der Geschlechterhierarchie

Das demonstriert bereits der knapp ein halbes Jahrhundert später durch Wilhelm von Humboldt vollzogene Bruch mit diesem Dogma, der das weibliche Geschlecht – die klassischen Hierarchien umkehrend – als überlegene Ausprägung des Menschseins begreift und – ebenfalls entgegen der philosophischen Tradition – die als höherwertig definierten Subjekte der Sphäre des Hauses zuordnet und aus der des Staates und der Öffentlichkeit ausschließt. So revolutionär Humboldt in dieser Hinsicht auch ist, setzt er doch die von Rousseau eröffnete Linie bürgerlicher Geschlechtertheorien fort, in der die Geschlechterdifferenz als Grund für fundamental verschiedene Gestalten des Menschseins reklamiert und für ihre Einweisung in die verschiedenen Bereiche der sozialen Ordnung in Ansatz gebracht wird. Eine Übereinstimmung mit Rousseau ist auch darin zu konstatieren, dass der Geschlechterdiskurs sich systematisch mit einem kulturkritischen Diskurs verbindet – mit der Diagnose von Defiziten, die der kulturellen Entwicklung geschuldet sind und entsprechenden kulturphilosophischen Vorschlägen zu ihrer Beseitigung.

Anknüpfend an Rousseau, aber zugleich auf den Schultern Kants stehend, nehmen Denker wie Humboldt und Schiller die eigene Gegenwart zeit- und kulturkritisch wahr, und sie wissen ihre Deformationen als Entfremdung, Vereinseitigung, Uniformierung, Fragmentierung wirkmächtig zu beschreiben. Diesen Denkern kommt es – vereinfacht gesagt – darauf an, ein philosophisches Rüstzeug zu entwickeln, das verspricht, den von Kant in Ansatz gebrachten hehren Vernunftforderungen Eingang in die empirische Welt zu verschaffen. Dies gilt ihnen nicht als abstraktes philosophisches Problem: Im Kontext der französischen Revolution wird gerade das praktisch-politische Interesse zur treibenden Kraft für die Philosophen.[29] Den Missständen einer Übergangsgesellschaft zwischen Ancien Régime und Etablierung einer funktional ausdifferenzierten bürgerlichen Gesellschaft ist im Rückbezug auf Prinzipien Kantischer Philosophie zu begegnen, um letztendlich den Weg des Fortschreitens der Menschheit insgesamt zum Besseren zu ebnen.

Dazu freilich bedarf es über Kant hinausgehender Theoriepotenziale, solcher nämlich, die es ermöglichen, den Übeln der eigenen Zeit, ihren Spaltungen, Entzweiungen und Reduktionen, etwas entgegenzusetzen, das Einheit auf höherer Ebene verspricht. Es gilt, das Geistige mit dem Sinnlichen im Menschen zur Versöhnung zu bringen, Möglichkeiten einer Erziehung oder Bildung des Menschen zu begründen, die Harmonie seiner widersprüchlichen Natur als Vorschein und als Voraussetzung vernunftbestimmten Lebens gelingen lassen kann. Nun ist es vor allem die in verschiedenen Disziplinen wie Naturphilosophie, Anthropologie, Ästhetik und Sozialphilosophie durchdeklinierte Geschlechtertheorie, aus der Humboldt die den Gefährdungen der Autonomie des Menschen entgegenwirkenden Potenziale zu gewinnen sucht. Nicht eine zum System ausgearbeitete philosophische Vernunft – wie bei Hegel und in den Systemen der Philosophie des deutschen Idealismus – verspricht für Humboldt Rettung aus den Entzweiungen; die Kraft, sich nicht in der „Entfremdung zu verlieren", ist für ihn im menschlichen Leben und seinen kulturellen Manifestationen selbst zu suchen.

Dahinter steht ein Denken, das im Rückgriff auf ein philosophisches Konzept von organischem Leben die Versöhnungs- und Vereinigungsmotive der nachfolgenden Generation auf seine Weise präfiguriert: Am Lebendigen als Einheit von Körper und Seele, von Stoff und Form, hat sich das Denken zu orientieren, um den das Humane bedrohenden Spaltungen der Gegenwart entgegenarbeiten zu können. Das Prinzip der organischen Natur bestimmt Humboldt als Lebenskraft; deren Modifikation, der Bildungstrieb, vollbringt mit der Erweckung roher Materie zum Leben ebenso wie mit der Ausbildung und Erhaltung des Lebendigen eine der menschlichen Tätigkeit und ihrem höchsten Produkt, der Kunst analoge Leistung (vgl. Humboldt 1960a: 288). In der verwandelnden Aneignung von Kants *Kritik der Urteilskraft* sucht Humboldt nach eigenen Möglichkeiten, die Dualismen von Natur und Kunst, von Sinnlichkeit und Verstand zugunsten eines integrativen, als organisches Leben konzipierten Ganzen zu überwinden.

---

29 Vorbild für diese Ausbildung eines neuen Selbstverständnisses der Philosophie als Kraft der politischen Aufklärung war Karl Leonhard Reinhold (vgl. Stolz 2010).

Es ist dieser Rekurs auf organische, teleologisch auf Herstellung von Unendlichkeit ausgerichtete Kräfte, der für Humboldts Geschlechtertheorie das Fundament darstellt, und die Naturphilosophie ist der Ort, an dem die konstitutive Bedeutung der Geschlechterdifferenz für die als unendliches Wirken endlicher Kräfte definierte Natur in einer auch für den Menschen gültigen Weise demonstriert wird. Denn Natur und Geist sind eben nicht kartesianisch als Gegensätze, sondern als durch einheitliche Kräfte und Gesetze bestimmte und zusammen erst ein Ganzes konstituierende Teile gedacht. Es ist unleugbar, „dass die physische Natur nur Ein großes Ganzes mit der moralischen ausmacht, und die Erscheinungen in beiden nur einheitlichen Gesetzen gehorchen" (Humboldt 1960a: 271).

Der für das Sein und Werden der Natur unverzichtbare Begriff des Geschlechts „in seiner völligen Allgemeinheit" bezeichnet nichts anderes, „als eine so eigentümliche Ungleichartigkeit verschiedener Kräfte, dass sie nur verbunden ein Ganzes ausmachen, und ein gegenseitiges Bedürfnis, diess Ganze durch Wechselwirkung in der Tat herzustellen" (ebd.: 269).

Organische Kräfte sind wirkend und leidend zugleich, wobei Leiden jedoch nicht als reine Passivität, sondern als Rückwirkung, d.h. als durch anderes Wirken bedingtes eigenes Wirken zu denken ist. Von diesem Begriff der organischen Kraft aus entwickelt Humboldt zunächst angelehnt an das natürliche Phänomen der Zeugung ein Argument für die Notwendigkeit geschlechtlicher Differenzierung: Geschlechtliche Differenzierung ist für Humboldt Signum der Endlichkeit organischer, leibgebundener Kräfte, deren aktives und passives Vermögen nur im Nacheinander der Zeit realisierbar ist. „Hier nun beginnt der Unterschied der Geschlechter: Die zeugende Kraft ist mehr zur Einwirkung, die empfangende mehr zur Rückwirkung gestimmt" (ebd.: 277f.).

Die Identifizierung von „zeugend, wirkend" mit männlich bzw. von „empfangend, rückwirkend" mit weiblich lässt das alte aristotelische Muster der Geschlechterdifferenz anklingen. Diese Traditionslinie wird noch deutlicher, wenn die männliche Kraft als Form bzw. Seele und die weibliche Kraft als Stoff gekennzeichnet wird (vgl. ebd.: 284f.). Die Substanz der aristotelischen Geschlechtertheorie ist jedoch grundlegend revidiert. In Humboldts Konzeption der Geschlechterdifferenz ist die Kluft zwischen weiblichem Stoff und männlicher Form insofern überwunden, als sich beide Kräfte gar nicht hinsichtlich ihres Vermögens unterscheiden. Verschieden ist allein die Richtung ihres Wirkens, und d.h. bloß die Orientierung auf Wirkung oder Rückwirkung differiert (vgl. ebd.: 290). Der Gedanke der prinzipiellen Gleichheit männlicher und weiblicher Kraft in dem Sinne, dass jede Kraft der Wirkung und Rückwirkung fähig ist, wobei jedoch in der männlichen Kraft das Moment des Wirkens, in der weiblichen das Moment der Rückwirkung primär ist, ist in Humboldts Geschlechterkonzeption von eminenter Bedeutung: Nur weil jede Kraft prinzipiell als Ganzes von Momenten konstituiert ist, wird ihre vereinseitigende Zuständlichkeit als Mangel empfunden und so zum Grund eines Bedürfnisses oder einer Sehnsucht, sich mit dem komplementären Part zu verbinden, um die als Anlage gegebene Ganzheit auch aktual herzustellen. Mit diesem Gedanken adelt Humboldt die Vereinigung der

Geschlechter als innige und notwendige Verbindung, die sich nicht einem äußeren Zweck wie dem der Fortpflanzung, sondern der inneren Beschaffenheit des Wesens der Verbundenen verdankt (vgl. ebd.: 270, 279, 291). Geschlechtlichkeit ist demzufolge nicht nur definiens der Endlichkeit, sondern zugleich Ausdruck und Ermöglichungsgrund der dem Endlichen möglichen Unendlichkeit: die in einem Seienden als Anlage gegebene Einheit des Gegensätzlichen verliert sich notwendig in Einseitigkeit und Endlichkeit, um zu höherer produktiver Einheit in Gestalt der Verbindung der Gegensätze, und d. h. zu einer das Endliche überwindenden Versöhnung überzugehen.

Isoliert man im Gedankenexperiment die geschlechtlich definierten Kräfte voneinander, zeigt sich: Das Wirken jeder Kraft für sich würde die Natur vernichten (vgl. zum Folgenden ebd.: 285 f.). Uneingeschränktes Wirken männlicher Kraft führt zu Trennung und Zerstörung, uneingeschränktes Wirken weiblicher Kraft zu untätiger Beharrlichkeit unterschiedsloser Einheit. Die als reine Wirksamkeit oder Energie gefasste männliche Kraft ist Prinzip der Zerstörung in mehrfachem Sinne: Sie zerstört ohne Rücksicht auf seine Eigenheit den mit ihr zu vereinigenden Stoff; sie zerstört, was sich ihr entgegenstellt und tendiert durch unausgesetztes Tätigsein zur Selbstzerstörung. Die sanftere, als Rückwirkung bestimmte weibliche Kraft hingegen ist Prinzip der Erhaltung und Verbindung: Sie schont die zu assimilierende Materie in ihrer Besonderheit und erhält sich selbst in minder intensiver, aber ausdauernder Tätigkeit. Und nur die Wechselwirkung von männlicher und weiblicher Kraft ermöglicht die Unbeschränktheit der Natur. Diese naturphilosophischen Vorgaben werden nun als Humboldts Anthropologie fundierende Elemente fruchtbar; sie gehen über seine Bildungstheorie in die Geschlechtertheorie ein, welche die Vorstellung sozialer Ordnung maßgeblich bestimmt.

Den „wahren Zweck des Menschen" bestimmt Humboldt als Vervollkommnung, genauer als „höchste und proportionirlichste Bildung seiner Kräfte zu einem Ganzen" (Humboldt 1960b: 64). Die maximale Ausbildung von Kräften, so jedoch, dass sie sich zu einem harmonischen Ganzen fügen, setzt nach Humboldt zweierlei voraus: Freiheit und „Mannigfaltigkeit der Situationen" (ebd.). Unter Freiheit ist nicht nur negativ die Absenz von äußerem Zwang, sondern auch positiv die selbstbestimmte Wirksamkeit der Individuen zu verstehen. Weil die Individuen als solche beschränkt sind, erstens, indem sie sich auf mehrere Gegenstände richtend ihre innere Energie schwächen und zweitens, indem sie nicht die ganze Fülle menschlicher Vollkommenheit, sondern nur einen Teil repräsentieren, bedarf es zur Erreichung des Ideals maximaler Bildung zweierlei: Das Individuum hat seine je und je entwickelten Kräfte in den Vergangenheit, Gegenwart und Zukunft überspannenden *einen* Lebenszusammenhang zu integrieren, um damit seine inneren Potenziale zu steigern. Diese durch Integration von ausgebildeten Fähigkeiten erworbene Identität nennt Humboldt Charakter. Der kontinuierlichen Anreicherung durch Vereinigung eigener sukzessiv entwickelter Kräfte korrespondiert die Bereicherung durch die von anderen ausgeprägten Vollkommenheiten. Bildung durch Aneignung fremder Vollkommenheiten vollzieht sich als Wechselspiel von Innigkeit und Selbstständigkeit, von Aufgeschlossenheit für das Andere und Fähigkeit zur Verwandlung in Eigenes, und erst der gebildete Mensch kann sich seiner Freiheit bewusst werden und sich demgemäß selbst im prononcierten Sinne zum Handeln bestimmen. Bildung ist mithin zur Realisierung von Freiheit unabdingbar, und zwar Bildung in der von Humboldt gemeinten Bedeutung einer spezifischen Form von Tätigkeit: Sie ist Tätigkeit im Sinne der Entfaltung, Auswicklung innerer Potenziale durch Formierung eines vorgegebenen Stoffs, sodass dessen Vollkommenheiten in der ihm verliehenen neuen Form wiederum das Innere des tätigen Subjekts bereichert. Da dieser Bildungsbegriff in der Vorstellung organischen Lebens fundiert ist, erstreckt er sich auch auf den Umgang mit der äußeren Natur: Diese kann als lebendige nicht zum bloßen Gegenstand materieller Aneignung werden, sondern in der Formierung der Natur gilt es, deren Leben aneignend zu bewahren. Telos dieses Bildungsprozesses ist die Herstellung von Individualität, deren Ausprägung zur nie vollendbaren Aufgabe wird. Der Begriff der Individualität wird für Humboldt zu einer anthropologischen Kategorie, die er der aufklärerischen Vorstellung des durch seine Vernunft ausgezeichneten abstrakt allgemeinen Menschen entgegensetzt; in dem Maße, in dem der Mensch alle seine Fähigkeiten entfaltet, wird er zum Individuum, das in der Lage ist, sich ein Maximum der der Menschheit überhaupt möglichen Vollkommenheiten anzueignen. So bildet er sich idealiter zum Menschen schlechthin, und die als Summe aller menschlichen Vollkommenheiten verstandene Menschheit kann ihrerseits als Individuum, als *ein* Mensch vorgestellt werden (vgl. Humboldt 1960b: 68).

Im Rahmen dieser Bildungstheorie entfaltet Humboldt nun seine Lehre von der Ehe als Vorform und Katalysator der Höherentwicklung der Menschheit zu der Gesellschaft als apolitischer, herrschaftsfreier Form der Vergemeinschaftung. Zur Realisierung seines wahren Zwecks, d. h. zur Selbstperfektionierung bedarf es des Austauschs mit anderen Menschen. Dieser stellt sich für Humboldt als ein komplexes Wechselverhältnis von innerem und äußerem Sein dar: Das Innere des zur Einheit eines Charakters durchgebildeten Menschen stellt sich im Äußeren dar und durch die Wahl geeigneter äußerer Situationen setzt sich der Prozess der Selbstvervollkommnung fort (vgl. ebd.: 78). „Das höchste Ideal des Zusammenexistirens menschlicher Wesen wäre mir dasjenige, in dem jedes nur aus sich selbst, und um seiner selbst willen sich entwickelte. Physische und moralische Notwendigkeit würde diese Menschen schon noch an einander führen" (ebd.: 67).

Die Ehe, verstanden als „[e]ine Verbindung von Personen beiderlei Geschlechts, welche sich gerade auf die Geschlechtsverschiedenheit gründet" (ebd.: 78) ist für Humboldt das Paradigma und die Keimzelle einer solchen herrschaftsfreien Vereinigung von Menschen: „Durch Verbindungen also, die aus dem Innren der Wesen entspringen, muss einer den Reichtum des andren sich eigen machen. Eine solche charakterbildende Verbindung ist, nach der Erfahrung aller, auch sogar der rohesten Nationen, z. B. die Verbindung der beiden Geschlechter." (ebd.: 65).

Humboldt reklamiert die Geschlechterdifferenz als den die sinnlich-vernünftige Natur des Menschen als solche zum Ausdruck bringenden Unterschied. Durch die Vereinigung der Geschlechter entsteht also jene Dynamik, die sich der Verschie-

193

denheit der das Menschsein als Ganzes bestimmenden Teile, des primär Sinnlichkeit repräsentierenden Weiblichen mit dem insbesondere Vernunft repräsentierenden Männlichen verdankt – einer Dynamik, die die Ganzheit der menschlichen Natur im Wechselspiel von Innerem und Äußerem zur Darstellung und Entfaltung bringt.

Die Stereotypen der Geschlechtscharaktere werden mithin von Humboldt konserviert, aber völlig neu bewertet, sodass das traditionelle Schema, wonach der Mann das Paradigma des Menschseins ist, durchbrochen wird: „die Weiber [sind] eigentlich dem Ideale der Menschheit *näher*, als der Mann" (ebd.: 80).

Diese Aufwertung des Weiblichen ist eine Folge der Neubewertung der Sinnlichkeit, d. h. der Rezeptivität: Wenn das Ideal der Menschheit, die maximale Ausdifferenzierung und zugleich harmonische Ausbildung von Kräften, nur durch Aneignung der Vollkommenheit anderer erreichbar ist, dann ist das auf Rezeptivität angelegte weibliche Geschlecht bevorzugt. Indem das weibliche Geschlecht in der Lage ist, vieles aufzunehmen, es aber zugleich in sich zu bilden und als so geformtes weiterzugeben, erfüllt es eher als das männliche das Ideal des Menschen (vgl. ebd.). Aber nur dem Zusammenwirken der Geschlechter verdanken sich Kultivierung und Versittlichung der Menschheit.

Die Vorstellungen nun, die Humboldt zur Art dieses Zusammenwirkens entwickelt, zeigen die Grenzen seines Geschlechterkonzepts auf. Der spezifische Geschlechtscharakter der Frau kann sich nach Humboldt nämlich nur unter günstigen gesellschaftlichen Verhältnissen entwickeln. Denn zufolge ihrer „Reizbarkeit" und ihrer auf innere Einheit angelegten Natur ist die weibliche Kraft tendenziell gefährdet, durch äußere Missverhältnisse in ihrem Inneren bedroht. Nur die Arbeitsteilung der Geschlechter entlang der Trennung von oikos und polis, von Privatem und Öffentlichem, sodass das Weibliche in dem nicht auf Kampf und Durchsetzung gerichteten Schonraum des Hauses den genuinen Ort seiner Wirksamkeit findet, schafft die optimalen Voraussetzungen zur gedeihlichen Entfaltung seines Wesens.

Die von Rousseau konzipierte Auffassung der Ehe als essentiell auf der Sittlichkeit der Frau basierende Institution, der sich die zur Aufrechterhaltung bürgerlicher Gesellschaft erforderliche Moralisierung des Mannes und der Menschheit verdankt, greift Humboldt verwandelt auf. Dem Wirken der spezifisch weiblichen, zur Aneignung des Fremden und zur Weitergabe des durch Bildung im Inneren geläuterten Anderen prädestinierten Kraft verdanken sich in erster Linie die Höherentwicklung und der Zusammenhalt der Gesellschaft. Die spezifische Einheit der Geschlechtsgemeinschaft – jedes Geschlecht ist das Ganze, da es aber nur eines seiner Momente aktualisiert, strebt es nach Verbindung mit dem anderen, um (sich im Anderen ergänzend) seine Endlichkeit zu überwinden – denkt Humboldt als Paradigma der Gesellschaft, die in der ehelichen Gemeinschaft bereits in nuce vorliegt. Die Gesellschaft als natürliche, teleologisch auf Selbstbildung gerichtete Vergemeinschaftung von Menschen wird zum Gegenbild des Staates, der die Beziehung der Menschen auf äußere, rechtliche Verhältnisse reduziert: In dem Maße, als die Gesellschaft in der herrschaftsfreien Geselligkeit der ehelichen und familialen Gemeinschaft, der Wirksphäre der Frau, ihren Grund hat, hat dieser Staat sich abgeschafft, und die Gesellschaft als Sphäre des Privaten, der Produktion und des Warentauschs hat bei Humboldt eigentlich keinen Ort. Als Privatsphäre wird vielmehr jener Bereich konzipiert, den die Gesellschaft in ihrem Innern und als Gegenpol zur Sphäre des Markts errichtet, eben der Bereich von Ehe und Familie, den Humboldt nicht nur als herrschaftsfreie Sphäre der Selbstverwirklichung von Mann und Frau vorstellt, sondern der für ihn dank seiner Prägung durch das Weibliche zum entscheidenden Katalysator der Bildung der Menschheit wird.

Mit Blick auf Simone de Beauvoir, die den bürgerlichen Geschlechterdiskurs beendet, muss das Urteil über die emanzipatorischen Intentionen dieses Konzepts eher kritisch ausfallen. Die auf der Differenz der Geschlechtercharaktere fußende bürgerliche Geschlechtertheorie wollte durch den Gedanken der Komplementarität für sich einnehmen: Weil diese Komplementarität Wechselseitigkeit impliziert, wird das aufklärerische Gleichheitspostulat nicht nur nicht verletzt, sondern es gilt sogar die Höherstellung der Frau, die dieser dank ihres erzieherischen und kultivierenden Wirkens zukommt – eine Höherstellung, die nicht einfach als Umkehrung der traditionellen männlichen Suprematie gedacht werden kann. Vor dem Hintergrund des Beauvoir'schen Neuansatzes fragt es sich freilich, ob in diesen Vorstellungen die alten Herrschaftsverhältnisse in Wahrheit nicht konserviert werden, wenn auch in verschleierter Form: Das Wirken der Frau wird in den Schonraum des Hauses verbannt, und dieser Schonraum wird von dem in den Konkurrenzkämpfen der bürgerlichen Gesellschaft sich behauptenden Ehemann als sein Eigentum erworben und geschützt – dies lässt das aristotelische Verständnis des oikos nicht wirklich hinter sich, sondern etabliert es für die bürgerliche Gesellschaft neu. Zwar gilt das Haus nicht mehr – wie in der Antike – als Ort schamhaft zu verbergender bloßer Reproduktion, sondern als Stätte der Bildung und herrschaftsfreier Geselligkeit, aber da es in seiner rein kompensatorischen Funktion durch die männliche Welt ernötigt wird, ändert sich strukturell nichts: Der Gedanke einer befreiend-verändernden Rückwirkung der weiblichen Sphäre auf die männliche bleibt ungedacht.

3 Beauvoir und das Ende des bürgerlichen Geschlechterdiskurses

Das umstürzende Resultat von Beauvoirs Geschlechtertheorie ist die Einsicht in die kulturelle Bedingtheit und geschichtliche Gewordenheit der Geschlechtscharaktere, verdichtet in ihrem viel zitierten Diktum: „Man kommt nicht als Frau zur Welt, man wird es" (Beauvoir 2000: 334). Schon damit ist die bis dato bestehende Kontinuität bürgerlicher Geschlechtertheorien durchbrochen. Beauvoirs Frontstellung gegen die als natürlich deklarierte Geschlechterdifferenz und die auf dieser fußenden Platzierung von Männern und Frauen in der sozialen und politischen

Ordnung manifestiert sich aber vollends darin, dass sie zufolge der Einsicht in die Gemachtheit der Geschlechterdifferenz auch die Segregation von Individuen am Leitfaden des Geschlechts als Formen der Entfremdung des Menschen verurteilen muss. Die Geschlechtskategorie als ideologisches Instrument der Verhinderung vollen Menschseins zu erkennen, bedeutet demnach das Ende von Geschlechtertheorien im Sinne programmatischer Leitideen zur Bestimmung des Menschen als Individuum. Auf dem Boden der existenzialistischen Ethik und einer spezifischen Anverwandlung von Hegels Anerkennungslehre arbeitet Beauvoir folgerichtig eine neue Form philosophischer Thematisierung der Geschlechterverhältnisse aus, die zu Recht humanistischer Feminismus genannt wird. Mann und Frau sind nämlich zuerst Menschen, d.h. leibliche, zur freien Selbstbestimmung in unablässig sich transzendierenden Entwürfen ihrer selbst befähigte Subjekte. Diese Wesensbestimmung freier Subjektivität haben bislang weder Männer, noch viel weniger aber Frauen realisieren können. Von Mann und Frau zu sprechen, heißt daher von einseitigen, reduzierten, von sich selbst und voneinander entfremdeten hierarchisch geordneten Gestalten des Menschseins zu reden. Während es dem Mann nicht gelungen ist, seine Leiblichkeit als das seinen Subjektstatus bedrohende Natürliche zu integrieren, sodass er es abspaltet und in Gestalt der Frau als „träumender Natur" zu externalisieren und dadurch beherrschbar zu machen sucht, hat die Frau überhaupt noch keinen Subjektstatus erreicht. Erklärungsbedürftig für Beauvoir ist insbesondere, warum die Frau bislang bloß als Immanenz, d.h. als den Subjektstatus verfehlendes Anderes männlicher Transzendenz oder als Objekt des männlichen Subjekts wirklich geworden ist.

Formal kann durchaus eine gewisse Übereinstimmung zwischen Beauvoir und Humboldt festgestellt werden: Es geht ihr wie Humboldt um die Freisetzung der dem Menschen als Menschen zukommenden Potenziale, um die Aufhebung von Entfremdung und die Befreiung von Individuen und Gesellschaft, in deren Zentrum auch für Beauvoir das Gelingen der Geschlechterbeziehungen steht. Der wesentliche Unterschied zu Humboldt besteht aber in Folgendem: Während für Humboldt die natürliche Beschaffenheit der Geschlechter und ihr in der Natur vorgezeichnetes Verhältnis den Ansatzpunkt für ein den Krisen der Gegenwart entgegenwirkendes Korrektiv darstellen, ist für Beauvoir das geschichtlich vorfindliche Geschlechterverhältnis selbst Grund und Ausdruck fundamentaler Entfremdung, deren Aufhebung folglich verlangt, die auf der Geschlechterdifferenz begründete bürgerliche Geschlechterordnung zu überwinden. Auch für Beauvoir sind die Geschlechter komplementär aufeinander bezogen, aber nicht als gelungene Verbindung, sondern im Gegenteil: Auf den Begriff gebracht ist damit die real vorliegende Fehlform ihres Verhältnisses, eine wechselseitige Obstruktion dessen, wozu sie das ihnen gemeinsame Humanum aufruft, nämlich sich als Menschen im Sinne leiblich-vernünftiger, sich entwerfender Subjekte zu verwirklichen. Dem aufgeklärten Blick zeigt sich die Komplementarität der Geschlechter als Komplizenschaft der Unterdrückung und Verhinderung von Freiheit, indem einer dem anderen die volle Anerkennung vorenthält und damit sein eigenes situiertes Subjektsein verhindert. Zu überwinden ist diese Lage nur durch Vermittlung der einen

Gestalt reduzierten Menschseins mit ihrem Gegenstück: Die Frau hat sich ihrer abgründigen Freiheit zu stellen, um zum vollgültigen Subjekt werden zu können, der Mann hat seine Leiblichkeit mit seiner Freiheit zu vermitteln, damit aus Männern und Frauen Menschen werden. Sinn macht diese Befreiung von den Geschlechterstereotypen für Beauvoir freilich nur im Kontext einer Befreiung von den der sozioökonomischen Sphäre inhärenten Entfremdungen. Ohne eine grundlegende Transformation der Produktions- und Konsumtionsbedingungen würde sich die zum Subjekt gewordene, und damit auch zu ökonomischer Selbstständigkeit gelangte Frau bloß neuen Versklavungsmechanismen, nämlich denen der kapitalistischen Ökonomie, ausliefern.

Beauvoir kehrt also zum „alten" emanzipatorischen Gleichheitsdiskurs der Aufklärung zurück. Um Frauen aus ihrer Immanenz, d. h. ihrer Gebundenheit an das Geschlecht befreien zu können, ist dessen „Natürlichkeit" als Effekt der gesellschaftlichen Verhältnisse zu entlarven. So gesehen ist Beauvoir Feministin und ihre Philosophie ist keine politisch neutrale Reflexion auf Gender als ungeschichtlicher Kategorie ubiquitärer gesellschaftlicher Stratifikation. Gleichwohl ist diesem Feminismus zu Recht das Attribut humanistisch zuzuerkennen, denn die Selbstbefreiung der Frau zum Menschsein geht nicht zufällig mit der Möglichkeit einher, dass auch das Männliche des Mannes obsolet wird, also zugunsten des wahrhaft übergeschlechtlich Humanen aufgegeben werden kann.

4 Endlich befreit und erneut versklavt? Überlegungen zur Autonomie der Frau heute

Die Forderungen der Feministinnen des 20. Jahrhunderts sind heute weitgehend erfüllt: In politischer und rechtlicher Hinsicht ist Gleichheit von Frauen und Männern hergestellt; in gesellschaftlicher und ökonomischer Hinsicht holen Frauen langsam, aber doch stetig auf. Beurteilt man den Status quo aber im Lichte von Beauvoirs Überlegungen zur Befreiung der Frau, ist durchaus Skepsis angebracht. Die dem neoliberalen Zeitgeist geschuldeten Erfordernisse zur Ausbildung multipler Funktionalität sprechen der Idee des Humanen und dem damit einhergehenden Gedanken personaler Identität Hohn. Schlimmer noch: Der sogenannte „neue Feminismus" geht mit dem Zeitgeist konform (vgl. die Debatte in der ZEIT 2008 sowie Klaus 2008: 176–186).

Die in der bürgerlichen Sozialordnung geltende Norm der Heterosexualität, an der sich das Selbstverständnis von Individuen und die Ordnung des Privaten orientiert haben, löst sich – nach dem Befund von Psychologen und soziologisch informierten Sexualwissenschaftlern (vgl. Sigusch 2005) – im Zuge der Modernisierung auf. Zu beobachten ist dies nicht nur an Phänomenen wie Transsexualität oder an der Vervielfältigung von Geschlechtern (von Butler [1991] geradezu propagiert als Mittel der Befreiung von der sogenannten „Zwangsheterosexualität" und ihren repressiven Folgen), an der heute verbreiteten Form von Patchwork-

Familien und der Zulässigkeit gleichgeschlechtlicher Ehen einschließlich der rechtlichen Möglichkeit, Kinder zu adoptieren: Es handelt sich um einen Vorgang, der das Gegenverhältnis der Geschlechter überhaupt auslöscht und für Michel Foucault beim total sexuierten, quasi neutralen übergeschlechtlichen Körper endet.

Diese Phänomene lassen sich zeitdiagnostisch als Erosion jener Formen von Identitätsbildung erklären, die wir traditionell als Grundlage von Ordnungsfunktionen verstehen: Die Zugehörigkeit zu einem biologischen Geschlecht, das sich definiert aus der Polarität zu einem gegengeschlechtlichen Anderen, stiftet ebenso wie die Zugehörigkeit zu ethnischen oder kulturell definierten Kollektiven Identitäten, die die individuelle Identität mit bestimmen und einfärben.

Wenn nun Modernisierung heißt, dass traditionelle Ordnungen dieser Art überflüssig oder gar dysfunktional werden, dann verbindet sich mit der Entlassung der Individuen aus solchen vormals verbindlichen Lebensordnungen eine Form von Individualisierung, welche die einst bürgerlich-emanzipatorische Bedeutung verabschiedet hat. Individualität heißt nicht mehr: in Ich-Stärke fundierte Selbstidentität; nicht die kritische Aneignung gesellschaftlicher Normen ist geboten, sondern die Anpassung an und die Konformität mit Anforderungen, die mit vermeintlich neutralen, subjektfreien Systemfunktionen gesetzt sind. Deren paradoxe Leistung besteht in der funktionsadäquaten Auflösung der eigenen Individualität, der Fragmentierung der selbstbewussten Subjektivität im Sinne einer totalen Flexibilität und Fungibilität.

Vor dem Hintergrund dieses zeitdiagnostisch aufgezeigten Befundes zeigen sich die Erwartungen, die an die Entgrenzung vormals getrennter Sphären geknüpft sind, als illusorisch: So wenig die Auflösung der Geschlechterdualität die Freisetzung der Individuen aus den Zwängen geschlechtsspezifischer Rollenerwartungen mit sich bringt, d. h. die Bildung autonomer Individuen fördert, die in der selbstbewussten Aneignung gesellschaftlicher Normen ihre Ich-Stärke im Medium der Intersubjektivität gewinnen, so wenig führt die Entdifferenzierung der geschlechtskonnotierten Sphären des Privaten und des Öffentlichen dazu, dass beide Sphären in der wechselseitigen Aneignung der Potenziale der jeweils anderen beginnen, den Bereich zu erschließen, der – in der Sprache der Aufklärung – als der universelle des wahrhaft Humanen zu bezeichnen wäre.

Die mit der Befreiung der Gesellschaft der Warenproduzenten aus staatlichen Direktiven sich festsetzende Trennung von „bourgeois" und „citoyen", von Wirtschaftsbürger und Staatsbürger, des legitimen Bereichs egoistischer Interessenbefriedigung von dem Bereich, den das Politische als Sphäre des allgemeinen Willens auszeichnete – diese das soziopolitische Denken des 19. Jahrhunderts bewegenden Entgegensetzungen scheinen heute dem fraglosen Primat des Ökonomischen gewichen zu sein. Dass diese Sphäre – einst als bloßes Mittel im Streben nach dem „guten", d. h. am Maße dessen, was menschliches Leben heißen könnte, gelungenen Leben verstanden – heute Selbstzweck geworden ist und das menschliche Leben zum bloßen Überleben, zur bloßen („transzendenzfreien") Reproduktion regrediert, wird in kulturkritischen Zirkeln beklagt, aber als Naturgeschick hingenommen.

Angesichts der Entdifferenzierung vormals getrennter geschlechtsspezifisch bestimmter Lebensbereiche kann unter dem Imperativ der Anpassung an die funktionalistisch definierten Parameter des ökonomischen Systems die geforderte Gleichheit nur die nach den gleichen geschlechtsneutralen Startbedingungen für ein allseits störungsfreies systemkompatibles Funktionieren bedeuten.

Wenn diesem Befund nicht resignativ begegnet werden soll, kann die hier vorgetragene Überzeugung nicht überraschen: Aus dem aufgeklärt humanistischen Feminismus theoretische Impulse zur Wiedergewinnung normativer Konzepte von Freiheit und Gerechtigkeit zu entwickeln, die den versklavenden Ideologemen des Zeitgeistes („Jeder ist seines Glückes Schmied", „Das Glück ist mit dem Tüchtigen") entgegenwirken, ist kein antiquiertes Projekt.[30]

Literaturliste

Benhabib, Seyla (1995): Selbst im Kontext. Kommunikative Ethik im Spannungsfeld von Feminismus, Kommunitarismus und Postmoderne, Frankfurt am Main: Suhrkamp

Butler, Judith (1991): Das Unbehagen der Geschlechter. Aus dem Amerikanischen von Katharina Menke, Frankfurt am Main: Suhrkamp (Originalausgabe: (1990): Gender Trouble. Feminism and the Subversion of Identity, New York/London: Routledge)

Cassirer, Ernst (1998): Die Einheit des Werkes von Jean Jacques Rousseau, Köln: Dinter

Clark, Lorenne M. G./Lange, Lynda (Hrsg.) (1979): The Sexism of Social and Political Theory, Women and Reproduction from Plato to Nietzsche, Toronto: University of Toronto Press

de Beauvoir, Simone (1949/2000): Das andere Geschlecht. Sitte und Sexus der Frau, aus dem Französischen übersetzt von Aumüller, Uli/Osterwald, Grete, Hamburg: Rowohlt (Originaltitel: Le Deuxième Sexe)

Doyé, Sabine/Heinz, Marion/Kuster, Friederike (Hrsg.) (2002): Philosophische Geschlechtertheorien. Ausgewählte Texte von der Antike bis zur Gegenwart, Stuttgart: Reclam

Galster, Ingrid (2010): Französischer Feminismus: Eine Verbindung im Streit, in: Becker, Ruth/Kortendiek, Beate (Hrsg.): Handbuch Frauen- und Geschlechterforschung. Theorie, Methoden, Empirie, 3. erw. und durchges. Aufl., Opladen: Verlag für Sozialwissenschaften, S. 45–51

Heinz, Marion (2002a): Humanistischer Feminismus. Simone de Beauvoir: Das andere Geschlecht, in: Doyé, Sabine/Heinz, Marion/Kuster, Friederike (Hrsg.): Philosophische Geschlechtertheorien. Ausgewählte Texte von der Antike bis zur Gegenwart, Stuttgart: Reclam, S. 422–429

Heinz, Marion (2002b): Idealisierung des Weiblichen. Wilhelm von Humboldt: Ideen zu einem Versuch, die Grenzen der Wirksamkeit des Staates zu bestimmen, in: Doyé, Sabine/Heinz, Marion/Kuster, Friederike (Hrsg.): Philosophische Geschlechtertheorien. Ausgewählte Texte von der Antike bis zur Gegenwart, Stuttgart: Reclam, S. 283–295

Humboldt, Wilhelm von (1960a): Ueber den Geschlechtsunterschied und dessen Einfluss auf die organische Natur, in: Flitner, Andreas/Giel, Klaus (Hrsg.): Wilhelm von Humboldt: Werke in 5 Bänden, Bd. 1: *Schriften zur Anthropologie und Geschichte*, Stuttgart: J.G. Cotta'sche Buchhandlung

---

30 Sowohl unter philosophiegeschichtlichen als auch unter systematischen Gesichtspunkten ist der Band von Ludwig/Sauer (2009) ein wertvoller Beitrag. Sabine Doyés Skizzen zur Vorbereitung eines Forschungsprojekts konnte ich für die Überlegungen des letzten Teils einsehen und verwenden.

Humboldt, Wilhelm von (1960b): Ideen zu einem Versuch, die Gränzen der Wirksamkeit des Staates zu bestimmen, in: Flitner, Andreas/Giel, Klaus (Hrsg.): Wilhelm von Humboldt: Werke in 5 Bänden, Bd. 1: *Schriften zur Anthropologie und Geschichte*, Stuttgart: J. G. Cotta'sche Buchhandlung

Kiyak, Mely (2008): „Und was ist mit uns?" In: ZEIT-online. Kultur, Online-Resource: http://www.zeit.de/2008/28/Feminismus (28. 11. 2010)

Klaus, Elisabeth (2008): Antifeminismus und Elitefeminismus – Eine Intervention, in: Feministische Studien Heft 2/2008, Stuttgart: Lucius & Lucius, S. 176–186

Kuster, Friederike (2009): Rousseau – die Konstitution des Privaten: zur Genese der bürgerlichen Familie, Berlin: Akademie

Kuster, Friederike (2002): Die Erfindung des bürgerlichen Geschlechts. Jean-Jacques Rousseau: Emile oder Über die Erziehung, in: Doyé, Sabine/Heinz, Marion/Kuster, Friederike (Hrsg.): Philosophische Geschlechtertheorien. Ausgewählte Texte von der Antike bis zur Gegenwart, Stuttgart: Reclam, S. 158–164

Lloyd, Genevieve (1984): The Man of Reason. Male and Female in Western Philosophy, London: Methuen

Ludwig, Gundula/Sauer, Birgit (Hrsg.) (2009): Staat und Geschlecht. Grundlagen und aktuelle Herausforderungen, Baden-Baden: Nomos

Menze, Clemens (1993): Wilhelm von Humboldt. Denker der Freiheit, Sankt Augustin: Comdok

Moller Okin, Susan (1979): Women in Western Political Thought, Princeton: Princeton University Press

Nagl-Docekal, Herta (Hrsg.) (2001): Feministische Philosophie: Ergebnisse, Probleme, Perspektiven, 2. Aufl., Frankfurt am Main: Fischer

Nagl-Docekal, Herta/Pauer-Studer, Herlinde (Hrsg.) (1996): Politische Theorie. Differenz und Lebensqualität, Frankfurt am Main: Suhrkamp

Paul, Heike (2002): „Artikel: Beauvoir", in: Kroll, Renate (Hrsg.): Metzler-Lexikon Gender Studies. Geschlechterforschung: Ansätze, Personen, Grundbegriffe, Stuttgart: Metzler, S. 34 f.

Poullain de la Barre, François (1673): De l'égalité des deux sexes. Discours physique et moral où l'on voit l'importance de se défaire des préjugez, Paris: Chez Jean du Puis (2. Aufl. 1676)

Reich, Klaus (2001): Staatsrecht und Ethik bei Rousseau, in: Baum, Manfred/Rameil, Udo et al. (Hrsg.): Klaus Reich Gesammelte Schriften, Hamburg: Meiner, S. 200–214

Rousseau, Jean-Jacques (1963): Emile oder über die Erziehung, hrsg., eingeleitet und mit Anmerkungen von Rang, Martin, Stuttgart: Reclam

Shanley, Mary Lyndon/Pateman, Carol (Hrsg.) (1991): Feminist Interpretations and Political Theory, Cambridge: Polity Press

Sigusch, Volkmar (2005): Neosexualitäten. Über den kulturellen Wandel von Liebe und Perversion, Frankfurt am Main/New York: Campus

Stolz, Violetta (2010): Geschichtsphilosophie bei Kant und Reinhold, Würzburg: Königshausen & Neumann

Vogel, Ursula (1987): „Humboldt and the Romantics: Neither Hausfrau nor Citoyenne", in: Kennedy, Ellen/Mendus, Susan (Hrsg.): Women in Western Political Philosophy: Kant to Nietzsche, Brighton: Palgrave Macmillan, S. 106–126

Zum Verhältnis von Gewalt und Geschlecht: Entwicklungen und Perspektiven der soziologischen Geschlechterforschung

Mechthild Bereswill

Einleitung

In seinem Buch „Phänomene der Macht" entwickelt der Soziologe Heinrich Popitz (1992: 43 ff.) das Begriffspaar der „Verletzungsmächtigkeit" und „Verletzungsoffenheit" und vertritt die Ansicht, dass alle Menschen über die Möglichkeit verfügen, andere zu verletzen und durch andere verletzt zu werden. Macht, in letzter Konsequenz ausgeübt durch unmittelbare, physische Gewalt, ist somit an die Aktionsmacht der einzelnen Gesellschaftsmitglieder gebunden, deren Möglichkeiten, sich verletzungsmächtig oder verletzungsoffen zu zeigen und zu erleben, durch die Chancenstrukturen und die soziale Ordnung einer Gesellschaft bestimmt werden. Verletzungsmächtigkeit und -offenheit korrespondieren dabei stets miteinander, insofern „[d]ie Verletzbarkeit des Menschen durch den Menschen [...] nicht aufhebbar [ist]" (ebd.: 44).

Lesen wir die anthropologische Prämisse von Popitz, dass der Mensch Gewalt zur Durchsetzung seiner Interessen einsetzen kann, aber nicht muss, und alle Menschen sowohl Opfer- als auch Täterpositionen einnehmen können, aus einer geschlechtertheoretischen Perspektive, fällt ins Auge, dass die soziale Ordnung einer Gesellschaft für ihn keine Geschlechterordnung ist. Diese Leerstelle seiner machttheoretischen Perspektive auf Gewalt hat Teresa Wobbe schon 1994 diskutiert und darauf hingewiesen, dass im Kontext soziokultureller Deutungssysteme von Zweigeschlechtlichkeit unterschiedliche „leibgebundene Subjektpositionen" hervorgebracht werden, die handlungsleitend sind im Umgang mit der Verteilung von Verletzungsmächtigkeit und Verletzungsoffenheit zwischen den Geschlechtern (vgl. ebd.: 191).

Mit anderen Worten: „Der Mensch", von dem bei Popitz die Rede ist, erlangt seine Aktionsmacht im Zusammenhang einer symbolischen Ordnung der Geschlechter, die Frauen und Männern nicht gleichermaßen Spielräume im Umgang mit Macht und Gewalt zugesteht. Frauen und Männer *sind* deshalb nicht quasi naturgemäß Opfer oder Täter aufgrund ihrer Geschlechtszugehörigkeit oder ihrer körperlichen Konstitution. Sie nehmen solche Positionen vielmehr ein (oder weisen sie zurück), weil der gesellschaftliche Umgang mit Macht und Gewalt Teil der gesellschaftlichen Organisation von Geschlechterverhältnissen ist.

Dennoch ist auch im 21. Jahrhundert die Gewaltforschung im soziologischen Mainstream noch erstaunlich „geschlechtervergessen" (Dackweiler 2003: 49). Geschlecht, genauer die soziale Ordnung der Geschlechter, gerät allenfalls als Sonderthema, nicht aber als grundlegendes Strukturmerkmal von gesellschaftlichen Gewaltverhältnissen in den Blick (vgl. z.B. das 2002 von Heitmeyer/Hagan editierte „Internationale Handbuch der Gewaltforschung"). Dies ist umso erstaunlicher, als die Ausübung von Gewalt in der (post)modernen Gesellschaft immer noch mehrheitlich Männern vorbehalten scheint. So haben sich Militär, Polizei und Strafvollzug erst kürzlich und nicht ohne Kontroversen und Restriktionen für Frauen geöffnet. Opfer und Täter von Gewalt im öffentlichen Raum sind mehrheitlich (junge) Männer, Gewalt gegen Frauen wird weltweit von Männern ausgeübt. Frauen tauchen als Täterinnen zuvorderst gegenüber Schutzbefohlenen auf, auch wenn die Gewaltdelikte von Mädchen im öffentlichen Raum gestiegen sind (vgl. Schmölzer 2009).

Die Untersuchung der Tiefenstruktur solcher Phänomene ist Gegenstand einer geschlechtersensiblen Gewaltforschung, die Geschlechterdifferenz nicht als natürliche Gegebenheit voraussetzt, sondern Geschlecht als Strukturmerkmal moderner Gesellschaften analysiert und soziale Konstruktionen von Geschlechterdifferenz dekonstruiert. Das Potenzial der mittlerweile theoretisch sehr ausdifferenzierten Geschlechterforschung liegt aber darin, augenscheinliche Zuschreibungen, die Männlichkeit mit Täterschaft und Weiblichkeit mit Opferschaft assoziieren, mithilfe der Kategorie Geschlecht kritisch zu hinterfragen.

1 Gewalt im Geschlechterverhältnis

Zunächst ist es ein Verdienst der Frauenforschung und Frauenbewegung, dass die Täterschaft von Männern in der Terminologie „Gewalt gegen Frauen" auf den Punkt gebracht wurde (vgl. Hagemann-White et al. 1981; Stövesand 2010). Die wissenschaftliche Untersuchung von Gewalt im Geschlechterverhältnis war und ist bis heute eng mit dem geschlechterpolitischen Ziel verbunden, Gewalt gegen Frauen weltweit als Menschenrechtsverletzung zu bekämpfen und Gewalt im Geschlechterverhältnis als ein strukturelles Phänomen zu analysieren (vgl. GiG-net 2008; Hagemann-White 2002).

„Gewalt im Geschlechterverhältnis" bringt auf den Punkt, was Frauenbewegungen seit Anfang der 1970er-Jahre öffentlich thematisieren: „dass Misshandlung nicht durch die Persönlichkeit und das Verhalten der einzelnen Beteiligten verursacht, sondern in der Gesellschaft verankert ist" (Hagemann-White 1997: 19). Dieses Argument war maßgeblich für die Einrichtung von Frauenhäusern und die fortdauernden politischen Kämpfe zur Verbesserung der rechtlichen Situation von Frauen und gesellschaftlichen Ahndung von Gewalt durch Männer (vgl. z.B. zur Vergewaltigung in der Ehe: Dackweiler 2003). Seit Erscheinen des ersten Frauenhausberichts 1981 (Hagemann-White et al.) ist eine kontinuierliche interdisziplinäre und internationale wissenschaftliche Reflexion über Gewalt im Geschlechterverhältnis zu verfolgen, bei der Forschung und Praxis eng kooperieren (vgl. Althoff/Bereswill/Riegraf 2001; Bereswill/Meuser/Scholz 2007: 22ff.; GiG-net 2008).

Gesellschaftstheoretisch verweist der Begriff „Geschlechterverhältnis" auf theoretische Debatten über die angemessene Erfassung von Geschlecht als Strukturkategorie (vgl. Becker-Schmidt 1993; zusammenfassend Bereswill 2008). Gesellschaft wird als Strukturzusammenhang erfasst, als soziales Gefüge, das nach bestimmten Regeln organisiert ist. Frauen und Männer werden als soziale Gruppen gesehen, die in einem hierarchisch strukturierten Verhältnis zueinander stehen. Demnach ist ein eheliches Abhängigkeitsverhältnis kein rein individueller Konflikt, sondern zugleich Ausdruck der „institutionellen Machtvoraussetzungen" (Knapp 1992) von Geschlechterverhältnissen und -beziehungen. Zu untersuchen sind unter dieser Perspektive beispielsweise die Rechtsordnung oder die Arbeitsteilung einer Gesellschaft sowie die für die bürgerliche Gesellschaft charakteristische Trennung zwischen einer öffentlichen und einer privaten Sphäre, die für die Thematisierung von Gewalt gegen Frauen eine besonders große Rolle spielte, indem die Legitimität von Gewalt im Privaten radikal infrage gestellt wurde (und wird).

Die theoretische Auffassung, dass Frauen Männern gegenüber grundsätzlich benachteiligt sind (vgl. Becker-Schmidt 2004), wird aber nicht bruchlos geteilt. Dies zeigen zum einen Kontroversen zum Bedeutungsverlust der Kategorie Geschlecht. Zum anderen wird die Auffassung, Geschlecht sei eine Strukturkategorie, in älteren wie neueren Debatten zur Verflechtung oder „Intersektionalität" von Ungleichheitskategorien infrage gestellt (vgl. Gümen 1998; Lutz/Herrera/Supik 2010; Winker/Degele 2009) und der Blick auf rassistische, homophobe und homosoziale Gewalt gelenkt.

In diesem Zusammenhang haben seit Ende der 1990er-Jahre auch Ansätze der Männlichkeitsforschung an Bedeutung gewonnen, die die homosozialen Dimensionen von Geschlechterhierarchien in den Blick nehmen. So wird im größten Teil der Forschung zu Gewalt und Männlichkeit auf Robert/Raewyn Connells (1987, 2005) Ansatz der hegemonialen Männlichkeit und auf Pierre Bourdieus (2005) habitustheoretische Überlegungen zur männlichen Herrschaft Bezug genommen (vgl. Meuser 2002; Neuber 2009; Spindler 2006). Dabei betonen beide, dass zur Durchsetzung eines hegemonialen Männlichkeitsmodus oder männlicher Herrschaft (gegenüber anderen Männern und gegenüber Frauen) keine offene, rohe Gewalt eingesetzt werden muss. Über- und Unterordnung folgen hier vielmehr kulturellen Aushandlungsprozessen, die durch patriarchale Komplizenschaft (Connell) oder durch eine präreflexive, inkorporierte Selbstunterwerfung der Beherrschten gekennzeichnet sind. Diese Selbstunterwerfung hat Bourdieu als „symbolische Gewalt" beschrieben, eine Gewalt, die gerade dadurch ihre Wirkung entfaltet, dass sie nicht als solche wahrgenommen wird. Für eine geschlechtersensible Gewaltforschung ergibt sich daraus die Frage, wie physische, strukturelle und symbolische Gewalt zueinander vermittelt sind.

Zugleich muss die enge Verknüpfung von Männlichkeit und Gewalt, die in der Männlichkeitsforschung immer wieder aufgezeigt wird (vgl. Kersten 1997; Meuser 2002), aus einer geschlechtertheoretischen Perspektive hinterfragt werden: Gewalt und Geschlecht erklären sich nicht, sie verschlüsseln sich vielmehr gegenseitig (vgl. Bereswill 2003). Gewalt hat kein Geschlecht, Gewalt ist vergeschlechtlicht, so lässt sich unter Bezug auf zentrale Erkenntnisse der sozialkonstruktivistischen Geschlechterforschung feststellen.

2 Devianz und Geschlecht – Geschlechtertheoretische Perspektiven

Aus sozialwissenschaftlicher Perspektive legt die beschriebene Struktureigentümlichkeit der engen Beziehung von Gewalt und Männlichkeit nahe, nach dem systematischen Zusammenhang der gesellschaftlichen Geschlechterordnung mit Mustern der Normalität, der Abweichung und der sozialen Kontrolle zu fragen.

> „Dabei wird sich zeigen, dass abweichendes Verhalten und Geschlecht nicht nahtlos ineinander aufgehen. Anders gesagt: Es ist wenig hilfreich, von einer männlichen oder weiblichen Devianz auszugehen – abweichendes Verhalten hat kein Geschlecht. Devianz ist aber eng mit geschlechtsbezogenen Deutungs- und Handlungsmustern verwoben und abweichendes Verhalten in unterschiedliche Lebenslagen von Frauen und Männern eingebettet" (Bereswill 2009: 9).

Diese Verschränkung von Devianz und Geschlecht hat der US-amerikanische Soziologe Albert Cohen bereits in seinem 1955 erschienenen Buch „Delinquent Boys", das 1961 bemerkenswerterweise unter dem geschlechtsneutralen Titel „Kriminelle Jugend" ins Deutsche gebracht wurde, diskutiert und Gründe für die Überlegenheit von Jungen und Männern in den Kriminalstatistiken aufgeführt. Aus seiner Sicht ist Kriminalität zum einen funktional für die Anerkennungskämpfe zwischen Männern in einer devianten Subkultur und zum anderen eng mit der Klassenzugehörigkeit verbunden: Jungen und Männern der Arbeiterklasse würde im Vergleich zu den Männern der Mittelschicht ein anerkannter gesellschaftlicher Status verwehrt, den sie nun versuchten, mit illegitimen Mitteln zu erreichen. Damit nimmt Cohen eine These vorweg, die in der gegenwärtigen Debatte über die Gewalt junger Männer prominent vertreten wird: Delinquenz diene der Kompensation von Marginalisierungserfahrungen und sei ein Mittel der Bewältigung oder Bewerkstelligung von Männlichkeit (vgl. Kersten 1997; Messerschmidt 1993). Insbesondere der US-amerikanische Soziologe James W. Messerschmidt (2000) vertritt die handlungstheoretische These, dass junge Männer, die aufgrund von sozioökonomischen Benachteiligungen oder der Zugehörigkeit zu einer ethnischen Minderheit entsprechende Diskriminierungserfahrungen machen, sich mit sogenannten „masculinity challenges" auseinandersetzen müssen. Diese bewältigen sie mithilfe von devianten und hypermaskulinen Inszenierungen von Männlichkeit, die Messerschmidt als eine Ressource der Selbstverteidigung betrachtet. Anders gesagt: Soziale Marginalisierung wird mit geschlechtsbezogenen Handlungsmustern zu bewältigen gesucht, was in der Konsequenz zur weiteren Marginalisierung führt.

Die Delinquenz junger Männer wird demnach als Wechselwirkung von Anerkennungskonflikten und Marginalisierungsspiralen eingeschätzt. Entscheidend ist dabei, dass die situative „Bewerkstelligung von Männlichkeit" durch Gewalt in Gruppenprozessen stattfindet, in denen gemeinsame Ideale von Männlichkeit ausgekämpft werden (vgl. Kersten 1997). Ähnlich begreift auch der Soziologe Michael Meuser (2005) das expansive Risikoverhalten und die gewaltaffinen Interaktionen zwischen jungen Männern als eine kollektive „Strukturübung", mit deren Hilfe während der Adoleszenz Männlichkeit und männliche Herrschaft eingeübt würden. Mit Bezug auf die Herrschafts- und Männlichkeitstheorie von Pierre Bourdieu (2005) und Robert W. Connells Konzept der hegemonialen Männlichkeit (1987) spricht er von „ernsten Spielen des Wettbewerbs", die sich nur unter Männern abspielen und aus denen Frauen ausgeschlossen bleiben oder bei denen sie zumindest nicht auf Augenhöhe mitspielen dürfen. Ein umkämpftes, kulturell dominantes Ideal von Männlichkeit bildet dabei den impliziten Bezugspunkt auch für marginalisierte, abweichende Handlungsmuster.

Für Cohen (1961) ist schon 50 Jahre zuvor die „Bande" eine „Institution der Jungen" (ebd.: 33), deren gemeinsame Delinquenz er als eine „maskuline Betätigung" zur Lösung von Statusproblemen betrachtet. Bemerkenswert ist, dass schon er die unterschiedlichen Zuschreibungen in den Blick nimmt, denen Mädchen und Jungen unterliegen, wenn soziale Kontrolle ins Spiel kommt. So geht er davon aus, dass identische Taten, die von Mädchen begangen werden, gar nicht, weniger oder anders sanktioniert werden (vgl. ebd.: 32f.). Seine Erklärung hierfür liegt in den unterschiedlichen Rollenzuschreibungen, denen Frauen und Männer gesellschaftlich unterliegen. Delinquenz ist demnach Ausdruck eines Anpassungsproblems, das geschlechtsspezifische Ausprägungen annimmt.

Das skizzierte wissenschaftliche Deutungsmuster zur „anderen" Devianz von Frauen und ihrer ebenfalls „differenten" Sanktionierung durch die Institutionen der sozialen Kontrolle findet sich später in feministischen Texten beispielsweise zur Situation von Mädchen in geschlossenen Heimen oder zur Verurteilungspraxis gegenüber Mädchen vor Gericht wieder (vgl. z.B. Stein-Hilbers 1979; Seus 1998). Auch wenn die These, dass für die geringe Auffälligkeit von Mädchen und Frauen andere Muster der sozialen Kontrolle verantwortlich sind, empirisch nicht nachhaltig belegt werden konnte, trifft unbestreitbar für den Umgang mit Devianz zu, was für Zuschreibungen von Geschlechterdifferenz generell gilt: Wenn Frauen und Männer das Gleiche tun, wird dies nicht gleich beurteilt.

Der Rückgriff auf den 50 Jahre alten Text von Cohen verdeutlicht zum einen die tiefe Verankerung der engen Beziehung von Männlichkeit und Devianz im Entwicklungsprozess der westlichen Industriegesellschaft und zum anderen, dass seine funktionalistischen und rollentheoretischen Grundannahmen auch in gegenwärtigen Theorien zu Männlichkeit, insbesondere zu den Handlungsmustern von sozial randständigen und zugleich auffälligen (jungen) Männern, mitschwingen. Hierbei sind die rollentheoretischen Perspektiven mittlerweile von einer sozialkonstruktivistischen Sicht abgelöst worden, die davon ausgeht, dass Geschlecht kein Rollenset und auch kein Identitätsmerkmal, sondern eine intersubjektive Interaktionsleistung darstellt. Geschlecht ist nichts, was wir sind, sonders etwas, das wir tun. Es ist eine Zuschreibung von Differenz, die in alltäglichen Interaktions- und wechselseitigen Interpretationsprozessen, im *Doing Gender*, hergestellt wird (vgl. Gildemeister 2008). In Verknüpfung mit einer ebenso sozialkonstruktivistischen Auffassung von abweichendem Verhalten als einer Zuschreibung (vgl. Becker 1973) ergibt sich die Formel „doing gender while doing crime", die vor dem Hintergrund der bisherigen Ausführungen eher in „doing masculinity while doing crime" überführt werden müsste.

Fassen wir die Kernaussagen der männlichkeitstheoretischen Erklärungsansätze zusammen, ergibt sich das folgende Bild: Aus einer handlungs- und interaktionstheoretischen Perspektive erklären Jugenddelinquenz und Geschlecht sich gegenseitig, auch im Hinblick auf die bemerkenswerte Differenz zwischen den Geschlechtergruppen. Delinquenz stellt eine Handlungsressource zur Stabilisierung von Männlichkeit dar, die sich ihrerseits auf die soziale Konstruktion von Delinquenz stützt. Während gesellschaftliche Männlichkeitskonstruktionen wie Autonomie, Härte, Risiko- und Gewaltbereitschaft mit Bildern von (erfolgreicher) Kriminalität kompatibel sind, sind Weiblichkeitszuschreibungen und Kriminalität, über allen gesellschaftlichen Wandel hinweg, inkompatibel.

Aktuelle Forschungsbefunde zur Gewaltbereitschaft von Mädchen zeigen aber, dass Gewalthandeln in der Gruppe von Gleichaltrigen keinesfalls ein ausschließlich männlich konnotiertes Phänomen ist (vgl. Bruhns 2009; Popp 2007; Silkenbeumer 2007). Gewalt kann demnach auch eine Ressource sein, um Weiblichkeit herzustellen. So lautet ein zentrales Ergebnis der Gruppendiskussionen und Einzelinterviews von Kirsten Bruhns und Svendy Wittmann (2002) mit gewaltbereiten Mädchen, die sich in homosozialen wie in gemischtgeschlechtlichen Gruppen engagierten, dass diese ihre Gewaltbereitschaft und ihr Gewalthandeln in ihre Weiblichkeitskonzepte integrieren, „mit dem Anspruch auf persönliche Anerkennung und der Abwehr geschlechtsspezifischer Abwertung" (Bruhns 2009: 185). Hier wird eine Parallele zu den Abwertungserfahrungen und Anerkennungskämpfen junger Männer erkennbar.

Die Integration von Gewalt in die eigenen Weiblichkeitsentwürfe ist kein reibungsloser Prozess, weil Gewalt im sozialen Umfeld der Mädchen zumeist sanktioniert wird. Vor diesem Hintergrund betont Bruhns die große Bedeutung, die die Anerkennung durch die Gruppe für gewaltbereite Mädchen hat. Auch hier zeigt sich eine interessante Parallele zu den „Strukturübungen" der jungen Männer: Müssten diese nicht ähnliche Ambivalenzkonflikte erleben, wenn es um die Diskrepanz zwischen subkultureller Anerkennung und gesellschaftlicher Sanktionierung geht? Oder sind junge Männer durch die kulturelle Verknüpfung von Männlichkeit und Gewalt geschützt? Möglicherweise sind sie aber aufgrund dieser Verknüpfung nicht geschützt, sondern eingeschränkt, indem die Möglichkeit, sich kollektiv mit einseitigen, rigiden und gesellschaftlich verpönten Männlichkeitsidealen zu identifizieren, die Abwehr von Ambivalenzen und die Verleugnung von Konflikten stützt.

Die offenen Fragen verweisen auf die Notwendigkeit, mögliche Ausblendungen in alle Richtungen zu reflektieren: Wird Mädchen abgesprochen, sich an den ernsten Spielen des Wettbewerbs zu beteiligen (oder eigene Regeln zu entwerfen), und werden die Ambivalenzkonflikte junger Männer leicht übersehen, weil man sich auf die Lesart eingestellt hat, dass Männlichkeit und Gewalt zusammenfallen?

Hier setzen auch kritische Einwände gegenüber einer eingeschränkten, an Männlichkeit orientierten Gewaltforschung an, die einen engen und statischen Gewaltbegriff präferiert, Mädchen von vornherein als different konstruiert, ihre Aktionsmacht im Umgang mit Gewalt ausblendet, ihr Gewalthandeln nicht ernst nimmt und von eindeutigen Opfer-Täter-Positionen in Gewaltkonflikten ausgeht. Statt einer solchen dichotomen Optik zu folgen und Gewalt unter der Hand als eine Art „Geschlechtsmerkmal" festzuschreiben, plädiert Ulrike Popp (2007) für eine Sicht, bei der Gewaltausübung zum Handlungsspektrum beider Geschlechter zählt. „Gewaltausübung [...] stellt auch für Mädchen eine aktive Auseinandersetzung mit ihrer Lebenssituation dar" (ebd.: 64).

Folgen wir dieser Anregung, zeigen biografische Forschungen zu jungen Männern und zu jungen Frauen, dass es notwendig ist, zwischen den kollektiven und den subjektiven Bedeutungsdimensionen von Gewalt zu unterscheiden (vgl. Neuber 2009; Silkenbeumer 2007). Vor diesem Hintergrund erklären Gewalt und Geschlecht sich nicht gegenseitig, sondern verschlüsseln sich gegenseitig im Zusammenhang konflikthafter biografischer Entwicklungsprozesse, die durch spannungsreiche Opfer-Täter-Ambivalenzen geprägt sind.

3 Gewalt und Geschlecht – Konflikttheoretische Differenzierungen

Lassen wir die Geschlechterdifferenz für einen Moment beiseite und betrachten wir, welche Gemeinsamkeiten sich ergeben, wenn wir die Bedeutung von Gewalt aus der Perspektive von Jugendlichen und Heranwachsenden, Jungen und Mädchen in den Blick rücken.

Anke Neuber (2009) hat in ihren biografischen Fallstudien zu Gewalt und Männlichkeitskonflikten herausgearbeitet, dass die Auseinandersetzung mit Gewalt für hafterfahrene junge Männer biografisch recht unterschiedlich ausfällt, zugleich aber einen gemeinsamen Fluchtpunkt aufweist: „Die Demonstration, kein Opfer zu sein." Damit wird auf die hohe Bedeutung verwiesen, die die Abwehr der eigenen Verletzungsoffenheit für junge Männer hat – eine Dynamik, die eng mit dem Streben nach Respekt und Anerkennung und der eigenen Ehre verbunden ist. Die Tiefenstruktur dieses Deutungsmusters erschließt sich allerdings erst im Kontext von erfahrener Abhängigkeit, Missachtung und Viktimisierung. Gewalt könnte so zunächst als Ausdruck eines Mehr an Autonomie betrachtet werden.

> „Wie prekär diese Lesart ist, wird deutlich, wenn die zwanghaften Momente von Gewalt („Ich muss mich wehren") in den Blick genommen werden. Die zwanghafte Handlung ist Ausdruck von Abhängigkeit. Hier wird deutlich, dass Gewalthandeln weniger Ausdruck von Autonomiezuwachs, sondern mehr Ausdruck schmerzhafter Autonomiekonflikte ist." (ebd.: 192).

Diese biografie- und konflikttheoretische Analyse differenziert zwischen den kollektiven Deutungsmustern von jungen Männern und ihrer biografischen Verarbeitung von Gewalt. Tragen wir den gleichen Blickwinkel an qualitative Studien zu gewaltbereiten jungen Frauen heran, zeigen sich zwei bemerkenswerte Parallelen: Gewalt wird auch von jungen Frauen als gruppenbezogenes Phänomen der Anerkennungskämpfe begriffen (vgl. Batchelor 2005; Bruhns 2009). Auch in diesem Zusammenhang erfährt Gewalt die Bedeutung von Selbstermächtigung, indem die eigene Verletzungsmacht gegenüber anderen ausgespielt wird. Auch Mädchen, das wird in vorliegenden Studien deutlich, beanspruchen eine starke, unverletzbare Position für sich und grenzen sich vehement von der Position des Opfers ab.

Zugleich greift ein nur gruppenbezogener Blickwinkel auf das Autonomiestreben oder auf Konstruktionen einer durchsetzungsfähigen Weiblichkeit zu kurz. Lesen wir beispielsweise die Interviewerzählungen von jungen Frauen in einem schottischen Gefängnis, zeigt sich auch hier, wie sehr die jungen Frauen sich gegen die Erfahrung des Opfers wehren – und wie prägend diese Erfahrung gleichzeitig für ihre zwanghaften Selbstverteidigungen ist (vgl. Batchelor 2005). Damit stellt sich die grundlegende Frage, ob die Gewaltbereitschaft junger Frauen und Männer nicht auf eine Tiefenstruktur verweist, die durch die kulturellen Konstruktionen von Geschlechterdifferenz verdeckt und zugleich in Gang gehalten wird. Folgen wir diesem Gedanken, ist Gewaltdelinquenz allerdings weniger „funktional", sondern Ausdruck von tiefgreifenden biografischen Konflikten, insbesondere im Zusammenhang der Adoleszenz (vgl. King 2002). Für die Adoleszenz typische Konflikte spezifizieren sich im Zusammenhang von Gewalt und Geschlecht als unbewältigte Opfer-Täter-Ambivalenzen, die im Kontext familialer Verletzungen und Missachtungen wie auch im Kontext der Gleichaltrigengruppe virulent werden. Welche Bedeutung Geschlecht für die Tiefenstrukturen solcher Konflikte hat, kann im Zusammenhang von interaktionstheoretischen Gruppenstudien nicht genügend erhellt werden, sondern bedarf der Rekonstruktion biografischer Prozesse, nach Möglichkeit in einzelfallvergleichenden Längsschnittstudien.

4 Zwei Fallvignetten

Im Folgenden werden zwei Fallbeispiele aus eigenen Untersuchungen zu Biografien junger Männer mit Hafterfahrungen vorgestellt.[31] Die erhobenen themenzentrierten und biografischen Interviews zu den Erfahrungen und der biografischen Verarbeitung des Freiheitsentzugs während und nach einer Inhaftierung wurden in

---

31 Es handelt sich um Studien, die die Verfasserin gemeinsam mit einer Forschungsgruppe am Kriminologischen Forschungsinstitut Niedersachsen (KFN) in Hannover von 1998 bis 2007 durchgeführt hat. Die Studien wurden von der VolkswagenStiftung und der Stiftung Deutsche Jugendmarke gefördert, ausführliche Angaben finden sich auf der Homepage des KFN (www.kfn.de).

Interpretationsgruppen mithilfe hermeneutischer Verfahren ausgewertet und fallvergleichend untersucht.[32] Zunächst wird der Ausgangspunkt der Untersuchung, das Gefängnis, in den Blick genommen.

4.1 Der Untersuchungskontext und die kollektiven Deutungsmuster

Das Gefängnis ist eine geschlossene Institution, ein hermetischer Raum, der die Handlungsautonomie von Menschen extrem einschränkt und sie in eine Position der kindlichen Abhängigkeit hineinzwängt (vgl. Goffman 1961; Sykes 1958). Die unausweichlich entstehenden Autonomiekonflikte von Gefängnisinsassen werden mithilfe gewaltförmiger Interaktionen zu kompensieren versucht (vgl. Bereswill 2001/2004; Neuber 2009; Sykes 1958).[33] Dies zeigt sich auch im Jugendstrafvollzug, der aufgrund seines Erziehungsanspruchs zwar stark in die Subkultur der Gefangenen interveniert, diese Dynamik aber nicht verhindern kann – ganz im Gegenteil: Praxis wie Forschung und Insassen selbst sprechen immer wieder davon, dass Gewalt hier besonders intensiv aufgerufen wird (vgl. auch Bereswill 2001).

Ebenso wird deutlich, dass die Autonomiekämpfe der jungen Männer um Vorstellungen von unverletzlicher, durchsetzungsfähiger Hypermaskulinität kreisen und ihre Männlichkeitsideale zugleich Gegenentwürfe zur verletzlichen Position des Weiblichen sind. So werden Opfer von Gewalt als „Fotzen" bezeichnet und Unterdrückungsrituale beinhalten den Zwang zu unliebsamen Hausarbeiten wie für andere zu putzen, sie vor den Augen anderer zu bedienen und sexuell zu befriedigen. Zugleich wissen die jungen Männer um die eigene und die Verletzungsoffenheit der anderen und versuchen diese durch den wohldosierten Einsatz von Schutz und Schutzsuche und durch das Mittel des Bluffs zu kaschieren. Schmerz und Angst kommen zumeist nur zwischen den Zeilen oder mit Blick auf fremde, nicht aber eigene Opfererfahrungen zur Sprache (vgl. Bereswill 2001).

Es handelt sich um eine Dynamik der Aushandlung von Männlichkeit, die sich auch außerhalb des Gefängnisses findet und im geschlossenen Raum wie unter einem Brennglas sichtbar wird. Unter Bezug auf die weiter oben diskutierten Ansätze der Männlichkeitsforschung können die Interaktionsdynamiken im Gefängnis ohne Weiteres als „Strukturübungen" (Meuser 2005) zur Einübung und Absicherung von Männlichkeit verstanden werden – ein Forschungsfokus, bei dem wir nicht davon ausgehen, dass Männlichkeit das ist, was wir sehen, was Männer (in einer Gruppe) tun, sondern dass die Aneignung und Verarbeitung von Geschlechterdifferenz ein konflikthafter, umwegiger und eigensinniger Prozess

---

32 Mein Dank gilt allen jungen Männern, die über viele Jahre mit uns über sich und ihre Lebenssituationen gesprochen haben, Almut Koesling und Anke Neuber für die intensive Zusammenarbeit, dem KFN für die großzügige Unterstützung meiner Forschung und allen Studierenden der Universität Hannover und Kassel, die mit uns gemeinsam geforscht haben und weiterhin forschen.

33 Dies gilt auch für Mädchen und Frauen im Gefängnis, worauf hier nicht weiter eingegangen werden kann.

ist. Daraus resultiert die Suche nach Untersuchungsstrategien, die es erlauben, den Tiefenstrukturen solcher Konstruktionen auf die Spur zu kommen.

4.2 Männlichkeitsentwürfe im Kontext

Eine konkrete Möglichkeit bietet die Re-Kontextualisierung von kollektiv abgefederten Männlichkeitskonstruktionen, wie sie sich besonders markant im Gefängnis beobachten lassen, in den Sinnzusammenhang des Einzelfalls. Das bedeutet, kulturelle Konstruktionen von Männlichkeit auch im Kontext lebensgeschichtlicher Konflikterfahrungen zu betrachten und den Blick für gegensinnige, verdeckte und möglicherweise nicht eindeutig an Geschlecht geknüpfte Bedeutungsdimensionen offenzuhalten. Diese Untersuchungsstrategie ermöglicht einen doppelten Blick auf den Zusammenhang von überdeterminierten und einseitigen Männlichkeitsnormen. Entziffert werden zum einen deren kontextspezifische Ausgestaltung im geschlossenen Raum Gefängnis und zum anderen die subjektive Bedeutung solcher Normen, die sich im Kontext des Einzelfalls erschließt. Diese Perspektive wird nun am Beispiel von zwei Fallvignetten durchgespielt. Die Interpretationsausschnitte konzentrieren sich auf die Bedeutung von Hypermaskulinität und Gewalt im Gefängnis anhand der Ähnlichkeiten und Unterschiede zwischen den Erzählungen von zwei jungen Männern, die von einem Forschungsteam im Rahmen eines qualitativen Längsschnitts über fast neun Jahre hinweg regelmäßig interviewt wurden. Die biografischen Entwicklungen und Selbstdeutungen beider heranwachsender Männer zeigen: Gewalt ist im Gefängnis (und außerhalb) selbstverständlich und steht im Kontext von Männlichkeitsnormen wie Macht, Durchsetzungsfähigkeit und Ehre. Zugleich werden Geschlechternormen nicht einfach aufgegriffen, sondern im Zusammenhang biografischer Konflikterfahrungen angeeignet, bearbeitet und (um)gestaltet. Das eigene gesellschaftlich als kriminell verurteilte Verhalten erfährt dabei eine sehr unterschiedliche Bedeutung für das Selbstempfinden und die Selbstdarstellung im Forschungsprozess.

Den achtzehnjährigen Günter Hinze treffen wir 1999 in der gleichen Jugendstrafvollzugsanstalt wie den zweiundzwanzigjährigen Dorian Elsner. Beide thematisieren im jeweils ersten Interview über den Alltag im Gefängnis die große Bedeutung von Gewalt zwischen jungen Männern im Gefängnis sowie außerhalb. Der Umgang mit dieser Herausforderung variiert jedoch. Während Günter erzählt, dass und wie er im Gefängnis Gewalt gegen andere einsetzt, betont Dorian, selbst keine Gewalt anzuwenden. Zugleich ist er darauf bedacht, von der Forscherin nicht als Opfer von Gewalt wahrgenommen zu werden.

Die Differenz im Bezug auf Gewalthandeln im Gefängnis korrespondiert mit dem unterschiedlichen Erleben der Inhaftierung. Für das Interview mit Günter Hinze ist charakteristisch, dass er den Alltag im Gefängnis als demütigend erlebt. Er spricht ausführlich über seine ohnmächtige Wut gegenüber den autoritären Regeln der Anstalt und über die Autonomieeinschränkungen. Die Wut auf die Allmacht der Vollzugsbeamten, so seine Schilderung, müsse er schlucken und Gewalt sei für ihn ein Ventil, um sich abzureagieren. Das eigene und das Gewalthandeln anderer junger Männer schildert er als selbstverständliche Alltagsinteraktion, eine Handlungsmöglichkeit, um sich auch im Gefängnis „nicht zur Fotze machen zu lassen". Im Konflikt mit seinen Ohnmachtsgefühlen bringt er sich schnell in die subkulturellen Geschäfte ein, um sich nicht zu langweilen und „nicht arm" zu sein.

Im Vergleich dazu stellt Dorian sich während des ersten Interviews als durch die Haft erfolgreich abstinent gewordener Heroinkonsument dar. In diesem Kontext ist Gewalthandeln für ihn selbst verpönt, weil er dies mit seinen Handlungsmustern vor der Haft assoziiert, von denen er sich abgrenzen will. Er möchte „ein ganz normaler Junge" werden und den „Junkie" hinter sich lassen. Gewalt im Gefängnis hinterfragt er aber nicht grundsätzlich, was beispielsweise deutlich wird, wenn er die Forscherin bewundert, weil sie sich „als Frau" freiwillig in diesen gefährlichen Raum begibt, nur um mit ihm zu sprechen. Hier schwingt seine eigene Ambivalenz mit, sich einerseits als wehrhafter Mann erleben und darstellen zu wollen und als „Junkie" zugleich zu den potenziellen Opfern anderer Gefangener zu zählen. Diesem Konflikt steht die intensive Identifikation mit Lernen und Arbeiten im Gefängnis gegenüber. Im Gegensatz zu Günter grenzt Dorian sich nicht vom Erziehungsanspruch des Vollzugs ab. Arbeit ist für ihn auch eine Zukunftsoption. Er sieht sich als erfolgreicher Erwerbsarbeiter, ein Männlichkeitsentwurf, den er mit Nachdruck gegen sein Leben vor der Haft setzt. Dieses Muster erweist sich im Längsschnitt als kontinuierlich. Nach seiner Entlassung absolviert er mehrere Beschäftigungsmaßnahmen, schließt sogar eine Ausbildung zum Facharbeiter ab und findet unter denkbar schlechten Arbeitsmarktbedingungen eine Beschäftigung, deren harte Anforderungen er scharf kritisiert und zugleich akzeptiert.

Im Vergleich zu Dorians Streben, die eigene Devianz als vergangen hinter sich zu lassen und sich zu einem „normalen" Erwerbsarbeiter zu entwickeln, ist die Selbstdarstellung von Günter über alle Interviews hinweg auf die positive Besetzung von Devianz konzentriert. Dabei entwirft er das Bild eines erfolgreichen und wohlhabenden Diebs. Devianz und erfolgreiche Männlichkeit jenseits konventioneller Erwerbstätigkeit verknüpfen sich dabei mit seiner alltäglichen Gewaltbereitschaft, die er über die Jahre der Forschungsbegegnungen immer stärker als strategische Ressource (z. B. zur Eintreibung von Schulden in der Subkultur) und weniger als Ventil der eigenen Ohnmachtsgefühle thematisiert.

Fragen wir nach dem Verhältnis von Devianz und Geschlecht und vergleichen die beiden Fälle über den Längsschnitt hinweg, wird ein bemerkenswerter Kontrast deutlich. Günter Hinzes biografischer Selbstentwurf bleibt auf Devianz konzentriert und seine Abgrenzung von gesellschaftlichen Normalisierungsvorstellungen verstetigt sich. Im Gegensatz dazu rückt Dorian Elsner von seinen Handlungsmustern vor der Inhaftierung ab und identifiziert sich zunehmend mit einer männlichen Normalbiografie, zu der er sich regelrecht durcharbeitet. Trotzdem trifft die Forscherin ihn mehrere Jahre nach der ersten Begegnung im Jugendstrafvollzug wieder in Haft an. Er ist wegen einer schon einige Zeit zurückliegenden Körperverletzung verurteilt und begründet dies damit, dass er seinen Bruder (und dessen Freunde) gegen den Angriff einer Gruppe anderer junger Männer habe verteidigen „müssen". Gewalt ist hierbei eine Frage verwandtschaftlicher Verpflichtungen, verbunden mit der Verteidigung von Ehre, die nicht infrage gestellt wird und Dorians Version eines guten Lebens als „normaler" Mann durchkreuzt. Entsprechend empfindet er die Inhaftierung als zu harte, ungerechte Strafe, die ihm alles kaputt mache, was er sich aufgebaut habe: Arbeit, Wohnung und Partnerschaft. Folgerichtig grenzt er sich auch während seiner zweiten Haft im Erwachsenenvollzug von der Subkultur im Gefängnis ab. Günter hingegen wächst im Lauf seiner verschiedenen Inhaftierungen über die Jahre auch in die Subkultur des Erwachsenenvollzugs hinein. Er erzählt ausführlich über seine Geschäfte, seinen zunehmend strategischen Umgang mit Gewalt und seine Überlegenheit gegenüber anderen Männern.

4.3 Kaschierte Abhängigkeit – Ungelöste Bindung

Mit Blick auf Kontinuität und Wandel von biografischen Selbstkonstruktionen über die Zeit ist bemerkenswert, dass Devianz von Günter mit erfolgreicher, von Dorian mit gescheiterter Männlichkeit assoziiert, Gewalt von beiden aber als legitime Handlungsmöglichkeit interpretiert wird. Betrachten wir die unterschiedlichen Akzentuierungen von Normalität und Abweichung im biografischen Kontext, korrespondieren diese mit familienbiografischen Bindungskonstellationen, die durch Abhängigkeit und Erfahrungen der Diskontinuität geprägt sind.

So fällt in den Erzählungen von Günter Hinze die durchgehende Idealisierung seiner Mutter auf, die ihn in allen Angelegenheiten unterstützt und ihm bis heute alles abnimmt. Im Gegensatz dazu steht das polarisierte Bild eines autoritären und gewalttätigen Stiefvaters. Er selbst entwirft sich als unerreichbares, von Anfang an deviantes Kind – eine Familienerzählung, die ihn als ohnmächtig ausgeliefert und unabhängig zugleich erscheinen lässt. Seine gegenwärtige Stilisierung als von gesellschaftlichen Erwartungszumutungen unabhängig und seine gleichzeitige Unsicherheit im Umgang mit einem eigenständigen Leben als junger Erwachsener erinnern an diese Konstellation. Die enge Bindung an seine Mutter gewinnt ihre Bedeutung aber erst im Kontext eines familienbiografischen Bruchs, den der etwa elfjährige Günter kurz nach der politischen Wende der DDR erlebt. Zu diesem Zeitpunkt verlassen seine Mutter, ihr Ehepartner und Günters Bruder Deutschland mit dem Ziel der Migration in ein weit entferntes Land. Günter wird in einem Heim zurückgelassen, aus dem er nach gescheiterter Auswanderung wieder herausgeholt wird. Seine Wut und sein Schmerz darüber, einfach zurückgelassen worden zu sein, haben im Rückkehrkonflikt, den die Mutter nun mit den Behörden auskämpft, keinen Platz und seine Enttäuschung kann, wie er selbst sagt, bis heute nicht besprochen werden. Der nicht abgegoltene Konflikt bindet Günter zugleich eng an seine Mutter (und seinen Bruder), sein Rückgriff auf ein deviantes Männlichkeitsmuster perpetuiert eine ungelöste Abhängigkeit und kaschiert diese zugleich mithilfe der betonten Unabhängigkeit von Normalität.

In Dorian Elsners familienbiografischer Erzählung stehen sich ebenfalls zwei Kontrastfiguren gegenüber: eine alkoholkranke Mutter, die an den Folgen ihres

Konsums stirbt, als er neun Jahre alt ist, und ein disziplinierter, verantwortungsbewusster und zugleich gewalttätiger Vater, der Dorian und seinen Bruder kurz nach dem Verlust der Mutter in eine neue Partnerschaft einbindet. Bemerkenswert ist dabei, dass Dorian die Beziehung zu seinem Bruder bis hin zur gemeinsamen Inhaftierung als unzerstörbare Einheit gegenüber schwierigen und feindseligen Umgebungen und Personen beschreibt. Diese Einheit löst sich erst nach der Entlassung aus der ersten Inhaftierung, die sie ebenfalls gemeinsam erleben, langsam auf, als beide Brüder unterschiedliche Wege gehen. Diese Differenzierung wird durch Dorians enge Beziehung zu seinen Großeltern getragen, an deren erwerbszentriertem Lebensentwurf er sein Streben nach einer eigenen Erwerbstätigkeit ausrichtet. Von seinem Bruder, der keine vergleichbaren Anstrengungen unternimmt, grenzt Dorian sich immer stärker ab. Trotzdem ist er sofort zur Stelle, als dieser von anderen Männern angegriffen wird und ihn hinzuruft. Seine Bereitschaft, sich in eine Gruppenschlägerei einzubringen, wirkt auf den ersten Blick wie ein Bilderbuchbeispiel für die „ernsten Spiele des Wettbewerbs unter Männern" (Bourdieu). Das kindliche Bündnis der Brüder, aus dem die Szene ihre affektiven Qualitäten gewinnt, geht in dieser kulturellen Konstruktion von Männlichkeit nicht auf, wird aber zugleich von ihr in Gang gehalten.

5 Ausblick

Die Frauen- und Geschlechterforschung hat einen kontinuierlichen Beitrag dazu geleistet, das Verhältnis von Gewalt und Geschlecht theoretisch und empirisch sorgfältig auszuleuchten. Es ist ein anspruchsvolles Unterfangen, Geschlechterverhältnisse und Gewaltverhältnisse als strukturelle Phänomene, aber auch die eigensinnige Verarbeitung und Gestaltung solcher Strukturen durch Menschen zu verstehen. Dazu müssen gesellschaftstheoretische und subjekttheoretische Untersuchungsperspektiven differenziert und zugleich zusammengehalten werden. Im Hinblick auf das Verhältnis von Gewalt und Geschlechterdifferenz wird immer wieder deutlich, dass wir es mit dichotomen Handlungs- und Deutungsmustern zu tun haben, bei denen Männlichkeit und Täterschaft einerseits und Weiblichkeit und Opferschaft andererseits assoziiert sind. Der Hinweis darauf, dass alle Menschen über Verletzungsmacht verfügen und sich zugleich mit ihrer Verletzungsoffenheit auseinandersetzen müssen, öffnet den Blick für die ambivalenten Konstellationen, in denen Opfer- und Täterpositionen nur auf den ersten Blick eindeutig sind. Dies erfordert Untersuchungsansätze, die die latenten Bedeutungsdimensionen und verdeckt gehaltenen Konflikte rekonstruieren, die die Handlungsorientierungen von Menschen strukturieren. In der Forschung zur Gewaltbereitschaft von Jugendlichen und jungen Erwachsenen ist eine solche konflikttheoretische Perspektive bislang wenig verfolgt worden. Für die Untersuchung von Gewalt im Geschlechterverhältnis, insbesondere von Gewalt gegen Frauen, stellt sich die Herausforderung eines doppelten Blicks: Gewalt im Geschlechterverhältnis als einen Strukturzusammenhang aufzudecken, Frauen und Männer aber nicht einseitig auf Opfer- und Täterpositionen festzuschreiben. In diesem Sinn kann die Formel, dass Gewalt und Geschlecht sich nicht gegenseitig erklären, sondern verschlüsseln, als eine Einladung verstanden werden, die differenzierten Wissensbestände der Geschlechterforschung aufzugreifen und weiterzuentwickeln, um die Tiefenstruktur gesellschaftlicher Gewaltverhältnisse zu verstehen und aufzudecken.

Literaturliste

Althoff, Martina/Bereswill, Mechthild/Riegraf, Birgit (Hrsg.) (2001): Feministische Methodologien und Methoden. Traditionen, Konzepte, Erörterungen. Band 2 der Lehrbuchreihe zur sozialwissenschaftlichen Frauen- und Geschlechterforschung, Opladen: Leske und Budrich

Batchelor, Susan (2005): „Prove me the bam!": Victimization and agency in the lives of young women who commit violent offences, in: Probation Journal Vl. 52 (4)

Becker, Howard S. (1963/1973): Outsiders. Studies in the Sociology of Deviance, London/New York: The Free Press of Glencoe

Becker-Schmidt, Regina (2004): Doppelte Vergesellschaftung von Frauen. Divergenzen und Brückenschläge zwischen Privat- und Erwerbsleben, in: Becker, Ruth/Kortendiek, Beate (Hrsg.): Handbuch Frauen- und Geschlechterforschung. Theorie, Methoden, Empirie, Wiesbaden: VS Verlag für Sozialwissenschaften

Becker-Schmidt, Regina (1993): Geschlechterdifferenz – Geschlechterverhältnis. Soziale Dimensionen des Begriffs „Geschlecht", in: Zeitschrift für Frauenforschung, 11. Jg.

Bereswill, Mechthild (2009): Offensichtliche Unterschiede – verdeckte Hintergründe. Abweichendes Verhalten aus der Perspektive der Geschlechterforschung, in: Schweer, Martin K.W. (Hrsg.): Sex and Gender. Interdisziplinäre Beiträge zu einer gesellschaftlichen Konstruktion, Frankfurt am Main: Lang

Bereswill, Mechthild (2008): Geschlecht, in: Baur, Nina/Korte, Hermann/Löw, Martina/Schroer, Markus (Hrsg.): Handbuch Soziologie, Wiesbaden: VS Verlag für Sozialwissenschaften

Bereswill, Mechthild (2007): „Von der Welt abgeschlossen". Die einschneidende Erfahrung einer Inhaftierung im Jugendstrafvollzug, in: Goerdeler, Jochen/Walkenhorst, Philipp (Hrsg.): Jugendstrafvollzug. Grundlagen, Konzepte, Handlungsfelder 2. DVJJ Schriftenreihe, Band 40, Mönchengladbach: Forum

Bereswill, Mechthild (2004): „The Society of Captives" – Formierungen von Männlichkeit im Gefängnis. Aktuelle Bezüge zur Gefängnisforschung von Gresham M. Sykes, in: Kriminologisches Journal, 36. Jg., 2004, Heft 2

Bereswill, Mechthild (2003): Gewalthandeln, Männlichkeitsentwürfe und männliche Subjektivität am Beispiel inhaftierter junger Männer, in: Koher, Frauke/Pühl, Katharina (Hrsg.): Gewalt und Geschlecht. Konstruktionen, Positionen, Praxen, Opladen: Leske und Budrich

Bereswill, Mechthild (2001): Die Schmerzen des Freiheitsentzugs – Gefängniserfahrungen und Überlebensstrategien männlicher Jugendlicher und Heranwachsender, in: Bereswill, Mechthild/ Greve, Werner (Hrsg.): Forschungsthema Strafvollzug. Interdisziplinäre Beiträge zur kriminologischen Forschung, Band 21, Baden Baden: Nomos

Bereswill, Mechthild/Meuser, Michael/Scholz, Sylka (Hrsg.) (2007): Dimensionen der Kategorie Geschlecht. Der Fall Männlichkeit, Münster: Westfälisches Dampfboot

Bourdieu, Pierre (2005): Die männliche Herrschaft, Frankfurt am Main/New York: Suhrkamp

Brückner, Margrit (Hrsg.) (1998): Wenn Forschende und Beforschte ein Geschlecht haben, Bulletin Nr. 2, Lausanne

Bruhns, Kirsten (2009): Gewaltbereite Mädchen, in: Elz, Jutta (Hrsg.): Täterinnen. Befunde, Analysen. Kriminologie und Praxis (KUP). Schriftenreihe der Kriminologischen Zentralstelle e. V., Band 58, Wiesbaden

Bruhns, Kirsten (2002): Gewaltbereitschaft von Mädchen – Wandlungen im Geschlechterverhältnis, in: Dackweiler, Regina M./Schäfer, Reinhild (Hrsg.): Gewalt-Verhältnisse. Feministische Perspektiven auf Geschlecht und Gewalt, Frankfurt am Main/New York: Campus

Bruhns, Kirsten/Wittmann, Svendy (2002): „Ich meine, mit Gewalt kannst du dir Respekt verschaffen". Mädchen und junge Frauen in gewaltbereiten Jugendgruppen, Opladen: Leske und Budrich

Cohen, Albert (1961): Kriminelle Jugend, Reinbek bei Hamburg: Rowohlt

Connell, Robert W. (Raewyn)/Messerschmidt, James W. (2005): Hegemonic Masculinity. Rethinking the Concept, in: Gender & Society

Connell, Robert W. (Raewyn) (1987): Gender and Power, Cambridge: Stanford University Press

Dackweiler, Regina (2003): Rechtspolitische Konstruktionen sexueller Verletzungsoffenheit und Verletzungsmächtigkeit. Zur Verrechtlichung von Vergewaltigung in der Ehe in der Schweiz und der Bundesrepublik Deutschland, in: Koher, Frauke/Pühl, Katharina (Hrsg.): Gewalt und Geschlecht. Konstruktionen, Positionen, Praxen, Opladen: Leske und Budrich

GiG-net (Hrsg.) (2008): Gewalt im Geschlechterverhältnis. Erkenntnisse und Konsequenzen für Politik, Wissenschaft und soziale Praxis, Opladen/Farmington Hills: Budrich

Gildemeister, Regine (2008): Soziale Konstruktion von Geschlecht: „Doing gender", in: Wilz, Silvia Marlene (Hrsg.): Geschlechterdifferenzen – Geschlechterdifferenzierungen. Ein Überblick über gesellschaftliche Entwicklungen und theoretische Positionen, Wiesbaden: VS Verlag für Sozialwissenschaften

Goffman, Erving (1961/1973): Asyle, Frankfurt am Main: Suhrkamp

Gümen, Sedef (1998): Das Soziale des Geschlechts. Frauenforschung und die Kategorie „Ethnizität", in: Das Argument. 224

Hagemann-White, Carol (2002): Gewalt im Geschlechterverhältnis als Gegenstand sozialwissenschaftlicher Forschung und Theoriebildung. Rückblick, gegenwärtiger Stand, Ausblick, in: Dackweiler, Regina-Maria/Schäfer, Reinhild (Hrsg.): Gewalt-Verhältnisse. Feministische Perspektiven auf Geschlecht und Gewalt, Frankfurt am Main/New York: Campus

Hagemann-White, Carol (1997): Die feministische Gewaltdiskussion. Paradoxe, Blockaden und neue Ansätze, in: Hagemann-White, Carol/Kavemann, Barbara/Ohl, Dagmar (Hrsg.): Parteilichkeit und Solidarität. Praxiserfahrungen und Streitfragen zur Gewalt im Geschlechterverhältnis, Bielefeld: Kleine

Hagemann-White, Carol/Kavemann, Barbara/Kootz, Johanna/Weinmann, Ute/Wildt, Carola Christine (1981): Hilfe für mißhandelte Frauen. Abschlußbericht der wissenschaftlichen Begleitung des Modellprojektes Frauenhaus Berlin, Schriftenreihe des Bundesministeriums für Jugend, Familie und Gesundheit, Bonn

Heitmeyer, Wilhelm/Hagan, John (Hrsg.) (2002): Internationales Handbuch der Gewaltforschung, Wiesbaden: Westdeutscher Verlag GmbH

Kersten, Joachim (1997): Gut und (Ge)schlecht, Berlin: De Gruyter

King, Vera (2002): Die Erfindung des Neuen in der Adoleszenz, Opladen: VS Verlag für Sozialwissenschaften

Knapp, Gudrun-Axeli (1992): Machtanalyse in Zwischen-Zeiten, in: Kulke, Christine/Kopp-Degethof, Heidi/Ramming, Ulrike (Hrsg.): Wider das schlichte Vergessen. Der deutsch-deutsche Einigungsprozess. Frauen im Dialog, Berlin: Orlanda Frauenverlag

Lutz, Helma/Herrera Vivar, Teresa/Supik, Linda (Hrsg.) (2010): Fokus Intersektionalität. Bewegungen und Verortungen eines vielschichtigen Konzeptes, Wiesbaden: VS Verlag für Sozialwissenschaften

Messerschmidt, James W. (2000): Nine Lives. Adolescent Masculinities, the Body, and Violence, Cumnor Hill: Westview Press

Messerschmidt, James W. (1993): Masculinities and Crime. Critique and Reconzeptualization of Theory, Lanham (MD): Rowman & Littlefield

Meuser, Michael (2005): Strukturübungen. Peergroups, Risikohandeln und die Aneignung des männlichen Geschlechtshabitus, in: King, Vera/Flaake, Karin (Hrsg.): Männliche Adoleszenz. Sozialisation und Bildungsprozesse zwischen Kindheit und Erwachsensein, Frankfurt am Main/New York: Campus

Meuser, Michael (2002): „Doing Masculinity" – Zur Geschlechtslogik männlichen Gewalthandelns, in: Dackweiler, Regina M./Schäfer, Reinhild (Hrsg.): Gewalt-Verhältnisse. Feministische Perspektiven auf Geschlecht und Gewalt, Frankfurt am Main/New York: Campus

Neuber, Anke (2009): Die Demonstration, kein Opfer zu sein. Biographische Fallstudien zu Gewalt und Männlichkeitskonflikten. Interdisziplinäre Beiträge zur kriminologischen Forschung, Band 35, Baden-Baden: Nomos

Popitz, Heinrich (1986/1992): Phänomene der Macht, Tübingen: Mohr Siebeck

Popp, Ulrike (2007): Zur sozialen Wahrnehmung von Frauen und Mädchen als Täterinnen, in: Kawamura-Reindl, Gabriele/Halbhuber-Gassner, Lydia/Wichmann, Cornelius (Hrsg.): Gender Mainstreaming – ein Konzept für die Straffälligenhilfe?, Freiburg im Breisgau: Lambertus

Schmölzer, Gabriele (2009): Frauen als die „bessere Hälfte" der Menschheit? Statistische und empirische Ergebnisse, in: Elz, Jutta (Hrsg.): Täterinnen. Befunde, Analysen. Kriminologie und Praxis (KUP), Schriftenreihe der Kriminologischen Zentralstelle e.V., Band 58, Wiesbaden

Seus, Lydia (1998): Men's Theories and Women's Lives, in: Brückner, Margrit (Hrsg.): Wenn Forschende und Beforschte ein Geschlecht haben, Bulletin Nr. 2, Lausanne

Silkenbeumer, Mirja (2007): Biografische Selbstentwürfe und Weiblichkeitskonzepte aggressiver Mädchen und junger Frauen, Münster: LIT

Spindler, Susanne (2006): Corpus delicti. Männlichkeit. Rassismus und Kriminalisierung im Alltag jugendlicher Migranten, Münster: Unrast

Stein-Hilbers, Marlene (1979): Zur Kontrolle abweichenden Verhaltens von Mädchen durch die Heimerziehung, in: Neue Praxis, 9. Jg., Heft 1

Stövesand, Sabine (2010): Gewalt im Geschlechterverhältnis. Wieso, weshalb, was tun? in: Bereswill, Mechthild/Stecklina, Gerd (Hrsg.): 9. Geschlechterperspektiven für die Soziale Arbeit. Zum Spannungsverhältnis von Frauenbewegungen und Professionalisierungsprozessen, Weinheim/München: Juventa

Sykes, Gresham M. (1958/1974): The Society of Captives. A Study of a Maximum Security Prison, Princeton/New Jersey: Princeton University Press

Winker, Gabriele/Degele, Nina (2009): Intersektionalität. Zur Analyse sozialer Ungleichheiten, Bielefeld: Transcript

Wobbe, Theresa (1994): Die Grenzen der Gemeinschaft und die Grenzen des Geschlechts, in: Wobbe, Theresa/Lindemann, Gesa (Hrsg.): Denkachsen. Zur theoretischen und institutionellen Rede vom Geschlecht, Frankfurt am Main: Suhrkamp

IV Glossar

Einleitung 219

Stichworte und Begriffe aus der Geschlechterforschung 220
Barbara Rendtorff

Über die Autorinnen 234

Einleitung

Unter einem „Glossar" versteht man meist eine Liste von fremdsprachigen Wörtern oder Fachbegriffen mit dazu gehörigen Übersetzungen und Erläuterungen, die das Verständnis eines Textes erleichtern sollen.

Dieses hier folgende Glossar enthält zwar keine Übersetzungen oder Erklärungen anderssprachiger Wörter – aber wir haben es deshalb angefügt, weil doch viele Begriffe aus der Geschlechterforschung uneindeutig sind oder uneinheitlich gehandhabt werden. Wir möchten damit zum bewussteren Umgang mit Begriffen beitragen, weshalb wir meistens gerade die Unschärfen der Begriffe herausgestellt haben.

Zu folgenden Begriffen finden sich auf den nächsten Seiten kurze Erläuterungen:

Differenz/Gleichheit · Doing Gender · Feminismus/feministisch · Gender Dropout · Gender Gap/Gender Pay Gap · Genderkompetenz · Genderlekt · Gender Mainstreaming · Geschlechterforschung · Geschlechtergerechte (geschlechterbewusste) Sprache · Geschlechtergerechtigkeit · Geschlechterrolle · Geschlechterstereotype · Geschlechtsidentität · geschlechtstypisch/geschlechtsspezifisch · Heterogenität/Diversity · Heteronormativität · Intersektionalität/intersektionell · Male Bias/Geschlechterbias · Männliche Hegemonie/Hegemoniale Männlichkeit · Patriarchat · Queer/Queer Studies, Queer Theory · Quotierung · Sex/Gender/Geschlecht · Sex-Gender-System · Stereotype/Vorurteile · Strukturkategorie Geschlecht · Weib

Stichworte und Begriffe aus der Geschlechterforschung

Barbara Rendtorff

Differenz/Gleichheit

„Differenz" heißt zunächst, wenn man das Wort neutral und sozusagen ‚unschuldig' verwendet, dass zwei Objekte nicht identisch (gleich) sind. Als philosophischer verweist der Begriff auf einen sprachlichen Kontext, einen Raum von Bedeutungen, der durch ein symbolisches (sprachliches) Verweisungsgefüge entsteht, in dem Bedeutungen nur durch ihre Differenz zu anderen entstehen.

Doch der Begriff wird – insbesondere auch in der feministischen Theoriegeschichte – mit teilweise konträrer Bedeutung verwendet. Das hat nicht zuletzt seinen Grund in Problemen der Übersetzung. So übersetzten die italienischen Feministinnen das englische „gender" mit „differenza sessuale", was wiederum im Deutschen teils mit „sexuelle Differenz", teils mit „Geschlechterdifferenz" übersetzt wurde, wobei die Komplexität und soziale Bedeutung von „gender" auf einen Singular reduziert werden: *die* Differenz *der* beiden Geschlechter (vgl. Cavarero 1990, 110). Statt einer Beschreibung der unaufhaltbaren Entfernung/Spaltung zwischen den (allen) Menschen und Objekten wird der Begriff „Differenz" nun zum Hinweis auf einen besonderen, fundamentalen Unterschied zwischen zwei Gruppen (Geschlechtern). Während also in einem (differenz-)philosophischen Sinne die Objekte überhaupt erst aus ihren unendlichen Verschiedenheiten in Bezug auf alle anderen verstanden werden können, scheint hier der „eine" Unterschied bestimmend. Wir haben also zwei völlig verschiedene Auslegungen des Begriffs „Differenz" vor uns, die auch jeweils radikal verschiedene politische Konsequenzen nahelegen.

Heute hat es sich eingebürgert, von „Differenzfeminismus" zu sprechen, wenn man theoretische oder politische Ansätze bezeichnen will, welche die Verschiedenheit von Männern und Frauen auf den „einen" Unterschied zurückführen und dabei die historische und politische Dimension und Gewordenheit gesellschaftlicher Verhältnisse tendenziell vernachlässigen. Die Kritik an „differenztheoretischen" Positionen führt dann aber dazu, die Frage nach der möglichen Verschiedenheit der Geschlechter oder dem ‚Effekt' von Geschlechtlichkeit, Körper und symbolischen Bedingungen gänzlich zu tabuisieren.

Das Schicksal des Begriffs bzw. der Forderung nach „Gleichheit" ist eng mit dieser Problematik verknüpft. So wird in diesem Zusammenhang Gleichheit teils als „Gleichberechtigung" interpretiert, also als Forderung nach gleichen Rechten und Pflichten für ansonsten unterschiedliche Menschen, teilweise aber auch als politischer Begriff behandelt, der anzeigen will, dass der Geschlechterunterschied künstlich mit Bedeutung aufgeladen werde und ihm eigentlich keinerlei Bedeutung zukommen dürfe. Andere feministische Kritiker(innen) wenden hier ein, dass die Angleichung einer Gruppe an eine andere immer zugunsten der machtvolleren Gruppe ausgehen wird, die ihre Interpretation der Welt den anderen aufdrängt; dass also die Forderung nach Gleichheit notwendig bedeute, dass gegenüber „männlichen" Verhaltens- und Sichtweisen kein Einspruch mehr möglich wäre.

Doing Gender

„Doing Gender" ist ein Terminus, der aus Überlegungen der ethnomethodologischen und der Interaktionsforschung stammt. Er geht grundsätzlich von der Annahme aus, dass Menschen nicht passiv formbare und durch äußeren Einfluss geformte Wesen sind, sondern ihre Umwelt (und ihre Kultur) aktiv mitgestalten. Deshalb wird auch geschlechtstypisches Verhalten nicht als Ausdruck biologischer Gegebenheiten (oder Unterschiede) aufgefasst, sondern als Ergebnis performativen Verhaltens der Beteiligten – d.h. Menschen zeigen und verhalten sich in einer Weise, die von den anderen im Kontext der kulturellen Ausdrucksmöglichkeiten verstanden, interpretiert und zugeordnet wird. Sie suchen aus den zur Verfügung stehenden Verhaltens- und „Merkmalsbündeln" gewissermaßen Elemente aus, mit denen sie sich für die Augen der anderen (und natürlich für sich selbst) definieren.

In jeder Gesellschaft und in ihren Sub-Gruppen existiert z.B. ein Code, nach dem die Individuen ihre Kleidung und ihr Verhalten ausgestalten. Dieser Code ist immer sexuiert, d.h. er ist durch die Geschlechterregeln der jeweiligen Gesellschaft geformt.

Indem wir uns dieser ‚Regeln' bedienen und die damit verbundenen Kleidungs- und Verhaltensmerkmale erfüllen, bestätigen wir zugleich (und von uns selber unbemerkt), dass diese die wesentlichen Weiblichkeit und Männlichkeit auszeichnenden und signalisierenden Aspekte seien – die gesellschaftliche Konvention wird also gefestigt, ohne überhaupt befragt worden zu sein. Deshalb setzen soziale Gruppen, denen es darum geht, Konventionen aufzuweichen, immer auch auf ihre Selbstinszenierung, um durch ihr Äußeres und ihr Auftreten Irritationen zu verursachen.

„Doing Gender" heißt also in etwa: Wir wählen aus den zur Verfügung stehenden Verhaltensmöglichkeiten diejenigen aus, von denen wir meinen, dass sie zu unserem Geschlecht ‚passen' und in Einklang stehen mit den Erwartungen an uns als Zugehörige einer Geschlechtsgruppe, und die zugleich unsere individuelle Nuance dieser geschlechtlichen Darstellung zum Ausdruck bringen können. Beispielsweise verwenden erwachsene Frauen häufiger Interaktionsmuster, die emotional involvierter und empathischer klingen (sollen), und bestätigen damit wiederum die konventionelle Annahme, dass Frauen tatsächlich emotionaler seien (Kotthoff 2002). Die ‚retroaktive' Bestätigung der Annahmen über geschlechtliche Besonderheiten verfestigt diese also sowohl aufseiten des Individuums als auch aufseiten der gesellschaftlich geteilten Übereinkunft.

Feminismus/feministisch

Der Begriff „Feminismus" bzw. „Feminist" war schon zu Beginn des 19. Jh. gebräuchlich und bezog sich auf die These, dass Frauen und Männer von der Natur gleich begabt seien und deshalb kein in der Natur liegender Grund für die Schlechterstellung von Frauen und ihren Ausschluss aus der Öffentlichkeit, von Rechten, Ämtern und Berufen gegeben sei. Vorwiegend jedoch wird die Bezeichnung verwendet für die auch als „Neue" oder „Zweite" Frauenbewegung bezeichnete politische Emanzipationsbewegung in den 1970er-Jahren, die fast überall auf der Welt Frauen zu selbstbewussterem Auftreten, zum Einsatz gegen Benachteiligungen, zu Forderungen nach Gleichberechtigung und Gleichbehandlung bewogen hatte. Nach wenigen Jahren differenzierte sich die Frauenbewegung aus, es bildeten sich esoterische und auf die sogenannte „Neue Innerlichkeit" orientierte Gruppen ebenso wie kämpferisch auftretende Aktivistinnen und auf Theoriearbeit orientierte akademische Gruppen. Der Ausdruck „feministisch" verweist also zum einen auf eine politische Aktivität/Einstellung gegen Benachteiligungen von Frauen aufgrund ihres Geschlechts und/oder auf das Erkenntnisinteresse, das Funktionieren von Frauen benachteiligenden Wissens- und Geschlechterordnungen zu verstehen.

Gender Dropout

Mit diesem Ausdruck wird die Tatsache beschrieben, dass im Bildungs- und Berufswesen mit jeder höheren Qualifikationsstufe weniger Frauen zu finden sind – mit Ausnahme der Schule: dort sind derzeit Mädchen stärker an Gymnasien vertreten. Deshalb machen mehr Mädchen Abitur als Jungen. Der *Gender Dropout* tritt dann im Verlauf der Studiums auf (der Prozentsatz von Frauen bei den Promovend/innen liegt deutlich unter dem bei den Studierenden) und zeigt sich auch in verschiedensten Berufsfeldern.

Gender Gap/Gender Pay Gap

Ein „*gap*" ist eine Lücke oder ein Gefälle. *Gender-Gap* bezeichnet also allgemein ein Gefälle zwischen der Art oder dem Ausmaß, in dem bestimmte Merkmale bei dem einen oder dem anderen Geschlecht auftreten (bei Kindern oder Erwachsenen). *Gender Pay Gap* ist wiederum eine Konkretisierung davon und beschreibt die Tatsache, dass die durchschnittlichen Verdienste von Frauen und Männern bei gleicher oder vergleichbarer Arbeit differieren (in der EU derzeit um ca. 23 % zum Nachteil der Frauen). Ein *Gender Pay Gap* findet sich in allen Berufsbereichen, auch bei den Einstiegsgehältern von Akademiker/innen.

Genderkompetenz

Ein nicht unproblematischer Begriff, der die Vorstellung befördert, es gebe eine lernbare und anwendbare Technik, die zum ‚richtigen Umgang mit Gender' befähigen würde. Tatsächlich zeigen aber die in diesem vorliegenden Band versammelten Texte deutlich, dass der Umgang mit Effekten aus dem Geschlechterverhältnis nicht eine Frage der Verhaltensstrategie, sondern zuallererst eine Sache des Bewusstseins, der (Selbst-)Aufmerksamkeit, der Reflexion und nicht zuletzt der Kenntnis gesellschaftlicher Zusammenhänge und stereotypen Zuschreibungen ist. Wenn man also von „Genderkompetenz" sprechen möchte, dann würde sie in einem Zuwachs an diesen letztgenannten Fähigkeiten bestehen und weniger in einem Repertoire von Verhaltensvorschriften.

Genderlekt

Das Wort „Genderlekt" ist ein Kunstwort, es soll die Existenz und Verwendung von geschlechtsspezifischem Sprachgebrauch und/oder Konversationsstil anzeigen. Es wurde gebildet als Parallele zu Begriffen wie „Dialekt" oder „Soziolekt" (der Beschreibung gruppen- oder schichtspezifischer Sprachverwendung). Teilweise wurden in der amerikanischen Forschung auch der Sprachgebrauch von Männern und der von Frauen als unterschiedliche „Dialekte" bezeichnet. In diesem Zusammenhang wurden vor allem Untersuchungen zum Sprachverhalten in Gruppen angestellt, um geschlechtstypische Aspekte zu isolieren, und es wurden Gesprächssequenzen von Frauen und Männern aufgezeichnet und analysiert. Die These, dass sich ein solcher „Genderlekt" finden und beschreiben ließe, ist insgesamt umstritten – manche Autorinnen wenden ein, dass es sich hierbei selbst um eine Vereindeutigung oder Reifizierung handele.

Gender Mainstreaming

Nach der Definition der Bundesregierung ist „Gender Mainstreaming" ein (Verwaltungs-)Instrument, das sicherstellen soll, dass „bei allen gesellschaftlichen Vorhaben die unterschiedlichen Lebenssituationen und Interessen von Frauen und Männern von vornherein und regelmäßig berücksichtigt" werden, „da es keine geschlechtsneutrale Wirklichkeit gibt und Männer und Frauen in sehr unterschiedlicher Weise von politischen und administrativen Entscheidungen betroffen sein können". Gender Mainstreaming als „Leitprinzip" der Politik „verpflichtet die politischen Akteure, bei allen Vorhaben die unterschiedlichen Interessen und Bedürfnisse von Frauen und Männern zu analysieren und ihre Entscheidungen so zu gestalten, dass sie zur Förderung einer tatsächlichen Gleichstellung der Geschlechter beitragen". Die Europäische Union spricht bei Gender Mainstreaming von der „Einbindung der Chancengleichheit" in alle Maßnahmen.

Von feministischer Seite wurde das Instrument verschiedentlich kritisiert, z. B. mit dem Argument, dass eine Bürokratisierung die aktive Auseinandersetzung mit Geschlechterverhältnissen ersetzen und dadurch stillstellen könnte.

Geschlechterforschung

Geschlechterforschung entstand als eigenständiger wissenschaftlicher Forschungszweig mit der Zweiten Frauenbewegung (in den 1970er-Jahren). Sie war insbesondere in ihren Anfängen stark politisch motiviert, interessierte sich für die Belange und die Benachteiligung von Mädchen und Frauen und wurde deshalb auch zunächst als „Frauenforschung" bezeichnet.

An US-amerikanischen Colleges und Universitäten wurde Frauenforschung als „Women's Studies" früh und nachhaltig institutionalisiert und Teil des Fächerkanons oder der Regelstudiengänge.

In den 1990er-Jahren vollzog sich überall (z. B. auch in den Sektionen der Fachgesellschaften) ein Wechsel der Selbstbezeichnung hin zu „Geschlechterforschung" („Gender Studies"), um anzuzeigen, dass innerhalb patriarchaler politischer Machtverhältnisse die „soziale Konstruktion" Geschlecht auch die Jungen und Männer bestimmten geschlechtstypischen Zwängen und Zuschreibungen aussetzt.

In den 1980er-Jahren entstanden auch die „Gay and Lesbian Studies" – heute von den „Queer Studies" abgelöst, die lesbische und schwule Identität nicht mehr als eigene Kategorie begreifen, sondern vor allem die routinemäßige Einteilung in männlich und weiblich kritisieren.

Mittlerweile gibt es auch eine (wenn auch noch nicht sehr intensive) eigenständige Männerforschung, die die Geschlechterthematik aus der Perspektive von Männern betrachtet und Männlichkeit als soziales Konstrukt theoretisch zu fassen versucht.

Geschlechterforschung geht davon aus, dass alles Wissen, unsere Denkgewohnheiten und alle gesellschaftlichen Verhältnisse Bezug zu dem mit „Geschlecht" umschriebenen Komplex haben, und dass deshalb alle Wissenschaften ihre Wissensbestände und -strukturen auf diese Frage hin überprüfen müssen. Sie fragt also nicht nur nach Frauen und Männern, sondern danach, wie das Denken über weiblich und männlich sich im Wissen, Handeln und Denken niedergeschlagen und so Eingang in gesellschaftliche Strukturen und die Wissenschaften gefunden hat.

In der Geschlechterforschung wird „Geschlecht" also nicht (nur) als individuelle Eigenschaft oder Kennzeichnung einer Person aufgefasst, sondern als soziales Verhältnis innerhalb politisch und historisch gewachsener und veränderlicher Gesellschaftsstrukturen (deshalb wird der Ausdruck „Geschlechterverhältnisse" meist im Plural verwendet). Geschlechterforschung ist deshalb letztlich immer interdisziplinär.

Während der Inhalt von Geschlechterbildern und -zuschreibungen also historisch veränderlich ist, so sind sie aber doch nicht zuletzt immer auch Ausdruck der jeweiligen (historischen, symbolischen, kulturellen) Auseinandersetzung mit der biologischen Dimension von Geschlecht.

Geschlechtergerechte (geschlechterbewusste) Sprache

Mit diesem und ähnlichen Ausdrücken (z. B. „geschlechtssensible" oder „geschlechtsangemessene" Sprache) soll meist die Forderung ausgedrückt werden, dass im Sprachgebrauch bzw. in den Formulierungen eines Textes oder einer Rede reflektiert wird, wer angesprochen ist, bzw. ob über Frauen oder Männer oder über beide gesprochen wird. Vor allem wird mit dieser Forderung meist kritisiert, wenn in der Rede über Personen beiderlei Geschlechts nur die männliche Form verwendet wird, aber auch die Verwendung unachtsamer sexistischer Formulierungen u. Ä.

Auch der Ausdruck „geschlechtergerecht" ist eher problematisch, weil der Wortanteil „gerecht" die Geschlechterthematik auf einen einzigen Aspekt verkürzt.

Geschlechtergerechtigkeit

Dieser Ausdruck ist problematisch, weil er sehr unscharf und weit auslegungsfähig ist. Was eine Gesellschaft für ‚gerecht' hält, ist eine Frage ihrer Geschichte und Konventionen. So kann es eine Gesellschaft aufgrund ihrer Tradition beispielsweise für ‚gerecht' halten, dass die Reichen größeren politischen Einfluss und/oder mehr gesellschaftliche Pflichten haben, was in einer anderen als ‚ungerecht' gelten könnte. Gemeint ist meistens „Chancengleichheit" – und dahinter steht die Frage, ob Mädchen und Jungen, Frauen und Männer gleichen Zugang zu Einfluss, Bildung, Arbeit usw. haben.

Geschlechterrolle

Es handelt sich um einen älteren, in der Theorie nicht mehr verwendeten, aber alltagssprachlich weitverbreiteten Begriff. Er entstammt der Theorie der sozialen Rolle der 1930er-Jahre, die damit versuchte, das Verhältnis zwischen den sozialen Institutionen (ihren Strukturen, Erwartungen und Zwängen) und dem Handeln des einzelnen Individuums zu beschreiben. Die „Rolle" wäre also ein (je nach Theoriekonzept mehr oder weniger individuell ausgestaltetes) Set von Handlungsweisen, das auf die spezifischen Erwartungen antwortet, denen das Individuum sich aufgrund seiner Zugehörigkeit zu verschiedenen sozialen Zusammenhängen (Beruf, Schicht usw.) ausgesetzt fühlt. Die Geschlechterrolle bestünde dann darin, die an die Geschlechtszugehörigkeit gebundenen Erwartungen zu übernehmen, zu internalisieren und sie zu leben.

Die Kritik am Rollenkonzept bezieht sich vor allem auf seinen statischen Charakter und seine unhistorische Perspektive.

Geschlechterstereotype

Als verdichtete, Erwartungen transportierende Bündel von Vorannahmen und Zuschreibungen wirken sich Stereotype auf die Selbstwahrnehmung und das Handeln der Individuen aus (→ Stereoytpe/Vorurteile). Der vereindeutigende Charakter von Stereotypen führt dazu, dass sich die Einzelnen insbesondere im Kindesalter genötigt fühlen, sich den Stereotypen gemäß zu verhalten. Die Grundlinie, die die in unserem Kulturkreis vorherrschende Vorstellung von „weiblich" und „männlich" sortiert, folgt Begriffspaaren wie weich – fest, offen – geschlossen, bezogen – abgegrenzt und innen – außen. Diese korrespondieren mit Überlegenheitsvorstellungen (schwach – stark, unten – oben) und Vorstellungen von Wertigkeit, die auf verschiedenen Ebenen angesiedelt sind (Chaos – Ordnung, nachgiebig – überwindend usw.).

Geschlechtsidentität

Mit „Identität" bezeichnet man die von einem Individuum subjektiv erlebte Einheitlichkeit, Beständigkeit und Unverwechselbarkeit seiner Person, wobei oftmals noch zwischen der ‚personalen' (individuellen) und der ‚sozialen' Dimension unterschieden wird. Da Geschlecht ein zentrales Element menschlicher Identität darstellt, ist Geschlechtsidentität sowohl Teil und Ergebnis von (Ich-)Identität als auch ihre Bedingung. Zur Geschlechtsidentität gehört auch, sich mit dem eigenen Geschlecht ‚versöhnt' und den Neid auf das andere aufgegeben zu haben – dies ist allerdings ganz unabhängig von der praktizierten Sexualität oder der Wahl der Sexualpartner(innen).

geschlechtstypisch/geschlechtsspezifisch

Diese Differenzierung ist eine erste brauchbare Möglichkeit der Unterscheidung zwischen Merkmalen, die in Abhängigkeit vom biologischen Geschlecht auftreten (*geschlechtsspezifisch*), und solchen, die zwar gehäuft, jedoch nicht notwendig bei einer Geschlechtsgruppe vorkommen (*geschlechtstypisch*). Geschlechtsspezifisch sind etwa Bartwuchs und Menstruation, geschlechtstypisch sind bestimmte Körperhaltungen, Vorlieben oder Verhaltensweisen. Diese sind immer von den im Umgang mit Anderen und dem gesellschaftlichen Umfeld gemachten Erfahrungen geprägt (→ Doing Gender).

Geschlechtstypisierend sind demnach Verhaltensweisen, die Kinder in Richtung auf eine „Geschlechtsklasse" hin beeinflussen: etwa indem man ihnen bestimmte Verhaltensweisen als unpassend zu ihrem Geschlecht darstellt oder ihnen aus demselben Grund bestimmte Spielsachen verwehrt usw.

Heterogenität/Diversity

Heterogenität heißt zunächst nur ganz schlicht Verschiedenheit bzw. Uneinheitlichkeit der Elemente einer Gruppe. Im gesellschaftlichen Kontext wird der Ausdruck derzeit überwiegend dann verwendet, wenn es um interkulturelle oder um schichtspezifisch unterschiedliche Gruppen geht. Damit werden die zentralen strukturellen gesellschaftlichen Ordnungskriterien „race, class and gender" in den Blick genommen. Im pädagogischen Zusammenhang wird darüber hinaus der Eindruck erweckt, als rufe die Zugehörigkeit zu ethnischen Gruppen oder sozialen Schichten selbst gewissermaßen automatisch einen Effekt hervor in Bezug auf das Lernverhalten oder die Leistungsorientierung, obgleich dies nachweislich nicht der Fall ist. Dazu kommt, dass gerade in der Pädagogik die strukturellen mit einer Vielzahl von individuellen Besonderheiten (Lernschwächen, Teilleistungsstörungen usw.) vermischt und verwechselt werden. Die Strukturkategorien Geschlecht, Zugehörigkeit und Herkunft werden dann nivelliert – jedoch nicht als Ergebnis einer sozialwissenschaftlichen Analyse und gesellschaftstheoretischen Reflexion, sondern eher im Dienste einer verharmlosenden Dethematisierung. Der Ausdruck „Heterogenität" hat folglich den Vorteil, die einengende Fixierung auf vorgegebene Kategorien abzumildern, erzeugt aber neue Unklarheiten.

Diversity wiederum wird heute oftmals als „Diversity Management" im Kontext von Antidiskriminierungsmaßnahmen oder solchen Programmen verwendet, die den versöhnlichen und nicht-ausgrenzenden Umgang zwischen unterschiedlichen sozialen Gruppen zum Gegenstand haben. Auch hier besteht die Tendenz, Unterschiedlichkeiten als gleichartige zu betrachten, was die Analyse verschiedener Wirkungsweisen aus dem Blick geraten lässt.

Heteronormativität

Ein vor allem in den „Queer Studies" verwendeter Ausdruck, der das Denken in zweigeschlechtlichen Ordnungen kritisiert (→ Queer).

Intersektionalität/intersektionell

Der Begriff „Intersektionalität" verweist auf das englische Wort „intersection" (Knotenpunkt, Kreuzung, Schnittpunkt) und will darauf hinweisen, dass unterschiedliche Kategorien sozialer Ungleichheit (wie Schicht, Ethnizität oder

Geschlecht) als „interdependente" miteinander interagieren, einander beeinflussen, verstärken oder überlagern und nicht unabhängig voneinander gesellschaftliche und individuelle Verfasstheiten beschreiben können. Im Hintergrund steht die Frage, inwieweit soziale Gruppen überhaupt als homogen betrachtet werden können/dürfen und ob „Geschlecht" eine Kategorie ist, mit der „alle Frauen" (oder „alle Männer") in einer sie insgesamt strukturell betreffenden Hinsicht beschrieben werden können, oder ob z.B. die durch die Zugehörigkeit zu einer ethnisch marginalisierten Gruppe verursachte Benachteiligung einiger Frauen/Männer eine solche Kategorienbildung unbrauchbar erscheinen lassen muss.

Male Bias/Geschlechterbias

Der englische Ausdruck „bias" bezeichnet eine Verzerrung oder ein Vorurteil, und „Geschlechterbias" meint folglich eine durch Geschlechtsstereotype vor-beeinflusste Haltung oder Wahrnehmung. Mit der Bezeichnung „male bias" ist dann gemeint, dass durch die Orientierung auf einen männlichen Blick oder eine das männliche Geschlecht bevorzugende Denkgewohnheit eine verzerrte Wahrnehmung entsteht, eine voreingenommene Einstellung oder Interpretation, die die Urteilskraft der von einem „male bias" beeinflussten Person einfärbt oder trübt.

Männliche Hegemonie/Hegemoniale Männlichkeit

Der Begriff „Männliche Hegemonie" bezieht sich auf die Gesamtgruppe der Männer im Unterschied zu der der Frauen. Er beschreibt die Grundzüge einer „patriarchal" strukturierten Gesellschaft, d.h. einer Gesellschaft, in der Männlichkeit tendenziell als wertvoller gilt als Weiblichkeit und in der Männer eine gegenüber den Frauen bessere und wertvollere Position innehaben. Den Vorteil (den „Profit") aus dieser unverdienten überlegenen Position nennt Robert/Raewyn Connell die „patriarchale Dividende".

Der Begriff „Hegemoniale Männlichkeit" dagegen bezieht sich auf Differenzierungen und Konkurrenzen unter Männern bzw. zwischen unterschiedlichen Männlichkeiten. Hegemoniale Männlichkeit bezeichnet die jeweils in einer Zeit und Gesellschaft überlegene Art (Interpretation) von Mannsein/Männlichkeit sowie die gesellschaftlichen Praxen, in denen sich diese ausdrückt. Robert/Raewyn Connell unterteilt die Gruppe der nichthegemonialen Männlichkeiten nochmals in marginalisierte, unterdrückte und komplizenhafte Männlichkeiten. Die Ausgestaltungen dieser Gruppierungen sind historisch veränderlich, in Abhängigkeit von ökonomischen und politischen Machtverhältnissen bzw. den jeweiligen sozialen und kulturellen Milieus.

Patriarchat

Als „Patriarchat" bezeichnet man Gesellschaftsformen, in denen ein männliches Familienoberhaupt die Leitung des Familienganzen innehat, d. h. dass er in der Regel die materielle Sorge und Verantwortung für die Mitglieder des Familienverbands trägt, aber auch die alleinige Entscheidungsmacht beansprucht. Patriarchalische Gesellschaften (oder Sippen, Stämme usw.) sind *patrilokal* (d. h. die Familie lebt im Haus des Mannes, die Frau zieht zum Ehemann und nimmt als ‚seine' Frau meist auch seinen Namen an) und *patrilinear* (Abstammungsregelung und meist auch Vererbung in männlicher Linie). Da Vaterschaft nicht wie Mutterschaft nach Augenschein bestätigt werden kann, gilt „pater semper incertus est": Ein Mann ist seiner Vaterschaft grundsätzlich unsicher – um als legitimer Nachkomme eines Mannes zu gelten, muss ein Kind deshalb in einem symbolischen Akt auf die eine oder andere Weise ‚anerkannt' werden. In patriarchalen Gesellschaften wird deshalb die Freizügigkeit der Frauen meist stark beschnitten, ihre Sexualität wird von ‚ihren' Männern kontrolliert. „Das Patriarchat" war deshalb ein zentrales Feindbild der Frauenbewegung, weil sich im Bild des Patriarchen und der patriarchalischen Familie die unterschiedlichen Aspekte der Benachteiligung von Frauen in der Gesellschaft gebündelt wiederfinden.

Queer/Queer Studies, Queer Theory

„Queer" bedeutet auf Englisch etwa sonderbar, eigenartig, suspekt und wurde umgangssprachlich auch als Schimpfwort gegen Homosexuelle verwendet. In den Emanzipationsbewegungen der schwul-lesbischen Gruppen der 1980er-Jahre wurde der Ausdruck gewissermaßen ‚positiv angeeignet' und zur Grundlage von theoretischen Einsprüchen gegen die Heterosexualitäts- und Normalitätsforderungen von Gesellschaft und Wissenschaft. War anfänglich der Fokus von *Queer Theory* stark auf die Sexualität und sexuelle Orientierung gerichtet (als Kritik an der „Zwangsheterosexualität" der Gesellschaft), so wurde dieser Ansatz zunehmend verallgemeinert und ausgeweitet auf ideologiekritische Arbeiten zu Normalitätszwängen. Im Zentrum steht die Kritik daran, dass nicht nur Gesellschaft oder Gesetze ein bestimmtes Verhalten einfordern, sondern dass das Denken in zweigeschlechtlichen Ordnungen sich als generalisierte Denkbegrenzung auswirkt (Kritik an „Heteronormativität", zusammengesetzt aus griech. „hetero-" = verschieden, anders, auch: einer von Zweien, und „Normativität" als Hinweis auf von der Gesellschaft ausgehenden Druck und Forderungen nach einem bestimmten Verhalten.)

Quotierung

Grundsätzlich meint dies die Regelung und gruppenspezifische Regulierung von Verteilungen – etwa von Personengruppen im Ämtern oder Organen der Interessenvertretung. Sie sollen verhindern, dass einzelne Gruppen zu stark dominieren, und/oder benachteiligten Gruppen bzw. Minderheiten Gehör und Partizipationsmöglichkeiten verschaffen. Quotierungen sind umstritten und werden auf unterschiedlichen Ebenen kritisiert: Manche Kritiker wenden ein, dass sie tatsächlich vorhandene Verteilungen verzerren und dadurch politische Verhältnisse künstlich verschieben würden; zweitens wird vermutet, dass über Quotierungsregelungen gewählte Personen nicht genauso ernst genommen werden wie andere, was ihr Ansehen und ihre politischen Einflussmöglichkeiten schwächen würde; drittens wird eingewendet, dass die Existenz von Quotierungsregelungen unvermeidlich die Unterstellung transportiere, die betreffende Person (oder Gruppe) könne den Posten nicht aus eigener Kraft erreichen – und dass damit deren schwache gesellschaftliche Position nur verfestigt und fortgeschrieben werde. Befürworter(innen) einer Quotenregelung für Frauen halten dagegen, dass die jahrhundertelange Gewöhnung daran, Frauen viele Tätigkeiten nicht zuzutrauen, erst langsam nachlässt und nicht ohne Unterstützung vonstattengehen könne.

Sex/Gender/Geschlecht

Diese Unterscheidung entspricht der zwischen ‚sexus' und ‚genus', also den ‚biologischen' Gegebenheiten und einer (grammatischen) Bedeutungsebene. Die Unterscheidung sex/gender wurde in den 1970er-Jahren in den Sprachgebrauch der feministischen Theorie übernommen, um begrifflich anzuzeigen, dass es keine zwingende natürliche Verbindung zwischen dem „Körpergeschlecht" eines Menschen, seinem sozialen Status und seinen Verhaltensweisen gibt. Damit wurden geschlechtstypische Verhaltensweisen und Weisen der (Selbst-)Darstellung zuallererst der systematischen wissenschaftlichen Analyse zugänglich und konnten sich als von historischen, sozialen, politischen und kulturellen Umständen und Faktoren beeinflusst erweisen. Die Wirkungen dieser Einflüsse begleiten die Entwicklung von Kindern von Geburt an und hinterlassen Spuren im Selbst- und Weltverhältnis jedes einzelnen Menschen, sie sind in allen, auch in scheinbar neutralen Kontexten wirksam.

Während in der Biologie die Zugehörigkeit zu einer biologischen Geschlechtsklasse an dem jeweiligen (potenziellen) Beitrag zur Fortpflanzung der Gattung festgemacht wird, argumentieren manche Feministinnen heute, auch ‚sexus' sei eine aus Denkgewohnheiten entstandene Konstruktion und kritisieren somit die Gegenüberstellung sex/gender als verfälschend.

„Gender" ist allerdings eine sehr unbestimmte und unscharfe Kategorie. Der Ausdruck „gender" wird zunehmend synonym zu „geschlechtsspezifisch" verwendet und trägt so dazu bei, die Komplexität und vor allem die Abhängigkeit der

Geschlechterkonstruktionen von gesellschaftlichen Machtverhältnissen zu verdecken.

Die deutsche Sprache bietet mit dem Ausdruck „Geschlecht" eigentlich andere Möglichkeiten der Darstellung. Das Wort lässt keine vergleichbare Differenzierung zu, verlangt aber auch nicht danach. Das hat Vor- und Nachteile: Es nötigt diejenigen, die den Ausdruck verwenden, zu präzisieren, wovon die Rede ist, aber es verstärkt im Prozess der Übersetzung englischer Texte unter Umständen auch die begriffliche Unschärfe. (→ Sex-Gender-System)

Sex-Gender-System

Als „Ursprungstext" für die Verwendung des Ausdrucks „Sex-Gender-System" gilt der Aufsatz „The Traffic on Women" von Gayle Rubin aus dem Jahr 1975, in dem sie das Geschlechterverhältnis als eine (politische und ökonomische) Ordnung beschreibt, mit deren Hilfe „eine Gesellschaft biologisches Geschlecht in Produkte menschlichen Handelns verwandelt" (ebd.: 70f.). Der Ausdruck betont, dass Über- und Unterordnungsverhältnisse bzw. Ungleichwertigkeiten zwischen den Geschlechtern weder zufällig entstehen, noch aber nur Ausdruck ökonomischer Verhältnisse von Wertigkeit und Machtverteilung sind, sondern dass ihnen ein „System", d.h. eine allgemeinere eigene Logik zugrunde liegt. Rubin vermutete seinerzeit als zentrales Element den Objektstatus von Frauen, der sie zu einem Tauschobjekt in den Geschäften zwischen Männern macht (z.B. wenn die Heirat der Tochter dem Vater gute Beziehungen zu einer anderen Familie einbringen soll usw.). Auch wenn man diese Einschätzung nicht teilt, lässt sich doch die Ausgangsüberlegung übernehmen, dass *sex* und *gender*, biologische und soziale Geschlechterdefinitionen, einander unauflöslich beeinflussen.

(Vgl. Rubin, Gayle (2006): Der Frauentausch. Zur politischen Ökonomie von Geschlecht, auf Deutsch erschienen in: Dietze, Gabriele/Hark, Sabine (Hrsg.) (2006): Gender kontrovers: Genealogien und Grenzen einer Kategorie, Königstein: Helmer, S. 69–122)

Stereotype/Vorurteile

Unter „Stereotypen" versteht man verallgemeinernde Annahmen über Sachverhalte, Personen oder Personengruppen, denen bestimmte Eigenschaften zugeschrieben werden. Dabei werden besonders distinkte (deutlich abgegrenzte, unterscheidende) Eigenschaften vereindeutigend und oftmals karikierend hervorgehoben und verallgemeinert. Stereotype werden meist von der eigenen sozialen Gruppe geteilt und wirken deshalb umso überzeugender. „Stereoytypisierungen" sind aktive, kognitive Prozesse der Kategorisierung und der Zuschreibung von Eigenschaften an bestimmte Personengruppen. Diese sind meist negativ, können aber auch positive Bedeutung haben („Deutsche sind korrekt", „Frauen sind friedliebend und nicht gewalttätig"). Die vereindeutigenden Festlegungen führen jedoch immer zu Vereinfachungen und Verallgemeinerungen und verstellen so den Blick auf den Anderen in seiner Wirklichkeit.

Als „Vorurteil" bezeichnet man in der sozialwissenschaftlichen Forschung ein vorschnelles kollektivierendes Urteil auf Grundlage unzureichender Informationen, das zudem übergeneralisiert ist (nach dem Muster: „Alle Deutschen sind..."; „alle Frauen sind..."). Es wirkt als starres Urteil, das auch bei widersprüchlichen Informationen nicht leicht veränderbar und gefühlsmäßig verankert ist.

Strukturkategorie Geschlecht

Dieser Ausdruck soll betonen, dass Geschlecht keine individuelle Personenvariable ist, sondern strukturierend einwirkt auf die Gesellschaftsordnung und auf die Auffassungen, die Individuen von sich selbst und von anderen haben. Strukturbildend ist Geschlecht dabei auf mehreren Ebenen: Zugrunde liegt die Vorstellung, dass die belebte Natur zweigeschlechtlich geordnet sei und dies die „normale" ordnende Komponente auch der gesellschaftlichen Ordnung sein sollte. Damit diese Vorstellung aber normativ wirksam werden kann, muss sie diskursiv, d. h. durch permanente Bezugnahme in der Rede und den Handlungen der Gesellschaftsmitglieder immer wieder bestätigt und befestigt werden (vgl. auch → Doing Gender). Auf diese Weise entsteht ein „Glaubenssystem", das sein ‚Eigenleben' dadurch erhält, dass sich die Einzelnen handelnd darauf beziehen. Geschlecht „ist somit ein imprägniertes Denk-, Wahrnehmungs- und Handlungsmuster von Individuen, d. h. eine strukturierende Struktur, aber auch ein verfestigtes Muster, d. h. die in Strukturen geronnene Zweigeschlechtlichkeit, die Handeln präformiert, die strukturierte Struktur" (Sauer 2006: 54).

Diese Struktur schlägt sich folglich letzten Endes in allen täglichen Handlungen nieder, aber vor allem trägt sie dazu bei, dass das Geschlechterverhältnis als ein hierarchisches gedacht und gestaltet wird. Diese hierarchische Ordnung bildet dann den Grundsatz der kulturellen und symbolischen Ordnung und erstreckt sich über die ‚privaten' Lebensbereiche (Sexualität, Familie), die ökonomischen (Arbeitsteilung und -organisation), die Ebene der politischen Machtverteilung bis in das Denken und die Selbstwahrnehmung der Individuen.

(Vgl. Sauer, Birgit (2006): Gender und Sex, in: Scherr, Albert (Hrsg.): Soziologische Basics, Wiesbaden: VS Verlag für Sozialwissenschaften, S. 54)

Weib

Früher war „Weib" als Gattungsbezeichnung das Pendant zu „Mann", während „Frau" eher als Statusbezeichnung für eine höhergestellte weibliche Person verwendet wurde (als Pendant zu „Herr"). Dass die Verwendung des Ausdrucks

„Weib" mit einem herabsetzenden Klang verbunden ist, hat sich erst in den letzten hundert Jahren vollzogen.

Über die Autorinnen

Christine Bauhardt, Prof. Dr., Professorin an der Humboldt-Universität zu Berlin und Leiterin des Fachgebiets Gender und Globalisierung. Promoviert in Politikwissenschaft, habilitiert für das Fach Theorie und Politik räumlicher Planung. Forschungsschwerpunkte: Gesellschaftliche Naturverhältnisse und Nachhaltigkeit, Migration, Stadt- und Raumforschung, Infrastrukturpolitiken. Buchpublikationen: *Entgrenzte Räume. Zu Theorie und Politik räumlicher Planung* (2004); *Räume der Emanzipation* (Hrsg., 2004); *Gender and Economics. Feministische Kritik der politischen Ökonomie* (hrsg. mit Gülay Çaálar, 2010); Herausgabe der Reihe „Gender und Globalisierung" gem. mit Claudia von Braunmühl im VS Verlag für Sozialwissenschaften.

Mechthild Bereswill, Prof. Dr. phil., Professur für Soziologie der sozialen Differenzierung und Soziokultur am Fachbereich Humanwissenschaften der Universität Kassel. Arbeitsgebiete: Soziologie und Sozialpsychologie der Geschlechterverhältnisse; soziale Probleme; soziale Ungleichheit; qualitative Methodologien.

Helene Götschel, Dr. phil., Diplom-Physikerin und promovierte Sozial- und Wirtschaftshistorikerin. Von 2002 bis 2006 wissenschaftliche Mitarbeiterin am Fachbereich Erziehungswissenschaft der Universität Hamburg im Curriculumentwicklungsprojekt „Degendering Science"; seit 2007 Gastwissenschaftlerin am Centre for Gender Research der Universität Uppsala/Schweden: Forschungen im Schwerpunkt „Nature/Culture and Transgressive Encounters" zu Gender und Elektrizität. Zwischenzeitlich „internationale und interdisziplinäre Gastprofessorin für Frauen- und Geschlechterforschung des Landes Rheinland-Pfalz" am Fachbereich Chemie der TU Kaiserslautern und Maria-Göppert-Mayer-Gastprofessorin am interdisziplinären Zentrum für Frauen- und Geschlechterforschung der Carl-von-Ossietzky Universität Oldenburg. Zurzeit Gastwissenschaftlerin in der Arbeitsgruppe Arbeit – Gender – Technik der TU Hamburg-Harburg mit einem Forschungsprojekt zu Zucht- und Arbeitshäusern. Publikationen: *Physik: Gender goes Physical – Geschlechterverhältnisse, Geschlechtervorstellungen und die Erscheinungen der unbelebten Natur,* in: Becker, Ruth/Kortendiek, Beate (Hrsg.) (2010): Handbuch Frauen- und Geschlechterforschung. Theorie, Methoden, Empirie, 3. Aufl., Wiesbaden, S. 842–850; *Naturwissenschaften und Gender in der Hochschule. Aktuelle Forschung und erfolgreiche Umsetzung in der Lehre* (hrsg. mit Doris Niemeyer, 2009).

Rebecca Grotjahn, Professorin für Musikwissenschaft mit Schwerpunkt Genderforschung an der Universität Paderborn und der Hochschule für Musik Detmold. Publikationen zu Sänger/innen und zur Geschichte des Singens (*Diva. Die Inszenierung der übermenschlichen Frau* [hrsg. mit Dörte Schmidt und Thomas Seedorf, 2011]), zur musikalischen Institutionen- und Alltagsgeschichte des 19. und 20. Jahrhunderts, zu Wolfgang Amadeus Mozart, Louise Farrenc, Robert Schumann, Ethel Smyth etc. Mitherausgeberin von *Jahrbuch Musik und Gender,* seit 2008. Sprecherin der Fachgruppe Frauen- und Genderstudien in der Gesellschaft für Musikforschung und Mitglied im Beirat des Netzwerks Frauenforschung Nordrhein-Westfalen.

Marion Heinz ist seit 1998 Professorin für Theoretische Philosophie an der Universität Siegen. Die Philosophische Geschlechterforschung stellt neben der Philosophie der europäischen Aufklärung (insbesondere der Philosophie Herders und Kants) und der Philosophie Heideggers einen ihrer Forschungsschwerpunkte dar. Publikationen im Bereich der philosophischen Geschlechterforschung: *Philosophische Geschlechtertheorien. Ausgewählte Texte von der Antike bis zur Gegenwart mit Kommentar und Bibliographie* (hrsg. mit Sabine Doyé und Friederike Kuster, 2002); Beiträge zu den Geschlechtertheorien von Platon und Aristoteles (1997), Rousseau (2003), Kant (2002 und 2007), Fichte (1998 und 2000) und Humboldt (2004), zum Geschlechterdiskurs der Aufklärung (2010) sowie zum Begriffspaar *Männlich/Weiblich* im Historischen Wörterbuch der Philosophie (2004).

Helga Kuhlmann, Dr. theol., Professorin für Systematische Theologie und Ökumene am Institut für Evangelische Theologie an der Fakultät für Kulturwissenschaften an der Universität Paderborn, Forschungsschwerpunkte: Dialogische Theologie: interreligiös, ökumenisch, im Gegenüber zu agnostischen Perspektiven, Leiblichkeit, Gender, Krankheit/Gesundheit, das Böse, Jesus Christus, Anthropologie. Neuere Veröffentlichungen: *Fehlbare Vorbilder in Bibel, Christentum und Kirchen. Von Engeln, Propheten und Heiligen bis zu Päpsten und Bischöfinnen* (Hrsg., 2010); *Eher eine Kunst als eine Wissenschaft. Resonanzen der Theologie Dorothee Sölles* (Hrsg., 2007); *Hat das Böse ein Geschlecht? Theologische und religionswissenschaftliche Verhältnisbestimmungen* (hrsg. mit Stefanie Schäfer-Bossert, 2006); *Leib-Leben theologisch denken. Reflexionen zur Theologischen Anthropologie* (2004).

Tanja Paulitz, promovierte Soziologin, Universitätsassistentin am Institut für Soziologie der Karl-Franzens-Universität Graz im Bereich „Geschlechtersoziologie & Gender Studies". Forschungsschwerpunkte: Wissens-, Wissenschafts- und Techniksoziologie, Subjekttheorien, Männlichkeitenforschung, Qualitative Methoden und Diskursforschung; insbesondere auch: soziale Netzwerke und Internet, Entwicklungsweisen des Ingenieurberufs, Fachkulturforschung, Genese der modernen Technikwissenschaften. Ausgewählte Publikationen: *Netzsubjektivität/en. Konstruktionen von Vernetzung als Technologien des sozialen Selbst* (2005); *Vom Maschinenwissenschaftler zum ‚Mann der Tat'. Zur Soziologie technikwissenschaftlichen Wissens, 1850–1930* (Habilitationsschrift, 2010); *Recodierungen des Wissens. Stand und Perspektiven der Geschlechterforschung zu Naturwissenschaften und Technik* (hrsg. mit Petra Lucht, 2008).

Barbara Rendtorff, Prof. Dr. phil., promoviert in Soziologie, habilitiert in Erziehungswissenschaft, Professorin für Schulpädagogik und Geschlechterforschung an der Universität Paderborn; dort auch wissenschaftliche Leiterin des Zentrums für Geschlechterstudien/Gender Studies. Arbeitsschwerpunkte: Theorie der Geschlechterverhältnisse und die Tradierung von Geschlechterbildern. Vorsitzende der Sektion Frauen- und Geschlechterforschung in der DGfE; Mitherausgeberin des „Jahrbuch Frauen- und Geschlechterforschung in der Erziehungswissenschaft".

Veröffentlichungen: einerseits geschlechtertheoretische Schriften, z. B. *Geschlecht und symbolische Kastration* (1996); *Geschlecht und différance – die Sexuierung des Wissens* (1998); Casale/Rendtorff *Was kommt nach der Genderforschung?* (2008); *Kindheit, Jugend und Geschlecht* (2003); *Erziehung und Geschlecht* (2006); *Bildung der Geschlechter* (2011).

Birgit Riegraf, Dr., ist Professorin für Allgemeine Soziologie an der Fakultät für Kulturwissenschaften der Universität Paderborn. Ihre Forschungsschwerpunkte sind: Gesellschafts-, Gerechtigkeits- und Staatstheorien, Arbeits- und Organisationssoziologie, Wissenschafts- und Hochschulforschung, Theorien und Methodologien der Frauen- und Geschlechterforschung. Neueste Veröffentlichungen: *GenderChange in Academia: Re-mapping the fields of work, knowledge, and politics from a gender perspective* (hrsg. mit Brigitte Aulenbacher, Edit Kirsch-Auwärter und Ursula Müller, 2010); *Soziologische Geschlechterforschung: Eine Einführung* (mit Brigitte Aulenbacher und Michael Meuser, 2010); *Erkenntnis und Methode. Geschlechterforschung in Zeiten des Umbruchs* (hrsg. mit Brigitte Aulenbacher, 2009); *Gefühlte Nähe – faktische Distanz: Geschlecht zwischen Wissenschaft und Politik. Perspektiven der Frauen- und Geschlechterforschung auf die „Wissensgesellschaft"* (hrsg. mit Lydia Plöger, 2009)

Sigrid Schmitz, Prof. Dr., Biologin und Genderforscherin der Natur- und Technikwissenschaften; seit März 2010 Professorin für Gender Studies an der Universität Wien. Studium, Promotion und Habilitation (1998 zu Geschlecht und Raumorientierung des Menschen) in Biologie an der Universität Marburg. 1999–2002 Mitarbeiterin und Hochschuldozentin an der Universität Freiburg, 2002 Gründung und Leitung des Kompetenzforums „Genderforschung in Informatik und Naturwissenschaften [gin]" an der Univ. Freiburg (zusammen mit Prof. Dr. Britta Schinzel); Gastprofessuren 2003 an der Universität Graz, 2008 an der HU Berlin, 2009/10 an der Universität Oldenburg. Forschungs- und Lehrschwerpunkte: Gender und Hirnforschung, Visualisierungstechnologien an der Schnittstelle von Naturwissenschaft und Informatik, Gender und E-Learning, Theorien und Anwendungen des Embodiment sowie transdisziplinäre Genderforschung und feministische Epistemologien.

Britt-Marie Schuster, Prof. Dr., Forschungsschwerpunkte sind die jüngere Sprachgeschichte (16.–21. Jahrhundert), Kommunikations-/Textsortengeschichte, (historische) Syntax, Semantik und Pragmatik, Kommunikation und Geschlecht. Ausgewählte Publikationen mit einem Genderbezug: *Die Verständlichkeit von* *frühreformatorischen Flugschriften. Eine Studie zu kommunikationswirksamen Faktoren der Textgestaltung* (2001, unter anderem zur Reformationspublizistik deutscher Autorinnen); *Auf dem Weg zur Fachsprache. Sprachliche Professionalisierung in der psychiatrischen Schreibpraxis (1800–1939)* (2010, unter anderem zur sprachlichen Konstitution des Krankheitsbildes „Hysterie"); *Zum europäischen Deutsch: Formen und Funktionen des Fremdwortgebrauchs bei Elisabeth von Heyking (1861–1925) und Harry Kessler (1868–1937)*, in: Brandt, Gisela (Hrsg.) (2010): Bausteine zu einer Geschichte des weiblichen Sprachgebrauchs. IX. Zum Sprachgebrauch in Texten von Frauenhand im Kontext des allgemeinen Sprachgebrauchs. Internationale Fachtagung. Magdeburg 06.–08. 09. 2009. Stuttgart, S. 99–115; *Wie Backfische schreiben: Zur Wechselwirkung von gesellschaftlichem Diskurs und authentischem Schreiben von Mädchen und jungen Frauen in der ersten Hälfte des 20. Jahrhunderts*, in: Brandt, Gisela/Sobotta, Kirsten (Hrsg.) (2008): Bausteine zu einer Geschichte des weiblichen Sprachgebrauchs VIII. Sprachliches Agieren von Frauen in approbierten Textsorten. Internationale Fachtagung. Magdeburg 10.–11. 09. 2007, Stuttgart, S. 53–71.

Miriam Strube, Prof. Dr., ist Amerikanistin an der Universität Paderborn. Ihre Forschungsschwerpunkte sind die Literatur des Fin de Siècle und des 20. Jahrhunderts, Gender Studies, populäre Kultur und amerikanische Philosophie. Ihr Buch *Subjekte des Begehrens: Zur sexuellen Selbstbestimmung der Frau in Literatur, Musik und visueller Kultur* ist 2009 bei Transcript erschienen.

Annegret Thiem ist Romanistin und arbeitet an der Universität Paderborn in den Fachbereichen romanische Literatur- und Kulturwissenschaften. Ihre Forschungsschwerpunkte liegen auf dem Gebiet der Gender Studies sowie der zeitgenössischen Literatur spanisch- und französischsprachiger Autorinnen. Titel der Dissertation: *Repräsentationsformen von Subjektivität und Identität in zeitgenössischen Texten lateinamerikanischer Autorinnen: Postmoderne und postkoloniale Strategien.* Titel der Habilitationsschrift: *Rauminszenierungen. Literarischer Raum in der karibischen Prosaliteratur des 19. Jahrhunderts.*

Die Herausgeberinnen, **Barbara Rendtorff, Claudia Mahs, Verena Wecker**, arbeiten am Zentrum für Geschlechterstudien/Gender Studies der Universität Paderborn. Das ZG wird von der Uni Paderborn unterstützt.

Barbara Rendtorff

Bildung der Geschlechter

2011. 132 Seiten. Kart. € 14,90
ISBN 978-3-17-021137-7

Praxiswissen Bildung

Angesichts der aktuellen öffentlichen Diskussionen über Jungen und Mädchen in Schule und Bildungsprozessen wollen viele in pädagogischen Berufen Tätige wissen, wie sie sich zu auftretenden Geschlechtereffekten verhalten sollen: Woher kommen sie? Welche Bedeutung haben sie? Warum sind sie so überdauernd, auch wo sie sich abmildern? Geschlechtereffekte lassen sich nur aus dem größeren Zusammenhang der Geschlechterrollen und Geschlechterstereotype verstehen, aus ihrer Geschichte, aus Denkgewohnheiten und kulturellen Traditionen und nicht zuletzt aus den pädagogischen Konzepten der Vergangenheit. Das Buch erörtert auf diesem Hintergrund geschlechtstypische Aspekte von Kindheit und Jugend, von Bildung und Schule und die Frage der Mono- oder Koedukation.

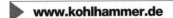

▶ **www.kohlhammer.de**

W. Kohlhammer GmbH · 70549 Stuttgart
Tel. 0711/7863 - 7280 · Fax 0711/7863 - 8430 · vertrieb@kohlhammer.de

Edgar Forster
Barbara Rendtorff
Claudia Mahs (Hrsg.)

Jungenpädagogik im Widerstreit

2011. 212 Seiten. Kart. € 24,90
ISBN 978-3-17-021807-9

Seit längerem wird in der pädagogischen Fachliteratur der Befund diskutiert, dass Mädchen im Bildungssystem erfolgreicher sind als Jungen. Wie ist dieses Phänomen zu erklären? Hat die Pädagogik die Grenzen und Unterschiede zwischen den Geschlechtern unterschätzt? Die Debatte über Jungen und ihre Probleme ist von einer stark vereinfachenden Gewinn-Verlust-Rechnung und einer dramatisierenden Tonlage gekennzeichnet, die die Komplexität des Themas eher verdecken als aufzuklären vermögen. Ziel des Buches ist es, aus unterschiedlichen Blickwinkeln den aktuellen internationalen Forschungsstand und die thematischen Brennpunkte der aktuellen Jungendebatte zu erörtern. Daraus werden schließlich Perspektiven für eine kritische Pädagogik der Geschlechter für Jungen und Mädchen entwickelt.

▶ **www.kohlhammer.de**

W. Kohlhammer GmbH · 70549 Stuttgart
Tel. 0711/7863 - 7280 · Fax 0711/7863 - 8430 · vertrieb@kohlhammer.de

Barbara Rendtorff

Erziehung und Geschlecht

2006. 226 Seiten. Kart. € 18,-
ISBN 978-3-17-018660-6

Grundriss der Pädagogik, Band 30
Urban Taschenbücher, Band 690

In welcher Weise – das ist die Ausgangsfrage dieses Buches – tragen Erziehungsprozesse dazu bei, die Selbst- und Weltbilder von Kindern und ihr Handeln geschlechtstypisch zu färben und zu beeinflussen? Um dies zu verstehen, müssen mehrere Ebenen bedacht werden: wie die Geschlechterordnung als politische und soziale Ordnung mit dem Denken einer Gesellschaft über sich selbst und ihr Menschenbild zusammenhängt; wie diese Geschlechterordnung in den Theoriekonzepten der Erziehungswissenschaft ihre Spuren hinterlassen hat; und wie das pädagogische Handeln mit seinen geschlechtstypisierenden Aspekten auf diesem Hintergrund verstanden werden kann. Das Buch geht in einem Dreischritt vor: Nach einer Bestandsaufnahme geschlechtstypischer Auffälligkeiten werden theoretische Grundlagen des Denkens über Geschlecht vorgestellt und zuletzt pädagogische Erwägungen zum Verhältnis von Geschlecht und Erziehung in Familien und Institutionen diskutiert.

www.kohlhammer.de

W. Kohlhammer GmbH · 70549 Stuttgart
Tel. 0711/7863 - 7280 · Fax 0711/7863 - 8430 · vertrieb@kohlhammer.de